Peter Sester

Institutionelle Reformen in heranreifenden Kapitalmärkten: Der brasilianische Aktienmarkt

Peter Sester

Institutionelle Reformen in heranreifenden Kapitalmärkten: Der brasilianische Aktienmarkt

Eine institutionenökonomische Analyse zu Internationalen Standards, Regulierung und Selbstregulierung

De Gruyter Recht · Berlin

Zugelassene Dissertation Humboldt-Universität zu Berlin

∞ Gedruckt auf säurefreiem Papier,
das die US-ANSI-Norm über Haltbarkeit erfüllt.

ISBN 978-3-89949-569-0

Bibliografische Information der Deutschen Nationalbibliothek

Die Deutsche Nationalbibliothek verzeichnet diese Publikation in der Deutschen Nationalbibliografie; detaillierte bibliografische Daten sind im Internet über http://dnb.d-nb.de abrufbar.

Printed in Germany

Konvertierung/Satz: jürgen ullrich typosatz, Nördlingen
Druck und Bindung: Hubert und Co., Göttingen
Einbandgestaltung: Christopher Schneider, Berlin

Vorwort

Die Anregung zu dem Thema dieses Buches verdanke ich zum einen der Beschäftigung mit der Entwicklung der lateinamerikanischen und speziell der brasilianischen Wirtschaft sowie zum anderen der Lektüre des von Peter Nobel herausgegebenen Sammelwerkes zu der Konferenz „International Standards and the Law", die aus Anlass des 40-jährigen Jubiläums des Instituts für Europäisches und Internationales Wirtschaftsrecht der Universität Sankt Gallen stattfand. Das vorliegende Buch wurde von der Wirtschaftswissenschaftlichen Fakultät der Humboldt-Universität zu Berlin als Dissertation angenommen.

Für die Betreuung der Arbeit schulde ich Herrn Prof. Dr. iur. Dr. rer. pol. Christian Kirchner ein herzliches Dankeschön. Er hat die Arbeit nicht nur betreut, sondern mich im Vorfeld wiederholt ermutigt, meinen schon lange bestehenden Traum von einer zweiten Promotion in der Ökonomie zu realisieren. Damit hat er zugleich den Anstoß dafür gegeben, dass ich mich noch stärker als bislang mit den Methoden befasst habe, die unter dem Oberbegriff „Law and Economics" und speziell unter dem Begriff der Neuen Institutionenökonomik entstanden sind und weiterentwickelt werden. Bedanken möchte ich mich auch bei Herrn Prof. Dr. Joachim Schwalbach, der das Zweitgutachten zu dieser Arbeit erstellt hat.

Den folgenden Interviewpartnern aus dem brasilianischen Kapitalmarkt verdanke ich wertvolle Informationen: Nora M. Rachman (Superintendente de Assuntos Legais der BVSP (BOVESPA Market), Luiz Eduardo Marins Ferreira (Chief Supervision Officer der BSM (BOVESPA supervisão de mercados), Otavio Yazbek (damals Rechtsabteilung der BM&F, inzwischen Direktor der CVM), José Guimarães Monforte (damaliger Präsident des Instituto Brasileiro de Governança Corporativa, IBGC) und José Carlos Doherty (Superintendente de Auto-Regulação der Associação Nacional dos Bancos de Investimento, ANBID).

Wichtige Hinweise zur Literatur über die brasilianische Wirtschafts- bzw. Kapitalmarktentwicklung habe ich von den Professoren Jairo Saddi (IBMEC, Sao Paulo) und Helcio Trajano Gadret (Universidad Candido Mendes, Rio de Janeiro) erhalten. Auch ihnen möchte ich herzlich danken.

Einen ganz besonderen Dank schulde ich schließlich Frau Dr. Yvonne Matz, die mir mit großem Einsatz und Können dabei geholfen hat, das vorliegende Buch sprachlich und stilistisch in die Fassung zu bringen, in der sie nun vorliegt.

Karlsruhe *Peter Sester*

Abstract

Die Abhandlung konzentriert sich auf zwei Fragestellungen, die speziell für heranreifende Volkswirtschaften diskutiert werden. Zum einen geht es darum, ob sich in diesen Volkswirtschaften die relative Effizienz des lokalen Kapitalmarktes dadurch verbessern lässt, dass Internationale Finanzmarktstandards, wie zum Beispiel IFRS, IOSCO-Equity-Disclosure-Rules oder OECD-Corporate-Governance-Guidelines, übernommen werden. Zum anderen wird die Frage erörtert, welche Regulierungstechnik („eins-zu-eins" Übernahme versus modifizierende Übernahme) unter den politischen Entscheidungsträgern und betroffenen Akteuren konsensfähig ist bzw. zu Ergebnissen führt, die pareto-superior sind. Zunächst wird auf Basis der Neuen Institutionenökonomik ein methodischer Untersuchungsrahmen entwickelt, mit dessen Hilfe die aufgeworfenen Fragestellungen sodann untersucht werden. Als Referenzmarkt dient dabei der brasilianische Kapitalmarkt, insbesondere die Entwicklung des dortigen Aktienmarktes. Die Thematik weist gewisse Parallelen zum Untersuchungsgegenstand der sog. „Law and Finance"-Literatur auf, deren methodische Vorgehensweise und zentrale Thesen aber gerade nicht übernommen, sondern kritisiert und als fragwürdig qualifiziert werden. Die wesentlichen Ergebnisse dieser Untersuchung lauten: Die relative Effizienz des lokalen Kapitalmarktes lässt sich insbesondere in heranreifenden Volkswirtschaften durch die Übernahme Internationaler Finanzmarktstandards steigern. Welche Regulierungstechnik für die Übernahme dieser Standards zu überlegenen Ergebnissen führt, hängt davon ab, inwieweit der betreffende Standard in der bestehenden lokalen Marktordnung auf Pfadabhängigkeiten trifft oder nicht.

The contribution focuses on two questions which are analysed predominantly with regard to emerging economies. First, it is discussed whether or not the relative efficiency of local capital markets in such economies can be improved by implementing International Financial Standards such as IFRS, IOSCO-Equity-Disclosure-Rules or OECD-Corporate-Governance-Guidelines. Second, the question is raised on which regulation method (unaltered adoption versus implementation with modifications) a consensus of policy makers might be obtained and/or which method creates pareto-superior results. At first a methodical framework for the analysis is developed that is built on New Institutional Economics. This framework serves as the analytical basis for the discussion of the raised questions. The Brazilian capital market, in particular the development of its equity market, is taken as the reference market. The chosen topic bears to some extent resemblance to the topics of the so-called "Law and Finance-"literature. But the methodical approach of these scholars and their main findings are not adopted but rather criticised and classified as highly questionable. The main findings of the present analysis are as follows: By implementing International Financial Standards the relative efficiency of a local capital market can be improved. This is particularly true with regard to an emerging economy. Which of the competing regulation methods available for the implementation of a specific standard will lead to superior outcomes depends on whether or not the respective standard has to face path dependencies in the local market regime.

Inhaltsübersicht

Kapitel 3: Das institutionelle Arrangement des Novo Mercado

Inhaltsverzeichnis

Kapitel 2:
Ökonomische Theorie zur Regulierung öffentlicher Aktienmärkte

Kapitel 3: Das institutionelle Arrangement des Novo Mercado

Abbildungsverzeichnis

Abkürzungsverzeichnis

Abb.	Abbildung
ADR	American Depository Receipts
AG	Aktiengesellschaft
AktG	Aktiengesetz
ANBID	Associação Nacional dos Bancos de Investimento
ANDIMA	Associação Nacional das Instituições do Mercado Financeiro
ANP	Agência Nacional do Petróleo
Art.	Artikel
BACEN	Banco Central do Brasil
BaFin	Bundesanstalt für Finanzdienstleistungsaufsicht
Basel I	Regelungen des Basler Ausschusses zur ersten Basler Eigenkapitalvereinbarung von 1988 (Basler Akkord)
Basel II	Rahmenvereinbarung Internationaler Konvergenz der Eigenkapitalmessung und Eigenkapitalanforderungen vom 26. Juni 2006
BDR	Brazilian Depository Receipts
BGB	Bürgerliches Gesetzbuch
BGHZ	Entscheidungen des Bundesgerichtshofs in Zivilsachen (amtliche Sammlung)
BID	Banco Interamericano de Desarrollo
BIP	Bruttoinlandprodukt
BM&F	Bolsa de Mercadorias & Futuros
BNDE	Banco Nacional de Desenvolvimento Econômico
BNDES	Banco Nacional de Desenvolvimento Econômico e Social
BOVESPA	Bolsa de Valores de São Paulo
BRIC	Brazil Russia India China
BSM	Bovespa Supervição de Mercados
BVSP	Bolsa de Valores de São Paulo
bzw.	beziehungsweise
ca.	circa
CADE	Conselho Administrativo de Defesa Econômica
CBLC	Companhia Brasileira de Liquidação e Custódia
C-Bonds	Capitalization Bonds
CC	Código Civil
CDO	Collateralized debt obligations
CEO	Chief Executive Officer
CIA	Central Intelligence Agency
CMN	Conselho Monetário Nacional
CPMF	Contribuição sobre Movimento Financeiro
CRSFN	Conselho de Recursos do Sistema Financeiro Nacional
CSO	Chief Supervision Officer
CVM	Comissão de Valores Mobiliários

CVRD	Companhia Vale do Rio Doce
d.h.	das heißt
DI	Depósito Interfinanceiro
EC	European Community
EG	Europäische Gemeinschaft
EGV	Vertrag zur Gründung der Europäischen Gemeinschaft
EMBI	Emerging Markets Bond Index
et al.	und andere
EU	Europäische Union (European Union)
f.	folgende [Seite]
FASB	Financial Accounting Standards Board
FAO	Food and Agriculture Organization of the United Nations
FDI	Foreign Direct Investment
ff.	folgende [Seiten]
FGC	Fundo Garantidor de Créditos
FGV	Fundação Getúlio Vargas
Fn.	Fußnote
FSA	Financial Services Authority
FSF	Financial Stability Forum
GAAP	Generally Accepted Accounting Practice
GDP	Gross Domestic Product
GDR	Global Depository Receipts
IAS	International Accounting Standards
IBCA	Instituto Brasileiro de Conselheiros de Administração
IBGC	Instituto Brasileiro de Governança Corporativa
IDU	Interest Due and Unpaid
i.e.	das heißt
IFC	International Finance Corporation
IFRS	International Financial Reporting Standards
IGP-DI	(Índice Geral de Preços – Disponibilidade Interna)
IGP-M	(Índice Geral de Preços do Mercado)
IMF	International Monetary Fund
InsO	Insolvenzordnung
InvG	Investmentgesetz
IOF	Imposto sobre Operações Financeiras
IOSCO	International Organization of Securities Commissions
IPCA	Índice Nacional de Preços ao Consumidor Amplo
IPO	Initial Public Offering
i.V.m.	in Verbindung mit
IWF	Internationaler Währungsfonds
LBO	Leveraged Buy-out
LMA	Loan Market Association
LLSV	La Porta/Lopez-de-Silanes/Shleifer/Vishny
M&A	Merger and Acquisition
MBO	Management Buy-out
MBS	Mortgage Backed Securities
MiFID	Markets in Financial Instruments Directive

Mio.	Millionen
MK	Marktkapitalisierung
MPF	Ministério Público Federal
Mrd.	Milliarden
MTF	multilateral trading facility
m. w. N.	mit weiteren Nachweisen
n. F.	neue Fassung
No.	Number
Nr.	Nummer
OECD	Organisation for Economic Co-operation and Development
OR	Bundesgesetz betreffend die Ergänzung des Schweizerischen Zivilgesetzbuches (Fünfter Teil: Obligationenrecht)
OTC	over the counter
p.	page
P/E	Profit/Earnings
p. m.	per month
PND	Programa Nacional de Desestatização
PROER	Programa de Estímulo à Reestruturação e ao Fortalecimento do Sistema Financeiro
PROES	Programa de Incentivo à Redução do Setor Público Estadual na Atividade Bancária
PT	Patido dos Trabalahadores
R$	Brasilianischer Real
RAET	Regime de Administração Especial Temporária
RDM	Revista de Direito Mercantil
Rev.	Review
S.	Seite
S. A.	Sociedade Anônima
SB	Supervisory Boards
SEC	Securities Exchange Commission
SELIC	Sistema Especial de Liquidação e Custódia
SFN	Sistema Financeiro Nacional
sog.	so genannte(r)
SOX	Sarbanes Oxley Act
SUSEP	Superintendência de Seguros Privados
Tab.	Tabelle
TN	Tesouro Nacional
UCLA	University of California, Los Angeles
UNCTAD	United Nations Conference on Trade and Development
UK	United Kingdom
US	United States
US$	United States Dollar
USA	United States of America
USP	Universidade de São Paulo
Vgl.	vergleiche
Vol.	Volume
z. B.	zum Beispiel

ZBB	Zeitschrift für Bankrecht und Bankwirtschaft
Ziff.	(Gliederung-)Ziffer
ZGR	Zeitschrift für Unternehmens- und Gesellschaftsrecht

Kapitel 1: Gegenstand der Untersuchung und methodischer Ansatz

1.1. Konkretisierung des Untersuchungsgegenstandes

1.1.1. Aufbau eines „nationalen" Kapitalmarktes im Zeitalter der Globalisierung

In den 1990er Jahren befand sich der brasilianische Aktienmarkt in einer tiefen strukturellen Krise. Trotz gewisser makroökonomischer Erfolge des Landes, insbesondere bei der Inflationskontrolle, einer Privatisierungswelle und deutlich angestiegener ausländischer Direktinvestitionen verlor der lokale Aktienmarkt immer mehr an Bedeutung. Die großen international tätigen Unternehmen Brasiliens setzten zunehmend auf ADR-/GDR-Programme, während sich viele eher regional tätige Unternehmen und frisch privatisierte Unternehmen unter ausländischer Führung von der Börse zurückzogen. Börsengänge waren zu seltenen Ereignissen geworden. Das Handelsvolumen an den Aktienbörsen, namentlich der BOVESPA, war rückläufig und konzentrierte sich auf relativ wenige Gesellschaften.[1] In dieser Situation setzten sich um das Jahr 2000 verschiedene private und staatliche Akteure aus der brasilianischen Finanzwelt zusammen, um ein ehrgeiziges Ziel zu definieren: Sie wollten ausgerechnet auf jenem Gebiet einen attraktiven heimischen Marktplatz für Investoren und brasilianische Unternehmen entwickeln, auf dem die Globalisierung am weitesten vorangeschritten ist: auf den Kapitalmärkten. Blickt man 2007 und Anfang 2008 auf die Schlagzeilen der internationalen Presse[2] und die Zahlen

1 Vgl. die Darstellung bei *Mendonça de Barros* (2000), S. 6ff., 24ff.; *Santana* (2008), S. 2ff.; *Schmith* (2004), S. 202ff.

2 Vgl. exemplarisch *Henkel* (2008): „Der Finanzplatz Brasilien und dort besonders die Börsen haben in den vergangenen Jahren dank der zunehmenden makro-ökonomischen Stabilität einen schnellen Aufschwung erlebt, mit stark ansteigenden Handelsvolumina, einer regen IPO-Tätigkeit und nach oben zeigenden Aktienkursen."; *International Herald Tribune*, March 8, 2007: Brazil is attracting overseas investors by playing their game. The Novo Mercado, a new stock market whose corporate governance rules mirror those of the United States and Europe, almost doubled its listings in 2006. An index of companies that fol-

der BOVESPA[3] für die Jahre 2004 bis 2007, so kann man (einstweilen) nur zu dem Schluss kommen, dass die BOVESPA und die anderen beteiligten Akteure ihr Ziel erreicht haben: Das institutionelle Arrangement[4] des erneuerten Aktienmarktes (Novo Mercado) ist eine Erfolgsgeschichte, die sich anhand der folgende Tabelle leicht ablesen lässt.

Abb. 1.1.: Entwicklung des brasilianischen Aktienmarktes 1995–2007.

Jahr	BIP in US$ Mrd.	Marktkapitalisierung in US$ Mrd.	Marktkapitalisierung in % des BIP	Zahl der Börsengänge
1995	705,4	148	21	2
1996	775,5	217	28	0
1997	801,7	255	31	1
1998	775,5	161	21	0
1999	787,9	229	30	1
2000	536,6	226	42	1
2001	602,2	185	31	0
2002	510,4	124	24	1
2003	553,6	234	42	0
2004	663,8	341	51	7
2005	882,7	482	55	9
2006	1.067,3	723	68	26
2007	1.122,8	1.399	124,6	64

Quelle: BACEN und BOVESPA.

low the regulations has outperformed the benchmark BOVESPA index in the past 12 months; weitere Schlagzeilen sind abgedruckt in: Novo Mercado and Its Followers: Case Studies in Corporate Governance Reform, 5 Focus (Hrsg.: IFC und Global Corporate Governance Forum), Washington 2008, S. vii.

3 Nicht nur die Zahlen der BOVESPA sind beeindruckend, sondern auch die Zahlen der führenden Investmentbanken im IPO-Geschäft sprechen für sich: UBS-Pactual erzielte in 2007 einen Reingewinn in Höhe von über € 1 Mrd., was einer Eigenkapitalrendite von 105% entsprach; Credit Swiss brachte es in Brasilien immerhin auf einen Reingewinn von ca. € 670 Mio und eine Eigenkapitalrendite von 95%; vgl. *Valor Econômico* vom 28. 3. 2008, Finanças C1.

4 Der Begriff wird hier im Sinne des *Coase'schen* Verständnisses verwendet, vgl. *Coase* (1988), S. 30.

Diese beeindruckende Entwicklung ist Anlass genug, um sich im Wege einer Länderstudie mit einem grundlegenden ökonomischen und regulatorischen Thema auseinanderzusetzen: Welche makroökonomischen Faktoren, institutionellen Veränderungen[5] und Interaktionen der Beteiligten (Marktakteure und Staat) können oder müssen zusammenkommen, um einen nationalen Kapitalmarkt im Zeitalter der Globalisierung erfolgreich zu reformieren? Führt die Kombination der beiden komplementären Steuerungsinstrumente Selbstregulierung und Internationale Standards zu Ergebnissen, die im Vergleich zur staatlichen Kapitalmarktregulierung pareto-superior sind? Beide Fragen werden im Rahmen einer vergleichenden Institutionenanalyse[6] erörtert, die verschiedene Regulierungstechniken und institutionelle Arrangements einander gegenüberstellt. Dabei wird das institutionelle Design eines nationalen Marktplatzes mit der makroökonomischen Entwicklung des betreffenden Landes kontrastiert. Im Blickpunkt der Analyse steht eine „heranreifende" Volkswirtschaft (sog. Emerging Market), die nicht nur durch ihren boomenden Aktienmarkt beeindruckt, sondern im April 2008 den Sprung zum Investment Grade Rating[7] geschafft hat und eingeladen ist, OECD-Mitglied zu werden:[8] Brasilien.

1.1.2. Die Wahl Brasiliens als Referenzmarkt

Die zentralen Themen dieser Untersuchung, effiziente Marktorganisation, Selbstregulierung und Übernahme Internationaler Standards, stellen sich im Prinzip für jede Volkswirtschaft, und zwar immer wieder von neuem, denn der Erfolg eines Marktplatzes ist nicht auf Dau-

5 Der Begriff „Institutionen" wird in einem weiten Sinne verstanden, vgl. *North* (1981), S. 201 f.: "a set of rules, compliance procedures, and moral and ethical behavioural norms designed to constrain the behaviour of individuals in the interests of maximizing wealth and utility."

6 Ziel ist ein Vergleich alternativer institutioneller Arrangements im Sinne von *Coase* (1988), S. 30: "Without some knowledge of what would be achieved with alternative institutional arrangements, it is impossible to choose sensibly among them. We therefore need a theoretical system capable of analyzing the effects of changes in these arrangements".

7 Im April 2008 erhielt Brasilien von Standard & Poors ein Investment Grade Rating.

8 Im Mai 2007 hat OECD-Generalsekretär *Angel Gurria* Brasilien vorgeschlagen, OECD-Mitglied zu werden.

er garantiert. Vielmehr stehen die Marktplätze untereinander in einem dynamischen Wettbewerbsprozess, der ständige Anpassungen erfordert, um konkurrenzfähig zu bleiben. Die New Yorker Börsen machen diese „schmerzvolle" Erfahrung seit einigen Jahren im Verhältnis zu den Marktplätzen in London und Hong Kong. Betrifft die skizzierte Thematik aber grundsätzlich alle Volkswirtschaften, so ist die Frage berechtigt, warum sie gerade am Beispiel einer heranreifenden Volkswirtschaft erörtert wird. Die Antwort kann an dieser Stelle nur in Form einer heuristischen Annahme gegeben werden: Die Effekte, die aus der Übernahme Internationaler Standards resultieren, lassen sich in einer solchen Volkswirtschaft aufgrund ihrer höheren Dynamik und Volatilität besonders gut beobachten. Allerdings ist infolge der höheren Volatilität auch die Wahrscheinlichkeit größer, dass wahrgenommene Effekte auf das reale Marktgeschehen nicht monokausal durch Regulierungsänderungen verursacht wurden. Deshalb gilt es, bei der Interpretation von zahlenmäßigen Erfolgen auf der Mikroebene stets die makroökonomische Entwicklung des betreffenden Landes und der Weltwirtschaft im Auge zu behalten.

Überdies erscheint es plausibel, dass sich eine heranreifende Volkswirtschaft wie Brasilien, die über ein etabliertes marktwirtschaftliches System und eine stabile Demokratie westlicher Prägung verfügt, eher dafür entscheiden wird, Internationale Standards zu Transparenz und Corporate Governance zu übernehmen und auch tatsächlich durchzusetzen, als Emerging Markets mit ungeklärtem Verhältnis zur Marktwirtschaft und Transparenz (z.B. Russland und China). Dieser Umstand hängt nicht zuletzt damit zusammen, dass die Entwurfsgremien der Internationalen Standards wie IASB, IOSCO und OECD von den führenden westlichen Volkswirtschaften initiiert wurden und dominiert werden. Für das brasilianische Selbstverständnis ergibt sich daraus weder ein Problem noch eine Hemmschwelle, vielmehr war etwa die brasilianische Kapitalmarktaufsichtsbehörde (CVM) sogar Gründungsmitglied der IOSCO.[9]

Die Wahl Brasiliens als Referenzmarkt hat also weniger damit zu tun, dass Brasilien seit einigen Jahren durch das sog. „BRIC-"Label[10] in

9 Vgl. Edital de Audiência Pública CVM SNC Nr. 02/2007, S. 3.

10 Der Begriff wurde wohl von *Goldman Sachs* kreiert, vgl. *Goldman Sachs* (2001); *Goldman Sachs* (2003); *Goldman Sachs* (2005); zu den Querverbindun-

Mode gekommen ist und einige der brasilianischen Blue Chips (Embraer, Companhia Vale do Rio Doce, Petrobras, Embraco, Gerdau Steel etc.) zu den neuen globalen Herausforderern gezählt werden.[11] Vielmehr gibt es eine Reihe analytischer Gründe: Zunächst lässt sich – wie bereits angedeutet – am Beispiel Brasiliens besonders deutlich aufzeigen, wie eng der Erfolg einer Reorganisation des Kapitalmarktes, deren Anfänge in die Jahre 1987/88[12] zurückreichen, mit der Verbesserung makroökonomischer Schlüsselgrößen zusammenhängt.[13] Diese Verbesserung lässt sich seit 1994 insbesondere an folgenden Punkten ablesen: eine seit mehr als 10 Jahren erfolgreiche Inflationspolitik,[14] stabile Wechselkurse (mit moderater Aufwertung zum € und deutlicher Aufwertung zum US$), einer Umschichtung der Staatsverschuldung von kurzfristigen Auslandsschulden (insbesondere US$) in langfristigere Inlandsschulden,[15] eine kontrollierte Staatsverschuldung bei gleichzeitig deutlichem Rückgang der Differenz zwischen Staatseinnahmen und Schuldendienst sowie eine drastische Reduktion der Auslandsschulden, die Brasilien inzwischen zum Nettogläubiger hat werden lassen.[16]

Ein weiterer Grund für die Wahl Brasiliens ist der enge zeitliche Zusammenhang zwischen einer wachsenden Verflechtung mit den internationalen Kapitalmärkten (insbesondere seit 1994) und der Über-

gen zwischen dem chinesischen Wachstum und den Chancen der brasilianischen Wirtschaft vgl. *Santiso* (2007).

11 So z.B. in einer Studie der *Boston Consulting Group*, BCG Report (2006); *Deutsche Bank Research* (March 2007).

12 Im Oktober 1988 hat die CVM eine "Plano de Desenvolvimento do Mercado de Capitais" verabschiedet; vgl. die Bezugnahme in CVM, Edital de Audiência Pública SNC N° 02/2007 vom 20. 6. 2007, S. 3 (unter 3).

13 Insoweit erinnert die Situation Brasiliens etwas an die allerdings breiter angelegten Wirtschaftsreformen in Neuseeland, vgl. hierzu *Evans/Grimes/Wilkinson/Teece* (1996), S. 1856–1902; *Voigt* (2002), S. 287 ff.

14 Vgl. *Castelar Pinheiro/Giambiagi/Gostkorzewicz* (1999).

15 Im Juli 2007 verteilte sich die Laufzeitstruktur der Verbindlichkeiten des Bundes wie folgt: weniger als 12 Monate: 33%, von 1–2 Jahre: 21%, von 2–3 Jahren 17%, von 3–4 Jahren 10%, von 4–5 Jahren: 6%, mehr als 6 Jahre: 13%; vgl. *ANDIMA* (2007), S. 49 Annexes Chart 2.

16 Vgl. *Baer* (2007), S. 190, *Deutsche Bank Research* (August 2006); *Deutsche Bank Research* (July 2007); *Deutsche Bank Research* (October 2007); *Deutsche Bank Research* (November 2007 a); *Deutsche Bank Research* (November 2007 b), S. 8.

nahme Internationaler Kapitalmarktstandards (seit Ende der 90er Jahre). Die Verflechtung mit den internationalen Kapitalmärkten lässt sich insbesondere an der Entwicklung des Bestandes an American Depository Receipts (ADRs), Brazilian Depository Receipts (BDRs), ausländischen Portfolioinvestitionen und Direktinvestitionen via M&A in Brasilien sowie brasilianischen Direktinvestitionen im Ausland nachvollziehen.[17] Dagegen haben sog. Greenfield FDIs (z.B. klassische Projektfinanzierungen im Rohstoffbereich oder für Fabrikansiedelungen) häufig nur mittelbaren Einfluss auf den nationalen Kapitalmarkt des Gaststaates. Bei diesem Klassiker unter den ausländischen Investitionen wird die Finanzierungsstruktur nach wie vor in den internationalen Finanzzentren New York oder London aufgesetzt, wo auch „Funding" und Syndizierung stattfinden.

Der Prozess zur Übernahme Internationaler Standards – und dies ist der dritte Grund – wurde maßgeblich von (einigen) brasilianischen Marktteilnehmern und privaten Marktbetreibern, namentlich BOVESPA, BM&F und ANBID, selbst vorangetrieben, also im Wege der Selbstregulierung. Diese Entwicklung ist vom Gesetzgeber und der staatlichen Kapitalmarktaufsichtsbehörde (CVM) teils durch Rechtsänderungen unterstützt und im Übrigen (wohlwollend) geduldet worden.[18] Darin zeigt sich die gegenüber reifen Volkswirtschaften tendenziell höhere Anpassungsfähigkeit eines Emerging Market. Die Gründe dürften darin liegen, dass in solchen Märkten eine geringere Normdichte in Bezug auf die Kapitalmarktordnung vorliegt; jedenfalls sollte dies für spezielle Themen wie z.B. für das Wertpapierprospektrecht gelten. Korrespondierend dazu wird es vielfach an einer gefestigten nationalen Praxis fehlen; zumindest dürfte eine solche Praxis nicht so verbreitet und etabliert sein wie in reifen Kapitalmärkten. Führt man die letzten beiden Punkte auf einer abstrakten Ebene zusammen, so erscheint folgende Hypothese plausibel: Die Pfadabhängigkeiten[19] sind in einer heranreifenden Marktordnung tendenziell geringer als in den

17 Vgl. hierzu Abb. 1.4.

18 Beispielsweise hat die CVM die Aufnahme der ANBID in die IOSCO unterstützt, vgl. *ANBID* (2007), S. 172.

19 Grundlegend *North* (1992), S. 108 (insbesondere S. 119ff.); vgl. auch *Voigt* (2002), S. 206ff.; *Schanze* (1999), S. 195ff.; zu Pfadabhängigkeiten bei verschiedenen Corporate Governance Systemen vgl. *Black* (2001), S. 845ff.; *Bebchuk/Roe* (1999).

reifen OECD-Märkten. Dies sollte umso mehr für heranreifende Volkswirtschaften wie Brasilien gelten, in denen die grundlegende Weichenstellung für eine Markt- und Rechtsordnung westlicher Prägung sowie Demokratie – anders als in anderen Emerging Markets (z.B. China und Russland) – längst gefallen sind. Spätestens mit der ersten friktionslos verlaufenen Amtsperiode (2002–2006) des ersten „sozialdemokratischen“ Präsidenten („Lula“ da Silva) nach der Re-Demokratisierung des Landes (1985) hat Brasilien – ähnlich wie Spanien seinerzeit durch die Amtszeit von Felipe Gonzalez – die Feuerprobe in Sachen Marktwirtschaft und Demokratie bestanden.[20]

Die Hypothese von den geringeren Pfadabhängigkeiten eines heranreifenden Marktes lässt sich z.B. an der Entwicklung des brasilianischen Aktien- und Kapitalmarktrechts verifizieren, das traditionell – wie das gesamte brasilianische Zivilrecht – eher vom französischen, italienischen und deutschen Recht geprägt war.[21] Spätestens mit der Kapitalmarktgesetzgebung des Jahres 1976[22] wandelte sich jedoch das Referenzmodell des brasilianischen Aktien- und Kapitalmarktrechts. Damals orientierte man sich stärker am US-amerikanischen Modell,[23] was wohl nicht zuletzt eine Frucht des US-amerikanischen Law and Development Programms war.[24] Dieser Paradigmenwechsel spiegelte sich später auch auf organisatorischer Ebene wider; so schloss die 1976 ins Leben gerufene brasilianische Kapitalmarktaufsichtsbehörde, die Comissão de Valores Mobiliários (CVM), im Jahre 1988 einen Kooperationsvertrag mit der US-SEC ab.[25]

Mitte der 1990er Jahre begann sich der Blickwinkel zu weiten, und Brasilien emanzipierte sich zunehmend vom US-amerikanischen Referenzmodell. In jüngster Zeit hat nicht zuletzt das britische FSA-Modell bei der CVM große Aufmerksamkeit erlangt. Dies gilt namentlich für das Konzept der integrierten Finanzmarktaufsicht und

20 Vgl. zur Wahl und Wiederwahl Lulas *Zucco* (2008); *Hunter/Power* (2007).

21 *Yazbek* (2007 a), S. 266.

22 Gesetz Nr. 6.385 vom 7. 12. 1976 und Gesetz Nr. 6.404 vom 15. 12. 1976.

23 *Yazbek* (2001), S. 540 ff.; *Yazbek* (2007 a), S. 265 ff.

24 Vgl. *Gardner* (1980), S. 35 ff., 61 ff.; *Dezalay/Garth* (2002), S. 95 ff., 201 f.; vgl. auch *Berkowitz/Pistor/Richard* (2003 b).

25 Der Vertrag ist abgedruckt in: Revista de Direito Bancário e do Mercado de Capitais, Vol. 34 (2006), S. 273–280.

der am Risikograd ausgerichteten Aufsichtsstrategie.[26] Im Vorfeld der Konzeption des Novo Mercado haben die betreffenden Akteure intensiv den Neuen Markt der Frankfurter Wertpapierbörse analysiert.[27] Bei der Vorbereitung zur CVM-Gesetzgebung (Instrução Nr. 461/ 2007), die den Börsengang der BOVESPA und der BM&F ermöglichte, orientierten sich die Beteiligten (CVM, BOVESPA, BF&M) unter anderem am australischen und am kanadischen „Demutualization“-Modell.[28] Bei der Ende 2007 verabschiedeten Bilanzrechtsreform optiert der Gesetzgeber für IFRS, obwohl in den großen börsennotierten Unternehmen Brasiliens bislang US-GAAP eine weitaus größere Rolle spielte. Ab 2010 sind für alle brasilianischen Gesellschaften ab einer bestimmten Größe IFRS verbindlich.[29] Die Übernahme Internationaler Standards und die zweckorientierte Analyse von Regelungsmodellen verschiedenster OECD-Staaten entspricht dem erstarkten brasilianischen Selbstbewusstsein eher als die einseitige Orientierung an den USA oder an bestimmten europäischen Wurzeln der brasilianischen Gesetzgebung. So betont etwa die CVM in einer Stellungnahme zur Wahl von IFRS an Stelle von US-GAAP sowohl die enge Beziehung zur IOSCO, wo Brasilien Gründungsmitglied sei, als auch die Verbreitung von IFRS in mehr als 100 Ländern:[30]

[26] Dies zeigt sich sowohl beim Konzept der integrierten Finanzmarktaufsicht als auch beim neuen risikobasierten Überwachungsansatz der CVM, vgl. das Interview mit der CVM-Präsidentin *Santana* (2007), S. 26 und *Yazbek* (2007), S. 196.

[27] *Mendonça de Barros* etal. (MB Associados), S. 12 ff.

[28] Diese Angaben erhielt der Verfasser im Rahmen eines Interviews, das er am 11. 3. 2007 in São Paulo (BOVESPA) mit der Superintendente de Assuntos Legais der BVSP (BOVESPA Market), *Nora M. Rachman*, und dem Chief Supervision Officer der BSM (BOVESPA supervisão de mercados), *Luiz Eduardo Martins Ferreira*, geführt hat.

[29] Gesetz Nr. 11.639 vom 28. 12. 2007.

[30] Edital de Audiência Pública CVM SNC Nr. 02/2007, S. 3: “Na situação atual, as companhias abertas brasileiras que têm seus valores mobiliários negociados nas bolsas americanas adotam os US GAAP (*Generally Accepted Accounting Practice*), baseados nos pronunciamentos emitidos pelo *Financial Accounting Standards Board – FASB*. Existem também companhias abertas brasileiras nos mercados regulados da União Européia (*European Union – EU*), que congrega hoje 27 países. Acrescente-se que, no total, 100 países, inclusive Rússia, Canadá, Austrália, Nova Zelândia, Singapura, Hong Kong e Japão, já têm os IFRSs como referência principal no seu processo de regulação das normas contábeis.”

In der gegenwärtigen Situation haben die offenen brasilianischen Gesellschaften, deren Aktien an den US-amerikanischen Börsen gelistet sind, US-GAAP (Generally Accepted Accounting Practice) übernommen, welche auf den Verlautbarungen basieren, die vom Financial Accounting Standards Board – FASB veröffentlicht werden. Es gibt aber auch offene brasilianische Gesellschaften in der Europäischen Union (EU), die heute 27 Länder umfasst. Inzwischen ist die Zahl der Länder, die IFRS als hauptsächliche Referenz für ihre Bilanzgesetze eingeführt haben, insgesamt bereits auf 100 Länder angewachsen, inklusive Russland, Kanada, Australien, Neuseeland, Singapur, Hong Kong und Japan.

Aber nicht nur in Bezug auf das „Ob" der Übernahme Internationaler Standards, sondern auch hinsichtlich des „Wie" erscheinen heranreifende Volkswirtschaften wie Brasilien besonders gut für eine Fallstudie zu Internationalen Standards geeignet. Bei ihnen ist die Wahrscheinlichkeit, dass sie diese Standards im Wege einer eins-zu-eins Strategie übernehmen, größer als in reifen Märkten. Für Emerging Markets besteht nämlich der entscheidende Anreiz zur Implementierung Internationaler Standards darin, Glaubwürdigkeit und Anschluss an das OECD-Niveau signalisieren zu können. Dieses Signal ist dann am stärksten, wenn sie die Benchmark vollständig erreichen und hierzu dürfen die Internationalen Standards bei der Implementierung nicht verwässert werden. Abgesehen davon wird es heranreifenden Volkswirtschaften häufig schlicht an personellen Ressourcen und Zeit fehlen, um die Standards durch Modifikationen „verbessern" zu wollen, wie dies z.B. die „Brüsseler Bürokraten" (z.B. bei IFRS, IOSCO-Prospektstandards) oder die Berliner Gesetzgebungsmaschinerie (z.B. bei Umsetzung der eigentlich sehr technischen und detailreichen EU-Prospektrichtlinien) gerne versuchen,[31] während etwa das „kleine" Luxemburg mit seinem lebendigen Finanzplatz eher eine „eins-zu-eins"-Strategie bei der Übernahme europäischer Finanzmarktstandards verfolgt. In heranreifenden Volkswirtschaften ist die Verfolgung dieser Strategie auch deshalb naheliegend, weil dort im Wirtschafts- und speziell im Kapitalmarktrecht (anders als im allgemeinen Zivilrecht) geringere institutionelle Pfadabhängigkeiten und ein größerer

31 In jüngster Zeit scheint immerhin Berlin wieder auf den „Pfad der Tugend" und Selbstbeschränkung zurückkehren zu wollen, vgl. Bundesrat Drucksache 274/07 vom 27. 4. 2007 zum Entwurf eines Gesetzes zur Änderung des Investmentgesetzes, S. 1: „Die Regelungsdichte des Investmentgesetzes wird im Wege einer „eins-zu-eins"-Anpassung auf die Harmonisierungsvorgaben der Richtlinie 85/611/EWG (OGAW-Richtlinie) zurückgeführt."

Bedarf an (erstmaligem) Design von Institutionen besteht. Pfadabhängigkeiten gibt es vor allem im brasilianischen Zivilgesetzbuch, in welches aber das Aktienrecht klugerweise – anders als die anderen Gesellschaftstypen – nicht integriert worden ist.

Schließlich kommt eine größere „Experimentierstimmung" und gewisse „Faszination" für internationale Konzepte hinzu, speziell wenn sie nicht einseitig von den USA erschaffen wurden, sondern auf einem Konsens der führenden Volkswirtschaften beruhen. Die Zeiten des bereits erwähnten US-amerikanischen Law-and-Development-Programms[32] dürften speziell im selbstbewussten Brasilien ein für alle Mal vorbei sein. Dieses Selbstbewusstsein hat im Übrigen auch Europa, namentlich der Verhandlungsführer Frankreich mit seinem Agrar-Protektionismus zu spüren bekommen, als die Verhandlungen über ein Assoziationsabkommen zwischen der EU und Mercosur (entsprechend dem Modell EU-Chile und EU-Mexiko) nach zähem Ringen nicht zuletzt am brasilianischen Widerstand gescheitert sind. Die Kombination aus Selbstbewusstsein und Aufgeschlossenheit für Innovationen internationalen Ursprungs wird vom Willen der brasilianischen Eliten getragen, endlich zu den reifen Volkswirtschaften aufzuschließen. All dies spricht tendenziell für eine „eins-zu-eins"-Strategie bei der Übernahme Internationaler Standards, die sich wiederum positiv auf die wahrnehmbaren Effekte auswirken sollte. Gleichzeitig dürften damit Probleme des sog. Hybrid Standard Setting,[33] die bei der modifizierenden Übernahme entstehen, in heranreifenden Volkswirtschaften relativ selten sein.

1.1.3. Konzentration auf den Aktienmarkt

Die Konzentration auf den Aktienmarkt erfolgt aus einer Reihe von Gründen. Zunächst gilt für alle auf Privateigentum und Wettbewerb gegründete Volkswirtschaften, dass der Zugang zu Eigenkapital über funktionierende Märkte für handelbare Eigentumstitel jedenfalls de facto das Rückgrat der Unternehmensfinanzierung ist. Deshalb übt die Verfügbarkeit von Eigenkapital (zu niedrigen Transaktionskosten) letztlich auch einen erheblichen Einfluss auf das Wirtschafts-

32 Vgl. *Dezalay/Garth* (2002), S. 95ff., 201f.; *Gardner* (1980), S. 35ff., 61ff.; *Yazbek* (2007a), S. 266ff.

33 *Kirchner/Schmidt* (2005); *Kirchner/Schmidt* (2006).

wachstum eines Landes aus. Eigenkapital wird klassischerweise, zumal wenn es unter vielen diversifizierten Aktionären verteilt ist, als bester Träger für jenen Teil des unternehmerischen Risikos betrachtet, der sich nicht spezifizieren und in abgrenzbaren Paketen bei anderen Risikoträgern platzieren lässt (z. B. bei Versicherungen, Asset-Backed-Securities-Investoren etc.).[34] Die reale Finanzierungsstruktur, die sich stets als Mix aus Eigen- und Fremdkapital darstellt, entsteht durch das sog. Hebeln des Eigenkapitals mit Hilfe von Fremdkapital (Leverage). Dabei wird stets an eine gewisse Eigenkapitalbasis als Vorbedingung und Bezugsgröße angeknüpft.

Für die Mehrzahl der brasilianischen Unternehmen gilt hinsichtlich der langfristigen Finanzierung über den heimischen Kapitalmarkt, dass die Bedeutung von Eigenkapital größer ist als die von Fremdkapital. Den internationalen Anleihemarkt können bislang nur große Finanzinstitute und die Blue Chips unter den brasilianischen Unternehmen in Anspruch nehmen,[35] wie z. B. CVRD bei der Akquisition von Inco. Brasilien war und ist noch immer ein Hochzinsland mit einer relativ kleinen Investorenbasis für langfristiges Fremdkapital. Der Anleihemarkt wird vor allem von Staatsanleihen mit attraktiver Verzinsung und relativ kurzer Laufzeit beherrscht.[36] Die Laufzeiten haben allerdings begonnen, sich mit der zunehmenden makroökonomischen Stabilität zu verlängern.[37] Dennoch betrug im Juli 2007 die Laufzeit von 54% aller Staatsanleihen weniger als 2 Jahre und nur 13% wiesen eine Laufzeit von mehr als 5 Jahren auf.[38] Die Dominanz der Staatsanleihen gegenüber Unternehmensanleihen wird nicht zuletzt dadurch gestützt, dass der brasilianische Staat im Weg der Regulierung gezielt Anreize gesetzt hat, die für potentielle Investoren den Erwerb von Staatsanleihen im Vergleich zu Anleihen des privaten Sektors attraktiver machen.[39] Angesichts dieser Umstände verwundert es nicht, dass der Bestand an brasilianischen Staatsanleihen (US$ 624 Mrd.) im Juli 2007 noch mehr als das sechsfache des Be-

34 Vgl. hierzu und zu dem Zusammenhang zwischen Private Equity und fortgeschrittenen Methoden der Risikooptimierung *Gilson/Whitehead* (2008).

35 *Carvalhal-da-Silva/Leal* (2006), S. 36.

36 Vgl. *Carvalhal-da-Silva/Leal* (2006), S. 25, 31; *Schmith* (2004), S. 106ff., 186ff.

37 Vgl. *Deutsche Bank Research* (August 31), 2006.

38 *ANDIMA* (2007), S. 49 Chart 2 und S. 51 Chart 3.

39 *Saito/Tsukazan*, Ziff. 2.1.

standes an Unternehmensanleihen (US$ 101 Mrd.) betrug, wenn man die vom Finanzsektor emittierten Anleihen nicht mitrechnet.[40]

Dennoch kommt seit einigen Jahren mehr Bewegung in den Markt für Unternehmensanleihen.[41] Seine Bedeutung für die langfristige Unternehmensfinanzierung ist im Vergleich zum Aktienmarkt aber nach wie vor relativ gering. Die Relationen lassen sich an der Marktkapitalisierung besser ablesen als am Emissionsvolumen, da die Laufzeiten der Unternehmensanleihen relativ kurz sind. Daher müssen sie in kurzen Abständen immer wieder durch neue Anleihen abgelöst werden, wodurch sich das Emissionsvolumen aufbläht, ohne dass in der Summe entsprechend viel Kapital zugeführt wird. Rechnet man die Anleihen der Finanzinstitute nicht mit, so betrug der Bestand an emittierten Unternehmensanleihen im Juli 2007 US$ 101 Mrd., während der Börsenwert der emittierten Aktien bei US$ 1.130 Mrd. lag.[42] Als Gründe für den noch vergleichsweise kleinen Markt für Unternehmensanleihen werden – neben der Dominanz der Staatsanleihen – vor allem die schmale Investorenbasis genannt (im Wesentlichen Mutual Funds) und auf den wenig liquiden Zweitmarkt für Unternehmensanleihen verwiesen.[43] Letzteres hängt unter anderem mit der Besteuerung von Finanztransaktionen (CPMF-Steuer[44]) zusammen, die das Entstehen eines florierenden Zweithandels beeinträchtigte, indem sie Anreize für die Anlagestrategie „Kauf und halte bis zur Fälligkeit" setzte.[45] Auch dieser Umstand trägt dazu bei, dass sich Anleihen mit langen Laufzeiten bei den Investoren nur schwer platzieren lassen.

Entscheidend für das relative Desinteresse an langfristigen Unternehmensanleihen dürften auf Investorenseite aber die viele Jahre anhaltende makroökonomische Instabilität (hohe Inflation und erhebliche Währungsschwankungen) und ihr Nachwirken sein. Instabilität und systemisches Risiko verschrecken den eher risikoscheuen Anleiheinvestor tendenziell noch mehr als den risikofreudigeren Aktienin-

40 *ANDIMA* (2007), S. 16 Chart 2.

41 Vgl. zur Entwicklung des Marktes für Unternehmensanleihen *Carvalhal-da-Silva/Leal* (2006), S. 29 ff.

42 *ANDIMA* (2007), S. 16 Chart. 2.

43 *Saito/Tsukazan*, Ziff. 2.1.

44 Diese Steuer zum Jahresende 2007 abgeschafft, aber im Bereich der Fremdkapitaltransaktionen wurde parallel dazu die IOF-Steuer erhöht (Imposto sobre Operações Financeiras).

45 Vgl. *ANDIMA* (2007), S. 16.

vestor, vor allem wenn sich – so wie in Brasilien – hochverzinsliche Staatsanleihen als Alternative anbieten. Aus Sicht der emittierenden Unternehmen haben sich die kurzen Laufzeiten und hohen Zinsen, die für Unternehmensanleihen bezahlt werden müssen, als ein Hemmschuh für den Einsatz dieses Finanzierungsinstruments erwiesen.[46] Mit sinkenden Zinsen und anhaltender makroökonomischer Stabilität könnte der Markt für Unternehmensanleihen in den kommenden Jahren kräftig wachsen – erste Anzeichen dafür sind bereits erkennbar.[47]

Der vielfach zitierte rückläufige Zinstrend lässt sich anhand der SELIC-Rate[48] ablesen, die in Brasilien als wichtigste Referenzgröße für Zinsabreden gilt.[49] Klassischerweise sind brasilianische Staatsanleihen an die SELIC-Rate oder die DI-Rate (Depósito Interfinanceiro[50]) geknüpft,[51] wobei letztere auf der SELIC-Rate basiert.[52] Unternehmensanleihen haben typischerweise eine variable Verzinsung und sind entweder ebenfalls an die DI-Rate oder aber an die IGP-M-Rate (Índice Geral de Preço de Mercado) gekoppelt. Die IGP-M-Rate ist als Index für Konsumgüterpreise ein Inflationsindikator, der von den wichtigsten Investoren in Unternehmensanleihen, den wachsenden Pensionsfonds, als Referenzgröße für ihre Performance betrachtet wird.[53] Diese Fonds haben sich seit dem Beginn der Reform des Altersvorsorgesystems in den 1990er Jahren[54] zu einer immer wichtiger werdenden Investorgruppe im Bereich des Anleihemarktes entwickelt;[55] sie wurden insbesondere von Geschäfts- und Universalbanken aufgelegt, die eine starke

46 Zum Phänomen der dauerhaft hohen Zinsen für Fremdkapital in Brasilien vgl. *Bacha/Holland/Gonçales* (2007), S. 12 ff.

47 Vgl. zum Ganzen *ANDIMA* (2007), S. 16; *Carvalhal-da-Silva/Leal* (2006); *Saito/Tsukazan*, Ziff. 2.1.

48 Die SELIC-Rate ist die gewichtete Durchschnittsrate für Transaktionen mit Staatsanleihen an einem Tag. Die Rate wird vom Sistema Especial de Liquidação e Custódia (SELIC) berechnet und entspricht der Fed Fund Rate.

49 Zur Entwicklung der Zinsen in Brasilien vgl. *Bacha/Holland/Gonçales* (2007), S. 12 ff.

50 Die DI-Rate ist die tägliche Zinsrate für Kredit im Interbanken-Markt (entspricht LIBOR).

51 *ANDIMA* (2007), S. 16.

52 *Saito/Tsukazan*, Ziff. 2.1.

53 *Saito/Tsukazan*, Ziff. 2.1.

54 *Brooks* (2007), S. 31, 50 f.; *Arza* (2008), S. 1–28; *Carvalho Pinheiro* (2004), S. 259–288.

55 *Gremaud/Sandoval de Vasconcellos/Toneto Júnior* (2004), S. 598.

Marktposition im Retail-Banking innehaben und damit über eine gute Basis für die Vermarktung von Pensionsfonds verfügen.

Abb. 1.2.: Entwicklung der SELIC-Rate (%) ab Einführung des bras. Real.

1994	95	96	97	98	99	2000	01	02	03	04	05	06	07
1.154	53,0	22,7	37,2	31,2	19,0	16,2	19,0	23,0	16,9	17,5	18,2	17,7	13,1

Quelle: Brasilianische Zentralbank (BACEN).

Schließlich kann die relativ geringe Bedeutung langfristiger Unternehmensanleihen ohne Sicherheiten und Basiswert (Underlying), also der sog. Debentures,[56] mit einem speziellen Phänomen des brasilianischen Aktienmarktes zusammenhängen, das uns im weiteren Verlauf der Untersuchung noch mehrfach begegnen wird: In Brasilien hatten stimmrechtslose Vorzugsaktien lange Zeit einen erheblichen Anteil am Markt für Eigenkapitaltitel; er betrug im Jahre 2000 noch 53%.[57] Diese relativ risikoarmen Eigenkapitaltitel könnten in gewissem Umfang Unternehmensanleihen substituiert haben, wie es in Europa während der vergangenen Jahre zum Teil in umgekehrter Richtung mit Hybridanleihen der Fall war, die von europäischen Unternehmen und Finanzinstituten eingesetzt wurden, um wirtschaftliches Eigenkapital zu generieren.[58]

Primär liegen die Gründe für die langsame Entwicklung des Marktes für verbriefte Schuldtitel aber sicherlich in der lange fehlenden makroökonomischen Stabilität,[59] der Dominanz von Staatsanleihen und den relativ geringen Gläubigerrechten.[60] Diese Faktoren zusammen haben verhindert, dass eine breite Investorenbasis für Unternehmensanleihen entstehen konnte. Es bleibt abzuwarten, ob sich mit der anhaltenden makroökonomischen Stabilität, der Modernisierung des Wertpapierrechts[61] sowie der Stärkung der Gläubigerrechte im Zuge

56 *Garner* (2004), S. 430 (1).

57 Vgl. *Carvalhal da Silva/Leal* (2003).

58 Vgl. *Sester* (2006).

59 *Carvalhal-da-Silva/Leal* (2006), S. 29 ff.

60 *Castelar Pinheiro/Célia Cabra* (1999), S. 22; vgl. auch *Schmith* (2004), S. 192 ff.

61 CVM-Instrução Nr. 400/2003 (Einführung des Bookbuilding, der „green shoe"-Optionen und der Möglichkeit zur Aufstockung des Emissionsvolumens

der Insolvenzrechtsreform[62] des Jahres 2005 etwas an der Bedeutung brasilianischer Unternehmensanleihen ändern wird. Bislang dominieren im brasilianischen Markt für Fremdkapital noch immer klassische Bankdarlehen,[63] die jedoch teuer und knapp sind.[64] Langfristige Darlehen für Investitionsprojekte wurden über viele Jahrzehnte ganz überwiegend von der staatlichen Entwicklungsbank (BNDES) zur Verfügung gestellt.

Die relative Unterversorgung mit günstigem Fremdkapital und der lange Zeit schwache Aktienmarkt dürften die andauernde Dominanz weniger Unternehmerfamilien in Brasiliens Wirtschaft begünstigt haben. Diese Kreise konnten nämlich das Finanzierungsthema im wahrsten Sinne des Wortes durch sog. „Private Equity" lösen.[65] Erst seit Anfang der 1990er Jahre ist die Unternehmensfinanzierung über den Kapitalmarkt im Verhältnis zur Finanzierung via Bankdarlehen langsam bedeutsamer geworden.[66] Nach einem Einbruch zum Ende der 1990er Jahre ist der Aktienmarkt erst seit 2004 wieder zu einer effektiven Finanzierungsquelle geworden.

Abgesehen von den bislang dargelegten Gründen für die Konzentration auf den Aktienmarkt, die mit der tatsächlichen Bedeutung von Eigen- und Fremdkapitalmärkten in Brasilien zusammenhängen, gibt es aber noch ein ganz anders gelagertes Argument: Kein Segment des Kapitalmarktes stand so sehr im Focus der Entwicklung Internationaler Standards wie der Markt für öffentlich gehandelte Eigenkapitaltitel. Namentlich in den Bereichen Aktienplatzierung (Wertpapierprospekt), Rechnungslegung und Corporate Governance wurden seit etwa Mitte der 1990er Jahre auf internationalem Parkett Regelwerke ausgearbeitet, die zwischenzeitlich weltweit Einfluss gewonnen ha-

um bis zu 20% ohne Prospektänderung); vgl. hierzu BOVESPA FIX, Guia de Debêntures, Sao Paulo 2006, S. 8.

62 Vgl. zur Entstehungsgeschichte *Biolchi* (2007), S. XXXV–XLV.

63 *Studart* (2000), S. 27 f.; *Schmith* (2004), S. 105, 130 ff.

64 Vgl. *Castelar Pinheiro/Cabral* (1999), S. 22.

65 Vgl. zur besonderen Bedeutung von Familien-Konglomeraten in Emerging Markets mit schwachen (Eigen-)Kapitalmärkten *Black* (2001), S. 832 f.: "(...) when external equity markets are weak, family-controlled conglomerates create internal capital markets instead. (...) Conglomerates remain strong in countries with weak stock markets, partly because the conglomerates form can provide the capital that rapidly growing business needs."

66 *Studart* (2000), S. 34 ff.

ben. Diese Regelwerke sind im Wesentlichen auf sog. offene Aktiengesellschaften, also auf Gesellschaften zugeschnitten, deren Aktien an einem organisierten Marktplatz gehandelt werden. Auch aus diesem Grund bietet es sich daher förmlich an, den Focus der Untersuchung darauf zu legen, wie sich diese Internationalen Standards auf die Neuordnung des Aktienmarktes in einer heranreifenden Volkswirtschaft ausgewirkt haben. Damit sind wir bereits bei einem der beiden Schlüsselbegriffe dieser Untersuchung angelangt.

1.1.4. Schlüsselbegriffe

1.1.4.1. Internationale Standards

Eine Möglichkeit, sich dem Begriff Internationale Standards anzunähern, ist der Blick auf die Organisation, aus deren Feder die Standards stammen (drafting body), namentlich auf ihre Zusammensetzung, ihr Mandat und gegebenenfalls ihren Auftraggeber. Ein anderer Weg besteht darin, die Zielsetzung der Regelwerke bzw. den Anlass ihrer Ausarbeitung zu analysieren. Ferner könnte man, wie es der natürliche Sinn des Wortes vielleicht nahe legt, auf den Detailgrad der Regelungen abstellen.[67] Diese Aufzählung ist sicherlich nicht abschließend, für die Zwecke dieser Untersuchung jedoch ausreichend.

(i) Detailgrad des Regelwerks

Beginnen wir mit dem zuletzt genannten Ansatz, also einer Abschichtung von Standards und gesetzlichen Regeln („rules“) nach dem jeweiligen Detailgrad des zu analysierenden Textes. Eine Faustformel hierzu findet sich zum Beispiel bei *Vera Schneider*:[68] „In contrast to standards, the rule is clear-cut and simple. It leaves no room for discreation and therefore doesn't take any specific circumstances into account.“ Dieser Ansatz hat offensichtlich einen juristischen Ursprung. Dabei werden solche Normen als Standards klassifiziert, die dem Richter bei der Anwendung einen gewissen Ermessensspielraum lassen und sich hierzu offener Formulierungen bedienen. Diese offene Formulierungsweise ist es, in der die besondere Eigenschaft eines

67 Vgl. *Schneider* (2005 a), S. 4 f.
68 *Schneider* (2005 b), S. 5.

Standards erblickt wird. Konkret geht es dabei z.B. um Verschuldensmaßstäbe wie Fahrlässigkeit (bzw. die im „Verkehr erforderliche Sorgfalt") oder Fairnessstandards (wie „gute Sitten" oder „Treu und Glauben"). Diese offen formulierten Regelungsbestandteile, die von Juristen auch als Generalklauseln bezeichnet werden, finden sich sowohl in „Civil Law"- als auch in „Common Law"-Ländern, wenn auch in unterschiedlich starker Ausprägung.[69]

Die Betrachtung des Detailgrades eines Regelwerkes hat für die rechtliche Einordnung sicherlich einen gewissen Stellenwert.[70] Dagegen ist dieser Ansatz jedenfalls für eine institutionenökonmische Analyse Internationaler Standards, insbesondere im Finanzmarktbereich, wenig hilfreich. Betrachtet man etwa Basel II oder IFRS, so kann man leicht feststellen, dass diese Regelwerke gerade durch einen sehr hohen Detailgrad gekennzeichnet sind und von Ermessen nur insoweit die Rede sein kann, als es um die generelle Frage geht, „ob" der Standard angewandt wird, nicht aber um die Frage, „wie".[71] Würde man

69 Vgl. *Zimmermann/Whittaker* (2000); im brasilianischen Recht findet sich das "Good Faith-"Prinzip in Art. 187 Código Civil, vgl. dazu *Nery Junior/de Andrade Nery* (2007), Art. 187, S. 350f. und *Cooter/Schäfer* (2008), S. 76.
Das deutsche BGB enthielt schon immer in § 242 das Prinzip von „Treu und Glauben", das sich seit den späten Jahren des Reichsgerichts recht großer Beliebtheit in der Rechtsprechung erfreut, vgl. *Roth* (2007), § 242 Rdn. 1 ff.
Im Zuge der großen brasilianischen Zivilrechtsreform des Jahres 2002 wurde die Generalklausel „Treu und Glauben" explizit und an zentraler Stelle (Art. 422 CC-2002: "Os contratantes são obrigados a guardar, assim na conclusão do contrato, como em sua execução, os princípios de probidade e boa-fé.") in das Schuldrecht aufgenommen. Daneben findet es sich insbesondere in einer Bestimmung zur Vertragsauslegung (Art. 113 CC) und im Deliktsrecht (Art. 178 CC). In der Zeit davor, namentlich im Zivilgesetzbuch von 1916 und im Handelsgesetzbuch von 1850, konnten Spuren des Prinzips von Treu und Glauben nur in einzelnen Vorschriften gefunden werden. Außerdem hatte es in der Rechtsprechung kaum Bedeutung erlangt; vgl. *Wald (2003)* S. 47ff. Seit der Einführung des Art. 422 CC wird dem Prinzip vielfach eine objektive Dimension zugeschrieben, die eine richterliche Konkretisierung und unter Umständen sogar eine Korrektur vertraglicher Pflichten zulasse, vgl. *Forgioni* S. 47ff. Den zahllosen Publikationen zu Art. 144 CC steht („zum Glück" für die Vertragsgestalter) jedenfalls bislang kaum Resonanz in der gerichtlichen Praxis gegenüber, vgl. die Kommentierung von *Nery Junior/de Andrade Nery* Art. 422, S. 479ff. in der zu dieser Norm kaum Rechtsprechung zitiert wird.

70 *Schneider* (2005a), S. 67ff.

71 Ähnlich im Ergebnis auch *Schneider* (2005b), S. 5 und 10.

auf das Kriterium Detailgrad abstellen und dürfte dieser, um die Definition des Begriffs Standard zu erfüllen, nicht so groß sein, dass kein Ermessensspielraum mehr besteht, dann würde man zahlreiche Internationale Standards „hinausdefinieren", obwohl diese als solche weithin anerkannt sind. Übrig blieben dann nur noch Regelwerke wie z.B. die OECD-Richtlinien für Multinationale Unternehmen.[72]

Eine breit akzeptierte, präzise formulierte Definition des Begriffs „Internationaler Standard" gibt es nicht. Da eine solche allenfalls für die traditionellen juristischen Klassifikationen (namentlich die klassische Subsumtionstechnik) erforderlich wäre, auf die es im Rahmen des vorliegenden Untersuchungsgegenstandes nicht ankommt, wird den zahlreichen Versuchen, eine Definition zu kreieren, kein weiterer hinzugefügt. Vielmehr genügt es für den vorliegenden Untersuchungsgegenstand, nämlich die vergleichende Analyse verschiedener Institutionen zur Kapitalmarktorganisation, den Begriff „Internationale Standards" anhand der dargelegten Charakteristika zu konkretisieren. Diese Form der Konkretisierung ist nicht zuletzt deshalb ausreichend, weil im Folgenden ohnehin nur drei Regelwerke betrachtet werden, bei denen weithin Einigkeit darüber besteht, dass es sich um Internationale Standards handelt – die Rede ist von:

- den IOSCO-Standards zur Gestaltung von Prospekten für das öffentliche Angebot von Wertpapieren mit Eigenkapitalcharakter (Equity Securities),[73]
- den OECD-Standards zu Corporate Governance[74] sowie
- den Accounting-Standards des International Accounting Standards Board (IASB).[75]

Es geht also sozusagen um die Klassiker unter den Internationalen Standards, zu denen sicherlich auch Basel I und Basel II[76] sowie die

72 Abrufbar unter http://www.oecd.org; zu diesen OCED-Principles *Nobel* (2006), S. 734 ff.; vgl. hierzu auch den „Restrictive Business Practice Code", der von der Generalversammlung der UN am 5. Dezember 1980 angenommen wurde, vgl. *Kirchner* (1989), 411 ff.

73 Vgl. den Überblick zu IOSCO-Principles bei *Nobel* (2006), S. 721 ff.

74 Vgl. *Nobel* (2006), S. 770 ff.

75 Vgl. *Nobel* (2006), S. 711 ff.

76 Die Dokumente zum Basel I und II Accord sind abrufbar unter http://www.bis.org; zur Umsetzung von Basel II in Deutschland vgl. *Cramme/Gendrisch/*

bereits erwähnte OECD-Richtlinie für Multinationale Unternehmen gehören;[77] allerdings haben diese keine unmittelbare Auswirkung auf den Aktienmarkt und werden daher hier nicht weiter erörtert. Die Bedeutung der drei ausgewählten Standards wird dadurch unterstrichen, dass sie zu einem Katalog von 12 Standards gehören, denen in einem Kompendium des „Financial Stability Forums (FSF)“ vom April 2001[78] eine Schlüsselrolle bei der Stärkung eines gesunden internationalen Finanzsystems („sound financial system“) zugewiesen wird.[79]

(ii) Zielsetzung und Anlass für den Entwurf der Standards

In der Auswahl des FSF spiegelt sich der zweite mögliche Ansatz zur Konkretisierung Internationaler Standards wider, nämlich der Blick auf ihre Zielsetzung bzw. auf den Anlass, der zu ihrem Entwurf geführt hat. Danach sind jedenfalls im Finanzsektor Internationale Standards dadurch charakterisiert, dass sie primär Risiken für das internationale Finanzsystem beherrschbarer machen wollen, die auf nationaler und selbst regionaler (z.B. europäischer) Ebene nicht fassbar sind. Es handelt sich also um eine Reaktion darauf, dass die weltweiten Kapitalströme längst zu einem faktisch integrierten Weltmarkt für Kapital geführt haben.[80] Die sog. Subprime-Krise der Jahre 2007/08 spricht hierzu Bände. Um die Stabilität des internationalen Finanzmarktes zu verbessern, werden einheitliche Benchmarks für die verschiedenen nationalen Teilmärkte gesetzt, mit denen sowohl die Ansteckungsgefahr („systemic risk“[81]) an den Übertragungsstellen reduziert als auch – schon ein Stufe zuvor ansetzend – das Entstehen eines zunächst regional begrenzten Krankheitsherdes im Ansatz verhindert werden soll. Die Zielsetzung, „systemic risk“ einzuschränken, war einer der wesentlichen Triebfedern für die Eigenmittelstandards nach Basel I und II, die nicht zuletzt unter dem Eindruck der großen Finanzkrisen der 1990er Jahre entstanden sind (Mexiko, Asien und

Gruber/Hahn (2007); zur Bedeutung von Basel II für Brasilien, *Abbott Müller* (2004).

77 Vgl. exemplarisch die Aufzählung bei *Nobel* (2005), S. 51 ff.

78 *Nobel* (2006), Kapitel 7 Rdn. 52 ff., S. 735 ff.

79 *Nobel* (2005), S. 52 f.

80 *Nobel* (2005), S. 46 f.

81 Eingehend zu systemischem Risiko und möglichen Quellen sowie Übertragungsstellen *Kern/Dhumale/Eatwell* (2006); *Kaufman/Scott* (2003); insbesondere zu systemischem Risiko in Kapitalmärkten *Schwarcz* (2008).

Russland).[82] Eine Stellungnahme des IMF bringt diesen Aspekt Internationaler Standardsetzung auf den Punkt:[83]

> „Standards and codes can be very helpful in preventing financial crises. Providing benchmarks of good practice and assessing countries against those benchmarks can improve the quality of both policy making and investment decisions."

Existiert erst eine solche Benchmark in der internationalen Finanzwelt, so entsteht für aufstrebende Marktplätze eine Chance, durch Übernahme dieser Standards glaubhaft die Kreditwürdigkeit ihres lokalen Marktes zu signalisieren, um dergestalt nationale und internationale Investoren anzuziehen. Diese Möglichkeit ist naheliegender Weise gerade für solche Länder mit heranreifenden Kapitalmärkten besonders wertvoll, die um Stabilität und Kreditwürdigkeit ringen, aber mitunter eine problematische Vergangenheit in der Finanzwelt hatten. Dieser Wirkungszusammenhang kann nun wiederum von den Initiatoren der Standardsetzung antizipiert und gezielt eingesetzt werden, um heranreifende Volkswirtschaften in die internationale Wirtschaftsordnung und speziell in die Finanzarchitektur einzubeziehen. Dieser Zusammenhang birgt allerdings auch die Gefahr, dass (etablierte) Standards nicht wegen ihrer eigentlichen Substanz übernommen werden, sondern allein weil die Zunahme der Kreditwürdigkeit schwerer wiegt als die Kosten der Standardbefolgung.[84] Auf diese Weise könnte das Auswahlwahlkriterium „Welcher Standard signalisiert maximale Kreditwürdigkeit?" letztlich dazu führen, dass es zu einer Negativauslese kommt. Allerdings dürften diese Effekte nur kurzfristig eintreten, da mittel- und langfristige Reputationseffekte nur erzielt werden können, wenn der betreffende (heranreifende) Markt nach Implementierung eines Internationalen Standards tatsächlich im Regelungsbereich des Standards (z. B. Bilanzierung, Corporate Governance etc.) besser als zuvor oder zumindest reibungsfrei abläuft.

Kreditwürdigkeit entsteht gerade in heranreifenden Märkten nicht über Nacht und ist gerade dort ein besonders fragiles Gut. Heranwachsende Märkte genießen in den internationalen Kapitalmärkten – vielleicht abgesehen vom Phänomen „China" – typischerweise keinen

82 *Nobel* (2005), S. 48 und 56 f.
83 *Nobel* (2005), S. 50.
84 *Schanze* (2005), S. 87.

Vertrauensvorschuss aufgrund der schlichten Entscheidung, einen Internationalen Standard zu übernehmen, sondern müssen sich ihre Kreditwürdigkeit durch Compliance und reibungsfreies Funktionieren über Jahre hinweg verdienen, und zwar sowohl bei heimischen als auch bei internationalen Anlegern. Beispielsweise bedurfte es in Brasilien mehrerer Jahre konsequenter und erfolgreicher Inflationskontrolle (seit ca. 1994), bevor Portfolioinvestitionen internationaler Anleger deutlich anstiegen.

Abb. 1.3.: Inflationsrate (in zwei gängigen Berechnungsvarianten[85]) von 1980–2007.

	IPCA (%)	IGP-DI (%)
1980	99,27	76,72
1981	95,65	68,88
1982	104,8	71,28
1983	163,99	119,33
1984	215,27	123,51
1985	242,24	127,6
1986	79,65	53,02
1987	363,41	178,05
1988	980,22	270,25
1989	1972,91	343,92
1990	1620,96	340,02
1991	472,69	191,68
1992	1119,09	282,2
1993	2477,15	385,05
1994	916,43	294,61

85 IPCA und IGP-DI gehören zu den wichtigsten Inflationsindices Brasiliens und orientieren sich vor allem an Konsumpreisen. Der IPCA (Índice Nacional de Preços ao Consumidor Amplo) ist vom Standpunkt der Wirtschaftspolitik aus betrachtet der wichtigste Index. Er wird vom CMN als Referenzwert benutzt, um die Inflation zu steuern. Der IGP-DI (Índice Geral de Preços – Disponibilidade Interna) ist ein sehr traditioneller Index (wird seit 1944 berechnet) und war in der Vergangenheit der offizielle Inflationsmaßstab in Brasilien; vgl. zum Ganzen *Neto* (2006), S. 41.

	IPCA (%)	IGP-DI (%)
1995	22,41	13,92
1996	9,56	8,97
1997	5,22	7,25
1998	1,66	1,71
1999	8,94	18,44
2000	5,97	9,41
2001	7,67	9,77
2002	12,53	23,83
2003	9,3	7,45
2004	7,6	11,51
2005	5,69	1,24
2006	3,14	3,74
2007	4,45	7,64

Quelle: IBGE und Conjuntura Econômica.

Strukturell lässt sich der skizzierten Gefahr einer Negativauswahl am besten durch einen Wettbewerb zwischen verschiedenen Internationalen Standards (zu derselben Regelungsmaterie) und konkurrierenden Marktplätzen mit unterschiedlichen Standards begegnen. Ein solcher Wettbewerb, wie er beispielsweise zwischen US-GAAP und IFRS zu beobachten ist, wäre allerdings dann – sozusagen durch einen Systemfehler – bedroht, wenn das Ziel Internationaler Standards darin bestünde, eine internationale Harmonisierung der Marktordnungen im Sinne einer Einheitsordnung herbeizuführen. Abgesehen davon, dass eine solche Zielsetzung wohl als illusorisch und jedenfalls innovationsfeindlich einzustufen wäre, findet sie sich weder im Wortlaut der Internationalen Standards noch in den Verfassungen/Satzungen der Standardsetter wieder.

Liest man zum Beispiel die Leitprinzipien von IOSCO, so steht an der Spitze das Ziel: „to promote high standards of regulation in order to maintain just, efficient, and sound markets.“ Allenfalls ist in den Präambeln zu den Standard-Dokumentationen oder den Gründungsdokumenten der Standardsetter die Rede davon, dass Harmonisierung gefördert werden soll. Hierbei geht es aber nicht um eine voll-

Abb. 1.4.: Bestandsveränderung FDI und ausländische Investitionen in bras. Aktien von 1998–2007.

	IGP-M[86]	C-Bond Spread[87]	FDI	Investitionen in Aktien (BOVESPA[88])	Investitionen in Aktien (ADR/GDR)
1998	1,79	1.121	25.871	-1.645	3.603
1999	20,10	707	29.897	1.583	1.081
2000	9,95	776	32.779	-3.262	6.388
2001	10,37	888	22.457	–545	3.026
2002	25,30	1.569	16.590	–723	2.704
2003	8,69	525	10.144	2.094	878
2004	12,42	401	18.166	1.236	845
2005	1,20	363	15.066	5.421	1.030
2006	3,85	–	18.782	5.859	1.857
2007	7,75	–	34.585	24.613	1.604

Quelle: BACEN relatório Anual (mehrere Jahrgänge); IPEADATA (http://www.ipeadata.gov.br); IGP-M in %; C-Bond Spread in Basispunkten über US-Treasury Bonds; FDI, Investitionen in bras. Aktien (total) und Investitionen in bras. Aktien via ADR in US$ Mio.

86 Der IGP-M (Índice Geral de Preços do Mercado) ist im Finanzsektor der meistgenutzte Index, insbesondere zur Indexierung öffentlicher Schuldtitel sowie zur Korrektur regulierter Preise. Er wurde 1998 aus dem Finanzsektor heraus mit dem Ziel geschaffen, einen Maßstab zu etablieren, der frei ist von Einflussnahme durch die Regierung; vgl. *Neto* (2006), S. 41.

87 Der C-Bond Spread (zu US-Treasury Bonds) ist einer der am meisten benutzten Indikatoren für das Länderrisiko Brasiliens. Die angegebenen Zahlen beziehen sich auf den Wert im Dezember eines jeden Kalenderjahres (mit Ausnahme des Jahres 2005, hier wird der Wert für Oktober angegeben). Der C-Bond wurde 1995 im Rahmen des Brady-Plans emittiert und hatte eine ursprüngliche Laufzeit bis 2014. Im Jahre 2005 führt Brasilien jedoch einen vorzeitigen Rückkauf durch.

88 In den Jahren 1998/1999 galt eine andere Regulierung für ausländische Portfolioinvestitionen an den brasilianischen Börsen. Dementsprechend ist die Darstellung im Jahresbericht der Zentralbank zu diesen Jahren anders als die Darstellung für das Jahr 2000 und danach. Die angegebenen Zahlen für 1998/1999 werden in den Jahresberichten als ausländische Portfolioinvestitionen auf Basis der CMN-Resolução Nr. 1.289 Anexos I a IV geführt. Außerdem wurden die ursprünglich acht regionalen brasilianischen Börsen erst im Laufe des Jahres 2000 in die BOVESPA integriert. Die Zahlen für 1998/1999 beziehen sich auf alle damals vorhandenen brasilianischen Aktienbörsen.

ständige Harmonisierung im Sinne einer Einheitsordnung, sondern um Kompatibilität.[89] Abgesehen von den theoretischen Einwänden gegen ein Konzept der Vollharmonisierung, die sich insbesondere bei einer dynamischen wettbewerbsorientierten Betrachtung ergeben (Innovationskraft des institutionellen Wettbewerbs[90]), ist nur schwer vorstellbar, dass ausgerecht praxiserprobte Experten, die ja regelmäßig das Herzstück der Entwurfsgremien der Internationalen Standards bilden, sich an einem so praxisfernen, utopischen Ziel wie der Vollharmonisierung ausrichten könnten.

Unter Kompatibilität versteht der Verfasser für die Zwecke dieser Untersuchung, dass eine Dokumentation für ein Finanzprodukt (z.B. ein Wertpapieremissionsprospekt) oder eine Unternehmensbilanz, die nach einem bestimmten Internationalen Standard erstellt wurden, mit relativ geringem („reasonable") Aufwand passend für den anderen, konkurrierenden Standard gemacht werden kann. Eine Steigerung (in Sachen Kompatibilität) hierzu ist es, wenn ein Marktplatz einen fremden Standard ohne Anpassung als gleichwertig bewertet, sofern nur eine bestimmte Benchmark erfüllt ist. Eine solche Regelung enthält z.B. Art. 20 Richtlinie 2001/71/EC (Prospektrichtlinie), wo explizit Prospekte von Emittenten aus Drittstaaten, die nach dortigem Recht erstellt wurden, zugelassen werden, falls dieses Recht den IOSCO-Offenlegungsstandards genügt.[91] Ähnlich liegen die Dinge, wenn eine Börse in den Listing-Vereinbarungen sowohl IFRS als US-GAAP als gleichwertig zulässt. Die höchste Stufe der Kompatibilität ist dann erreicht, wenn die Zulassungsstelle für einen Marktplatz erklärt, dass sie mit Rücksicht auf eine frühere positive Zulassungsentscheidung, die an einem anderen vergleichbaren Marktplatz ergangen ist, gänzlich auf eine weitere Prüfung der Dokumentation verzichtet. Die zuletzt beschriebene Situation ist beim europäischen Passport für Wertpa-

[89] Zur Zielsetzung der Konvergenz vgl. das Memorandum of Understanding zwischen FASB und IASB vom 27. 2. 2006 („Norwalk Agreement"); abrufbar unter http://www.fasb.org/news/memorandum.pdf.

[90] Vgl. zum regulatorischen Wettbewerb *Kirchner* (2006 a), S. 40: "The phenomenon of regulatory competition can only be analysed satisfactory if the trade-off between gains in productive efficiency can be weighed against a potential negative effect of regulatory competition on public goods (club goods)"; *Kirchner* (2004).

[91] Vgl. *Valle* (2006).

pierprospekte gegeben (vgl. Art. 17, 18 Prospektrichtlinie[92]). An den europäischen Finanzmarktplätzen werden die Wertpapierprospekte allerdings nach einem einheitlichen, durch die Prospektrichtlinie und Prospektverordnung vorgegebenen Standard erstellt, von dem die Mitgliedstaaten bzw. die Zulassungsstellen im Hinblick auf den hohen Detailgrad der europäischen Regelwerke nur marginal abweichen können.

Eine weitere charakteristische Zielsetzung Internationaler Standards besteht darin, Vergleichbarkeit von Leistungen und Produkten herzustellen. Im Bereich der Finanzmarktprodukte ist dieses Ziel von besonderer Bedeutung, denn diese Produkte sind in gewisser Weise virtuell (nicht greifbar) und erlangen erst durch die zugehörigen Dokumentationen (z.B. Kreditvertrag, Wertpapierprospekt) ihre Gestalt und Eigenschaften. Indem Inhalt und Aufbau dieser Dokumentationen standardisiert werden, wie dies zum Beispiel durch die LMA[93]-Standarddokumentationen für Unternehmenskredite oder die IOSCO-Standarddokumentation für Wertpapieremissionen geschieht, wird es für die Marktteilnehmer (Kapitalnachfrager und Investoren) leichter, die verschiedenen Produkte miteinander zu vergleichen. Die Marktteilnehmer können sich dann auf die Bewertung der finanziellen Konditionen bzw. des Risikos konzentrieren. Ähnliches gilt auch für Internationale Corporate Governance Standards, denn auch diese führen zu einer besseren Vergleichbarkeit jener Rechte, die in Aktien mit verschiedenen Ursprungsmärkten (und zugrunde liegenden nationalen Gesellschaftsrechtsordnungen) verkörpert sind. Letztlich erhöht sich infolge der besseren Vergleichbarkeit der betreffenden Produkte ihre Handelbarkeit. Dieser Effekt kann an einer höheren Liquidität im Zweitmarkt sowie an der Entstehung einer eigenen Asset-Klasse abgelesen werden. Darüber hinaus werden die Portfoliobildung (Wertpapiere) und die Bündelung zu Refinanzierungszwecken (Kredite) erleichtert.

92 Directive 2003/71/EC of the European Parliament and of the Council of 4 November 2003 on the prospectus to be published when securities are offered to the public or admitted to trading and amending Directive 2001/34/EC (Text with EEA relevance), Official Journal L 345, 31/12/2003 p. 0064–0089.

93 LMA steht für Loan Market Association, vgl. http://www.loan-market-assoc.com/documents. aspx.; vgl. *Diem* (2005), S. 330ff.

(iii) Zusammensetzung der Standardsetter

Schließlich können aus dem Aufbau jener Organisation, aus deren Feder die Standards stammen (Standardsetter), charakteristische Merkmale für Internationale Standards abgeleitet werden. IOSCO und OECD sind beides internationale Organisation, die von verschiedenen Staaten getragen werden. Während die OECD eine eigenständige Organisationsstruktur hat und heute vor allem als „think tank“ in Erscheinung tritt, ist die Struktur von IOSCO auf Koordination der nationalen Wertpapieraufsichtsbehörden ausgerichtet. Zwar nimmt die IOSCO auch Verbände mit rein privatwirtschaftlichem Hintergrund als assoziierte Mitglieder auf (wie z.B. die Vereinigung der brasilianischen Investmentbanken: ANBID[94]), aber die tragenden Mitglieder der Organisation sind staatliche Kapitalmarktaufsichtsbehörden.

Demgegenüber ist das International Accounting Standards Board (IASB[95]) eine rein privatwirtschaftliche Organisation, die 1973 auf Initiative verschiedener nationaler Vereinigungen der Wirtschaftsprüfer errichtet wurde. Entsprechendes gilt für die Loan Market Association (LMA), deren Mitglieder sich aus internationalen Banken- und Investmentbanken sowie Rechtsanwaltsfirmen rekrutieren.[96] Für die Entwurfsgremien der Internationalen Standards ist also nicht charakteristisch, dass sie entweder dem (inter-)staatlichen oder dem privaten Sektor zuzuordnen sind. Vielmehr heben sie sich durch die internationale Zusammensetzung ihrer Mitglieder und dadurch vom klassischen nationalen Gesetzgeber ab, dass die eigentliche Sacharbeit, also das Entwickeln und Schreiben („draften“) der Standards, von hochkarätigen und zumeist praxiserprobten Experten bewerkstelligt wird.

Typisch für jene Organisationen, die Internationale Standards im Finanzbereich entwerfen, ist ferner, dass sie untereinander teils projektbezogen, häufig aber auch in institutionalisierter Weise kooperieren. Diese Feststellung trifft namentlich auf IOSCO und IASB zu, die seit langem zusammenarbeiten, um dergestalt die ständige Verbesserung und internationale Verbreitung der IFRS zu för-

94 Zur Aufnahme von ANBID in IOSCO am 7. Mai 2005 vgl. ANBID (2007), S. 172.
95 Vgl. *Nobel* (2006), Kapitel 7, S. 711 Rdn. 8 ff.
96 Vgl. http://www.loan-market-assoc.com.

dern.[97] Ähnliches gilt seit 2006 auch für die Kooperation zwischen IOSCO und OECD im Bereich der Corporate Governance Standards. Dabei geht es darum, die OECD-Principles of Corporate Governance zu konkretisieren.[98]

1.1.4.2. Selbstregulierung

Das Thema Zusammensetzung der Entwurfsgremien der Internationalen Standards leitet im Grunde schon zum zweiten Schlüsselbegriff der Untersuchung über: der Selbstregulierung. Während Internationale Standards, so wie der Begriff hier verstanden wird, auch durch internationale Organisationen geschaffen werden können, die von Staaten gegründet bzw. getragen werden, fällt dieser Organisationstypus per se aus der privatautonomen Selbstregulierung heraus (z.B. OECD- und IOSCO-Standards). Diese Abschichtung bedeutet nun aber nicht, dass die Internationalen Standards dieser inter-staatlichen Organisationen nicht über den Hebel Selbstregulierung in eine bestimmte (lokale) Marktordnung integriert werden könnten. Vielmehr steht genau diese Hebel-Funktion der Selbstregulierung auf nationaler bzw. marktplatzbezogener Ebene im Focus der vorliegenden Untersuchung.

Selbstregulierung ist dadurch charakterisiert, dass eine Bindung an das Regelwerk bzw. einen Kodex nicht einseitig durch die Regulierungsinstanz aufoktroyiert wird, sondern dass eine Wahlentscheidung aller Betroffenen vorausgeht, künftig das betreffende Regelwerk bzw. den Kodex einzuhalten. Übersetzt in rechtliche Kategorien bedeutet dies, die Bindungswirkung hängt von einer privatautonomen Entscheidung jedes potentiellen Adressaten des Regelwerks oder des Kodex ab. Diese privatautonome Entscheidung kann in Gestalt eines Vertragsschlusses erfolgen oder durch den Erwerb einer Mitglied-

97 Vgl. IOSCO Statement on the Development and the Use of International Financial Reporting Standards in February 2005 (http://www.iosco.org).

98 Consultation Report an Overview on the work of the IOSCO Technical Committee March 2007, S. 8: “More specifically, IOSCO has set out to undertake, in collaboration with the OECD, an additional descriptive and thematic analysis of the definition and role of independent directors on the boards of public issuers and on the additional protection required in situations where these issuers are controlled by a dominant shareholder.” (http://www.iosco.org).

schaft in einer Organisation, zu deren (satzungsmäßigem) Zweck es gehört, die Mitglieder an ein bestimmtes Regelwerk bzw. an einen Kodex zu binden (Konsensprinzip[99]). Daraus folgt unmittelbar, dass als Selbstregulierer nur rein privatrechtliche Organisationen in Betracht kommen, hinter denen die Marktteilnehmer selbst stehen – sei es unmittelbar oder über einen Verband.

Damit fallen in den Bereich der Selbstregulierung eindeutig Regelwerke von Industrieverbänden, die von Unternehmen der betreffenden Industrie gegründet und mit dem Auftrag ausgestattet wurden, im betreffenden Markt bestimmte (internationale) Standards verbindlich einzuführen. Das Paradebeispiel aus dem brasilianischen Kapitalmarkt sind die Self-Regulation Codes der Associação Nacional dos Bancos de Investimento (ANBID[100]). Die ANBID ist 1976 von in Brasilien tätigen Investmentbanken gegründet worden. Im Jahre 1999 ist der Verband durch die Veröffentlichung des Code for Public Securities' Offerings erstmals auf dem Gebiet der Selbstregulierung hervorgetreten. Der Kodex ist verbindlich für die Mitglieder der ANBID; dazu gehören nahezu sämtliche in Brasilien niedergelassenen nationalen und internationalen Banken mit Investmentgeschäft. Entsprechend groß ist der Wirkungsgrad des Kodex: Denn in aller Regel gibt es ohne Beteiligung einer dieser Banken keine Aktienplatzierung, und jede Bank ist nach dem Kodex dazu verpflichtet, diesen bei jeder Begleitung einer Emission zu beachten.[101] Für Nicht-Mitglieder gilt der Kodex nur, wenn diese eine standardförmige Verpflichtungserklärung abgegeben haben. Am Beispiel des ANBID-Kodex lassen sich die beiden Varianten zur Implementierung anschaulich darstellen:

> ANBID'S SELF-REGULATION CODE FOR THE PUBLIC OFFERINGS OF SECURITIES' DISTRIBUTION AND ACQUISITION
>
> *Section 1* – The purpose of the Self-Regulation Code is to ensure the transparency and adequate functioning of the Brazilian capital markets by setting forth the principles and rules to be observed by Participating Institutions in Public Offerings of Securities.
>
> *Section 3* – This code shall apply to any Participating Institution, herein defined as the institutions affiliated with ANBID, as well as to institutions

99 *Kirchner* (2002), S. 103.
100 Vgl. http://www.anbid.com.br.
101 Vgl. hierzu näher unten 3.3.1.3.

which although not affiliated with ANBID, expressly adhere to the terms herein upon the execution of the competent Adhesion Form.

Paragraph One – The Participating Institutions shall comply with the Code and shall cause all members of their financial conglomerate or group who are authorized in Brazil to engage in any of the activities defined in section 1 do to do so as well. (...)

Paragraph Two – Institutions not affiliated with ANBID shall be entitled to adhere to the terms of this Self-Regulation Cod upon the execution of the relevant Adhesion Form. (...)

Definitions

Participating Institutions – institutions affiliated with ANBID, all members of their financial conglomerate or group authorized in Brazil to engage in any act related to public offerings of securities, as well as institutions which, although not affiliated with ANBID, expressly adhere to his Self-Regulation Code upon the execution of the competent Adhesion Form.

Adhesion Form – a document enabling institutions not affiliated with ANBID to adhere to the terms of this Self-Regulation Code.

Neben dieser eindeutigen Form der Selbstregulierung gibt es jene Variante, bei der das Regelwerk bzw. der Kodex zwar von rein privatrechtlichen Organisationen entworfen werden, diese dabei aber innerhalb eines gesetzlich vorgegebenen Rahmens tätig werden. Letzteres triff vielfach auf Börsen zu und gilt namentlich für die brasilianischen Börsen BOVESPA und BM&F.[102] Man kann in diesen Fällen von regulierter Selbstregulierung sprechen.[103] Dieses Wortspiel klingt zwar nicht gerade elegant, es trifft aber den Kern der Sache. Der Selbstregulierer untersteht nämlich in diesen Fällen typischerweise der Aufsicht einer staatlichen Regulierungsbehörde, die sich nicht zuletzt auf die Aktivitäten der Selbstregulierung erstreckt; dies zeigt sich insbesondere daran, dass die im Wege der Selbstregulierung geschaffenen Normtexte von der betreffenden Behörde autorisiert werden. Die Rollenverteilung zwischen BOVESPA und Comissão de Valores Mobiliários (CVM), der „brasilianischen BaFIN oder SEC“, stellt eine solche regulierte Selbstregulierung dar.[104] Die Bindungswirkung der Regelwerke, die von einem derartigen Selbstregulierer geschaffen wurden, ergibt sich für die Marktteilnehmer aus der Listing-Vereinbarung. Folglich beruht sie auf einem tatsächlichen

102 Grundlagen sind Art. 8, 17 des Gesetzes Nr. 6385/1976 und Art. 19, 20, 36ff. Instrução Nr. 461 der CVM, vom 23. 11. 2007.

103 Vgl. *Kirchner* (2002), S. 103.

104 Vgl. hierzu näher unten 3.2.2.2. und 3.3.3.3.2. (i).

Konsens. Dieser Mechanismus lässt sich am Beispiel der Listing-Bedingungen der BOVESPA für den Novo Mercado[105] nachvollziehen.

> Novo Mercado listing rules
>
> *Part II – Definitions*
>
> "Novo Mercado Agreement" the agreement between: (i) BOVESPA, and (ii) the Company, the Senior Managers and the Controlling Shareholders. This agreement governs the obligations that apply to the Company's Listing on the Novo Mercado."
>
> *Part III – Authorization for the trading on the Novo Mercado*
>
> *3.1. – Authorization for the trading on the Novo Mercado*
>
> The BOVESPA Chief Executive Officer may authorize a Company for trading of its securities on the Novo Mercado if it complies at least with these requirements: (...)
>
> (iii) It has signed the Novo Mercado Agreement; (...).

Der Novo Mercado ist ein Marktsegment, das sich ähnlich wie der Prime Standard der Deutschen Börse AG, durch besonders strenge Voraussetzungen an die Aufnahme auszeichnet. Allerdings gehen die Regeln zum Novo Mercado mehr ins Detail und streichen sogar bestimmte gesetzliche Gestaltungsmöglichkeiten, die das brasilianische Aktienrecht explizit eröffnet. Beispielsweise dürfen Aktiengesellschaften, die ein Listing im Novo Mercado anstreben, grundsätzlich keine stimmrechtslosen Vorzugsaktien („ações preferenciais") begeben, sondern nur gewöhnliche Aktien („ações ordinárias").[106] Hier weicht die BOVESPA von Art. 15 § 2 des Gesetzes Nr. 6.404/1976 (in der Fassung seit 2001) ab und entspricht damit dem Corporate Governance Kodex des Instituto Brasileiro de Governança Corporativa (IBGC[107]) in einem für die brasilianische Unternehmenskultur besonders sensiblen Punkt. Traditionell sichern die großen Unternehmerfamilien des Landes ihre Herrschaft u. a. durch Holdingstrukturen, Stimmrechtsvereinbarungen und nicht zuletzt dadurch ab, dass sie an das Publikum lediglich stimmrechtslose Vorzugsaktien ausgeben. Auch deshalb spielen Vorzugsaktien in Brasilien eine weit größere

105 Vgl. hierzu Regulação CMN Nr. 1.927/1992 ; vgl. *Andrezo/Lima* (2007), S. 300 ff.

106 Vgl. die Listing-Bedingungen der BOVESPA für den Novo Mercado Ziff. 3.1 (vi).

107 Vgl. http://www.ibgc.org.br.

Rolle als in OECD-Ländern. *Carvalhal da Silva/Leal* kamen in einer Stichprobe, die 225 brasilianische Unternehmen umfasste und auf Basis des Zahlenmaterials aus dem Jahre 2000 erfolgte, zu folgendem Ergebnis:[108]

> "Out of 225 firms, 2003 (90%) have one shareholder that owns more than 50% of the voting capital. This shareholder owns on average 76% of the voting capital. Among the firms where the control is not held by one shareholder (22), the largest shareholder owns on average 37% of the voting capital. This demonstrates that, even when one single shareholder does not have the majority vote, the largest shareholder holds a considerable portion of them. Considering the sample as a whole, the largest, the 3 largest and the 5 largest shareholders have, 72%, 85% and 87% of the voting capital. Our results show a high degree of concentration of the voting capital, and the company is, on average controlled by its 3 largest shareholders. Besides this, 87% of the voting capital of companies are in the hands of the 5 largest shareholders. We also can note a reasonable difference between the percentage of voting and total capital held by large shareholders. In Brazil, the issuance of non-voting shares appears to be used by large shareholders to maintain control of the firm without having to hold 50% of the total capital. Considering the entire sample, the 5 largest shareholder have 87% of the voting capital but only 63% of the total capital. (…) The percentage o voting shares on total capital is lower in firms controlled by families and institutional investors (…)."

Zwar hat der Gesetzgeber im Jahre 2001 die zulässige Obergrenze für Vorzugsaktien per Gesetz von zwei Dritteln auf 50% aller emittierten Aktien abgesenkt; allerdings gilt diese Regel nicht für Gesellschaften, die ihren Börsengang vor Oktober 2001 durchführten,[109] und ist daher in ihren Wirkungen arg beschränkt. Der Bruch, den die BOVESPA mit der Tradition im Novo Mercado vollzogen hat, ist nicht zuletzt vor dem Hintergrund zu sehen, dass die BOVESPA und das IBGC am 18. August 2004 einen Kooperationsvertrag eingegangen sind und die BOVESPA (ausweislich ihres Börseneinführungsprospekts[110]) selbst für ihre eigene Corporate Governance wichtige Punkte des IBGC-Kodex übernommen hat. Das IBGC wurde 1995 unter dem Namen Instituto Brasileiro de Conselheiros de Administração (IBCA) von

108 *Carvalhal da Silva/Leal* (2003), S. 7 und 16; vgl. hierzu auch *Gorga* (2007), S. 6ff.

109 Die Änderung des Art. 15 Abs. 2 Aktiengesetz (Gesetz Nr. 6.404/76) erfolgte durch Art. 4 Abs. 2 Gesetz Nr. 10.303/2001); vgl. die ökonomische Analyse zu dieser Änderung bei *Gorga* (2007), S. 6ff.

110 Endgültiger Emissionsprospekt der BOVESPA Holding S. A., S. 199–200.

Unternehmern, Topmanagern, Anwaltskanzleien und anderen Beratungsfirmen gegründet; das Hauptwerk der Organisation ist der Code of Best Practice of Corporate Governance. Das IBGC ist ein Nationaler Standardsetter, der als „Intermediär" beim Umsetzen Internationaler Standards in Brasilien wirkt.

Soweit im Folgenden der Begriff Selbstregulierung verwendet wird, schließt dies neben der freien Selbstregulierung (im Stile der ANBID) die „regulierte" Selbstregulierung durch die brasilianischen Börsen ein. Nicht unter den Begriff der Selbstregulierung – so wie er hier verstanden wird – fällt hingegen ein institutionelles Arrangement der folgenden Art: Die Regierung oder eine Aufsichtsbehörde setzt eine externe Kommission bestehend aus praxiserprobten Experten ein (z.B. Regierungskommission Deutscher Corporate Governance Kodex). Die Kommission erhält den offiziellen Auftrag, für einen bestimmten Lebensbereich Standards zusammenzustellen (Corporate Governance börsennotierter Unternehmen). Anschließend wird die Zusammenstellung in einem staatlichen Medium veröffentlicht (z.B. Bundesanzeiger). Die sich hieraus bereits ergebende Diskrepanz zum Verständnis der Selbstregulierung als einem Akt privatautonomer Entscheidung wird noch verstärkt, wenn zusätzlich eine gesetzliche Pflicht für die Adressaten der Standards geschaffen wird, sich (periodisch) über die Befolgung bzw. Ablehnung der Standards zu erklären (z.B. § 161 AktG). Die Tatsache allein, dass die Kommissionsmitglieder in dieser Funktion nur nebenbei tätig sind und sie in ihrem Hauptberuf unmittelbar von den Arbeitsergebnissen der Kommission faktisch betroffen werden (z.B. als Aufsichtsrats- oder Vorstandsmitglieder), macht das Ganze nicht zu einem Akt privatautonomer Selbstregulierung.

1.1.5. Zielsetzung und Kernthese

Das Ziel der Untersuchung besteht darin, folgende Kernthese zu überprüfen: Die Regulierung von Aktienmärkten, insbesondere die Zulassungsvoraussetzungen und Folgepflichten des Listings, sowie die Übernahme Internationaler Standards zu diesen Themen erfolgen vergleichsweise am besten (pareto-superior) im Wege der Selbstregulierung. Diese These gilt vor allem für heranreifende Märkte, die sich in einem gesamtwirtschaftlichen Transformationsprozess befinden. Voraussetzung für die erfolgreiche Selbstregulierung ist, dass ein

Konsens zwischen allen betroffenen Akteuren vorliegt, der sich inhaltlich zumindest auf die Entscheidung für die Selbstregulierung und bestimmte übergeordnete Regulierungsziele erstreckt (z.B. Übernahme eines bestimmen Internationalen Standards oder Verbesserung der Marktliquidität). Der Konsens muss von der staatlichen Regulierungsinstanz (Kapitalmarktaufsichtsbehörde), welche prinzipiell über den betreffenden Aktienmarkt herrscht, geteilt werden.

Diese These wird im Rahmen des zweiten Kapitels zunächst theoretisch hergeleitet. Hierzu wird eine Theorie der Kapitalmarktregulierung entwickelt, die sich des Instrumentariums der Neuen Institutionenökonomik bedient, und zwar in jener Form, die *Christian Kirchner* unter dem Namen „Ökonomische Theorie des Rechts" in einer gleichnamigen Schrift aus dem Jahre 1997 geprägt hat.[111] Anschließend wird der Reformprozess, in dem das institutionelle Arrangement des brasilianischen „Novo Mercado" gestaltet wurde, nachgezeichnet und im Lichte der entwickelten Regulierungstheorie analysiert. Im Focus stehen dabei die Mechanismen, mit deren Hilfe Internationale Standards implementiert wurden und ein breiter Konsens der beteiligten Akteure erzielt wurde. Auf dieser Basis wird in vorsichtiger Weise erörtert, inwieweit sich aus der brasilianischen Erfahrung möglicherweise Rückschlüsse für die Kapitalmarktregulierung in anderen heranreifenden Märkten bzw. in reifen Märkten ziehen lassen.

Vorsicht ist dabei aus einer ganzen Reihe von Gründen geboten. Zunächst wird die Länderstudie zu Brasilien zeigen, dass die tatsächlichen Effekte, die sich aus einer institutionellen Weichenstellung zugunsten einer bestimmten Kapitalmarktordnung ergeben, in erheblichem Maße davon abhängen, wie sich (zeitgleich) die makroökonomischen Faktoren entwickeln.[112] Der Einfluss dieser Faktoren ist umso bedeutsamer, als gerade heranreifende Märkte häufig durch ausgeprägte Volatilitäten in den makroökonomischen Schlüsselgrößen gekennzeichnet sind. Ferner sind die Erfahrungen mit dem institutionellen Arrangement Novo Mercado noch recht jung (6–7 Jahre), und sein Boom fällt in einen besonders glücklichen Zeitraum der Weltwirtschaft (2004–2007). Aus diesem Grund wird die Analyse der

111 Grundlegend *Kirchner* (1997).

112 *Studart* (2000).

Kapitalmarktorganisation mit der makroökonomischen Entwicklung Brasiliens kontrastiert, denn auch für die Erklärung eines Finanzmarktbooms – wie ihn Brasilien von 2004 bis 2007 erlebt hat – gilt, worauf *Kern/Dhumale/Eatwell* im Zusammenhang mit Finanzmarktkrisen, Risikoübernahme und systemischem Risiko zutreffend hingewiesen haben:[113]

> "Nonetheless, even where crises have microeconomic origins, an important macroeconomic component remains. The negative externalities associated with financial risk taking by individuals and firms are not spread solely through the microeconomic connection of trade (as is typically the fact, for example with environmental externalities). A major component of financial externalities is macroeconomic. The reason derives from the fact that while commodity markets (including the "market" for dirty smoke) involve the pricing of flows of goods and services, financial markets involve the pricing of stocks of financial assets. Moreover, the price of financial assets depends on expectations about its future price, as well as about expectations about its future liquidity and rate of return. Consequently, *expectations play an extraordinary role in the determination of the prices of financial assets, and shared expectations are a potent source of macroeconomic contagion.* (...) There is another important dimension of economic policy in which microeconomic regulation and macroeconomic policy are linked. *To a considerable extent, regulatory rules define the relationship between the stock of financial assets and overall liquidity. In other words the monetary transmission mechanism.*"

Gerade im Falle des brasilianischen Kapitalmarktes wird sich zeigen, dass eine Entwicklung des Marktes hin zum OECD-Niveau (u.a.) erst möglich war, nachdem es dem Land in der zweiten Hälfte des vergangenen Jahrzehnts (beginnend 1994) gelungen war, die Inflation nachhaltig in den Griff zu bekommen. Zuvor hatte der Umstand, dass das Defizit im Staatshaushalt letztlich über die Zentralbank finanziert wurde, zu einer andauernd hohen, teils sogar extrem nach oben ausschlagenden Inflation geführt.[114] Weitere wichtige Voraussetzungen, die erst nach der Jahrtausendwende erreicht wurden, waren eine stabile Währung, die Kontrolle der Staatsverschuldung und in der Folge ein drastischer Rückgang des Länderrisikos.

[113] *Kern/Dhumale/Eatwell* (2006), S. 4f.

[114] *Baer* (2008) S. 129; *Studart* (2000), S. 25f. Das Thema Inflation und ihr Verhältnis zum Entwicklungs- bzw. Wachstumsziel hat in Lateinamerika eine lange Geschichte, vgl. *Baer* (1967).

1.2. Ökonomische Theorie des Rechts

1.2.1. Ausgangspunkt

Die Grundlage für die Analyse der aufgeworfenen Fragen zur Börsenregulierung bildet – wie bereits angedeutet – die von *Christian Kirchner* entwickelte ökonomische Theorie des Rechts.[115] Diese Theorie wird auf die Regulierung von organisierten, öffentlichen Aktienmärkten zugeschnitten und angewandt.

Der Forschungsansatz der ökonomischen Theorie des Rechts ist im Kern ein wirtschafts- und keine rechtswissenschaftlicher. Es wird untersucht, wie sich die Änderung einer unabhängigen Variablen (z.B. einer Regulierungsänderung) auf eine abhängige Variable (z.B. Wahlentscheidungen von Marktteilnehmern) auswirkt. Die Verknüpfung der beiden Typen von Variabeln erfolgt über Verhaltensänderungen, die auf eine Kosten- und Nutzenabwägung der Akteure zurückgehen. In diese Abwägung gehen speziell bei professionell handelnden Akteuren (Investmentbankern, Unternehmen etc.) auch Regulierungen bzw. Regulierungsänderungen ein, denn dadurch werden bei den Akteuren Anreize (Nutzenzuwachs) oder Restriktionen (Kosten) gesetzt, ihr Verhalten in einer bestimmten Weise auszurichten. Bei der Analyse des Zusammenhangs zwischen abhängigen und unabhängigen Variablen wird davon ausgegangen, dass die Präferenzen der Akteure gleich bleiben. Bezogen auf den Kapitalmarkt bedeutet dies zum Beispiel, dass die Investoren einer bestimmten Risikoaversionsklasse treu bleiben (z.B. nicht von Aktien zu Staatsanleihen wechseln) und sich ihre Renditeerwartung bei gegebenem Risiko nicht verändert (z.B. erwartete Dividende ist bezüglich zweier ähnlich situierter Unternehmen gleich). Diese Annahme ist jedenfalls dann plausibel, wenn man relativ kurze Zeiträume betrachtet und in Rechnung stellt, dass Anleger mit Portfolio-Strategie die anteilsmäßige Zusammensetzung ihres Portfolios aus unterschiedlich risikoreichen Asset-Klassen (zumindest über kurze Zeiträume) konstant halten werden.

Durch diese Prämisse (konstante Präferenzen) können Verhaltensänderungen und Wahlentscheidungen besser erklärt werden. Bei der

115 Grundlegend *Kirchner* (1997); vgl. auch *Kirchner* (2006a) und *Kirchner* (2006b).

ökonomischen Theorie des Rechts handelt sich also zunächst um einen positiven oder deskriptiv-analytischen Ansatz. Versucht man hingegen, auf Basis der normativen Analyse gezielt zu ermitteln, wie man eine bestimmte Verhaltensänderung bewirken kann, die ihrerseits dem ökonomischen Prinzip dient, also z.B. dazu, eine überlegene („pareto-superior") Allokations-, Informations- oder dynamische Effizienz eines Marktes herbeizuführen, dann erhält der Forschungsansatz eine normative Dimension.[116] Das Entwickeln von normativen Aussagen, insbesondere von ökonomisch fundierten und konsensfähigen Regulierungskonzepten, ist das eigentliche Ziel der ökonomischen Theorie des Rechts. Die vorausgehende positive Analyse ist unabdingbare Voraussetzung hierfür.

Der skizzierte ökonomische Forschungsansatz wird in der ökonomischen Theorie des Rechts um ein zentrales Element erweitert, das die Brücke zum juristischen Paradigma bildet. Die Rede ist vom normativen Individualismus, der als Legitimationselement dient. Normativer Individualismus ist der Rekurs auf Wertentscheidungen individueller Akteure und damit letztlich auf das Konsensprinzip.[117] Dieses Brückenelement markiert aus interdisziplinärer Perspektive einen gravierenden Unterschied zur klassischen Chicago School of Law and Economics,[118] die auf dem Boden der neoklassischen Ökonomie steht.[119] Ihr Erscheinungsbild wurde maßgeblich durch die mit kraftvoller Sprache geschriebenen Hauptwerke *Richard A. Posners* geprägt: „Economic Analysis of the Law" und „Antitrust Law".[120] Die starke Betonung der Allokationseffizienz im Sinne des Kaldor-Hicks-Kriteriums[121] bzw. der Wohlfahrtsmaximierung muss fast zwangsläufig zur pauschalen Ablehnung bei klassisch arbeitenden Juristen führen, die auch im Wirtschaftsrecht durch das Denken in Dogmen und die Suche nach der Einzelfallgerechtigkeit geprägt sind. Der Graben zur Chicago School verbreitert sich noch dadurch, dass die Einzelfallgerechtigkeit traditionell nur aus der Richterperspektive, also ex post, betrachtet wird.

116 *Kirchner* (1997), S. 8f.; *van Aaken* (2003), S. 184ff.
117 Vgl. *Kirchner* (1997), S. 25; *van Aaken* (2003), S. 235ff.
118 Vgl. die Charakterisierung bei *Mercuro/Medema* (1997), S. 51ff.
119 Vgl. *Kirchner* (2006a), S. 40.
120 *Posner* (2007); *Posner* (2001).
121 Vgl. *Cooter/Ulen* (2004), S. 48.

Neben dem normativen Individualismus (als Legitimationsansatz) ist charakteristisch für die ökonomische Theorie des Rechts, dass sie zwar einerseits auf dem methodischen Fundament der Neoklassik errichtet ist, aber andererseits deren restriktive Annahmen modifiziert. Allem voran die Annahmen, alle Marktteilnehmer seien vollständig informiert und es gäbe keine Transaktionskosten, werden aufgegeben.[122] Damit steht die ökonomische Theorie des Rechts in einer Reihe mit anderen Forschungsansätzen, die einen Beitrag zur Neuen Institutionenökonomik leisten und von der ökonomischen Theorie des Rechts als Bauelemente genutzt werden.[123] Zu diesen Bauelementen gehören: die Theorie der Eigentumsrechte, die Theorie der Unternehmung (Transaktionskosten Ökonomik), die Prinzipal-Agenten-Theorie und die ökonomische Theorie der Verfassung.[124] All diese theoretischen Ansätze spielen sich nicht im „Nirwana"[125] oder auf „blackboards"[126] ab, sondern in der realen Welt, die durch unvollständige Information, positive Transaktionskosten, Prinzipal-Agenten-Probleme und gelegentlich auch schlicht durch Betrüger gekennzeichnet ist.[127]

122 *Kirchner* (1997), S. 11; vgl. auch *Kirchner* (2006a), S. 41.

123 *Kirchner* (1997), S. 21 ff.

124 Vgl. *Erlei/Leschke/Sauerland* (2007); *Mercuro/Medema* (1997); *Richter/Furubotn* (2003); *Voigt* (2002).

125 *Demsetz* (1969), S. 1: "The view that now pervades much public policy economics implicitly presets the relevant choice as between an ideal norm and an existing "imperfect" institutional arrangement. This *nirvana approach* differs considerably from a comparative approach in which the relevant choice is between real institutional arrangements. In practice, those who adopt the nirvana viewpoint seem to discover discrepancies between the ideal and the real and if the discrepancies are found, they deduce that the real is inefficient. Users of the comparative institution approach attempt to assess which alternative real institutional arrangement seems best able to copy with the economic problem; practitioners of this approach may use an ideal norm to provide standards from which divergences are assessed for all practical alternatives of interest and select as efficient that alternative which seems most likely to minimize the divergence."

126 *Coase* (1988), S. 28: "Economic policy involves a choice among alternative social institutions, and these are created by the law or are dependent on it. The majority of economists do not see the problem this way. They paint a picture of an ideal economic system, and then, comparing it with what is necessary to reach this ideal state without much consideration for how this could be done. The analysis is carried out with great ingenuity but it floats in the air. It is, as I have phrased it, "*blackboard*" economics."

127 Vgl. *Kirchner* (2006a), S. 39.

1.2.2. Das ökonomische Paradigma und der Individualismus

Die ökonomische Theorie des Rechts legt zunächst das ökonomische Paradigma zugrunde und ergänzt dieses sodann um den normativen Individualismus. Das ökonomische Paradigma selbst besteht aus drei grundlegenden Annahmen: Ressourcenknappheit, Eigennutztheorem und Rationalverhalten. Hinzu kommt der methodologische Individualismus.[128]

(i) Ressourcenknappheit

Ressourcenknappheit ist zweifelsfrei diejenige Annahme, deren Plausibilität am wenigsten bestritten wird. Es liegt regelmäßig offen zu Tage, dass sich die Summe der menschlichen Bedürfnisse und die Gesamtheit der verfügbaren Güter (im weitesten Sinne verstanden) im Ungleichgewicht befinden und immer befinden werden.[129] Da die Annahme von Ressourcenknappheit evident richtig ist, erübrigt sich eine empirische Fundierung durch Datenmaterial. Die Aussage zur Evidenz der Knappheit gilt umso mehr, wenn wir Kapitalmärkte betrachten. Speziell die aggregierten Bedürfnisse der Unternehmen nach langfristig zur Verfügung stehendem Kapital, namentlich nach Eigenkapital, sind größer als die Summe des Kapitals, das alle Investoren der Risikoaversionsklasse Eigenkapital bereit sind, dem Unternehmenssektor zur Verfügung zu stellen.

Zwar bietet Eigenkapital regelmäßig die höchste Rendite, es ist andererseits aber auch besonders riskant. Bei zu geringem Cashflow fallen als erstes die Dividenden aus, und in der Insolvenz werden die Eigenkapitalgläubiger als letztes bedient und sehen in der Praxis so gut wie niemals etwas von ihrer Einlage wieder (vgl. für Deutschland §§ 39, 199 S. 2 InsO, für die Schweiz Art. 219, 200 SchKG und Art. 745 OR sowie für Brasilien Art. 83 Gesetz Nr. 11.101/2005). Außerdem haben Eigenkapitalinvestoren nur bei Existenz eines liquiden Zweitmarktes die Chance zum kurzfristigen Ausstieg aus ihrem Investment. Die Annahme, Eigenkapital sei prinzipiell knapp, ist mehr als plausibel und empirisch fundiert, auch wenn gelegentlich

128 *Kirchner* (1997), S. 12.
129 Vgl. *Kirchner* (1997), S. 12f.

eine Reihe von Börsengängen in einem bestimmten Marktsegment deutlich überzeichnet sind. In Brasilien war es um die Jahrtausendwende speziell für junge wachsende Unternehmen sehr schwierig, über die (heimischen) Börsen Eigenkapital aufzunehmen.[130] Falls aber die Unternehmen einer Volkswirtschaft auf breiter Front nicht ausreichend mit (Eigen-) Kapital versorgt sind, werden Wachstumschancen vertan.[131]

Im Zusammenhang mit Regulierungsfragen lässt sich die Ressourcenknappheit auch auf den Gesetzgeber bzw. die staatliche Kapitalmarktaufsicht anwenden (z.B. auf die BaFin, CVM oder SEC). Da die personelle Kapazität und fachliche Kompetenz zum Entwurf und zur Durchsetzung von Regelungen beschränkt sind, müssen Wahlentscheidungen getroffen werden. Die Entscheidungsträger in Gesetzgebung oder Verwaltung sind gezwungen, thematische Schwerpunkte zu setzen, wie z.B. Kontrolle von Wertpapierprospekten, Insider Trading (Marktmissbrauch) oder Ad-hoc Publizität. Hinter dem von verschiedenen Wertpapieraufsichtsbehörden (z.B. FSA, BaFin, CVM) in den letzten Jahren propagierten risikobasierten Überwachungsansatz verbirgt sich nichts anderes als eine solche Wahlentscheidung.

Ferner müssen Regulierungsinstanzen darüber entscheiden, ob sie eigene Regelwerke entwickeln oder fremde Regelwerke (wie z.B. Internationale Standards) übernehmen wollen und wie sie dies gegebenenfalls tun wollen – modifiziert oder eins-zu-eins. Schließlich ist im Rahmen der Schwerpunktsetzung festzulegen, ob ein bestimmtes Feld besser der Selbstregulierung durch die Marktteilnehmer überlassen wird oder auf staatlicher Ebene reguliert werden soll.

(ii) Eigennutztheorem

Das Eigennutztheorem besagt, dass die Akteure ihre Wahlhandlungen regelmäßig danach treffen, welche von mehreren zur Verfügung stehenden Varianten ihre individuellen Bedürfnisse am besten befriedigen. Dabei werden keine Aussagen in Bezug auf das Verhalten konkreter Individuen oder einzelner Unternehmen gemacht, vielmehr werden Gruppen von Akteuren betrachtet. Das Eigennutztheorem

130 *Schmith* (2004), S. 203.
131 Vgl. *Black* (2001), S. 833.

kann also durchaus auch dann verwendet werden, wenn einzelne Akteure aus der Gruppe ihre Entscheidungen nicht daran ausrichten, mit welcher Wahlentscheidung sie ihre Bedürfnisse am besten befriedigen. Voraussetzung ist allerdings, dass eine hinreichend große Gruppe von Individuen betrachtet wird, sodass Ausreißer nicht ins Gewicht fallen. Da es sich beim Eigennutztheorem um eine heuristische Annahme[132] handelt, bedarf es keiner empirischen Fundierung. Die Beurteilung solcher Annahmen richtet sich ausschließlich danach, ob sie zu prognosefähige Aussagen führen.[133] Abgesehen davon gilt aber speziell für Investitions- und Finanzierungsentscheidungen, dass die Annahme eigennützigen Verhaltens jedenfalls bei der Masse der Investoren mehr als plausibel ist.

(iii) Rationalverhalten (bounded rationality)

Die These vom Rationalverhalten geht über die Aussage des Eigennutztheorems hinaus. Dieser These zufolge können nämlich prognosefähige Aussagen darüber gemacht werden, wie Änderung bestimmter Variablen und die daraus resultierenden Verhaltensänderungen der betroffenen Akteure miteinander zusammenhängen.[134] Dagegen besagt das Eigennutztheorem nur, dass sich die Akteure an eine Veränderung anpassen werden, um dergestalt – jeder für sich – ein neues individuelles Optimum der Bedürfnisbefriedigung zu finden.

Betrachten wir ein Beispiel zur These vom Rationalverhalten: Verschärft ein Land das gesetzliche Verbot des Insider Trading (Directors Dealing) und dehnt zugleich die Haftung bei Verstößen auf die betreffende Aktiengesellschaft aus, dann werden die Entscheidungsträger von Aktiengesellschaften mehr Geld für interne Melde- und Überwachungssysteme ausgeben. Wendet man nun auf dasselbe Beispiel das Eigennutztheorem an, so gelangt man lediglich zu folgender Aussage: Die Entscheidungsträger der Regelungsadressaten (hier der Aktiengesellschaften) werden den status quo ihrer Melde- und Überwachungssysteme für Insider Trading überprüfen und diese möglicherweise anpassen, falls sich dadurch ihre Bedürfnisse unter den veränderten Gegebenheiten besser befriedigen lassen.

132 Zum Begriff „Heuristik" vgl. *Engel/Gigerenzer* (2006), S. 2 ff.
133 *Kirchner* (1997), S. 13.
134 *Kirchner* (1997), S. 13.

Die Annahme rationalen Verhaltens ermöglicht also Aussagen darüber, wie die Akteure auf Veränderungen von positiven oder negativen Anreizen reagieren werden. Dergestalt können zum Beispiel die Auswirkungen von Regulierungen abgeschätzt werden, die gezielt Handlungsanreize setzen wollen und dabei die Marktbedingungen verändern. Voraussetzung für eine solche Prognose ist allerdings, dass man die Präferenzstruktur der Akteure recht genau kennt und dass sich Akteure mit ähnlichen Präferenzen zu größeren Gruppen zusammenfügen lassen, sodass das Vorhandensein von Ausreißern (d.h. wider den eigenen Nutzen handelnde Akteure) unbedeutend wird. Im Bereich des Kapitalmarktes spiegelt sich diese Gruppenbetrachtung in der Bildung verschiedener Asset Klassen wider. Eine solche Klasse zeichnet sich dadurch aus, dass eine größere Menge von Wertpapieren, die von verschiedenen Unternehmen emittiert wurden, zu gleichen Bedingungen gehandelt werden (öffentlich oder OTC). Dabei müssen alle Wertpapiere eine sehr ähnliche Risiko-Ertragsstruktur aufweisen. Das Entstehen einer solchen Asset Klasse setzt auf der Investorenseite voraus, dass es eine Gruppe von Investoren gibt, die (zumindest bezüglich eines Teils ihres Anlageportfolios) eine ähnliche Präferenzstruktur besitzen. Die Präferenzstruktur dieser Investoren ist das Spiegelbild der Risiko-Ertragsstruktur der betrachteten Asset Klasse und umgekehrt. Auf eine solche Investorengruppe lässt sich sodann die Rationalitätsannahme anwenden. Beispiele für Asset Klassen sind Staatsanleihen von Staaten mit Investmentgrade oder Aktien, die in einem bestimmten Marktsegment gehandelt werden (an der BOVESPA z.B. die im Novo Mercado gelisteten Aktien).

Rational bedeutet nun nicht, dass die Entscheidungen der Akteure in einem objektiven Sinne richtig wären. Davon könnte man allenfalls sprechen, wenn man mit der Neoklassik davon ausgehen würde, dass alle Akteure vollständig informiert seien. Gerade diese unrealistische Annahme, die für Juristen geradezu grob abwegig erscheinen muss, wird von allen Forschungsansätzen der Neuen Institutionenökonomik fallen gelassen.[135] Legt man aber Informationsasymmetrien zugrunde und geht ferner davon aus, dass Akteure im Hinblick auf Informa-

135 *Richter/Furubotn* (2003), S. 39 ff.; vgl. auch *Castelar Pinheiro/Saddi* (2006), S. 60 ff.

tionskosten und Zeitnot teilweise bewusst darauf verzichten, alle denkbaren Informationskanäle auszuschöpfen und stattdessen lieber bewusst auf Basis einer verbleibenden Restunsicherheit entscheiden, so liegt offen zu Tage, dass man nur von einer beschränkten Rationalität (bounded rationality) ihrer Entscheidung sprechen kann.[136]

Einwände gegen die Rationalitätsannahme, die an ihrem heuristischen Wert rütteln, werden insbesondere von den Vertretern der Forschungsansätze Behavioral Economics und Behavioral Finance erhoben.[137] Dabei wird vor allem in Experimenten (meist Befragungen unter Mitwirkungen von Psychologen) aufgedeckt, dass sich Menschen in bestimmten Situationen inkonsistent verhalten und gerade nicht als rationale Nutzenmaximierer auftreten. Die Existenz solcher Anomalien ist nicht von der Hand zu weisen:[138] Der heuristische Wert der Rationalitätsannahme wird aber dann nicht entscheidend beeinträchtigt, wenn ihre Annahmen hinreichend differenziert und situationsbezogen ausgearbeitet werden,[139] die Gruppe der betrachteten Akteure sorgfältig bestimmt (insbesondere hinreichend groß und mit vergleichbarer Präferenzstruktur) und schließlich der Betrachtungszeitraum für Marktbewegungen nicht zu kurz gewählt wird, damit Marktverzerrungen aufgrund kurzzeitig auftretender Anomalien geglättet werden.[140] Entsprechendes gilt ja auch für den Umgang mit punktuellen makroökonomischen Schocks.

Indem man Prognosen darüber trifft, wie Akteure auf Regulierungsänderungen reagieren werden, überschreitet man die Schwelle von einer positiven zu einer normativen Theorie. Damit ist der Schritt zur Aussage, mit einer bestimmten Regeländerung könne ein bestimmtes Regelungsziel erreicht werden, nicht mehr weit. Hierbei wird sozusagen – die auf Basis des Rationalverhaltens gewonnene – Erkenntnis, dass Akteure beim Entscheiden auch die Folgen ihrer Ent-

136 Vgl. *Kirchner*, (1997), S. 14; *Kirchner* (2006b), S. 112 Rdn. 52; *Kreps* (1998), S. 168–173; *Richter/Furubotn* (2003), S. 4; *Williamson* (1985), S. 45f.

137 Vgl. aus der schnell wachsenden Literatur exemplarisch *Goldberg/Nitzsch* (2004); *Kahneman/Tversky* (1979); *Klöhn* (2006), S. 80ff.; *Rabin* (1998); *Schmolke* (2007), S. 459ff.; *Shleifer* (2000); *Sunstein* (2000).

138 Vgl. *van Aaken* (2003), S. 98ff.

139 *Kirchner* (1997), S. 14; *Kirchner* (1994).

140 Zur Kritik an behavioral economics und behavioral finance vgl. insbesondere *Fama* (1998); *Myagkov/Plott* (1997).

scheidung berücksichtigen (Konsequentialismus), auf den Kopf gestellt – anders ausgedrückt: Man antizipiert die Folgenabschätzung der Akteure und die daraus resultierende Entscheidung, um dergestalt einschätzen zu können, ob sich mit einer bestimmten Regelungsänderung die gewünschten Regelungsziele erreichen lassen.[141]

Vor allem diese Erkenntnis über den Wirkungsgrad oder die Effektivität von Regulierungsänderungen ist es, die im Zentrum der ökonomischen Theorie des Rechts steht. Derartige Erkenntnisse stellen den eigentlichen Mehrwert des interdisziplinären Arbeitens dar. Es liegt auf der Hand, dass Irrtümer über Wirkungszusammenhänge (sog. Rationalitätsfallen) bei normativen Aussagen brisant sind. Die Tatsache, dass Irrtümer und Anomalien auftreten können, bedeutet aber nicht, dass man die Rationalitätsannahme über Bord werfen müsste. Der skizzierten Problematik ist vielmehr dadurch zu begegnen, dass die Präferenzstruktur der betrachteten Gruppe von Akteuren möglichst genau ermittelt wird,[142] was – wie soeben am Beispiel Asset Klassen dargelegt – insbesondere voraussetzt, dass die Gruppe (bzw. das Marktsegment) sorgfältig definiert wird. Eine Alternative mit einem größeren heuristischen Wert, als ihn die Rationalitätsannahme aufweist, ist nicht ersichtlich.[143]

(iv) Methodologischer Individualismus

Im Rahmen des methodologischen Individualismus sind handelnde Akteure und Entscheidungsträger per Definition nur Individuen und

141 *Kirchner* (1997), S. 16f.

142 *Kirchner* (1997), S. 15f.

143 *Christian Kirchner* fasst die Vorteile der Rationalitätsannahme für die Analyse der Wahlentscheidungen von Akteuren wie folgt zusammen (*Kirchner* (1997), S. 18): „Es kann dann nämlich nur Präferenzen und Interessen von individuellen Akteuren geben, hingegen nicht von Kollektiven (wie etwa Staaten oder Unternehmen). Der methodologische Individualismus ist notwendiges Fundament für eine Sozialwissenschaft, die – wie die Ökonomik – von der Unterscheidung zwischen Bedürfnissen und Präferenzen auf der einen und Restriktionen und Anreizen auf der anderen Seite ausgeht. Veränderungen dieser Restriktionen und Anreize – also Veränderungen des Handlungsfeldes – führen bei den einzelnen Akteuren zu Änderungen in ihrem Entscheidungsverhalten. Es sind diese Änderungen, die dann aggregiert zu Änderungen von Makrogrößen – wie etwa Arbeitslosenrate, Inflationsrate etc. führen. Die Makroanalyse ist also mikroökonomisch fundiert."

nicht Organisationen wie z.B. Unternehmen oder Staaten. Kollektive Entscheidungen werden auf das Zusammenwirken individueller Entscheidungsträger zurückgeführt. Betrachten wir dies am Beispiel einer Aktiengesellschaft: Beim Hauptversammlungsbeschluss steht nicht der Beschluss als solcher im Vordergrund, sondern das Abstimmungsverhalten der einzelnen Aktionäre und das Zustandekommen der Beschlussvorlage. Diese Betrachtungsweise deckt sich übrigens weitgehend mit der klassisch juristischen Herangehensweise an „anfechtbare" Hauptversammlungsbeschlüsse. Entsprechendes gilt für Vorstandsentscheidungen, die durch das Zusammenwirken verschiedener Vorstandsmitglieder zustande kommen; auch hier konzentriert sich die Analyse auf das Abstimmungsverhalten der einzelnen Vorstandsmitglieder.

Die recht einfache Grundaussage des methodologischen Individualismus hat weitreichende Konsequenzen. Dazu gehört insbesondere, dass es nur Präferenzen und Interessen individueller Akteure geben kann und nicht von Unternehmen oder Staaten.[144]

> „Es kann dann nämlich nur Präferenzen und Interessen von individuellen Akteuren geben, hingegen nicht von Kollektiven (wie etwa Staaten oder Unternehmen). Der methodische Individualismus ist notwendiges Fundament für eine Sozialwissenschaft, die – wie die Ökonomik – von der Unterscheidung zwischen Bedürfnissen und Präferenzen auf der einen und Restriktionen und Anreizen auf der anderen Seite ausgeht. Veränderungen dieser Restriktionen und Anreize – also Veränderungen des Handlungsfeldes – führen bei den einzelnen Akteuren zu Änderungen in ihrem Entscheidungsverhalten. Es sind diese Änderungen, die dann aggregiert zu Änderungen von Makrogrößen – wie etwa Arbeitslosenrate, Inflationsrate etc. führen. Die Makroanalyse ist also mikroökonomisch fundiert."[145]

Der methodologische Individualismus ist der Schlüssel zur umfassenden Anwendung der Prinzipal-Agenten-Theorie auf die Unternehmensorganisation und zum Konzept der kontraktuellen Theorie des Unternehmens.[146] Er ermöglicht – worauf *Kirchner* pointiert hinweist – den Brückenschlag zur rechtlichen Betrachtung. Die Analyse von Verhaltensänderungen infolge neuer Anreizstrukturen schließt Rechts-

144 *Kirchner* (1997), S. 18f.
145 *Kirchner* (1997), S. 19.
146 Vgl. *Sester* (2004), S. 127ff., 134ff., 150ff.

folgenanalysen ein, wie sie sich – teils offen ausgesprochen und teils implizit – in rechtsfortbildenden Grundsatzentscheidungen der Obergerichte finden.[147] Aus der deutschen Rechtsprechung sind in diesem Zusammenhang insbesondere Urteile des Bundesgerichtshofs zu Produkthaftungsfällen zu nennen, in denen eine Dokumentationspflicht (Produktionsprozess bzw. Qualitätsendkontrolle) zur Vermeidung einer Beweislastumkehr entwickelt wurde.[148] Bei diesen Urteilen liegt die Intention offen zu Tage, nicht nur den einzelnen Fall zu entscheiden, sondern künftiges Handeln im Produktionsprozess zu steuern. Durch den Zwang zur Dokumentation werden Schäden und Kosten für die Suche nach (potentiellen) Schadensursachen internalisiert, und zwar in einer für die Unternehmen kalkulierbaren Höhe (Kosten für die Überprüfungstechnik).[149]

Allerdings trägt der methodologische Individualismus zumindest in manchen Rechtsordnungen auch Konfliktpotential zwischen Ökonomik und traditioneller Rechtswissenschaft in sich. Dieses Potential ist tendenziell in Rechtsordnungen größer, in denen der dogmatische Ansatz gegenüber dem Fallrecht dominiert. Rechtliche Dogmen sind durch einen hohen Abstraktionsgrad gekennzeichnet und können juristische Kunstgebilde wie z.B. juristische Personen schaffen, die dann der Logik des Dogma folgend bei der Interessenabwägung von den dahinter stehenden Individuen (zumindest teilweise) abkoppelt werden. So gibt es etwa in Deutschland Unternehmensrechtler, die davon ausgehen, es gebe ein von den Eigentümern und anderen einzelnen Stakeholdergruppen losgelöstes („höheres“) Unternehmensinteresse, dem die Gesellschaftsorgane verpflichtet seien.[150] Manche gehen sogar so weit, nicht nur von einer gesellschaftsrechtlichen Treuepflicht der Aktionäre untereinander zu sprechen, sondern nehmen sogar eine Treuepflicht des einzelnen Aktionärs (auch des Minderheitenaktionärs) zur Gesellschaft und damit letztlich zum Un-

147 *Mertens/Kirchner/Schanze* (1982), S. 153ff.; *Kirchner* (1997), S. 19; *Kirchner* (2008), S. 38ff.; *Sester* (2004), S. 112ff.

148 Urteil des Bundesgerichtshofs VI ZR 91/87 vom 7. Juni 1988, BGHZ 104, 323 ff.

149 *Sester* (2004), S. 114

150 Vgl. den Überblick zur deutschen Diskussion um das Unternehmensinteresse bei *Fleischer* (2007), § 76 Rdn. 24ff.; *Mülbert* (1997), S. 142f.

ternehmensinteresse an.[151] In der Schweiz hat man die Figur der Treuepflicht für Aktionäre, speziell bei der Publikumsgesellschaft, hingegen zu Recht stets abgelehnt.[152] Dagegen wird ein selbständiges, neben dem Interesse der Aktionäre (und den Stakeholdern) stehendes Unternehmensinteresse zwar im Grundsatz von vielen schweizerischen Aktienrechtlern anerkannt. In der Rechtsprechung des schweizerischen Bundesgerichts wird ein Rekurs auf die Rechtsfigur des Unternehmensinteresses aber nur äußerst sparsam eingesetzt, um Mehrheitsentscheidungen zu korrigieren.[153]

Für diejenigen, die eine Treuepflicht des Aktionärs zur Gesellschaft bejahen (und im Prinzip auch für die Verfechter eines Unternehmensinteresses, das neben dem Interesse der Stakeholder steht) ist es geradezu eine Seinsfrage, dem methodologischen Individualismus zu widersprechen. Merkwürdig ist die These vom Unternehmensinteresse allerdings schon deshalb, weil seine Definition im Einzelfall notgedrungen in die Hände von Außenstehenden gelegt werden muss. Es liegt in der Logik der Sache, dass die einzelnen Share- bzw. Stakeholder ja nicht verbindlich über das Unternehmensinteresse im Ganzen urteilen können. Letztlich wird dieses Interesse im Streitfall also von Richtern bestimmt, denen aber regelmäßig (jedenfalls in Deutschland) jegliche unternehmerische Erfahrung fehlt. Mit der kontraktuellen Theorie des Unternehmens,[154] in der sich der methodologische Individualismus widerspiegelt, ist das rechtswissenschaftliche Dogma vom Unternehmensinteresse unvereinbar.

Im brasilianischen Aktienrecht sind die Themen Unternehmensinteresse und gesellschaftsrechtliche Treuepflicht de facto von geringerer Bedeutung als im deutschen Aktienrecht. Zwar steht im brasilianischen Zivilgesetzbuch seit der großen Zivilrechtsreform des Jahres 2002 explizit das Prinzip von Treu und Glauben (Art. 422 CC), und

151 Vgl. die Darstellung bei *Fleischer* (2008), § 53a Rdn. 48, 59.

152 *Forstmoser/Maier-Hayoz/Nobel* (1996), § 39 N 140–144, S. 476; *Böckli* (2004), § 13 S. 1646ff. Rdn. 660ff.

153 Vgl. *Forstmoser/Maier-Hayoz/Nobel* (1996), § 3 N 11–96, S. 32ff.; *Böckli* (2004), § 13 S. 1646ff. Rdn. 660ff.

154 Vgl. die Darstellung der Entwicklung bei *Sester* (2004), S. 150ff.; die Untersuchung des englischen Gesellschaftsrechts im Lichte der kontraktuellen Theorie bei *Cheffins* (1997); grundlegend zur kontraktuellen Theorie des Gesellschaftsrechts aus der US-Perspektive *Easterbrook/Fischel*, (1991), S. 14ff.

in Art. 421 CC ist von der sozialen Funktion des Vertrages die Rede, was einige Autoren dazu verleitet hat, eine soziale Funktion des Unternehmens konstruieren zu wollen.[155] Anders als das übrige Gesellschaftsrecht (z.B. GmbH-Recht) ist das brasilianische Aktienrecht aber im Zuge der besagten Zivilrechtsreform des Jahres 2002 gerade nicht in das Brasilianische Zivilgesetzbuch (CC) integriert worden, sondern nach wie vor separat in dem Gesetz 6.404 aus dem Jahre 1976 geregelt. Infolgedessen gilt auch die neugeschaffene Vorschrift zu Treu und Glauben (Art. 422 CC) sowie Art. 421 CC nicht unmittelbar für die Aktiengesellschaft.

Allerdings ist in Art. 116 Parágrafo único[156] des Aktiengesetzes (Gesetz 6.404) schon seit 1976 die Rede davon, dass der kontrollierende Gesellschafter seine soziale Funktion („cumprir sua função social") erfüllen müsse. Damit ist jedoch nicht etwa eine soziale Verantwortung für die brasilianische Gesellschaft als Ganzes gemeint, vielmehr geht es um die konkrete Aktiengesellschaft, ihre Minderheitsaktionäre und diverse Stakeholder der Gesellschaft.[157] Damit deckt die „função social" Teilaspekte der aus dem deutschen Aktienrecht bekannten gesellschaftsrechtlichen Treuepflicht ab, bleibt aber zumindest in der richterlichen Praxis weit dahinter zurück. Im Kern geht es in Art. 116 um eine Missbrauchsschranke für den Mehrheitsgesellschafter. Interessanterweise ist die brasilianische Rechtsfigur der „função social" inspiriert worden durch *Walther Rathenaus* Theorie vom Unternehmensinteresse.[158] In der heutigen brasilianischen Akti-

155 *Netto Boiteux* (2002); vgl. auch den schlechten Einfluss der älteren deutschen Rechtsdogmatik bei *Cavalli* (2005).

156 Art. 116 Gesetz 6.404/1976 Parágrafo único: "O acionista controlador deve usar o poder com o fim de fazer a companhia realizar o seu objeto e cumprir sua função social, e tem deveres e responsabilidades para com os demais acionistas da empresa, os que nela trabalham e para com a comunidade em que atua, cujos direitos e interesses deve lealmente respeitar e atender."

157 *Carvalhosa* (2008), Art. 116, S. 483 ff.

158 *Rathenau* (1917); *Carvalhosa* (2008), Art. 116, S. 483 ff.: "A figura do controlador, tal como definida em nossa lei, tem inspiração nitidamente institucionalista e se filia à teoria de Rathenau da empresa em si (Unternehmen an sich), já exposta anteriormente. De acordo com essa escola institucionalista, o que importa perseguir na companhia é a consecução do objeto empresarial que constitui o seu conteúdo, não tendo prevalência o seu fim último, qual seja, o de maximização de lucros, voltado evidentemente, para o interesse dos acionistas."

enrechtspraxis spielt die Rechtsfigur des „Unternehmens an sich“ aber jedenfalls bei Aktiengesellschaften kaum mehr eine Rolle.[159]

Den skizzierten potentiellen Konflikt zwischen dem (von einigen Rechtsgelehrten angenommenen) Unternehmensinteresse und der kontraktuellen Theorie des Unternehmens muss die ökonomische Theorie des Rechts in Kauf nehmen, denn der methodologische Individualismus und das Abstellen auf die Präferenzstrukturen von Individuen sind – wie gesagt – von fundamentaler Bedeutung für die Ökonomik. Das Inkaufnehmen dieses möglichen Konflikts fällt allerdings um so leichter, als sich gerade im Wirtschaftsrecht, namentlich auf europäischer Ebene, nun schon seit einigen Jahren abzeichnet, dass dogmatische Lösungskonzepte zugunsten funktionaler Konzepte mit ökonomischer Fundierung zurückweichen oder diese Konzepte doch zumindest Eingang in die juristische Dogmatik finden. Diese Aussagen gelten namentlich im Bereich des europäischen Kartellrechts (more economic approach[160]), aber auch für das europäische Finanzdienstleistungsrecht. Beispielsweise rückt in der Markets in Financial Instruments Directive (MiFID) die dogmatische Unterscheidung zwischen verschiedenen Marktplätzen und Abwicklungstechniken in den Hintergrund, stattdessen steht nunmehr das funktionale Prinzip „best execution“ im Vordergrund der Regulierung.[161]

159 Bedauernd *Forgioni* (2003), S. 35: “Após a lei de 1976, notamos grande movimento doutrinário em torno desse artigo (Art. 116 Gesetz Nr. 6.404/1976), mas infelizmente pouca aplicação prática; vgl. auch *Monte Simionato* (2004).

160 Vgl. *Röller/de la Mano* (2006); *Röller* (2005); kritisch zur Wahl des Begriffs „more economic“ *Voigt* (2007); eine breit angelegte Diskussion des „More Economic Approach“ findet sich in dem Sammelband von *Schmidtchen/Albert/Voigt* (2007); vgl. aus diesem Sammelband insbesondere den Beitrag zur Entwicklungslinie des Europäischen Wettbewerbsrechts und seinen Zielen im Lichte der ökonomischen Theorie der Verfassung von *Kirchner* (2007); zu den Zielen des Wettbewerbsrechts aus der Perspektive der ökonomischen Theorie der Verfassung vgl. auch *Kerber* (2008).

161 Directive 2004/39/EC of the European Parliament and of the Council of 21 April 2004, on markets in financial instruments, Official Journal of the European Union, 21. 4. 2004, L 345/64, Recitel (5): “It is necessary to establish a comprehensive regulatory regime governing the execution of transactions in financial instruments *irrespective of the trading methods* used to conclude those transactions (…)”; Recitel (6): Definition of *regulated market and MTF* should be introduced and closely aligned with each other to reflect the fact that they *represent the same organised trading functionality*.”; Recitel (44): “(…) These Rules are needed to ensure the effective integration of Member State equity markets, to

Auch im deutschen Wirtschaftsrecht gibt es seit wenigen Jahren deutliche Ansätze für eine funktionale Regulierung; so wurde zum Jahreswechsel 2007/2008 das Recht der Investmentaktiengesellschaft stärker auf die spezifische Funktion von Investmentgesellschaften zugeschnitten, obwohl dadurch „heilig" geglaubte Dogmen des klassischen Aktienrechts außer Kraft gesetzt werden mussten (z.B. der weitgehend zwingende Charakter des Aktienrechts und die Schaffung zweier getrennter Aktienkategorien: Unternehmens- und Anlageaktien, vgl. § 96 InvG n.F.).[162] Erste Ansätze in diese Richtung gab es bereits in der Novelle des InvG aus dem Jahre 2004, mit der das veränderliche Kapital eingeführt wurde.[163]

In Bezug auf das brasilianische Wirtschaftsrecht, namentlich das Kapitalmarkt- und Wettbewerbsrecht, lässt sich eine ähnliche Entwicklung konstatieren;[164] anders verlaufen ist hingegen die Entwicklung im bürgerlichen Recht Brasiliens, das namentlich durch ein arg detailreiches und paternalistisches Verbraucherschutzrecht gekennzeichnet ist.

Im Wirtschaftsrecht Brasiliens setzte die Entwicklung hin zu einer eher funktionalen statt dogmatischen Regulierungstechnik schon deutlich früher ein als in Deutschland. Dies dürfte nicht zuletzt eine mittelbare Folge der „Law and Development Bewegung" sein, die als Wegbereiter für den Einfluss des US-amerikanischen Rechts und der US-amerikanischen Law Schools in Brasilien fungierte.[165] Seit den Kapitalmarktgesetzen des Jahres 1976 (Gesetz Nr. 6.385 und Nr. 6.404) ist der Einfluss der US-amerikanischen Kapitalmarktregulierung im brasilianischen Aktienrecht sichtbar geworden, obwohl der

promote the efficiency of the overall price information process for equity instruments, and to assist the effective operation of 'best execution' obligations. These considerations require a comprehensive transparency regime applicable to all transactions in share *irrespective of their execution by an investment firm on a bilateral basis or through regulated markets or MTFs*. (…)."

162 Vgl. *Dornseifer* (2008).

163 Vgl. *Köndgen/Schmies* (2004), S. 17 f.

164 Zum Kapitalmarktrecht vgl. *Castelar Pinheiro/Saddi* (2005), S. 431 ff., *Soares de Camargo* (2007); *Turczyn* (2005), S. 313 ff.; *Yazbek* (2007 a), S. 261 ff. Zum Wettbewerbsrecht vgl. *Castelar Pinheiro/Saddi*, Direito, Economia e Mercados, Rio de Janeiro 2005, S. 355 ff. und *Oliveira/Grandino Rodas* (2004), S. 77 ff., 309 ff.

165 Vgl. *Dezalay/Garth* (2002), S. 95 ff.; *Gardner* (1980), S. 35 ff., 61 ff.; *Yazbek* (2007 a), S. 266 ff.

Einfluss des französischen, italienischen und deutschen (Gesellschafts-)Rechts noch immer signifikant ist.[166] Mit dieser beginnenden Verschiebung des Referenzmodells veränderte sich auch das Regulierungskonzept: An die Stelle der dogmatischen Tradition trat schrittweise eine eher funktional und ökonomisch ausgerichtete Methodik der Regulierung.

Die CVM wurde 1976 nach dem Vorbild der US-SEC geschaffen,[167] mit der sie im Jahre 1988 einen Kooperationsvertrag[168] eingegangen ist. Zeitgleich mit dem Gesetz zur Errichtung der CVM (Gesetz Nr. 6385) wurde das ursprüngliche Aktienrecht von 1940 (Decreto-Lei Nr. 2.627) grundlegend reformiert und durch ein neues Aktiengesetz (Gesetz Nr. 6.404/1976) ersetzt. Dabei wurden zum Teil explizit Institutionen des US-amerikanischen Rechts rezipiert wie z.B. der Treuhänder (agente fiduciário) im Bereich der Unternehmensanleihen.[169] Ein signifikantes Beispiel für die angedeutete Veränderung in der Regulierungsmethodik sind die Brazilian Depository Receipts (BDR), die 1996 nach dem Vorbild der American Depository Receipts (ADR) geschaffen wurden[170] und den brasilianischen Unternehmen für ihre Eigenkapitalaufnahme letztlich die „on-shore"- und „off-shore"-Emission als quasi funktional gleichwertig zur Wahl überlassen. Auch die Entscheidung des Gesetzgebers und vor allem der CVM, in erheblichem Umfang auf (regulierte) Selbstregulierung durch die Marktteilnehmer (insbesondere die Börsen) zu setzen, ist mit einem traditionellen dogmatischen Regulierungsansatz kaum zu erklären. Diese Technik der regulierten Selbstregulierung ist in erheblichem Umfang durch die US-amerikanischen Modelle zur Börsenregulierung geprägt.[171]

166 Vgl. *Yazbek* (2007 a), S. 270ff.

167 *Eizirik/Gaal/Parente/Henriques* (2008), S. 25; *Sarno* (2006), S. 220f.; *Wald* (2006), S. 5.

168 Abgedruckt in Revista de Direito Bancário e do Mercado de Capitais Vol. 34 (2006), S. 273–280.

169 Dies ergibt sich aus den Motiven zum Gesetz 6.404/1976; die Motive werden zitiert in *Eizirik/Gaal/Parente/Henriques* (2008), S. 71 (Exposição de Motivos): "para maior proteção dos investidores do mercado, prevê e regula a função do agente fiduciário dos debenturistas, tomando por modelo o trustee do direito anglo-saxão e adaptando-o à nossa técnica jurídica".

170 Regulação CMN Nr. 2.318/96; vgl. *Andrezo/Lima* (2007), S. 248ff.

171 Vgl. *Eizirik/Gaal/Parente/Henriques* (2008), S. 195ff.

1.2.3. Normativer Individualismus – ökonomische Theorie der Verfassung

Der normative Individualismus besagt, dass (politische) Wertentscheidungen nur durch Rekurs auf Wertentscheidungen individueller Akteure legitimierbar sind. Neben diesen individuellen Wertentscheidungen werden keine anderen akzeptiert.[172] Wertentscheidungen in diesem Sinne sind nicht zuletzt Entscheidungen über das „Ob" und „Wie" der Regulierung von Märkten. Indem der normative Individualismus vorschreibt, dass man ausschließlich individuelle Wertentscheidungen heranziehen darf, um institutionelle Arrangements normativ zu bewerten, führt er das Konsensparadigma nicht nur ein, sondern erhebt es zugleich zum entscheidenden Kriterium für Pareto-Superiorität.[173] Es tritt gleichsam an die Stelle eines objektiv messbaren Effizienzkriteriums, das sich auf utilitaristische Ansätze[174] zurückführen lässt. *James M. Buchanan*, der diesen normativen Individualismus ins Zentrum seiner ökonomischen Theorie der Verfassung[175] stellt, bringt diesen Paradigmenwechsel wie folgt auf den Punkt:[176]

> "If individuals are the only source of value, it follows by implication, if not directly, that the satisfaction of individual values carries (...) normative weight. That is to say, a situation in which individual preferences are met become normative superior to a situation in which preferences are overruled, other things equal. From this straightforward statement, implications for political organization may be drawn."

Das Konsensprinzip als Dreh- und Angelpunkt des normativen Individualismus kann jedoch nur dann funktionieren, wenn die potentiell von einer Regelungsänderung betroffenen Akteure zuvor über die Folgen der zur Disposition stehenden Änderung aufgeklärt werden.[177] Dieses Erfordernis führt logischerweise dazu, dass bei der positiven Analyse der methodologische Individualismus anzuwenden ist. Erst dadurch wird der normative Individualismus operatio-

172 *Kirchner* (1997), S. 20.
173 *Pies* (1993), S. 136.
174 Also in den Ursprüngen vor allem auf dem großartig geschriebenen Text von *John Stuart Mill* (1863).
175 *Buchanan* (1987); vgl. hierzu die ausgezeichnete Darstellung des Ansatzes von Buchanan bei *Pies* (1993), S. 123–138; *van Aaken* (2003), S. 245 ff.
176 *Buchanan* (1986), S. 252.
177 *Pies* (1993), S. 137.

nal.[178] Dieser logische Zusammenhang ist nicht umkehrbar. Folglich kann der methodologische Individualismus angewandt werden, ohne dass ein Zwang entstünde, sich dem normativen Individualismus anzuschließen, der nicht Teil des ökonomischen Paradigmas ist.[179]

Die eigentlich spannende Frage zum Konsensparadigma ist aber nicht der Rückgriff auf den methodologischen Individualismus als notwendige Voraussetzung des Paradigmas, sondern die Frage, wie man das Paradigma konkret anwenden kann. Da es offensichtlich von der Institution des Vertrages bzw. des Vertragsschlusses (Gesellschaftsvertrag) abgeleitet ist, liegt es nahe, auf den tatsächlichen Konsens aller Akteure abzustellen, die von einer bestimmten Regulierungsänderung möglicherweise betroffen sein werden. In speziellen wirtschaftsrechtlichen Fragen wird es nur um eine eher kleine Teilmenge der Gesellschaft gehen, die zustimmen muss. Dagegen wird in Fragen des allgemeinen Zivilrechts leicht die Gesellschaft als Ganzes betroffen sein. Es liegt offen zu Tage, dass Einstimmigkeit – und nichts anderes bedeutet der tatsächliche Konsens letztlich – häufig gar nicht oder nur bei Aufwendung prohibitiver Kosten zu erreichen ist.[180]

Ein erster Schritt zur Reduktion des Einstimmigkeitsproblems besteht darin, eine zusätzliche Annahme zu treffen. Es ist plausibel, dass rational handelnde Individuen nicht darauf bestehen werden, alle Kollektiventscheidungen einstimmig zu treffen. Vielmehr werden sie nur bei grundlegenden Entscheidungen auf Einstimmigkeit bestehen.[181] Somit geht es also nicht um die Legitimation einer Einzelfallentscheidung oder eines konkreten Ergebnisses, sondern um den darüber hinaus greifenden gesellschaftsvertraglichen Konsens über Verfahrensregeln und Kompetenzzuweisungen.[182] Diese Ausrichtung weist augenscheinlich eine Nähe zum Verfassungskonsens auf, der ja auch bei der Namensgebung für *Buchanans* Theorie Pate stand: „constitutional economics“. Gleichwohl wird Verfassung in einem sehr viel weitergehenden Sinne als dem klassisch juristischen verstanden. Der

178 *Buchanan* (1987), S. 586: "If the (...) presupposition concerning the location of the ultimate source of value is accepted, there is no *other* means of deriving a "logic of rules" than of utilizing individually expressed interests."
179 *Kirchner* (1997), S. 20.
180 *Voigt* (2002), S. 256.
181 *Voigt* (2002), S. 256.
182 *Kirchner* (1997), S. 23 f.

Verfassungsbegriff umfasst daher z. B. auch den Entwurf einer Marktordnung (Regulierung) für einen bestimmten abgrenzbaren Markt (z. B. den Markt für Eigenkapitaltitel).[183]

Allerdings kann es auch beim Entwurf einer solchen „Marktverfassung" nicht um den Konsens über jede einzelne Regelung gehen, sondern (nur) über Weichenstellungen im Regulierungsprozess. Dazu gehören zum Beispiel die folgenden Fragestellungen: Wer erhält die Zuständigkeit für den Entwurf des Regelwerks, und wer setzt die Regelungen durch? Orientiert man sich an einem Internationalen Standard für den betreffenden Markt, oder strukturiert man eine eigene Regelung? Welchen von mehreren Standards (IFRS oder US-GAAP) übernimmt man ggf., und wie übernimmt man ihn, eins-zu-eins oder in modifizierter Form?

Konkretisiert man das Ganze etwa im Hinblick auf Eigenkapitalmärkte, dann gelangt man geradewegs zu jenen Themen, die im Zentrum dieser Untersuchung stehen: Führt die Regulierung von Aktienmärkten durch den Gesetzgeber im Zusammenspiel mit der Kapitalmarktaufsichtsagentur oder aber die Selbstregulierung durch die Börse oder durch andere private Standardsetter zu Lösungen, die pareto-superior sind? Oder kann ein institutionelles Arrangement, das Elemente der staatlichen Regulierung und der Selbstregulierung kombiniert, vorteilhafter sein? Korrespondierend zur Zuständigkeitsfrage würde die ökonomische Theorie der Verfassung auch inhaltlich das Konsensparadigma nicht auf einzelne Regeln eines Internationalen Standards (Kodex) anwenden (z. B. auf IFRS 32), sondern vielmehr auf die Frage, ob das Regelwerk als solches übernommen werden soll, und wer darüber zu entscheiden hat (Gesetzgeber, Börse etc.).[184]

Indem die Anwendung des Konsensprinzips – wie dargelegt – auf die grundlegende Fragen der Marktregulierung bzw. des Normsetzungsprozesses beschränkt wird, reduziert sich das Einstimmigkeitsproblem zwar, es bleibt aber gleichwohl signifikant. Daher nimmt die ökonomische Theorie der Verfassung eine zweite Einschränkung vor, die für Vertragsjuristen sicherlich nicht leicht zu verdauen ist: Gefor-

183 Vgl. *Kirchner* (2000), S. 48f.

184 Zur Anwendung der ökonomischen Theorie der Verfassung auf das Bilanzrecht vgl. *Schmidt* (2002); *Schmidt* (2005), S. 146; *Kirchner/Schmidt* (2005), S. 73ff.; *Kirchner/Schmidt* (2006), S. 387, 396ff.

dert wird nicht der tatsächliche Konsens (im Sinne des Vertragsrechts), sondern lediglich der hypothetische Konsens unter dem Schleier des Nichtwissens.[185] In Rede steht also die Zustimmungsfähigkeit einer Regulierungsänderung bei allen betroffenen (beschränkt rational handelnden) Akteuren, die im Zeitpunkt der Entscheidung jedoch nicht wissen, in welcher Rolle sie künftig von der fraglichen Regulierungsänderung betroffen sein werden. Im Unterschied zum Kaldor-Hicks-Kriterium geht es – wie *Kirchner* eingängig darlegt[186] – nicht um die Abwägung zwischen den Gewinnen der Gewinner und den Verlusten der Verlierer, die einen intersubjektiven Nutzenvergleich voraussetzen würde. Vielmehr verläuft die Grenzlinie dort, wo jemand einer Lösung auch unter der Bedingung zustimmen könnte, dass er später möglicherweise zu den Verlierern gehören wird. Es werden also mögliche Gewinne und mögliche Verluste in Bezug auf jeden Akteur individuell gegeneinander abgewogen. Wendet man diese Betrachtung auf Entscheidungen über Kapitalmarktregulierungen an, so müssen für die Feststellung des hypothetischen Konsenses insbesondere folgende Informationen zur (künftigen) Rolle des Akteurs hinweggedacht werden: Mehrheits- oder Minderheitsaktionär, Investor oder Manager einer offenen Aktiengesellschaft, Fondsmanager oder strategischer Investor. Betrachtet man die Substanz des Kostenparadigmas und vor allem den Schleier des Nichtwissens, so erinnert der Ansatz deutlich an den kategorischen Imperativ *Kants*.

Ein Ansatz, der wie die ökonomische Theorie der Verfassung auf dem normativen Individualismus aufbaut, ist aus dem Blickwinkel der Rechtswissenschaft prinzipiell anschlussfähig, denn seine demokratischen Züge und die Anleihen beim Prinzip der Privatautonomie dürften eine gewisse Sympathie bei fast allen Juristen erwecken. Allerdings relativiert die ökonomische Theorie des Rechts das Vertragsparadigma stark und genau darin liegt der Knackpunkt für die Frage,

185 *John Rawls* (1971), S. 118ff.; vgl. *Voigt* (2002), S. 259.

186 *Kirchner* (2006b), S. 113 Rdn. 54f.; *Kirchner* (2006a), S. 41: "On the normative level, in the new institutional economic approach the efficiency goal is replaced by the introduction of the hypothetical consensus test. The approach is different from the Kaldor-Hicks test in that the question is not whether the winners could compensate the losers, but whether the winner and the losers could hypothetically agree on a solution if they did not know whether they are winners or losers (veil of ignorance)."

ob die ökonomische Theorie der Verfassung wirklich als Bestandteil der ökonomischen Theorie des Wirtschaftsrechts (insbesondere des Wirtschaftsprivatrechts) akzeptiert werden kann. Zwar kennt die klassische zivilrechtliche Vertragsrechtsdogmatik in engen Grenzen auch den hypothetischen Konsens, so zum Beispiel bei der Umdeutung eines nichtigen Rechtsgeschäfts in ein wirksames (im deutschen Recht: § 140 BGB, analog in der Schweiz kraft Rechtsprechung,[187] im brasilianischen Recht: Art. 170 Código Civil), bei Teilnichtigkeit (im deutschen Recht: § 139 BGB, im schweizerischen Recht: Art. 20 Abs. 2 OR, im brasilianischen Recht: Art. 184 Código Civil) oder bei der ergänzenden Vertragsauslegung (im deutschen Recht: § 157 BGB, im schweizerischen Recht: Art. 18 OR, im brasilianischen Recht Art. 112, 113 Código Civil[188]). Dabei handelt es sich allerdings um sehr eng begrenzte Ausnahmefälle. Außerdem wird in diesen Fällen an einen

187 Das schweizerische Recht enthält keine ausdrückliche Bestimmung, die § 140 BGB entspricht. Rechtsprechung und Lehre nehmen jedoch an, dass der in § 140 BGB niedergelegte Grundsatz der sogenannten Konversion als allgemeine Rechtsanwendungsnorm auch im Bereich des schweizerischen Rechts gilt (BGE 76 II 13 Erw. 5 und 278 Erw. 3; 46 II 17). Voraussetzung für eine Konversion ist, dass das „andere" Rechtsgeschäft einen ähnlichen Zweck und Erfolg hat wie das nichtige (vgl. BGE 93 II 223 vom 12. Juni 1967).

188 In Brasilien wurden im Zuge der großen Zivilrechtsreform (2002) die gesetzlichen Regeln zur Auslegung von Rechtsgeschäften und Verträgen erheblich erweitert. Allerdings liegt der Focus dieser Regelungen sowie der einschlägigen Rechtsprechung und Literatur sehr stark auf Standard- und Verbraucherverträgen. Dementsprechend haben die Auslegungsregeln eher paternalistische Züge und beschäftigen sich vor allem mit Austausch- und weniger mit Langzeitverträgen, so dass das Thema der ergänzenden Vertragsauslegung kaum behandelt wird. Für Verträge zwischen Unternehmen und Kaufleuten enthielt der frühere Código Comercial (Gesetz Nr. 556 von 1850) im Unterschied zum alten Código Civil detaillierte Auslegungsregeln (vgl. Art. 130, 131 Código Comercial). Im Zuge der Zivilrechtsreform wurde der Código Comercial in den Código Civil übernommen, was in Bezug auf die Auslegungsregeln des Código Comercial aber nur rudimentär erfolgt ist. Da die „untergegangenen" Regeln jedoch zu Bestandteilen der allgemeinen Zivilrechtsdogmatik geworden waren, gelten sie auf Basis des § 4 Lei de Introdução (Nr. 4.657–1942) weiter, sofern sie nicht in Konflikt zu den neuen Auslegungsregeln treten. Ein solcher Konflikt besteht jedenfalls im Falle von Individualverträgen zwischen Unternehmern nicht. Insoweit kommt daher eine ergänzende Vertragsauslegung (teilweise interpretação integrativa genannt) unter Berücksichtigung der wirtschaftlichen Zielsetzung des Vertrages, der Art und Weise, wie der Vertrag gelebt wurde sowie der Usancen in der betreffenden Branche in Betracht. Vgl. *Wald*, (2006), S. 220 und 223.

realen Konsens angeknüpft, dessen Inhalt lediglich modifiziert wird. Ganz ähnlich wie bei der ökonomischen Theorie der Verfassung fragen in den genannten Beispielen die Juristen danach, ob die Parteien (sei es beim Austausch- oder beim Gesellschaftsvertrag[189]) einer bestimmte Vertragsabrede ex ante zugestimmt hätten, wenn sie im Zeitpunkt des Vertragsschlusses gewusst hätten, dass eine solche Regelung notwendig werden könnte.[190] Dabei wird ganz ähnlich wie beim sog. „Schleier des Nichtwissens" ausgeblendet, zu welchen Gunsten bzw. Lasten sich die betreffende Ergänzung des Vertrages später auswirkt (ex ante Perspektive der Vertragsauslegung). Das Abstellen auf den hypothetischen Parteiwillen ist – wie ausgeführt – allerdings eine große Ausnahme im Privatrecht. In aller Regel bedarf es im Wirtschaftsprivatrecht eines tatsächlichen Konsenses.

Außerdem lehrt uns die lange Geschichte des hypothetischen Parteiwillens in der Rechtswissenschaft eine wichtige Lektion, die sich unmittelbar auf die ökonomische Theorie der Verfassung übertragen lässt: Die Frage nach der hypothetischen Zustimmung eines Akteurs kann nur ermittelt werden, wenn es zumindest Indizien für jene Entscheidungskriterien gibt, die der Akteur voraussichtlich benutzt hätte; mit anderen Worten: Wir müssen seine Präferenzstruktur kennen bzw. Annahmen darüber treffen. Ganz in diesem Sinne stellt die ökonomische Theorie der Verfassung zur Ermittlung der Zustimmungsfähigkeit darauf ab, ob die zu erwartenden Kooperationsvorteile aus der fraglichen Regulierung bei jedem einzelnen betroffenen Akteur überwiegen oder nicht.[191] Damit erhebt sich aber sogleich die entscheidende Anschlussfrage: Was wird in Bezug auf einen konkreten Markt von den einzelnen beschränkt rational bzw. unvollständig informiert handelnden Akteuren als Kooperationsvorteil eingestuft, und kann über diese Qualifikation unter den Akteuren ein Konsens erzielt werden? Sofern sich die Akteure darüber einigen könnten, wie Kooperationsvorteile in Bezug auf einen bestimmten Markt zu definieren und zu messen sind, wäre das Konsensparadigma tatsächlich auf konkrete Regulierungsfragen anwendbar. An die Stelle eines vordefi-

189 Im Falle von Publikumsgesellschaften, namentlich börsennotierten Aktiengesellschaften, ist aber für eine ergänzende Auslegung der Satzung praktisch kein Raum.

190 Vgl. *Roth* (1996), § 157 Rdn. 30–34.

191 *Kirchner* (1997), S. 20; *Kirchner* (2000), S. 48 f.

nierten übergeordneten Regulierungszieles für einen Markt (wie z.B. die Allokationseffizienz oder Investorenschutz) könnte der Konsens über die Definition dessen treten, was einen Kooperationsvorteil im konkreten Markt ausmacht. Es liegt auf der Hand, dass eine solche Definition nur einen relativ hohen Abstraktionsgrad aufweisen kann. Beispielsweise werden sich die Akteure bestimmter Märkte darauf einigen können, dass eine zu erwartende Absenkung von Transaktions- oder Agency-Kosten einen Kooperationsvorteil bedeuten und mithin Regulierungsänderungen, die in dieser Weise wirken, ihrerseits konsensfähig sind. Im Falle von Kapitalmärkten, namentlich Aktienmärkten, könnte ein zu erwartendes Wachstum der Marktliquidität oder niedrige Kapitalkosten zustimmungsfähige Gradmesser („Proxy") dafür sein, ob ein bestimmtes institutionelles Arrangement gegenüber einem anderen zu Kooperationsvorteilen führen wird. Eine echte Hilfestellung für konkrete Regulierungsprobleme ist ein solcher Konsens (auf abstrakter Ebene) aber nur dann, wenn er sich auf messbare Größen bezieht.

Ein derartiges Verständnis des Konsensparadigmas, also die hypothetische Einigung auf messbare regulatorische Metaziele, baut eine Brücke zur Rechtswissenschaft, denn dort spielen vom Gesetzgeber definierte Zielsetzungen eine bedeutende Rolle; dies gilt namentlich für die teleologische Auslegung.[192] Dabei ist gerade das Feld der Kapitalmarktregulierung besonders vielversprechend für eine interdisziplinäre und internationale Zusammenarbeit. In den meisten Kapitalmarktregulierungen findet sich nämlich heute in der Präambel, der Gesetzesbegründung oder im Normtext selbst eine Festlegung auf die Kapitalmarkteffizienz als wichtigste Zielsetzung. Diese Aussage trifft für Kapitalmarktgesetze staatlichen oder supranationalen Ursprungs[193] ebenso zu wie für Internationale Stan-

192 Vgl. hierzu das Konzept der konsequentialistischen Interpretationsmethode von *Kirchner* (2008).

193 Directive 2003/71/EC of the European Parliament and of the Council of 4 November 2003, on the prospectus to be published when securities are offered to the public or admitted to trading, Official Journal of the European Union, 31. 12. 2003, L 345/64, Recital (10): "The aim of this Directive and its implementing measures is to ensure investor protection and *market efficiency*, in accordance with high regulatory standards adopted in the relevant international fora."
Directive 2003/6/EC of the European Parliament and of the Council of 28 January 2003, on insider dealing and market manipulation (market abuse), Official

dards.[194] Wird Kapitalmarkteffizienz nicht im neo-klassischen Sinne (Allokationseffizienz[195] bzw. Informationseffizienz) oder gar – wie leider immer noch bei manchen traditionellen (deutschen) Rechtswissenschaftlern – in einem nebulösen, eher umgangsprachlichen Sinne als Effektivität interpretiert,[196] sondern durch Rückgriff auf das Konsensparadigma und den aktuellen Stand der ökonomischen Kapitalmarktforschung und -praxis bestimmt, so ist die methodische Verknüpfung gelungen.[197]

Journal of the European Union, 12. 4. 2003, L 96/16, Recital (2): "An integrated and *efficient financial market* requires market integrity. The smooth functioning of securities markets and public confidence in markets are prerequisites for economic growth and wealth. Market abuse harms the integrity of financial markets and public confidence in securities and derivatives."
Directive 2004/39/EC of the European Parliament and of the Council of 21 April 2004, on markets in financial instruments, Official Journal of the European Union, 30. 4. 2004, L 145/1, Recitel (5): "It is necessary to establish a comprehensive regulatory regime governing the execution of transactions in financial instruments irrespective of the trading methods used to conclude those transactions so as to ensure a high quality of execution of investor transactions and to uphold the integrity and overall *efficiency of the financial system* (...)."; Recital (44): "(...) These Rules are needed to ensure the effective integration of Member State equity markets, to promote the *efficiency of the overall price information process* for equity instruments (...)."

194 In der Präambel der OECD Principles of Corporate Governance 2004 heißt es wörtlich: "Corporate Governance is one key element in emproving efficiency and growth as well as enhancing investor confidence (Preamble S. 11)." Diese Aussage wird sodann im Ersten Teil der Prinicples unter I im Sinne von Markteffizienz konkretisiert: "The corporate governance framework should promote transparent and efficient markets (Part one, I.)." Die Verknüpfung mit Transparenz spricht zunächst für Informationseffizienz; es geht aber auch um Reduktion von Kapitalkosten durch verbessertes Investorenvertrauen. Letzteres folgt wiederum aus der Präambel S. 11: "The presence of an effective corporate governance system, within an individual company and across an economy as a whole, helps to provide a degree of confidence that is necessary for the proper functioning of a market economy. As a result, the cost of capital is lower and firms are encouraged to use resources more efficiently, thereby underpinning growth."

195 Sehr betont bei *Assmann* (1992), Einleitung Rdn. 358f.

196 Vgl. für Deutschland exemplarisch *Assmann/Schneider/Koller* (2006), Vor § 31 Rdn. 8ff.; *Kümpel* (2004), Rdn. 8.388ff. S. 1356ff.

197 Vgl. zur Verwendung von Effizienzanalysen im Rahmen der teleologischen Gesetzesanwendung *Kirchner* (1997), S. 26: „Außerdem gibt es eine Reihe von Fällen, in denen rechtlich vorgegebene Zielsetzungen ihrerseits am ökonomischen Prinzip ausgerichtet sind, so dass hier die Effizienzanalysen Verwendung finden können."

Das Konsensparadigma ist aus dem juristischen Blickwinkel auch deshalb viel leichter „verdaulich" als etwa die Allokationseffizienz, weil dieses Paradigma im Unterschied zum Kaldor-Hicks-Theorem auf einen intersubjektiven Nutzenvergleich verzichtet, der Juristen (speziell dem Richter) eher fremd ist. Ein solcher Vergleich ist allerdings schon aus ökonomischer Perspektive überaus fragwürdig, denn innerhalb einer Gesellschaft sind die Akteure naturgemäß durch sehr unterschiedliche Präferenzstrukturen gekennzeichnet. Ihre Präferenzen hängen z.B. von ihrer Einkommensgruppe, Lebenssituation oder – allgemeiner formuliert – von der jeweiligen Ausgangssituation ab. Klaffen aber die Präferenzen der Akteure auseinander, so kann man nicht einfach Nutzeneinbußen bei einem Akteur mit Nutzengewinnen eines anderen Akteurs saldieren und sodann einen Wohlfahrtsgewinn bejubeln. Aus der rechtswissenschaftlichen Perspektive ist der intersubjektive Nutzenvergleich – wie bereits angedeutet – noch viel problematischer, denn er liegt quer zu einer ganzen Reihe rechtlicher Dogmen wie z.B. der konkreten Schadensberechnung (keine Berücksichtigung von Opportunitätskosten), dem Verbot des Vertrages zu Lasten Dritter, dem individuellen Schadenseinschlag, der Naturalrestitution im Schadensrecht. Das Konsensparadigma vermeidet diese Reibungspunkte.

Abschließend ist noch auf eine wichtige Implikation des Konsensparadigmas hinzuweisen, die sich auf die Erfolgschancen verschiedener „zur Wahl stehender" Regulierungsstrategien auswirkt. Die Zustimmung zu einer bestimmten Marktregulierung wird bei den Akteuren leichter zu erreichen sein, wenn das zur Entscheidung stehende institutionelle Arrangement kein Monopol für sich beansprucht, sondern Raum lässt für das Ausweichen auf parallel dazu bestehende oder künftig zu entwickelnde Marktordnungen. Beispielsweise dürfte eine Kapitalmarktregulierung als Paket eher Zustimmung finden, wenn es den Wechsel von einer Börse zu einer andersartig regulierten Börse ermöglicht, und zwar zu vernünftigen Kosten. Der Rückgang internationaler Börsengänge an den New York Börsen nach Einführung des Sarbanes-Oxly-Acts (SOX) im Jahre 2002 dürfte nicht zuletzt darauf zurückzuführen sein, dass potentiellen Erstemittenten – angesichts der Probleme bereits gelisteter ausländischer Unternehmen, die vor SOX „fliehen" wollten – deutlich vor Augen trat, wie problematisch ein Delisting für ausländische Emittenten in den USA ist.[198] Im März 2007 hat die SEC schließlich auf den entstandenen Wettbewerbsnachteil reagiert und die Delisting-Voraussetzungen etwas entschärft.[199]

Das Konsensparadigma impliziert also nicht zuletzt einen System- oder „legislatorischen" Wettbewerb[200] und weist damit zugleich in die Richtung eines dynamischen Verständnisses von Effizienz.[201] Damit wird das Abstellen auf Gleichgewichtszustände verdrängt durch den Versuch, für spezifische Märkte einen Regulierungsprozess zu finden, der pareto-superior ist. Die Spezifika eines zu betrachtenden Marktes werden u. a. bestimmt durch Produkteigenschaften, Reifegrad und Unternehmenskultur der betreffenden Volkswirtschaft, den verfassungsrechtlichen und institutionellen Rahmen, Pfadabhängigkeiten in der Regulierung, die Einbindung in internationale Märkte und makroökonomische Parameter. Zum methodischen Instrumentarium, das beim Suchprozess eingesetzt werden kann, gehören die Transaktionskostenanalyse, die reziproke Externalitäten-Analyse, die Prinzipal-Agenten-Theorie, und das Paradigma des hypothetischen Konsenses (ökonomische Theorie der Verfassung). Letzteres wurde bereits erörtert, wenden wir uns nun also den drei anderen Instrumenten zu.

1.2.4. Bauelemente der ökonomischen Theorie des Rechts

1.2.4.1. Transaktionskostenanalyse

Den Grundstein für die Transaktionskostenanalyse legte *Ronald H. Coase* 1937 in seiner Abhandlung „The Nature of the Firm" von 1937.[202] Dabei ging es *Coase* darum zu erklären, weshalb Produk-

198 Vgl. *Hostak/Karaoglu/Lys/Yang* (2007), S. 8 f.; *Leuz/Triantis/Wang* (2007); vgl. auch die Analyse zu den Kosten von SOX für die Unternehmen von *Leuz* (2007).

199 International Herald Tribune, SEC eases foreign delisting in U.S., March 21, 2007.

200 Vgl. *Kirchner* (1997), S. 24 f.; *Kirchner* (2006 a), S. 41.

201 *Kirchner* (2006 a), S. 41.

202 *Coase* (1937); zuletzt abgedruckt in: *Coase* (1988), S. 35 ff.; u. a. für diese Abhandlung wurde *Coase* im Jahre 1992 mit dem Nobelpreis für Wirtschaftswissenschaften ausgezeichnet.

tionsprozesse nicht nur rein marktförmig, also durch eine Serie von Austauschverträgen, organisiert werden, sondern warum sie zum Teil innerhalb einer integrierten Organisation, dem Unternehmen, ablaufen. Seine Erklärung zum Wesen des Unternehmens findet *Coase*, indem er ein Entscheidungsproblem zwischen zwei konkurrierenden Institutionen, Markt und Hierarchie, formuliert.[203] Seine These zur Entscheidungsregel des Unternehmers lautet: Wähle diejenige Institution, welche die Kosten für die Abwicklung einer gegebenen Menge von Transaktionen minimiert.[204] Die Entscheidung über die Struktur eines Unternehmens erfolgt also nach demselben Prinzip, das für die Preisbildung auf Gütermärkten gilt; anders ausgedrückt: Der Markt lässt seine Substitution durch die hierarchische Organisationsform zu, wobei der Marktmechanismus über den Wechsel entscheidet.[205] In einer Stellungnahme zu seiner Abhandlung aus dem Jahre 1937 hat *Coase* seine Thesen in der folgenden Weise zusammengefasst:[206]

> "Although production could be carried out in a completely decentralized way by means of contracts between individuals, the fact that it costs something to enter into these transactions means that firms will emerge to organize what would otherwise be market transactions whenever their costs were less than the costs of carrying out the transactions through the market."

203 *Coase* (1988), S. 5: "These institutions (which are central to the work of economists) are the firm and the market which together make up the institutional structure of the economic system."

204 *Coase* (1988), S. 7: "In my article on "The Nature of the Firm" I argued that although production could be carried out in a completely decentralized way by means of contract between individuals, the fact that it costs something to enter into theses transactions means that firms will emerge to organize what would otherwise be market transactions whenever their costs were less than the costs of carrying out the transactions through the market."; *Coase* (1988), S. 63: "The way in which industry is organized is thus dependent on the relation between the costs of carrying out the transactions on the market and the costs of organizing the same operations within that firm which can perform this task at the lowest cost ("Industrial Organization: A Proposal for Research", reprinted from Policy Issues and Research Opportunities in Industrial Organization, edited by Victor R. Fuchs, vol. 3 of Economic Research: Retrospective and Prospect, NBER General Series, no. 96, Cambridge: National Bureau of Economic Research, 1972)."

205 *Coase* (1988); vgl. *Schanze* (1981), S. 695.

206 *Coase* (1988), S. 7.

Coase trennt scharf zwischen der Koordination des Produktionsprozesses durch eine Serie von Verträgen und der Koordination durch Direktion seitens einer Hierarchiespitze. Obgleich er die Struktur der Hierarchie nicht näher spezifiziert, etwa im gesellschaftsrechtlichen Sinne, macht er deutlich, dass jener einzige Vertrag, durch den die Hierarchie (an einer anderen Stelle spricht *Coase* von einer „administrative structure“[207]) eingerichtet wird, ein spezifisches Element hat: das Direktionsrecht. Dieses Recht hebt ihn deutlich von jenen Verträgen ab, die im Falle der Option für den Markt geschlossen werden. In folgendem Satz bringt *Coase* die Differenzierung auf den Punkt:[208]

> “At this stage, it is important to note the character of the contract into which a factor enters that is employed within a firm. The contract is one whereby the factor, for a certain renumeration (which may be fixed or fluctuating) agrees to obey the directions of an entrepreneur within certain limits. The essence of the contract is that it should only state the limits to the powers of the entrepreneur. Within these limits, he can therefore direct the other factors of production.”

Für den Gegenstand dieser Untersuchung lässt sich der *Coase'sche* Ansatz in doppeltem Sinne nutzbar machen. Die erste Einsatzmöglichkeit liegt auf der Hand: Beim Entwurf einer Marktordnung für den organisierten öffentlichen Handel von Aktien ist darauf zu achten, dass diese Ordnung künftig Transaktionskosten reduziert, denn nur so kann sie im Wettbewerb mit anderen (internationalen) Marktplätzen und alternativen institutionellen Arrangements (ADR/GDR, Private Placements, MTF, OTC-Handel) konkurrieren. Die Funktion, Transaktionen zu ermöglichen und Transaktionskosten zu senken, begründet gleichsam die Existenzberechtigung („raison d'être“) für Marktplätze und Marktordnungen.[209] Die zweite Einsatzmöglichkeit des *Coase'schen* Ansatzes betrifft den Prozess der Kreation einer bestimmten Marktordnung. Auch insoweit lässt sich die Transaktionskostenanalyse – hier in Gestalt von Regulierungskosten – fruchtbar machen. Bleiben wir aber zunächst noch bei der ersten Einsatzmöglichkeit.

207 *Coase* (1988), S. 63.
208 *Coase* (1988), S. 63.
209 *Coase* (1988), S. 7: “Markets are institutions that exist to facilitate exchange, that is, they exist in order to reduce the costs of carrying out exchange transactions.”

Nach *Coase* wird der Effizienzgrad eines Marktplatzes bzw. einer Marktordnung durch die relative Höhe der Transaktionskosten bestimmt. Was aber sind Transaktionskosten? Zumindest zeitlich an erster Stelle stehen die Kosten für die Suche nach einem Transaktionspartner und gegebenenfalls das Warten auf eine Transaktionsmöglichkeit. Es folgen der zeitliche und sachliche Aufwand für Vertragsverhandlungen, also namentlich die Kosten der Informationssuche (Informationen über Eigenschaften des Transaktionsobjekts und -partners sowie alternative Transaktionsmöglichkeiten). Schließlich kommen Kosten im Zusammenhang mit der Vertragsdurchsetzung (z.B. Vorkehrungen gegen Nicht- oder Schlechterfüllung) hinzu. Projiziert man diese abstrakte Beschreibung zu Transaktionskosten auf den Fall des Aktienhandels, so geht es konkret um den Abbau von Informationsasymmetrien (durch Wertpapierprospekte, Rechnungslegung, Ad-hoc-Publizität), Corporate Governance und die Sicherheit der Abwicklung (Clearing and Settlement). An erster Stelle steht aber die Wahrscheinlichkeit und Schnelligkeit, mit der ein Vertragspartner gefunden werden kann: Indikatoren dafür sind die Marktliquidität und Bid-Ask-Spreads.[210] Schließlich ist das Bestehen von Vergleichsmöglichkeiten mit Wertpapieren derselben Asset-Klasse bedeutsam, denn hierdurch können wichtige Preisinformationen gewonnen werden. Beispielsweise nutzen Investmentbanken zur Ermittlung der Preisspanne bei IPOs unter anderem den Kurs von Wettbewerbern des Emittenten als Referenzgröße.[211]

Coase macht den Zusammenhang zwischen Marktordnung (Regulierung) und Transaktionskosten am Beispiel von Waren- und Aktienbörsen deutlich:[212]

> "I refer to commodity exchanges and stock exchanges. These are normally organized by a group of traders (the members of the exchange) which owns (or rents) the physical facility within which transactions take place. All exchanges regulate in great detail the activities of those who trade in these markets (the times at which transactions can be made, what can be traded, the responsibilities of the parties, the terms of settlement, etc.) and they all provide machinery for the settlement of disputes and impose sanctions

210 Vgl. hierzu unten 2.2.2.2.4.

211 *Brealey/Myers/Allen* (2006), S. 389; *Achleitner* (2002), S. 294; *Weiser* (2006), S. 388.

212 *Coase* (1988), S. 8f.

against those who infringe the rules of the exchange. It is not without significance that these exchanges, often used by economists as examples for a perfect market and perfect competition, are markets in which transactions are highly regulated (and this quite apart from any government regulation that there may be). It suggests, I think correctly, that anything approaching perfect competition to exist, an intricate system of rules and regulations would normally be needed."

Die Regulierung von Marktplätzen existiert also, um Transaktionskosten zu senken und das Handelsvolumen bzw. die Liquidität zu steigern.[213] *Coase* verknüpft dieses übergeordnete Regulierungsziel in dem Zitat sogleich mit der Frage, wer für den Entwurf der Regulierung geeignet sei. Er verweist auf die Händler, die ein originäres Interesse daran haben, eine Marktordnung zu entwerfen, die den Markt „breiter" macht.[214] Was für die Händler zutrifft, gilt aber auch für eine andere Gruppe von Intermediären: die professionellen Underwriter öffentlicher Wertpapierangebote, also die Investmentbanken. Beide Gruppen haben ein hohes Wissen um den Markt und einen starken Anreiz, die Liquidität des Marktes zu erhöhen. Eine der *Coase'schen* Annahmen aus dem Jahre 1988 trifft (zwischenzeitlich) jedoch sowohl in Brasilien als auch in Deutschland nicht mehr zu: Die Marktplätze gehören nicht mehr den Händlern, sondern einer großen Zahl von Aktionären. Für die Deutsche Börse AG gilt dies seit 2001; die BOVESPA hat sich im Jahre 2007 selbst an die Börse gebracht. Gleichwohl bleibt das Interesse der Börsen bzw. ihrer Aktionäre und Manager an einer Erhöhung der Liquidität bzw. des Handelsvolumens erhalten.

Allerdings werden durch die veränderten Eigentumsverhältnisse die Prinzipal-Agenten-Beziehungen komplexer: Nunmehr stehen sich Aktionäre und Manager der Börse sowie der Börsenmaklerunternehmen und Investoren gegenüber. Hinzu kommt eine Verschärfung des Problems, die Marktordnung effektiv durchzusetzen.[215] Durchsetzung und Kontrolle werden nämlich in dem Maße schwieriger, wie die Märkte größer und anonymer sowie von Managern beherrscht werden. Deshalb stellt sich die Entscheidung zwischen staat-

213 *Coase* (1988), S. 9.

214 *Coase* (1988), S. 9.

215 Dieses Thema stellt auch *Mahoney* ins Zentrum seiner Analyse zur Regulierung von Wertpapiermärkten, vgl. *Mahoney* (2003), S. 10f.; *Mahoney* (1997).

licher und privater Marktregulierung komplexer dar. *Coase* beschreibt diesen Grenzübergang wie folgt:[216]

> "It is evident that, for their operation markets such as those that exist today require more than the provision of physical facilities in which buying and selling can take place. They also require the establishment of legal rules governing the rights and duties of those carrying out transactions in these facilities. Such legal rules may be made by those who organize the markets, as is the case with most commodity exchanges. The main problem faced by the exchanges in this law making are the securing of the agreement of the members of the exchange and the enforcement of its rules. Agreement is facilitated in the case of commodity exchanges because the members meet in the same premises and deal in a restricted range of commodities; and enforcement of the rules is possible because the opportunity of trade is itself of great value and the withholding of permission to trade is a sanction sufficiently severe to induce most traders to observe the rules of the exchange. When the physical facilities are scattered and owned by a vast number of people with very different interests, as is the case with retailing and wholesaling, the establishment and administration of a private legal system would be very difficult. Those operating in these markets have to depend, therefore, on the legal system of the State."

Coase beschreibt hier letztlich eine Situation, die dazu führt, dass Marktregulierungen die Eigenschaften eines öffentlichen Gutes erhalten, d.h.: Erstens, die Inanspruchnahme des Gutes durch einen Nutzer beeinträchtigt die Inanspruchnahme durch andere Nutzer nicht; zweitens, die Kosten für den Ausschluss der sog. „Free Rider" wären so hoch, dass kein profitmaximierendes Unternehmen bereit wäre, das Gut zur Verfügung zu stellen.[217] Ferner stellt sich die Frage, ob Marktplätze (zumindest ab einer bestimmten Größe und Anonymität der Teilnehmer) nicht mehr akzeptable (konsensfähige) Externalitäten[218] hervorbringen können, die im Wege der staatlichen Regulierung internalisiert werden müssen. Die Subprime-Krise und ihre Wirkungen auf die Realwirtschaft haben dieses immer wiederkehrende Thema wieder mit Nachdruck auf die Tagesordnung gesetzt.

216 *Coase* (1988), S. 10.
217 Zum Begriff "Externalität" vgl. *Cooter/Ulen* (2004), S. 46.
218 *Cooter/Ulen* (2004), S. 44 ff.

1.2.4.2. Externalitäten und Regulierung

1.2.4.2.1. Einführung

Externalitäten, systemisches Risiko, Marktmacht (bzw. Kartellbildung) und öffentliche Güter sind Phänomene, die unter dem Sammelbegriff „Marktversagen" zusammengefasst und vielfach als Rechtfertigungsgrund für staatliche Regulierung genannt werden.[219] Allerdings ist zumindest die Existenz von Externalitäten nicht schon per se ein Fall, in dem staatliche Intervention via Regulierung angezeigt ist.[220] Bevor wir uns der Frage zuwenden, unter welchen Voraussetzungen Externalitäten durch staatliche Regulierungen internalisiert werden sollten, betrachten wir zunächst den Zusammenhang zwischen der im vorangegangenen Abschnitt erörterten Theorie der Unternehmung (Transaktionskostenanalyse) und dem Externalitäten-Problem.

1.2.4.2.2. Der Coase'sche Ansatz

In seinem Aufsatz „The Problem of Social Cost"[221] 1960 greift *Coase* seine Theorie der Unternehmung aus dem Jahre 1937 auf und verfeinert die Analyse des Wahlprozesses zwischen verschiedenen Institutionen. Weshalb die Wahlakte bedeutsam sind, erklärt er im Wege einer negativ formulierten These, die als Bedingung des „Coase-Theorems" berühmt geworden ist: Die vorherige Festlegung der Institution wäre nur dann irrelevant, wenn es keine Transaktionskosten gäbe.[222]

219 Vgl. zum Marktversagen als solches *Cooter/Ulen* (2004), S. 44 ff.; *Castelar Pinheiro/Saddi* (2005), S. 449 ff.; *Schäfer/Ott* (2005), S. 110 f.
Zum Marktversagen als Rechtfertigungsgrund für Regulierungen: *Yazbek* (2007 a), S. 184 ff.; *Köndgen* (1997), S. 119; *Hopt* (2000), S. 813.

220 *Coase* (1988), S. 24: "In particular, the existence of "externalities" does not imply that there is a prima facie case for governmental intervention, if by this statement is meant that, when we find "externalities", there is a presumption that governmental intervention (taxation or regulation) is called for rather than the other courses of action which could be taken (including inaction, the abandonment of earlier governmental action, or the facilitating of market transactions)".
Kritisch für den Fall einer großen Zahl von Externalitäten, *Buchanan* (1973); *Buchanan* (1998), S. 712 ff.

221 *Coase* (1960); wieder abgedruckt in: *Coase* (1988), S. 95 ff. (vgl. dazu auch *Coase* (1988), S. 157 ff.); *Assmann/Kirchner/Schanze* (1993), S. 129 ff.

222 Vgl. zum Coase-Theorem statt vieler *Cooter/Ulen* (2004), S. 85 ff. und *De Meza* (1998), S. 270 ff. *Assmann/Kirchner/Schanze* (1993), S. 129 ff.; *Castelar Pinheiro/Saddi* (2005), S. 102 ff.

Da es nun in der realen Welt aber Transaktionskosten gibt, kommt es folglich auf den Wahlprozess an. Die Entscheidung sollte – so *Coase* – durch einen Vergleich des Gesamtnutzens gefällt werden, der für alle Beteiligten einer Transaktion entsteht, wenn die Transaktion im Rahmen eines bestimmten institutionellen Arrangements durchgeführt wird.[223] In einer Selbst-Interpretation seiner berühmten Aufsätze aus den Jahren 1937 und 1960 bringt *Coase* diese Position wie folgt auf den Punkt:[224]

> "The aim of economic policy is to ensure that people, when deciding which course of action to take, choose that which brings about the best outcome for the system as a whole. As a first step, I have assumed that this equivalent to maximizing the value of total production (and in this I am Pigovian). Since, by and large, people choose to perform those actions which they think will promote their own interests, the way to alter their behaviour in the economic sphere is to make it in their interest to do so. The only means available to the government for doing this (apart from exhortation, which is commonly ineffective) is a change in the law or its administration. The forms such changes may take are many. They may amend the rights and duties which people are allowed to acquire or are deemed to process, or they may make transactions more costly by altering the requirements for making a legally binding contract. (...) Economic policy consists in choosing those legal rules, procedures, and administrative structures which will maximize the value of production."

Coase weist nach, dass die Internalisierung der Kosten, die durch eine wirtschaftliche Aktivität ausgelöst werden, im Verhandlungswege regelmäßig zu besseren Ergebnissen (pareto-superior) führt als die Regulierungslösung (z.B. Haftungsregeln oder Steuern), die ja ihrerseits erhebliche Kosten verursacht. Die Regulierungslösung sei nur dann vorteilhaft, wenn ihre Kosten ausnahmsweise geringer seien als diejenigen, die im Verhandlungsprozess entstünden. *Coase* räumt jedoch ein, dass angesichts von Transaktionskosten nicht alle Externalitäten zum Gegenstand von Verhandlungslösungen gemacht werden können. Die „frei" bleibenden Externalitäten sollten hingenommen werden, wenn bei einer reziproken Betrachtung der Gesamtnutzen aus der wirtschaftlichen Aktivität überwiege.[225] Folgendes Zitat bringt die

223 *Coase* (1988), S. 114 ff.

224 *Coase* (1988), S. 27 f.

225 Vgl hierzu *Kirchner* (1997), S. 20 f.: „Der These, dass ein Auseinanderklaffen des privaten und des sozialen Optimums dadurch verhindert werden könnte, dass negative externe Effekte vom Verursacher zu internalisieren seien (durch die

Qualifikation der staatlichen Regulierung als höchstens „zweitbeste“ Lösung deutlich zum Ausdruck:[226]

> "Indeed, the fact that there are transaction costs and that they are large[227] implies that many effects of people's actions will not be covered by market transactions. Consequently, "externalities" will be ubiquitous. The fact that governmental intervention also has its costs makes it very likely that most "externalities" should be allowed to continue if the value of production is to be maximized. This conclusion is strengthened if we assume that the government is not like Pigou's ideal but is more like the normal public authority – ignorant, subject of pressure, and corrupt. Whether there is a presumption, when we observe an "externality", that governmental intervention is desirable, depends on the cost conditions in the economy concerned."

Damit die von *Coase* favorisierten Verhandlungen über Externalitäten in Gang kommen können, muss dem Geschädigten eine übertragbare eigentumsrechtliche Position zustehen; anders gewendet: Er muss die ihn schädigende wirtschaftliche Handlung durch sein Veto verbieten können. In dieser Sichtweise ist das Recht, eine wirtschaftliche Aktivität mit schädigenden (Neben-)Wirkungen ausführen (oder verbieten) zu dürfen, ein handelbarer Produktionsfaktor.[228] *Coase* definiert Produktionsfaktoren also nicht als Realien, sondern als das Recht, eine bestimmte Handlung vornehmen zu dürfen. Im (hypothetischen) Verhandlungsprozess zwischen dem Unternehmen und dem Eigentümer des Vetorechts wird entschieden, ob die Vorteile, die erzielt werden, wenn eine schädigende Handlung, also eine bestimmte Produktion oder Transaktion, unterbleibt, stärker wiegen als jene Vorteile, zu denen die schädigende Handlung führt (reziproke Schadensbetrachtung). Dieser Vergleich ist – wie bereits angedeutet – für *Coase* der Maßstab, nach dem Externalitäten behandelt werden sollten, und zwar unabhängig davon, ob die Internalisierung durch Regulierung oder durch Aushandeln erfolgt.

sog. Pigou-Steuer), stellt Coase entgegen, dass negative externe Effekte nur richtig erfasst werden können, wenn man die Reziprozität des Problems in Rechnung stelle. (…) Die Ausgestaltung des Rechts kann zu Transaktionskostensenkungen führen, insbesondere bezüglich der Normierung von Rechtsänderungen in Eigentümerpositionen. Entscheidend ist aber nicht die Minimierung von Transaktionskosten, sondern die Minimierung der Gesamtkosten.“

226 *Coase* (1988), S. 26.

227 *Coase* (1988), S. 26 nimmt hier Bezug auf die Untersuchung von *Wallis/North* (1986).

228 *Schanze* (1993).

1.2.4.2.3. „Large number interactions" (James M. Buchanan)

Buchanan greift das *Coase'sche* Konzept zur Behandlung von Externalitäten auf. Dabei geht er von der folgenden Definition aus:[229]

> "If the activity of one person (or firm) generates non-compensated benefits or harms on another, the opportunity costs that inform choices may not fully incorporate the spillover or external components since these do not impact directly on the utility (wealth) of the chooser. The interdependence is not internalized as it would be in an ordinary market exchange transaction."

Buchanan legt dar, dass die *Coase'sche* Position, Vorrang für die Verhandlungslösung, nur unter bestimmten Bedingungen pareto-superior gegenüber einer Regulierung ist. Insbesondere für den Fall, dass zahlreiche „Konsumenten" gemeinsam ein öffentliches oder „kollektives" Gut konsumieren würden, das von einem Produzenten erstellt werde, sei es vorteilhafter, die vielen bilateralen Verhandlungen durch Einsatz eines Agenten zu ersetzen. Dabei lässt er offen, von wem dieser Agent eingesetzt oder ermächtigt wird. In Betracht kommen also sowohl ein staatlicher Agent (z.B. eine Regulierungsbehörde) als auch ein privater Agent (Selbstregulierungsorganisation). Das folgende Zitat fasst die Position *Buchanans* zusammen:[230]

> "These involve the replacement of the many-person reactions on the "consumer" side by some agent or collectivity that is empowered to act on behalf of consumers. This institutional agent is then placed in a position to negotiate direcetly with those individuals or firms who might find it privately profitable to generate the external effect. The agent may, on behalf of its constituent members, agree to sell or to purchase rights to carry on the activity, with the delineation of initial levels of activity being determined in accordance with some selected status quo position."

1.2.4.2.4. Implikationen für die Kapitalmarktregulierung

Das Konzept, das *Coase* zum Problem der sozialen Kosten bzw. Externalitäten entwickelt hat, richtet zumindest drei generelle Forderungen an das Rechtssystem: Es ist ein stark differenziertes System übertragbarer Eigentumsrechte (Vetorechte) zu entwickeln, die durch niedrige Transaktionskosten fungibel bleiben.[231] Soweit Externalitä-

229 *Buchanan* (1998), S. 712.
230 *Buchanan* (1973), S. 81 f.; *Buchanan/Stubblebine* (1962).
231 *Schanze* (1983), S. 174; *Kirchner* (1997), S. 22.

ten im Wege der Regulierung internalisiert werden, müssen diese Regeln (z.B. Haftungsregeln oder Kapitalmarktaufsichtsrecht) berücksichtigen, ob die Vorteile, die erzielt werden, wenn eine schädigende Aktivität unterbleibt, stärker wiegen als jene Vorteile, zu denen die schädigende Aktivität führt. Institutionen, und dazu gehören auch Marktordnungen, sind so auszugestalten, dass alle Rechtspositionen eindeutig zugeordnet sind. Durch diese Zuordnung sollten möglichst viele Kosten der Transaktion internalisiert, also von den Transaktionspartnern des Marktplatzes selbst getragen werden.[232] Nur wenn die letzte Voraussetzung zumindest annähernd erfüllt ist, wird eine bestimmte Marktordnung im Sinne der konstitutionellen Theorie konsensfähig sein.

Die sich anschließende Frage lautet: Welche konkreten Leitlinien für die Regulierung des Aktienmarktes lassen sich aus diesen drei generellen Forderungen ableiten? Um diese Frage beantworten zu können, muss in einem ersten Schritt ermittelt werden, inwieweit man auf die grundsätzlich vorzugswürdige Verhandlungslösung zurückgreifen kann. Die Verhandlungslösung hat bei Aktienplatzierungen und -handel zumindest drei mögliche Ansatzpunkte: das Underwriting Agreement, die Listing-Vereinbarung und die Handelsbedingungen.

(i) Internalisierung via Underwriting Agreement

Das sog. Underwriting Agreement schließen die Emittenten von Aktien mit einer oder mehreren Investmentbanken (Underwriter) ab. Zwischen beiden Transaktionspartnern besteht naturgemäß eine erhebliche Informationsasymmetrie hinsichtlich der Ertragschancen des emittierenden Unternehmens. Diese Asymmetrie kann Quelle von Externalitäten sein. Als zentrales Informationsmedium für die Underwriter dient dabei ein Wertpapieremissionsprospekt. Dieser Prospekt fungiert zugleich als Informationsmedium für potentielle Investoren, die möglicherweise Aktien des Emittenten ihrem Portfolio hinzufügen wollen. Wertpapierprospekte haben die Eigenschaften eines öffentlichen bzw. kollektiven Gutes; und ganz ähnlich wie *Buchanan* dies für das Verhältnis eines Produzenten zu einer großen Zahl von Konsumenten beschrieben hat, so verhält es sich zwischen dem Emittenten eines Wertpapiers und dem Heer potentieller Inves-

232 Vgl. *Schanze* (1981), S. 696.

toren. Die Internalisierung der beschriebenen Externalitäten (als Folge von Informationsasymmetrien über Ertragschancen) im Wege zahlreicher bilateraler Verhandlungen zwischen einzelnen Investoren und dem Emittenten würde nicht nur zu erheblichen Transaktionskosten führen, vielmehr ist das Zustandekommen solcher Verhandlungen, wie sie (stellvertretend) von den Underwritern geführt werden, im direkten Verhältnis zwischen Investoren und Emittenten schlicht unrealistisch. Mit Ausnahme der institutionellen Investoren sind die meisten Investoren nämlich weder in der Lage noch Willens, selbst solche Verhandlungen zu führen oder auch nur Wertpapierprospekte zu lesen. Es bedarf daher, um im *Buchanan'schen* Bilde zu bleiben, „irgendeines" Agenten, der an die Stelle der zahlreichen Verhandlungspartner auf Investorenseite tritt.

Wertpapieremissionsprospekte werden unter der Führung einer (Investment-)Bank (Arrangeur) zusammen mit anderen Beratungsunternehmen (z.B. Anwaltsfirmen und Wirtschaftsprüfern) erstellt. Häufig wird der Arrangeur auch zum Kreis der Underwriter gehören.[233] Im Rahmen des Underwriting Agreement können (Investment-)Banken und Emittent nicht nur den Preis für die Aktien aushandeln, sondern auch bestimmen, welche Informationen im Prospekt offen zu legen sind. In dem Maß wie Informationen über den Emittenten und das Wertpapier korrekt offen gelegt werden, reduzieren sich potentielle Externalitäten. Dazu gehören im Falle von Wertpapieremissionen vor allem nicht offen gelegte und daher nicht „eingepreiste" Risikofaktoren (z.B. Marktrisiken für die Produkte des Emittenten), aber auch Risiken aus der Corporate Governance Struktur des Unternehmens (Prinzipal-Agenten-Probleme).[234] Indem die Underwriter den Wertpapierprospekt analysieren und prüfen, ob die „marktüblichen" Informationen vollständig darin enthalten sind, übernehmen sie faktisch die Rolle eines Agenten (im Sinn des Ansatzes *Buchanans*[235]) für die mehr oder weniger weit gestreute Gruppe der Investoren. Da (Investment-)Banken aber – wie bereits angedeutet – nicht nur regelmäßig die Rolle der Underwriter übernehmen, sondern als Teil ihres Geschäftsmodells auch die Funktion des Arrangeurs übernehmen, also unmittelbar auf die inhaltliche Prospektgestaltung einwirken,

233 *Brealey/Myers/Allen* (2006), S. 388–391.
234 Vgl. hierzu die Ausführungen zu Prinzipal-Agenten-Problemen 1.2.4.3.
235 Siehe oben 1.2.4.2.3.

haben sie ein originäres Interesse und das spezifische Wissen zu definieren, was die „marktüblichen Informationen“ sind. Schließen sich die in einem (regionalen) Marktsegment tätigen (Investment-)Banken zusammen, um gemeinsam eine solche Definition zu finden und vereinbaren sie unter dem Schleier des Nichtwissens zugleich einen Durchsetzungsmechanismus (gegen Verstöße aus ihrer Mitte), dann setzen sie im Wege der Selbstregulierung einen Marktstandard. Da (Investment-)Banken weltweit tätig sind, ihre Mitarbeiter standortübergreifend arbeiten und interne Knowledge-Management-Systeme nutzen, wird dieser Standard automatisch die internationale Praxis reflektieren.

Eine Alternative zu dem gerade skizzierten institutionellen Arrangement zur Prospektregulierung ist die Einführung eines Wertpapierprospektgesetzes i. V. m. der Pflicht, bei einer staatlichen Behörde (z. B. CVM oder BaFin) vorab eine Genehmigung einzuholen. Eine dritte Möglichkeit besteht schließlich darin, dass die Börse in ihren Listingbedingungen bestimmte Prospektanforderungen festlegt und dies im Zuge der Entscheidung zum Listing überprüft. Alle drei Mechanismen sollen dieselbe Funktion erfüllen: Internalisierung von Externalitäten, die aus Informationsasymmetrien bei Wertpapieremissionen resultieren können. Welches institutionelle Arrangement – unter welchen Bedingungen – pareto-superior ist und wie sich die brasilianische Kapitalmarktordnung einordnen lässt, wird in den folgenden Kapiteln erörtert. An dieser Stelle geht es zunächst nur darum, die Bandbreite der möglichen institutionellen Arrangements aufzuzeigen.

(ii) Internalisierung via Listing-Vereinbarung und Handelsbedingungen

Der zweite Ansatzpunkt für die Verhandlungslösung ist die Listing-Vereinbarung zwischen der Börse und dem Emittenten; hinzu kommen die Handelsbedingungen. Börsen haben ein originäres Interesse daran, dass ein bei ihr gelistetes Unternehmen weder bei der Aktienplatzierung (Primärmarkt) noch beim anschließenden Aktienhandel (Sekundärmarkt) negative Effekte für Investoren erzeugt. Letzteres gilt zunächst für „Externalitäten“, die sich bei denjenigen Investoren auswirken, die Aktien der Gesellschaft erwerben wollen oder schon besitzen, welche die „Externalitäten“ konkret produziert hat (z. B. durch mangelhafte Transparenz oder bewusst falsche Ad-hoc-Mitteilungen). Darüber hinaus muss der Börse auch daran gelegen sein, negative externe Effekte in Gestalt von Spillover-Effekten zu vermeiden. Solche Effekte können eintreten, wenn das schädigende Verhalten eines gelisteten Unternehmens in der Lage ist, den gesamten Marktplatz, die betreffende Börse, mehr oder weniger lange in Verruf zu bringen. Ein dramatisches Beispiel ist die „Naji Nahas"-Affäre, die 1989 die brasilianische Börsenlandschaft erschüttert hat.[236] Die mit solchen Affären verbundenen Externalitäten können im direkten Verhandlungswege zwischen den negativ betroffenen Akteuren und dem Verursacher nicht internalisiert werden, denn ein handelbares Eigentumsrecht (Vetorecht) ist gerade im Hinblick auf Spekulanten, Betrüger und Spillover-Effekte nicht darstellbar. Der Betreiber des Marktplatzes kann hingegen quasi stellvertretend für alle Marktteilnehmer Listing- und Handelsbedingungen vereinbaren, die dabei helfen können, solche Externalitäten bzw. Spillover-Effekte zu reduzieren. Wahrscheinlich stößt die Selbstregulierung aber genau an dieser Stelle auch an Grenzen und bedarf der Ergänzung durch staatliche Regulierung.[237]

Aber nicht nur dort, wo Verhandlungslösungen zwischen den einzelnen Akteuren mangels handelbarer Eigentumsrechte nicht möglich sind, drängt sich eine Internalisierung über den Börsenbetreiber als zentrale Instanz auf. Dieser kann – ähnlich wie dies in Bezug auf die (Investment-)Banken dargestellt wurde – in die Rolle eines Agenten schlüpfen, der eine Vielzahl von Verhandlungsprozessen zur Internalisierung von möglichen negativen externen Effekten ersetzt. Selbstverständlich wird der Börsenbetreiber die Listing- und Handlungsbedingungen nicht jeweils einzeln aushandeln, sondern Standardpakete für unterschiedliche Marktsegmente zur Verfügung stellen. Er wird diese Bedingungen der (internationalen) Marktentwicklung anpassen und vor allem in Bezug auf jedes einzelne bereits gelistete oder sich um ein Listing bewerbende Unternehmen prüfen, ob die Listingbedingungen erfüllt sind. Börsenbetreiber bieten sich durch ihr spezifisches Erfahrungswissen im Aktienhandel und die relativ scharfen Druckmittel „Ablehnung des Listing, Delisting, Aussetzung des Handels" prinzipiell als Regulierungsinstanz an.[238] Daher überrascht

236 *Schmith* (2004), S. 124 und 250.
237 Vgl. hierzu 2.3.2.2.3. und 2.3.2.3.2.
238 *Mahoney* (1997); *Mahoney* (2003).

es nicht, dass sie – entsprechend einem der *Coase-Zitate*[239] – mit graduellen Unterschieden ja auch immer als Selbst-Regulierungsinstanz für ihren Marktplatz tätig waren.

Die Listing-Vereinbarungen der Börsen sind also neben dem Underwriting-Agreement ein zweites institutionelles Arrangement zur Internalisierung von Externalitäten, das zumindest in gewissem Umfang die staatliche Kapitalmarktregulierung ersetzen oder aber im Normsetzungsprozess (insbesondere bei der Implementierung Internationaler Standards) eine Vorreiterrolle übernehmen kann. Dieser potentielle Wettbewerb zwischen Selbst-Regulierung und staatlicher Regulierung, aber auch ihre komplementären Funktionen werden im II. und III. Kapitel näher erörtert.

1.2.4.3. Analyse der Agency-Beziehungen

1.2.4.3.1. Gegenstand und Zielrichtung der Agency-Theorie

Der dritte Baustein der ökonomischen Analyse des Rechts, der für die vorliegende Problemstellung fruchtbar gemacht werden soll, ist die Prinzipal-Agenten-Theorie. Prinzipal-Agenten-Beziehungen liegen vor, wenn zwischen zwei Personen eine Verbindung besteht, in der eine Person, der Prinzipal, die Folgen von Handlungen der anderen Person, des Agenten, tragen muss.[240] Diese sehr weite Definition wird teilweise durch die zusätzliche Voraussetzung eingeschränkt, dass die Beziehung auf dem Abschluss eines formellen oder informellen Vertrages zu beruhen hat.[241] Sofern ein formeller Vertrag zugrunde liegt, überschneidet sich der Gegenstand der ökonomischen Agency-Theorie mit demjenigen des Stellvertretungsrechts und der gesellschaftsrechtlichen Bestimmungen über Rechte und Pflichten des Vorstands bzw. der Geschäftsführer.

239 Vgl. oben Fn. 210.

240 *Franke* (1993); zur Abgrenzung der Agency-Theorie von der Transaktionskostenökonomik vgl. *Williamson* (1988); einen guten Überblick zu den verschiedenen Aspekten der Agency-Theorie vermittelt der Sammelband von *Bamberg/Spremann* (1989).

241 Vgl. *Eggertson* (1990), S. 41 f; *Mercuro/Medema* (1997), S. 143.

Gegenstand der Agency-Theorie ist die Analyse von Steuerungs- und Anreizproblemen („Governance“), die entstehen können, wenn zur Organisation eines Unternehmens oder eines Marktplatzes wichtige Entscheidungen von den (oder einzelnen) betroffenen Akteuren an eine Gruppe aus ihrer Mitte oder an Dritte delegiert werden, die bei der übertragenen Entscheidungen einen Ermessensspielraum wahrnehmen können. Die Vertreter der Agency-Theorie gehen – ebenso wie diejenigen der Transaktionskostenökonomik – davon aus, dass Transaktionen und Produktionsprozesse in unvollkommenen Märkten stattfinden. Nur unter der Voraussetzung, dass die Eigenschaften von physischen Gütern, Wertpapieren und Dienstleistungen nicht genau bekannt bzw. nicht alle Beteiligten gleichermaßen darüber informiert sind, kann eine Person die Folgen ihres Handelns einer anderen Person aufzwingen. Letztlich entscheidet also das Bestehen von Informationsasymmetrien zwischen den Akteuren, die, in welcher Rolle auch immer, auf einem bestimmten Markt oder in einem Unternehmen[242] interagieren, darüber, ob eine Agency-Beziehung vorliegt oder nicht.[243] Die Reibungsverluste, die aufgrund der Informationsasymmetrie entstehen, kann man als Agency-Kosten bezeichnen (Adverse Selektion; Moral Hazard). Liegt der Agency-Beziehung ein expliziter oder impliziter Vertrag zugrunde, so kann man sie auch als eine Untergruppe von Transaktionskosten qualifizieren.

Die erwähnten Reibungsverluste hängen unmittelbar mit den zentralen Elementen jeder Agency-Beziehung zusammen: Delegation von Entscheidungskompetenzen und Einräumen von Ermessen.[244] Die Kombination beider Elemente ermöglicht es dem Prinzipal, die spezifische Qualifikation des Agenten zu nutzen. Die Freiheit des Agenten hat aber auch eine Kehrseite: Er kann seine Ermessensspielräume zur Verfolgung opportunistischer Zwecke missbrauchen. Statt sich, wie ex ante vereinbart, entlang der Präferenzfunktion des Prinzipals zu bewegen, kann sich der Agent an seinen eigenen, anders ausgerichteten Präferenzen orientieren („moral hazard“). Ferner kann der Agent die Schwächen oder Risiken seines Leistungsangebots verheimlichen, um einen (über-)vorteilhaften Vertrag abzuschließen. In Bezug auf die Qualität seiner Leistung und seine Absichten in der Vertragsbezie-

242 Vgl. *Scott* (1998).
243 Vgl. *Franke* (1993).
244 Vgl. *Franke* (1993), Spalte 38; *Schanze* (1989), S. 465.

hung hat er naturgemäß einen Informationsvorsprung. Da potentielle Prinzipale jedoch misstrauisch sind, gehen sie eine Agency-Beziehung nur ein, wenn der potentielle Agent die Qualität seines Produkts in glaubwürdiger Weise signalisiert. Andernfalls sind die Prinzipale nur bereit, ein geringes Entgelt zu zahlen oder lehnen den Vertragsschluss sogar ab. In dem Maße, wie der Prinzipal die geforderte Gegenleistung erhöht, treten aufrichtige Agenten zurück und drängen die sog. Zitronen nach vorne („market for lemons"). Diese opportunistisch eingestellten Agenten können sich auf den vordergründig schlechten Handel einlassen, weil sie die Abreden sowieso verletzen wollen. Zuletzt bricht der Markt zusammen. Dieses Szenario wird in der Agency-Literatur unter dem Stichwort „adverse Selektion" behandelt.[245]

Die Vermeidung der skizzierten Interessenkonflikte und damit die Reduktion der Agency-Kosten ist die zentrale Aufgabenstellung der positiven Agency-Theorie. Ihr Lösungsansatz besteht darin, institutionelle Arrangements zu entwerfen, die an folgender Zielvorgabe ausgerichtet sind: Minimiere den Interessengegensatz zwischen Agent und Prinzipal durch den Entwurf eines anreizkompatiblen institutionellen Arrangements, in dem der Agent seine eigenen (opportunistischen) Interessen dann am besten erreicht, wenn er sich möglichst exakt entlang der Präferenzfunktion des Prinzipals bewegt („alignment of interests"). Als Hebel zur Herstellung dieser Interessenskonvergenz wird die Chancen- und Risikoverteilung genutzt, die der Agent für sich persönlich (seine Vergütung, Aufstiegschancen, Reputation etc.) in Rechnung stellen wird, wenn er Ermessensentscheidungen im Rahmen der ihm übertragenen Aufgaben trifft. Diese Chancen- und Risikoverteilung ist nicht fix, sondern lässt sich durch vertraglich vereinbarte oder teils auch einseitig vom Prinzipal gesetzte Anreize und Sanktionen gestalten (z.B. Aktienoptionsprogramme mit „Lock-up"-Perioden).

1.2.4.3.2. Zuschnitt der Agency-Theorie auf die Organisation des Aktienmarktes

Betrachtet man den Aktienmarkt als Ganzes, so können höhere Agency-Kosten tendenziell zu einer Unterversorgung mit Eigenkapital, ge-

245 Vgl. *Sester* (2004), S. 136ff.

ringerem Handelsvolumen, niedrigerer Liquidität sowie nicht risikoadäquaten Preisen führen. Die Agency-Theorie kann helfen, diese Kosten aufzudecken und zu steuern. Im Hinblick auf die Organisation des öffentlichen Aktienmarktes lassen sich drei Aspekte unterscheiden: (i) Zunächst kann mit Hilfe der Agency-Theorie ermittelt werden, weshalb Aktienmärkte überhaupt der Regulierung bedürfen und – eng damit zusammenhängend – worin eigentlich das Ziel der Regulierung bestehen sollte. (ii) Ferner kann sie herangezogen werden, um zu analysieren, welche Institution als „Agent" (Regulierungsinstanz) für den Entwurf bzw. die Durchsetzung einer Marktordnung eingesetzt werden sollte. Voraussetzung dafür ist zunächst eine Analyse der bestehenden Regulierungsbeziehungen.[246] (iii) Schließlich kann die Beziehung zwischen den Entwurfsgremien zur Setzung Internationaler Standards (z.B. IOSCO) und derjenigen Institution, welche die (nationale) Marktordnung unter Rückgriff auf einen Internationalen Standard entwirft, als Prinzipal-Agenten-Beziehung modelliert werden.

(i) Investor – Intermediäre – Manager des Emittenten

Die Frage nach Regulierungsbedarf und -zielen ist im vorliegenden Kontext auf eine klassische Agency-Beziehung gerichtet, nämlich auf diejenige zwischen den (Eigenkapital-)Investoren und den Managern des Emittenten. Zwischen beiden Akteuren bestehen sowohl Informationsasymmetrien als auch die Gefahr von ex-post Opportunismus („moral hazard"). Die Manager können z.B. im Zuge eines Börsengangs unzureichende oder gar falsche Informationen über das Unternehmen öffentlich mitteilen, die auf Kosten der Investoren gehen, weil sie zu einer Überbewertung des Unternehmens führen. Später können sie von der beim Börsengang publizierten Equity-Story abweichen und stattdessen zu einer riskanteren Geschäftspolitik übergehen.

Beim Stichwort Equity-Story kommt ein Finanzintermediär ins Spiel, durch dessen Mitwirken sich die Komplexität der grundlegenden Prinzipal-Agenten-Beziehung zwischen Investoren und Managern erhöht. Die Equity-Story wird typischerweise von einer (Investment-)Bank (als Arrangeur der Aktienplatzierung) zusammen mit

246 Vgl. zur positiven und normativen Prinzipal-Agenten-Theorie *Eggertson* (1990), S. 41 f.; *Mercuro/Medema* (1997), S. 142 ff.

den Managern des emittierenden Unternehmens entwickelt.[247] Da dieselbe Bank (neben anderen Investmentbanken) regelmäßig zugleich als Underwriter auftritt, steht sie implizit nicht nur in einer Agency-Beziehung zu den Managern des Emittenten, sondern auch zu den (künftigen) Investoren, bei denen sie die im Underwriting Agreement übernommenen Aktien platzieren will.

Der zweite wichtige Intermediär in der grundlegenden Beziehung zwischen Investor und Manager des Emittenten ist der Betreiber des Marktplatzes, auf dem die Eigenkapitalinvestoren und das emittierende Unternehmen zusammentreffen. Im Falle von Aktienmärkten ist dieser Intermediär die Börsengesellschaft, die den Marktplatz für Aktien organisiert. Die erste Frage, nach dem Grund und den Zielen der Kapitalmarktregulierung, ist also auf Basis einer positiven Prinzipal-Agenten-Analyse des folgenden Beziehungsgeflechts zu beantworten: Manager des Emittenten – (Investment-)Bank (Arrangeur) – Börsengesellschaft – Investoren. Lassen sich hier substantielle Agency-Probleme konstatieren, die von den Akteuren entweder im Verhandlungswege gar nicht oder nur bei hohen Kosten gelöst werden können, dann kann eine Regulierung (in welcher Form auch immer) zu Marktergebnissen führen, die pareto-superior sind. Allerdings muss hierzu zunächst ermittelt werden, welche Ergebnisse des Marktprozesses überhaupt (unter den betroffenen Marktakteuren) als relevant gelten und durch welche Faktoren sie messbar und beeinflussbar sind. An dieser Stelle beginnt bereits die normative Analyse, sodass die „relevante Ergebnisgröße", ihr Maßstab und die Stellschraube für das Ergebnis, auf Basis des Konsensparadigmas zu bestimmen ist.

(ii) Regulierungsinstitution – Investor – Manager des Emittenten

Der zweite Aspekt, unter dem die Prinzipal-Agenten-Theorie anwendbar ist, betrifft die Zuweisung der Regulierungskompetenz bzw. -verantwortung.[248] Dabei sind die Institutionen bzw. Akteure zu ermitteln, die überhaupt als Gestalter einer Marktordnung für den Aktienhandel in Betracht kommen. Anschließend ist zu untersuchen,

247 *Weiser* (2006), S. 387; *Achleitner* (2002), S. 294 ff.

248 Zur Anwendung der Prinzipal-Agenten-Theorie auf die Zuweisung von Regulierungskompetenzen vgl. *Macey* (1998).

inwieweit sie faktisch dazu in der Lage sind, die skizzierten Prinzipal-Agenten-Probleme zu lösen.[249] Die faktische Eignung ist gegeben, wenn die betreffende Institution in der Lage ist, die Informationsasymmetrie zwischen Investor und Managern des Emittenten abzubauen. Hierzu muss sie wissen, welche Informationen (zweckgerichtetes Wissen[250]) im betreffenden Markt relevant sind. Ferner ist die Anreizstruktur der potentiellen Regulierungsinstanz zu analysieren und darauf hin zu überprüfen, ob sie mit der unter (i) „relevanten Ergebnisgröße" konform ist. Abschließend sind die Mechanismen zu analysieren, die der betreffenden Instanz zur Durchsetzung einer von ihr entworfenen Marktordnung zur Verfügung stehen.

Auf normativer Ebene ist dann die Frage zu stellen, welche Institution für die Akteure (im Lichte der „relevanten Ergebnisgröße") als Regulierungsinstanz konsensfähig ist. Hierbei sind das soziale, kulturelle, politische und normative Umfeld des betreffenden Marktes sowie die makroökonomische Situation ebenso zu berücksichtigen wie die Frage, ob ein Internationaler Standard existiert, der für die Arbeit der ausgewählten Institution als Benchmark dienen kann. Der letzte Punkt leitet bereits zum dritten Aspekt über, unter dem die Prinzipal-Agenten-Theorie für die vorliegende Untersuchung herangezogen wird.

(iii) Entwurfgremium zur Setzung Internationaler Standards – nationale Regulierungsinstanz

Schließlich kann die Beziehung zwischen dem Entwurfsgremium zur Setzung Internationaler Standards und derjenigen Institution, welche die (nationale) Marktordnung unter Rückgriff auf einen Internationalen Standard entwirft, als Prinzipal-Agenten-Beziehung modelliert werden. Der Grund, weshalb eine solche Modellbildung möglich ist, hängt damit zusammen, dass Internationale Standards ebenso wie Gesetze den Charakter eines öffentlichen Gutes haben.[251] Ihr Wert bzw. die Möglichkeiten, die Standards zu nutzen, sinkt also nicht mit

249 Vgl. hierzu Ziff. 1.2.4.3.1.

250 So die Definition bei *Kirchner* (2000), S. 50 m. w. N.

251 *Kirchner* (2006 a), S. 40: „Ausgangspunkt einer ökonomischen Theorie des legislatorischen Wettbewerbs ist die Feststellung, dass Gesetzgebung – nämlich das Produkt der legislatorischen Tätigkeit – den Charakter eines öffentlichen Gutes hat."

der Zahl der Nutzer, sondern sie kann mit der Nutzerzahl ebenfalls ansteigen (sog. positive externe Effekte auf der Nachfragerseite[252]).

Typischerweise werden Internationale Standards von den Standardsettern sogar förmlich darauf angelegt, solche positive Netzwerk-Effekte zu generieren. Je mehr Akteure des internationalen Kapitalmarktes einen Standard nutzen, desto mehr profitieren die teilnehmenden Akteure von dem gemeinsamen Standard; dieser Mehrwert drückt sich z.B. aus in: einer besseren Vergleichbarkeit der Dokumentationen zu Unternehmensinformationen, einer besseren Reputation des Marktes, auf dem der Standard flächendeckend angewandt wird, das Entstehen einer breiteren Basis qualifizierter Personen, die in der Lage sind, standardkonforme Dokumente zu erstellen und zu lesen.[253] Dieser Zusammenhang gilt insbesondere für Standards zur Offenlegung (disclosure regulation[254]) von Unternehmensinformationen, die ja selbst und unmittelbar als öffentliches Gut interpretiert werden können.[255]

Das „Geschäftsmodell" der Entwurfsgremien zur Setzung Internationaler Standards, den Mehrwert ihres Standards für die „Abnehmer" durch positive Netzwerkeffekte immer weiter zu steigern, funktioniert dann besonders gut, wenn der Standard möglichst eins-zu-eins und nicht in modifizierter Form angewandt wird. Außerdem ist es für die Reputation des Standards gefährlich, wenn der Standard in

252 Vgl. zu positiven Netzwerkeffekten bei der Rechtsdurchsetzung *Voigt/Engerer* (2002), S. 127, 139; soweit Dritte betroffen sind, die am Prozess der Standardsetzung in keiner Weise beteiligt waren, können gemessen am Konsensparadigma auch negative externe Effekte entstehen, vgl. *Kirchner/Schmidt* (2005), S. 74.

253 Zur Interpretation von internationalen Bilanzierungsstandards als öffentliche Güter vgl. *Kirchner/Schmidt* (2005), S. 74; zur Interpretation von Börsen als öffentliche Güter vgl. *Di Noia* (2001), S. 41: "Network effects are positive consumption externalities; they arise where the utility of a good to one user increase as other users acquire or utilize it. Exchanges can be considered as networks in which the greater number of customers, the higher the utility for everyone"

254 Zu positiven externen Effekten der Einführung einer Offenlegungsregel im Bereich ursprünglich unregulierter OTC-Märkte (konkret: Einführung der "Eligibility Rule" für OTCBB-Unternehmen) vgl. *Bushee/Leuz* (2005); *Leuz/Wysocki* (2006), S. 212: "This evidence is consistent with the existence of positive externalities of disclosure regulation, possibly due to liquidity spillovers or to an enhanced reputation of the OTCBB (OTC Bulletin Board)".

255 *Coffee* (1984), S. 723 f.

einem bestimmten regionalen Markt nur im Wege eines Lippenbekenntnisses übernommen, aber inkonsequent umgesetzt und seine Einhaltung nicht kontrolliert wird. Auf diese Weise können negative Spillover-Effekte (Reputationsverluste) für den Standardsetter und die Anwender des Standards in anderen Märkten entstehen.

In Bezug auf beide Aspekte, also sowohl auf die Art und Weise der Implementierung als auch auf die Durchsetzung des implementierten Standards, trifft die umsetzende Regulierungsinstanz eine Ermessensentscheidung, deren Konsequenzen unter anderem der Standardsetter tragen muss. Da der Standard von den Standardsettern nicht als verbindliches Regelwerk konzipiert ist und die Umsetzung zwangsläufig in die Hände nationaler oder supra-nationaler Regulierungsinstanzen gelegt werden muss, sind beide Elemente einer Agency-Beziehung, Delegation und Ermessen, gegeben. Damit stellt sich nicht zuletzt die Frage, mit welchem institutionellen Arrangement zur Kapitalmarktregulierung sich die Agency-Kosten, die im Zuge der Standard-Umsetzung entstehen, reduzieren lassen.[256] Auch diese Frage wird im Verlauf der beiden folgenden Kapitel zu beantworten sein.

256 Zu den Agency-Problemen, die im Zuge der Umsetzung von internationalen Standards (am Beispiel der Implemtierung von IFRS durch die EU) entstehen vgl. *Kirchner/Schmidt* (2005), S. 81 und 88; *Kirchner/Schmidt* (2006).

Kapitel 2: Ökonomische Theorie zur Regulierung öffentlicher Aktienmärkte

2.1. Überblick

Im Rahmen dieses Kapitels wird die Ökonomische Theorie des Rechts weiter im Hinblick auf die Regulierung öffentlicher Aktienmärkte spezifiziert. Hierzu werden zunächst die Funktionen dieser Märkte erörtert und wie sich ihre Leistungsfähigkeit messen lässt. Die Ergebnisse dieser Diskussion liefern die Grundlage für die Auswahl konsensfähiger Regulierungsziele. Im nächsten Schritt wird untersucht, inwiefern überhaupt ein Regulierungsbedarf besteht. Die Vorwegnahme der Regulierungsziele impliziert, dass ein solcher Bedarf bejaht wird. Schließlich wird die Frage untersucht, durch welches institutionelle Arrangement der Regelungsbedarf in einer Weise erfüllt werden kann, die im Vergleich mit anderen Arrangements pareto-superior ist. An diesem Punkt kommt die Bedeutung der Internationalen Standards und der Selbstregulierung ins Spiel.

2.2. Funktionen öffentlicher Aktienmärkte

2.2.1. Darstellung der wesentlichen Funktionen

2.2.1.1. Bereitstellung von Risikokapital: Wachstums- und Allokationsfunktion

Das Bereitstellen von Risikokapital für wachsende Unternehmen ist eine der Funktionen, die Aktienmärkten üblicherweise zugewiesen wird. Diese Funktionszuweisung beruht auf der Hypothese, dass diversifizierte Aktionäre fähig sind, unternehmerisches Risiko zu relativ niedrigen Kosten zu tragen („cheapest risk bearer"-Hypothese).[257] Dabei geht es um jenen Teil des Risikos, der sich nicht näher spezifi-

257 *Gilson/Whitehead* (2008), S. 231: "The traditional law and finance focus on agency costs presumes, without acknowledgment, that the agency cost framework's bedrock premise – that diversified shareholders are the cheapest risk bearers – is immutable."

zieren und aufteilen lässt. Häufig handelt es sich dabei um Entwicklungs- und Expansionsrisiken sowie um Marktrisiken, die nicht vertraglich auf Zulieferer oder Abnehmer übergewälzt oder durch Derivate aufgefangen werden können. Spezifizierbare und aufteilbare Risiken sowie vergleichsweise niedrige Risiken können durch andere Finanzierungsinstrumente (z.B. Unternehmensanleihen und nachrangiges Fremdkapital) oder spezialisierte Risikoträger (z.B. Versicherungen) günstiger aufgefangen werden. Eigenkapitalinvestoren sind zwar bereit, das höchste Risiko einzugehen, sie haben logischerweise aber auch die höchste Renditeerwartung.

(i) Wachstumsfunktion

Aggregiert man die Beiträge, die zahlreiche Eigenkapitalinvestoren leisten, um zusammen das Wachstum der vielen Aktiengesellschaften einer Volkswirtschaft zu finanzieren, so gelangt man unwillkürlich zur Funktion des Aktienmarktes, volkswirtschaftliches Wachstum zu ermöglichen.[258] Denkt man an den Anlass zurück, der zur Erfindung des institutionellen Arrangements „Aktiengesellschaft“ geführt hat, so tritt die Funktion, volkswirtschaftliches Wachstum zu ermöglichen, deutlich hervor. Damals ging es nämlich darum, Risikokapital für die entstehenden Eisenbahngesellschaften und andere unternehmerische Großprojekte der Gründerzeit einzusammeln.

Mit der Feststellung, dass Aktienmärkte volkswirtschaftliches Wachstum fördern, ist nicht die Aussage verbunden, dass nicht auch andere Finanzierungsinstrumente und ihre Teilmärkte diese Funktion erfüllen können oder dass sie es nur wesentlich schlechter tun könnten. Damit wird bewusst eine Teilnahme an der schiefen und längst überholten Diskussion verweigert, ob das US-amerikanische Finanzierungsmodell (Kapitalmarktfinanzierung) oder das kontinental-europäische, speziell deutsche Modell (Bankfinanzierung) mehr Wachstum fördert. Die Märkte für Fremd- und Eigenkapital haben komplementäre Funktionen bei der Wachstumsfinanzierung[259] und können in bestimmten Marktsituationen miteinander konkurrieren.

258 *Black* (2001), S. 782: “A strong public securities market, especially a public stock market, can facilitate growth.”

259 *Levine/Zervos* (1998), S. 539: “Measures of both banking development and stock market liquidity enter the growth regression significantly. Thus, to un-

Langfristige Bankdarlehen und Unternehmensanleihen liefern Kapital für unternehmerische Vorhaben, die tendenziell weniger risikoreich sind als diejenigen, die via Eigenkapital finanziert werden. Dem geringeren Risiko entsprechend ist auch die Renditeerwartung geringer. Speziell die seit einigen Jahren in Mode gekommenen Hybridanleihen, die nach IFRS und Basel I und II als Eigenkapital behandelt werden, machen deutlich, dass die Grenzen zwischen Eigen- und Fremdkapitalmärkten fließend sind und beide tatsächlich in einen Wettbewerb zueinander treten können.[260] Entsprechend kann man das Aufkommen von „Private Equity"- und „Leverage-Buy-Out"-Transaktionen erklären, die zwei Seiten derselben Medaille sind: nämlich eines Unternehmenskaufs. Dieser Kauf wird zu einem erheblichen Teil mit mittel- bis langfristigen Bankdarlehen finanziert und bewirkt, dass das betreffende Unternehmen sich entweder von der Börse zurückzieht (going private) oder aber auf einen Börsengang verzichten kann, weil das nötige Wachstumskapital im Zuge des Unternehmenskaufs zugeführt wird. Das Bankdarlehen fungiert dabei vielfach nur als Zwischenstation, denn die finanzierenden Banken werden versuchen, das Darlehen alsbald (und sofern möglich) über den Anleihemarkt auszuplatzieren. Der Käufer, die „Private Equity"-Gesellschaft, hat von Anfang an den Ausstieg im Blick, der meist schon nach wenigen Jahren erfolgt, und zwar nicht selten über den öffentlichen Aktienmarkt. Deutlicher lässt sich die komplementäre Funktion von Eigenkapital- und Fremdkapitalmarkt sowie Bankdarlehen nicht wahrnehmen.

Blickt man auf den brasilianischen Kapitalmarkt um die Jahrtausendwende, so kann man folgendes Bild erkennen: Börsengänge (initial public offerings) und Kapitalerhöhungen (secondary offerings) waren praktisch zum Erliegen gekommen; gleichzeitig waren die Fremdkapitalzinsen noch immer extrem hoch, obwohl die Inflation nachhaltig unter Kontrolle war und nach der Bankenreform der 1990er Jahre prinzipiell Wettbewerb auf dem Kreditmarkt herrschen sollte. Angesichts des Umstandes, dass die Zinsen dennoch extrem

derstand the relationship between financial systems and economic growth, we need theories in which stock markets and banks arise simultaneously to provide different bundles of financial services. (...) We find that stock market liquidity and banking development both predict long-run growth, capital accumulation, and productivity improvements."

260 Vgl. zu Hybrid-Anleihen *Sester* (2006).

hoch blieben, ist klar, wie bitter nötig eine Wiederbelebung des öffentlichen Aktienmarktes war, um eine komplementäre und konkurrierende Finanzierungsquelle für den Unternehmenssektor zu eröffnen. Andere mögliche Auswege, wie zum Beispiel ADR-Programme, Innenfinanzierung, private Platzierungen, standen insbesondere jungen und schnell wachsenden Unternehmen – anders als den brasilianischen Blue Chips und Familienkonglomeraten – nicht offen. Einer der Protagonisten der Wiederbelebung des brasilianischen Aktienmarktes, *Mauro Rodrigues da Cunha*, beschreibt seine Motivation und die seiner Mitstreiter in den Jahren 2000/2001 wie folgt:[261]

> "They did not believe that `stratospheric interest rates` were the sole culprit."

Mit der Abschichtung zwischen verschiedenen Risikoklassen einerseits und korrespondierenden Kapitalklassen andererseits wurde bereits eine zweite Aufgabe der Kapitalmärkte angesprochen, nämlich die Allokationsfunktion. Bleiben wir aber zunächst noch etwas bei der Wachstumsfunktion. Eine derzeit prominente ökonomische Forschungsrichtung, die den Zusammenhang zwischen starken Kapitalmärkten und volkswirtschaftlichem Wachstum betont und aus der Ferne großen intellektuellen Einfluss auf die Reorganisation des brasilianischen Kapitalmarktes hatte,[262] ist die sog. „Law and Finance-" oder „LLS(V)"-Literatur.[263] Was den Zusammenhang zwischen Wachstum und „starken" Kapitalmärkten anbelangt, bezieht sich diese Literatur vor allem auf einen Beitrag von *Ross Levine* und *Sara Zervos*[264] aus dem Jahre 1998, der also nahezu zeitgleich mit dem Beginn der LLS(V)-Artikelserie erschienen ist. *Levine/Zervos* weisen in ihrem Beitrag nach, dass die Liquidität des öffentlichen Aktienmarktes ein zuverlässiger („robust") Indikator für das Wachstum des BIP pro Kopf

261 *Da Cunha* (2008), S. ix.

262 Ein Blick in die wesentliche Studie zur Vorbereitung des Novo Mercado sowie ihre (knappen) Literaturverzeichnisse spricht Bände, vgl. *Mendonça de Barros* et. al. (2000), S. 10 (mit Fn. 5).

263 *La Porta/Lopez-de-Silanes/Shleifer/Vishny* (1997); *La Porta/Lopez-de-Silanes/Shleifer/Vishny* (1998); *La Porta/Lopez-de-Silanes/Shleifer/Vishny* (1999 a); *La Porta/Lopez-de-Silanes/Shleifer* (1999 b); *La Porta/Lopez-de-Silanes/Shleifer* (2002 a); *La Porta/Lopez-de-Silanes/Shleifer/Vishny* (2002 b); *La Porta/Lopez-de-Silanes/Shleifer* (2006); *Shleifer/Wolfenzon* (2002), *Shleifer/Vishny* (1997).

264 *Levine/Zervos* (1998); vgl. auch *Beck/Levine* (2008).

ist.[265] Die wesentlichen Ergebnisse ihrer Studien fassen die beiden selbst wie folgt zusammen:[266]

> "We find that *stock market liquidity* – as measured both by the value of stock trading relative to the size of the market and by the value of trading relative to the size of the economy – *is positively and significantly correlated with current and future rates of economic growth*, capital accumulation, and productivity growth. *Stock market liquidity is a robust predictor of real per capita gross domestic product (GDP) growth*, physical capital growth, and productivity growth after controlling for initial income, initial investment in education, political stability, fiscal policy, openness to trade, macroeconomic stability, and the forward looking nature of stock prices. Moreover, the level of banking development – as measured by bank loans to private enterprises divided by GDP – also enters these regressions significantly. Banking development and stock market liquidity are both good predictors of economic growth, capital accumulation, and productivity growth. The other stock market indicators do not have a robust link with long-run growth."

Auch jenseits der sog. LLS(V)-Literatur, die zwischenzeitlich aus verschiedenen Richtungen teils heftiger Kritik ausgesetzt ist,[267] wird in

265 Vgl. den jüngsten Beitrag aus der LLS(V)-Serie: *La Porta/Lopez-de-Silanes/Shleifer* (2006), S. 13: "Finally, the seventh variable is a proxy for stock market liquidity, as measured by the ratio of traded volume to GDP. *Levine/Zervos* (1998) show that this variable predicts the growth in per capita income. To isolate the effect of securities laws on financial markets, we control for several factors identified by previous research. The first of these is the level of economic development, which we measure as the (logarithm of) per capita GDP. Economic development is often associated with capital deepening. In addition, richer countries might have higher quality institutions in general, including better property rights and rule of law, which could be associated with better financial development regardless of the content of the laws (...)."

266 *Levine/Zervos* (1998).

267 Vgl. insbesondere *Graff* (2008), S. 77: "My analysis of the data underlying these conclusions reveals numerous problems that cast serious doubt on the soundness of the empirical basis generally referred to in this literature. In particular, the theory's key relationship between the two major legal traditions and shareholder protection cannot be reproduced after some minor, but plausible, modifications to the corresponding 'anti-director rights' index regarding the aggregation of dichotomous and continuous variables, as well as the choice of indicators. Moreover, where the theory claims to predict especially well, the data are not consistent, whereas they seem more consistent where the theory is admittedly less in line with the empirical world. However, while there is not much evidence that common law countries protect financial investors better than civil law countries; I did find support for the idea that the legal tradition could be a major factor in shaping corporate law, although not necessarily along the lines

der ökonomischen Literatur vielfach der Zusammenhang zwischen gut funktionierenden Aktienmärkten und Wirtschaftswachstum betont.[268] Beispielsweise gelangen *Dennis Coates* und *Bonnie Wilson* von einem ganz anderen Ausgangspunkt aus – nämlich einer Public-Choice-Analyse zu den Aktivitäten gesellschaftlicher Interessengruppen – zu dem Ergebnis, dass vielfach dieselben Fundamentalwerte, die ökonomisches Wachstum bewirken, auch die Stärke des Aktienmarktes (mit-)erklären.[269] Dieser Zusammenhang beruht nicht zuletzt darauf, dass gut funktionierende Kapitalmärkte als Zuflusskanal für ausländische Portfolioinvestitionen dienen. Je besser der Kapitalmarkt funktioniert, desto mehr ausländische Portfolioinvestitionen werden zufließen (unter sonst gleichen Bedingungen) und desto mehr Wachstumschancen können die heimischen Unternehmen wahrnehmen.[270] Es liegt auf der Hand, dass den organisierten öffentlichen Aktienmärkten hierbei eine herausragende Funktion zukommt, denn für ausländische Portfolioinvestoren, die keine strategische Beteiligung anstreben und daher nicht selbst Informationen über Unternehmen sammeln wollen, sind nicht-organisierte OTC-Märkte oder Private Platzierungen keine Alternative – bei Direktinvestitionen durch M&A-Transaktionen oder speziellen Fonds (insbesondere Private Equity), die eine strategische Beteiligung anstreben, können die Verhältnisse anders aussehen.

Bevor endgültig zur Allokationsfunktion des Aktienmarktes übergegangen wird, ist an dieser Stelle noch eine Randbemerkung zur LLS(V)-Literatur und mancher ihrer Befürworter angezeigt. Das anspruchsvolle Unterfangen dieser Literatur vor Augen, der Vergleich mehrerer Dutzend Rechtsordnungen, leuchtet es jedermann sofort ein, dass man dabei zwangsläufig etwas holzschnittartig vorgehen muss. Gleichwohl sollte man mit der Rechtsvergleichung nicht gar zu leichtfertig umgehen. Besonders gefährlich ist es, wenn man mit Checklisten arbeitet, die auf Basis einer bestimmten Referenzordnung (konkret

suggested by the theory of law and finance. This implies that the law-finance nexus remains a promising topic for future research." Vgl. auch *Berkowitz/Pistor/Richard* (2003 a); *Murrell* (2008), S. 685 ff.; *Ménard/du Marais* (2006); *du Marias et al.* (2007); *Pistor* (2001); *Roe* (2006), *Schanze* (2009); *Shirley* (2008), S. 619 f.

268 Vgl. die Übersicht bei *Black* (2001), S. 835.

269 *Coates/Wilson* (2004).

270 *Black* (2001), S. 833.

dem US-amerikanischen Kapitalmarktrecht und dem Delaware'schen Gesellschaftsrecht) erstellt wurden, und mit Hilfe dieser Listen dann festgelegte Ausschnitte nationaler Normensysteme danach absucht, ob sie bestimmte Regelungen enthalten oder nicht. Verschiedene nationale Normsysteme folgen regelmäßig einer ganz unterschiedlichen Systematik und Zusammensetzung des Unternehmensrechts aus Regelungen des Zivil- und Handelsgesetzbuchs sowie des Aktien- und Insolvenzgesetzes (etc.).[271] Durch Checklisten à la LLS(V), die an eine rechtliche Due Diligence beim Unternehmenskauf erinnern, kann man leicht Rechtsinstitute übersehen, welche dieselbe Funktion erfüllen wie diejenigen, die in der Checkliste stehen, aber ganz woanders zu finden sind und auch anders heißen. Auf diese Weise kann es dann dazu kommen, dass sich ein gelernter Jurist der „gecheckten" Rechtsordnung „im falschen Film" glaubt, wenn er die Ergebnisse der Untersuchung liest. Dergestalt ist es dem Verfasser bei der Lektüre des folgenden Satzes von *Bernhard S. Black* (unter Bezugnahme auf LLSV) ergangen:[272]

> "Common Law courts often have a more flexible decision-making style than civil law courts. That makes them better able to apply principles of fiduciary duty to sanction subtle forms of fraud and self-dealing (*mit Zitat der LLS(V)-Lit.*). Some developed civil law countries also have reasonably flexible judging. But many suffer from overly formal judicial application of written rules."

Das Kernproblem liegt darin, dass hier gegen eine wissenschaftliche Grundregel verstoßen wurde: Man darf sich nicht zu Rechtsordnungen äußern, deren Sprache man nicht zumindest ordentlich lesen kann. Ganz offensichtlich haben *Black* und die geistigen Väter seiner Aussage (*LLSV*) niemals etwas von der (überbordenden) Rechtsprechung zu Treupflichten im deutschen Aktienrecht[273] oder der französischen Rechtsfigur des „dirigeant de fait" gehört,[274] geschweige denn von der

271 Vgl. *Schanze* (2009), der zutreffend darauf hinweist, dass sich die qualifizierte Rechtsvergleichung durch die Suche nach Funktionsäquivalenten auszeichnet, die eben in verschiedenen Rechtsordnungen an ganz unterschiedlicher Stelle geregelt sein können.

272 *Black* (2001), S. 815.

273 Vgl. die Darstellung bei *Fleischer* (2008), § 53 a Rdn. 42 ff.

274 Ähnlich abwegig ist es z. B., die französische Rechtsprechung zum „dirigeant de fait" als formalistisch zu bezeichnen – oder vielleicht doch gar nicht

deliktsrechtlichen Generalklausel des französischen Code Civil und dem schneidigen französischen Wirtschaftsstrafrecht, das ebenfalls mit dem offenen Tatbestand des „dirigeant de fait“ arbeitet. Bei den genannten Rechtsinstituten handelt es sich um richterrechtlich geprägte „Corporate Governance“-Elemente, die jeweils mit „Kleben am Wortlaut des Gesetzes“ rein gar nichts zu tun haben. Möglicherweise kann man sich aber damit trösten, dass *Black* Deutschland und vielleicht auch Frankreich zu den entwickelten Civil Law Ländern zählt. Bei dieser Kritik möchte der Verfasser betonen, dass er keineswegs ein Verfechter der zitierten weiten deutschen Rechtsprechung zur Treupflicht ist, denn sie läuft Gefahr, privatautonome Risikoverteilungen zu verändern und die Vorhersehbarkeit von Gerichtsentscheidungen zu beeinträchtigen – letzteres ist übrigens eine fundamentale Forderung *Black's* und der LLS(V)-Literatur unter dem Stichwort „rule of law“.[275]

(ii) Allokationsfunktion

Im Zusammenhang mit der komplementären Rollenverteilung zwischen Eigen- und Fremdkapitalmärkten ist die Allokationsfunktion der Kapitalmärkte bereits angesprochen worden. Klassischerweise wird hierin sogar die Hauptfunktion der Kapitalmärkte, namentlich des Aktienmarktes, gesehen. Zu diesem Ergebnis gelangen Ökonomen und Juristen von ganz unterschiedlichen Standpunkten aus. Die folgende kleine Auswahl aus der unübersehbaren Fülle der möglichen Beispiele soll einen Eindruck davon vermitteln, wie vielfältig die Ansätze sind, die in der Allokation eine zentrale Aufgabe der Kapitalmärkte sehen.

Coates und *Wilson* qualifizieren in der bereits erwähnten Public-Choice-Analyse die Kapitalallokation als wichtigsten Hebel, über den verschiedene gesellschaftliche Interessengruppen die wirtschaftliche Aktivität ihres Landes bzw. ihrer Region beeinflussen:[276]

> “Interest groups are thought to ultimately influence economic activity through two primary channels: resource allocation and technological chan-

beachtet zu haben? Zur Rechtsfigur des „dirigeant de fait“ vgl. *Sester* (2004), S. 353 ff.

275 Vgl. *Black* (2001), S. 835.

276 *Coates/Wilson* (2004), S. 344 f.

> ge (or lack thereof). Since financial markets play a fundamental role in both of these phenomena, as they allocate capital via the matching of savers and borrowers and mediate the adoption of high risk/high return versus low risk/low return technologies, it is natural to ask whether interest group activity affects stock market performance."

Robert B. Ahbieh gelangt zur Allokationsfunktion, indem er analysiert, welche Bedeutung das Recht für leistungsfähige Kapitalmärkte hat, und kommt dabei vor allem auf Netzwerkeffekte zu sprechen.[277]

> "These are the provision of liquidity, to both investors and corporate enterprises, and the facilitation of efficient price discovery. Other functions, most significantly the efficient allocation of scarce capital, are best understood as arising from this pair."

John C. Coffee betont die Allokationsfunktion im Rahmen einer Untersuchung zu den Wirkungen, die von einem zwingenden System zur Offenlegung von Unternehmensinformationen auf den Aktienmarkt ausgehen.[278]

> "Empirical data strongly suggests that the adoption of a mandatory disclosure system reduced price dispersion and thereby enhanced the allocative efficiency of our capital market. (...) Although the end result of such increased effort may not significantly affect the balance of advantage between buyers and sellers, or even the more general goal of distributive fairness, it does improve the allocative efficiency of the capital market – and this improvement in turn implies a more productive economy."

Christian Kirchner kommt auf die Allokationsfunktion im Rahmen einer Analyse zu Unternehmensführungskodizes zu sprechen.[279]

> "Aus gesamtwirtschaftlicher Perspektive geht es um die Auswirkungen von Unternehmensführungskodizes auf die Funktionsweise von Märkten, insbesondere Kapitalmärkte. Es werden die Anreiz- und Sanktionsmechanismen für die auf diesen Märkten tätigen Akteure verändert. Unternehmensführungskodizes berühren die Ressourcenallokation."

Die Erklärung zur Allokationsfunktion, die vielleicht am weitesten verbreitet ist, stützt sich auf die Preisbildung und Informationsverarbeitung an den Aktienmärkten. Die prägnanteste Formulierung hierzu liefert *Eugene F. Fama*:[280]

277 *Ahdieh* (2003), S. 284 f.
278 *Coffee* (1984), S. 751 f.
279 *Kirchner* (2002), S. 98.
280 *Fama* (1970), S. 383.

> "The primary role of the capital market is allocation of ownership of the economy's capital stock. In general terms, the ideal is a market in which prices provide accurate signals for resource allocation: that is, a market in which firms can make production-investment decisions, and investors can choose among the securities that represent ownership of firms' activities under the assumption that security prices at any time "fully reflect" all available information."

Fama spricht mit der Preisbildungsfunktion einen Aspekt an, der auch losgelöst von der Allokationsfunktion bedeutsam ist. Zugleich bringt das Zitat die sog. Markteffizienz ins Spiel, wonach der öffentliche Aktienmarkt stets alle verfügbaren Informationen reflektiert (strenge Markteffizienz). Beide Aspekte bedürfen der näheren Betrachtung.

2.2.1.2. Produktion von Preisinformationen: relative Informationseffizienz

2.2.1.2.1. Hypothese der (relativen) Markteffizienz versus Behavioral Economics

Famas Konzept der Markteffizienz und die daran anknüpfende These zum sog. „random walk" der Aktienkurse[281] galten lange Zeit als nahezu unangefochten[282] und beherrschen nach wie vor (zumindest) die Literatur zur angewandten Finanzierungstheorie.[283] Unter den Vertretern der Law&Economics-Literatur, die eher durch einen juristischen Hintergrund geprägt und deshalb an normativen Vorschlägen zur Kapitalmarktregulierung und Corporate Governance besonders interessiert sind, haben namentlich *Ronald J. Gilson/Reinier Kraakmann* das Konzept *Famas* rezipiert.[284] Dabei setzten *Gilson/Kraakmann* jedoch von Anfang an einen anderen Akzent als *Fama*: Für sie geht es um eine Verbesserung des Grades „relativer Effizienz", der jeweils

281 *Fama* (1965), S. 35 ff.; vgl. auch *Fama* (1970), S. 414.

282 *Jensen* (1978), S. 96: "In the literature of finance, accounting, and the economics of uncertainty, the Efficient Market Hypothesis is accepted as a fact of life, and a scholar who purports to model behaviour in a manner which violates it faces a difficult task of justification."

283 Vgl. das Standardwerk von *Brealey/Myers/Allen* (2006), S. 333 ff.

284 *Gilson/Kraakman* (1984); *Gilson/Kraakman* (2003).

im Ausgangszeitpunkt der Betrachtung herrscht.[285] Basis ist also nicht die Annahme strenger Markteffizienz.

Auch *Fama* sieht natürlich, dass seine Annahme, die Transaktionskosten und Informationskosten seien gleich Null, mit Sicherheit falsch ist. Er setzte sie in seinem Modell gleichwohl auf Null, weil er diese Annahme gemessen an seinen Untersuchungszielen (Preisanpassungen bei verschiedenen Arten von Informationen) und in dem für ihn relevanten Szenario (vor allem öffentliche Aktienmärkte) als eine gute Annäherung an die Wirklichkeit qualifiziert.[286] Die Untersuchungsziele von *Gilson/Kraakman* sind hingegen andere. Ihnen geht es um die Leistungsfähigkeit derjenigen Institutionen, die den Aktienmarkt konstituieren. Je schneller und vollständiger sich Information in Aktienpreisen widerspiegeln, desto leistungsfähiger sind diese Institutionen und desto effizienter ist der Markt.[287]

285 *Gilson/Kraakman* (1984), S. 557: "We need a concept of "relative efficiency" that distinguishes among and ranks the different market dynamics according to how closely they approximate the ideal of ensuring that prices always fully reflect all available information."

286 *Fama* (1991), S. 1575 f.: "I take the market efficiency hypothesis to be the simple statement that security prices fully reflect all available information. A precondition for this strong version of the hypothesis is that information and trading costs, the costs of getting prices to reflect information, are always 0. A weaker and economically more sensible version of the efficiency hypothesis says that prices reflect information to the point where the marginal benefits of acting on information (the profits to be made) do not exceed the marginal costs. Since there are surely positive information and trading costs, the extreme version of the market efficiency hypothesis is surely false. Its advantage, however, is that it is a clean benchmark that allows me to sidestep the messy problem of deciding what are reasonable information and trading costs. I can focus instead on the more interesting task of laying out the evidence on the adjustment of prices to various kinds of information. Each reader is then free to judge the scenarios where market efficiency is a good approximation (that is, deviations from the extreme version of the efficiency hypothesis are within information and trading costs) and those where some other model is a better simplifying view of the world."

287 *Gilson/Kraakman* (2003): "Although no longer new to the academy, in the end we remain convinced that how quickly and accurately the stock market reflects information in the price of a security is a function of the performance of institutions (S. 716). (...)By this we meant that particular information might be reflected in real – as opposed to ideal – market prices more or less rapidly (or, in our terminology, with more or less relative efficiency). The more quickly that prices reequilibrated to reflect new information, the more closely they behave

Eine zentrale Voraussetzung für *Famas* These von der Markteffizienz (im Sinne von Informationseffizienz) und letztlich auch für *Gilson/Kraakmans* Konzept der relativen Markteffizienz besteht darin, dass alle neuen Informationen, die das Potential haben, Preise am Kapitalmarkt zu beeinflussen, schnell und kostengünstig durch Arbitrageure in den Kapitalmarkt einbezogen werden können. Bei *Fama* sind die Arbitragekosten gleich Null, bei *Gilson/Kraakman* dagegen sind sie größer als Null, aber nicht substantiell. Vor allem an diesem Punkt hat sich die Kritik entzündet: Arbitrage verursache Kosten und sei nur begrenzt möglich, wird von den Kritikern geltend gemacht.[288] Der zweite Argumentationsstrang gegen die Hypothese der (relativen) Markteffizienz geht in eine andere Richtung. Bei der Effizienzhypothese werde nicht berücksichtigt, dass es unter den Marktakteuren auch irrationale Akteure („noise traders“) gäbe, und dass diese einen beachtlichen Einfluss auf die Preisbildung hätten.[289] Gehen wir der Reihenfolge nach vor:

(i) Arbitragekosten

Bezüglich der Arbitragekosten räumen *Gilson/Kraakman* – nicht zuletzt unter dem Eindruck des Enron-Skandals und ähnlicher Fälle in den USA – zwischenzeitlich ein, dass sie diese Kosten ebenso unterschätzt hätten wie die Agency-Risiken, die bei zentralen Kapitalmarktakteuren bestünden. Die wesentlichen Passagen aus der Bestandsaufnahme *Gilson/Kraakman* zu ihrem Aufsatz „Mechanisms of Market Efficiency“ aus den 1980er Jahren lauten zwanzig Jahre später wie folgt:[290]

“as if” they were set by the theorist's ideal of a market populated exclusively by fully-informed traders. Thus market efficiency, as we saw it, concerned how rapidly prices responded to information, rather than whether they responded “correctly” according to the predictions of a particular asset pricing model such as CAPM (S. 720f.).”

288 *Grossman/Stiglitz* (1980), S. 393: „Hence the assumptions that all markets, including that for information, are always in equilibrium and always perfectly arbitraged are inconsistent when arbitrage is costly. (…) prices reflect the information of informed individuals (arbitrageurs) but only partially, so that those who expend resources to obtain information do receive compensation.“; *Klöhn* (2006), S. 127ff.; vgl. auch *Shleifer/Summers* (1990), S. 20ff.; *Shleifer/Vishny* (1997); *Stout* (2003), S. 654.

289 Vgl. zu diesem Argument *Stout* (2003), S. 663.

290 *Gilson/Kraakman* (2003), S. 736.

"But even more important than underestimating the limits on the arbitrage mechanism, we failed to appreciate the magnitude of the incentive problems in the core market institutions that produce, verify, and process information about corporate issuers. As the Enron cohort of financial scandals demonstrated, lucrative equity compensation has had the side effect of creating powerful incentives for mangers to increase share prices. Usually, we suppose, managers respond by creating additional value for shareholders. But sometimes they respond by feeding distorted information to the market – or even by lying outright, as in recent cases such as WorldCom and HealthSouth Corporation. Similarly, recent scandals demonstrate that we also were too sanguine about the role of the institutions that we termed "reputational intermediaries" – the established investment banks, commercial banks, accounting firms, and law firms that use their reputations to vouch for the representations of unknown issuers, and so reduce the information costs of investors. (...) In sum, on every dimension of information costs – the costs of producing, verifying and processing valuation data – we confess error by implication, not about the roles of the institutions that supply information to the market, but about how well they perform their roles. The point is perhaps too obvious today to merit elaboration, but the market cannot be more efficient than the institutions that fix quality and cost of valuation information permit. That, after all, was MOME's principal point."

Die Irrtümer zur Höhe der Arbitrage- und Transaktionskosten sowie zum Ausmaß der Agency-Probleme, die *Gilson/Kraakman* in diesem Zitat einräumen, sind gewiss gravierend, sie stellen jedoch ihre Hypothese zur relativen Markteffizienz nicht prinzipiell in Frage. Verschoben wird lediglich das Ausgangsniveau der relativen Markteffizienz, nicht jedoch die Tatsache, dass Aktienmärkte im Preisbildungsmechanismus relevante Informationen verarbeiten und damit einen essentiellen Beitrag zur Markteffizienz leisten. Damit bleibt die Zielrichtung der Gestaltung und Regulierung dieselbe: Es geht um Verbesserung der relativen Informationseffizienz (hier als Synonym für Markteffizienz gebraucht), indem das bestehende institutionelle Arrangement zur Organisation des Aktienmarktes immer wieder durch ein neues bzw. weiterentwickeltes, ersetzt wird, das gegenüber dem alten Arrangement pareto-superior ist.

(ii) Irrationale Akteure (noise trader)

Anders als der Einwand zur Arbitrage würde der zweite Kritikpunkt an den Grundfesten der (relativen) Markteffizienz rütteln, wenn er tatsächlich zuträfe. Hätten irrationale Akteure, so wie dies von Vertretern der Behavioral Economics behautet wird, einen erheblichen und nachhaltigen Einfluss auf die Preisbildung, dann wäre nämlich in der Tat die Informationsfunktion des Aktienmarktes grundsätzlich in Frage gestellt. Bislang ist es den Vertretern der Behavioral Economics aber nicht gelungen, einen konsistenten Gegenentwurf zum Konzept der (relativen) Markteffizienz vorzulegen, der über die Beschreibung und Diskussion interessanter Anomalien hinausreicht. *Fama* hat dieses konzeptionelle Manko pointiert beschrieben:[291]

> "But in an efficient market, apparent underreaction will be about as frequent as overreaction. If anomalies split randomly between underreaction and overreaction, they are consistent with market efficiency. (...) A problem in developing an overall perspective on long-term return studies is that they rarely test a specific alternative to market efficiency. Instead, the alternative hypothesis is vague, market inefficiency. This is unacceptable. Like all models, market efficiency (the hypothesis that prices fully reflect available information) is a faulty description of price formation. Following the standard scientific rule, however, market efficiency can only be replaced by empirical test. Any alternative model has a daunting task. It must specify biases in information processing that cause the same investors to under-react to some types of events and over-react to others. The alternative must also explain the range of observed results better than the simple market efficiency story; that is, the expected value of abnormal returns is zero, but chance generates deviations from zero (anomalies) in both directions. (...) My conclusion is that, viewed as a whole, the long-term return literature does not identify overreaction or underreaction as the dominant phenomenon."

Abgesehen von diesem konzeptionellen Argument gegen Behavioral Economics ist zweifelhaft, ob sich dieser Ansatz schon aufgrund seiner Methoden, Themen und Zielrichtung überhaupt dazu eignen kann, innovative Regulierungsempfehlungen zu liefern, die nicht nur originell sind, sondern sich ohne Brüche in bestehende institutionelle Arrangements zur Kapitalmarktregulierung einbauen lassen. Diese Frage ist speziell aus dem Blickwinkel der Ökonomischen Theorie des Rechts von erheblicher Bedeutung, denn ihr geht es vor allem um die Entwicklung normativer Politikziele. Die Existenz von irrationalen Akteuren, insbesondere Investoren, ist aber selbst dann, wenn sie tatsächlich Einfluss auf die Preisbildung haben sollten, ein Faktum, das wir in einer freiheitlichen Marktordnung schlicht hinnehmen müssen.[292] Man kann diese Leute weder erziehen noch einer Art „Füh-

[291] *Fama* (1998), S. 284f.

[292] Ähnlich *Langevoort* (2002), S. 187: "Unless we are prepared to isolate the noise trader – in the direction of Steve Choi's interesting, but politically fanciful

rerscheinprüfung“ für Kapitalmärkte unterziehen. Diese skeptische Sichtweise zum Nutzen von Behavioral Economics für Regulierungszwecke teilen nicht zuletzt *Gilson/Kraakman*:[293]

> “The Limits of Behavioral Finance as a Policy Tool: (…) the legal implications of behavioural finance for corporate and securities law become much murkier for the simple reason that we know little about both the extent and nature of cognitive bias among traders or the interaction of cognitive bias with the institutions that generate information and the mechanisms that reflect it in price (including, above all, the arbitrage activity of sophisticated investors). (…) Indeed, we would go one step further, to caution against the use of behavioural finance to advance policy agendas that it cannot possibly support.”

Für die Zwecke dieser Untersuchung muss in der Diskussion zwischen relativer Markteffizienz einerseits und Behavioral Economics andererseits nicht definitiv Stellung bezogen werden. Hier geht es darum herauszufinden, welche Funktionen Aktienmärkte erfüllen, wie die Funktionserfüllung messbar ist und wie sie durch geeignete institutionelle Arrangements verbessert werden kann. Die Tatsache, dass Aktienmärkte im Zuge der Preisbildung nicht zuletzt Informationen verarbeiten und damit zugleich Preisbildungs- und Informationsfunktion haben, wird auch im Rahmen der Behavioral Economics nicht bestritten. Um diese bestreiten zu können, müsste die Irrationalität mancher Akteure zum dominanten Phänomen im Preisbildungsprozess erklärt werden. Außerdem belegen empirische Studien, dass Kapitalmärkte fähig sind, Informationen relativ schnell (wenn auch begrenzt) zu verarbeiten. In diesem Kontext ist insbesondere auf die Ergebnisse der empirischen Kapitalmarktforschung zum Insider Trading zu verweisen.[294] Beispielsweise hat *Arturo Bris* nachgewiesen, dass Gesetze zum Insider Trading speziell im Kontext mit der Ankündigung von Unternehmensübernahmen dazu führen, dass die Preisre-

proposal for licensing investors – securities regulation is left to serve as the market's therapist, seeking to de-bias investors from all their dangerous propensities. In contrast to some others who have suggested this role, I doubt that the government can accomplish this well, or that the intended audience has much inclination to learn.”

293 *Gilson/Kraakman* (2003), S. 736.

294 Vgl. z. B. *Bris* (2005); *Betzer/Theissen* (2005); *Fidrmuc/Goerge/Renneboog* (2006).

aktion schneller und signifikanter eintritt.[295] Im vorliegenden Kontext spricht schließlich für die Hypothese der (relativen) Informationseffizienz, dass hier öffentliche Aktienmärkte betrachtet werden. Gerade diesen Märkten wird aber gemeinhin ein besonders hoher Grad an Informationseffizienz zugesprochen.[296]

Damit kommen wir zu der – bereits angerissenen – Frage, ob und wie Informationseffizienz bzw. ihre graduelle Veränderung messbar ist. Ohne Messbarkeit kann nicht bewertet werden, wie sich Veränderungen des institutionellen Arrangements (z.B. Übernahme Internationaler Standards oder die Kreation des Novo Mercado in Brasilien) auf den Grad der Funktionserfüllung auswirken. Das Ableiten von normativen Aussagen und Politikempfehlungen ist ohne Messung nur ein Glücksspiel.

2.2.1.2.2. Messbarkeit der relativen Informationseffizienz

(i) Keine direkte Messbarkeit

Eine direkte Messung der Informationseffizienz von Aktienmärkten ist nicht möglich, da sich der „wahre Wert" einer Aktie nicht anhand der Marktdaten beobachten lässt.[297] Deshalb kann die Informationseffizienz immer nur gleichzeitig mit einem Gleichgewichtsmodell getestet werden, das einen sog. Fundamentalwert der Aktie ermittelt.[298] Das am weitesten verbreitete Gleichgewichtsmodell ist das sog. Capital Asset Pricing Modell (CAPM).[299] Wird dieses Modell

295 *Bris* (2005), S. 309: „Additionally, there is evidence showing that the market response to the announcement of a takeover increases with IT laws. The rationale for this result is that by increasing liquidity of the stock, Insider Trading laws facilitate information being impounded."

296 Vgl. aus der neueren Literatur, die in Bezug auf Aktienmärkte (in hochentwickelten) Staaten sogar auf eine deutliche Verbesserung der Informationseffizienz in den vergangenen Jahrzehnten hinweisen: *Gilson/Whitehead* (2008), S. 256; *Gordon* (2007).

297 *Theissen* (2000), S. 337: "(...) the fact that no direct measure of informational efficiency is available because the true value of an asset is unobservable."

298 *Fama* (1991), S. 1575 f.: "Thus, market efficiency per se is not testable. It must be tested jointly with some model of equilibrium, an asset-pricing model. This point, the theme of the 1970 review, says that we can only test whether information is properly reflected in prices in the context of a pricing model that defines the meaning of "properly".

299 *Brealey/Myers/Allen* (2006), S. 190 ff.

mit der (strengen) Markteffizienz kombiniert, so gelangt man zu folgender Gleichgewichtsbedingung: In einem informationseffizienten Markt beziffern die ausgehandelten Preise den Fundamentalwert der Aktie. Daraus folgt der Schluss, dass gleichermaßen riskant eingestufte Aktien zu Preisen gehandelt werden, die einen identischen Erwartungswert hinsichtlich der Ertragsrate implizieren.[300] Kommt es hierbei zu Abweichungen, so sind aufgrund des kombinierten Tests zwei Urteile möglich: Entweder ist keine Markteffizienz gegeben oder aber das gewählte Gleichgewichtsmodell ist mangelhaft.[301]

Dieses Ergebnis ist aus der Perspektive der Ökonomischen Theorie nicht nur unbefriedigend, sondern denkbar schlecht. Diese Schlussfolgerung ergibt sich zum einen, weil keine klare Aussage darüber möglich ist, welche Effekte eine Veränderung des institutionellen Arrangements hat. Zum anderen – und dies ist vielleicht noch problematischer – legt das ambivalente Ergebnis offen, dass man stets auf die Qualität des verwendeten Gleichgewichtsmodells angewiesen ist. Solche Modelle sind aber immer mit restriktiven Annahmen gegenüber der realen Welt verbunden. Als Konsequenz dessen müsste man auf der Regulierungsebene zwangsläufig Wahlentscheidungen zwischen verschiedenen konkurrierenden Gleichgewichtsmodellen treffen. Zwar hat das CAPM in Praxis und Theorie einen hohen Grad an Dominanz erreicht, dennoch wird man sich auf dieses oder auf andere Modelle im Rahmen des Konsensparadigmas nur schwer einigen können – ganz abgesehen davon, dass es nun nicht zu den Aufgaben der Regulierung gehört, einen Streit über wirtschaftswissenschaftliche Modelle zu entscheiden.

Ein Ausweg aus dem Dilemma, dass einerseits eine Messung des Grades der Funktionserfüllung möglich sein muss, andererseits aber kein bestimmtes Gleichgewichtsmodell zu Fundamentalwerten verwendet werden soll, wäre dann eröffnet, wenn sich die relative Informationseffizienz durch eine indirekte Messung ermitteln ließe.

300 Vgl. *Stout* (2003), S. 639.

301 *Fama* (1991), S. 1575f.: “As a result, when we find anomalous evidence on the behaviour of returns, the way it should be split between market inefficiency or a bad model of market equilibrium is ambiguous.”

(ii) Indirekte Messbarkeit

Bei der indirekten Messung bestimmt man anstelle der Informationseffizienz selbst eine andere Größe, aus der sich Rückschlüsse auf den Grad der Informationseffizienz ziehen lassen. Diese andere Größe sollte möglichst direkt aus Marktdaten abzulesen und einfach nachzuvollziehen sein, um eine breite Akzeptanz zu erreichen. Da es hier um die Bewertung von institutionellen Veränderungen geht (idealer Weise unter sonst gleichen Bedingungen), ist die betreffende Größe vor und nach der Veränderung des institutionellen Arrangements zu messen. Die Relation zwischen beiden Werten muss eine qualitative Aussage darüber ermöglichen, ob sich die Informationseffizienz verbessert oder verschlechtert hat. Eine quantitative Aussage und mithin ein Gleichgewichtsmodell (zur Bestimmung des Fundamentalwertes) sind gar nicht erforderlich, um einen Vergleich verschiedener institutioneller Arrangements vornehmen zu können. Die qualitative Aussage genügt als Entscheidungshilfe.

Für die Konsensfähigkeit einer dergestalt abgeleiteten Politikempfehlung ist der Verzicht auf Gleichgewichtsmodelle von großem Nutzen. Abgesehen von dem Problem, sich beim Entwurf von Regulierungen auf ein bestimmtes ökonomisches Modell festlegen zu müssen, ist bereits die Idee höchst zweifelhaft und umstritten, dass es einen „korrekten" Fundamentalwert von Aktien gäbe, den man zum Maßstab oder gar zum Ziel von Regulierungen machen könnte. Im allgemeinen Zivilrecht hat man sich etwa bezüglich des Verkaufs von Gütern längst gegen die Idee eines „gerechten" Preises als Regulierungsziel entschieden und beschränkt sich auf die Korrektur extremer Verwerfungen. Diesen Regulierungspfad sollte man auch im Bereich der Kapitalmarktregulierung nicht verlassen. Damit ist selbstverständlich nicht in Abrede gestellt, dass die Berechnung von Fundamentalwerten zu Recht eine außerordentlich wichtige Funktion in der Finanzierungstheorie und -praxis hat, aber sie taugen eben nicht als Bezugspunkt für Regulierungen. Deshalb kann man zum Beispiel Spekulationsblasen nicht auf der Ebene des überhöhten Preises, sondern allenfalls im Preisbildungsprozess begegnen.

Bleibt die Frage, ob es eine relativ einfache, finanztechnisch zuverlässige Größe gibt, mit der sich Veränderungen der (relativen) Informationseffizienz indirekt messen lassen und auf die sich alle Beteiligten im Rahmen des Konsensparadigmas einigen können. Zu den denkbaren Kandidaten gehören insbesondere die Kapitalisierung des Marktplatzes, das Handelvolumen und die Liquidität. Welche dieser Größen konsensfähig ist, kann nicht allein vor dem Hintergrund der Informationsfunktion beantwortet werden. Vielmehr muss die betreffende Größe auch dazu geeignet sein, den Erfüllungsgrad anderer Kapitalmarktfunktionen zu messen. Daher lässt sich diese Antwort erst beantworten, nachdem die anderen Funktionen des Kapitalmarktes erörtert wurden.[302]

2.2.1.3. Ein- und Ausstiegsmöglichkeit für Investoren: Transaktionskosten

Eine der wesentlichen Eigenschaften von Eigenkapital besteht darin, dass es dem Unternehmen prinzipiell auf Dauer zur Verfügung gestellt werden muss. Für Investoren, allen voran Portfolioinvestoren ohne strategischem Interesse, ist aber die jederzeitige Ein- und Ausstiegsmöglichkeit eines der zentralen Kriterien für oder gegen die Investition in Eigenkapitaltitel. Im Fremdkapitalmarkt (insbesondere im Anleihemarkt) stellt sich diese Problematik etwas entspannter dar, da dort die Laufzeiten begrenzt sind; dennoch hat sie auch im Anleihemarkt erhebliche Bedeutung. Im Bereich der Eigenkapitaltitel, namentlich bei Aktien, ist das Bestehen eines gut funktionierenden Zweitmarktes essentiell. Fehlt es daran oder ist der Zweitmarkt schwach, so kann dieses Defizit den Primärmarkt (Aktienemissionen) schwächen oder gar zum Erliegen bringen.

Folglich besteht eine der wesentlichen Funktionen öffentlicher Aktienmärkte darin, einen lebendigen Marktplatz für den Sekundärhandel bereitzustellen. Die Qualität und Vitalität dieses Sekundärmarktes hängt entscheidend davon ab, wie hoch die Transaktionskosten für die Investoren sind. Dabei kann man zwischen direkten Transaktionskosten und impliziten Transaktionskosten unterscheiden. Die erste Kostenkategorie muss sozusagen aus der Brieftasche bezahlt werden (out-of-the-pocket-costs). Hierzu gehören z.B. Gebühren und Steuern, die für Kauf und Verkauf von Aktien anfallen. Mit dem institutionellen Design der Marktordnung stehen diese Kosten nicht in unmittelbarem

302 Vgl. unten Ziff. 2.2.1.3., Ziff. 2.2.1.4., Ziff. 2.2.1.5.

Zusammenhang, gleichwohl haben sie natürlich erhebliche Auswirkungen auf den Marktplatz. Während das Gebührenthema vor allem eine Frage des Wettbewerbs zwischen verschiedenen Marktplätzen ist, handelt es sich beim Thema Steuern um ein politisches Problem. Durch die globale Integration der Kapitalmärkte (z.B. durch Depository Receipts) besteht auch im Bereich der Steuern ein Wettbewerb, der Arbitragemöglichkeiten eröffnet und der Politik deutliche Grenzen setzt. Für das Ziel dieser Untersuchung, dem Vergleich verschiedener Marktordnungen und Regelungskonzepte, ist hinsichtlich der direkten Kosten nur das Gebührenthema von Interesse. Steuergesetze sind kaum beeinflussbar und werden im Wesentlichen durch politischen Opportunismus bestimmt. Was die Gebühren anbelangt, so gibt es speziell im Lichte der (anhaltenden) Börsenkonsolidierung der letzten Jahre[303] hierzu nur eine klare Politikempfehlung: Keine Barrieren für das Abwandern an ausländische Börsenplätze und keine Marktzutrittsschranken für innovative Handelsformen (z.B. Internalisierung und MTF).

Mit Blick auf das vorliegende Untersuchungsziel ist das Thema der impliziten Kosten wesentlich spannender. Diese Kosten entstehen, wenn ein Investor seine Entscheidung (Kauf oder Verkauf) nicht sofort realisieren (Opportunitätskosten) oder wenn seine Transaktion den Preis beeinflussen kann. Wendet man diesen Satz positiv, so gelangt man zur (einfachsten) Definition der Liquidität, d.h. der Möglichkeit, börsennotierte Aktien schnell, kostengünstig und ohne Auswirkungen auf den Preis kaufen oder verkaufen zu können.[304]

Eine zweite Kategorie von Transaktionskosten resultiert aus Informationsasymmetrien zwischen Käufer und Verkäufer, denn je unsicherer ein Investor seine Informationslage einschätzt, desto höher wird die von ihm geforderte Risikoprämie auf den Aktienpreis ausfallen.[305]

303 In Brasilien ist von ursprünglich neun Aktienbörsen, die es noch vor der Jahrtausendwende gab, inzwischen nur noch eine übrig geblieben, die BOVESPA; vgl. *Santana* (2003), Folie 8.

304 *Leuz/Wysocki* (2006), S. 193.

305 *Leuz/Wysocki* (2006), S. 193: "The described mechanism of price protection when buying or selling shares introduces a bid-ask spread into secondary share markets. Similarly, information asymmetry and adverse selection reduce the number of shares that uninformed investors are willing to trade. It is straightforward to see that both effects reduce liquidity of the share markets, i.e., the

Dieser mögliche Kostenfaktor besteht nicht zwischen Portfolioinvestoren, die gleichermaßen weder über Insiderinformationen noch über Steuerungsmacht verfügen. Vielmehr geht es um die Beziehungen zwischen Management und Investor einerseits sowie zwischen kontrollierenden Aktionären (Blockholdern) und typischen Portfolioinvestoren andererseits.[306] Aus diesem Grund wurden diese Kosten bereits im Rahmen der Informationsfunktion diskutiert.

Als Zwischenergebnis lässt sich festhalten, dass eine weitere Funktion von öffentlichen Aktienmärkten zweifelsfrei darin besteht, einen gut funktionierenden Zweitmarkt zu schaffen. Die effektive Erfüllung dieser Funktion ist unabdingbare Voraussetzung für die Funktion, langfristiges Risikokapital für Unternehmen im Primärmarkt platzieren zu können. Stellt man auch hier wiederum die Frage nach einem Maßstab für den Effizienzgrad, mit dem ein bestimmtes institutionelles Arrangement die Funktion „funktionierender" Zweitmarkt erfüllt, so drängen sich – ebenso wie bei der Informationseffizienz – Liquidität und Handelsvolumen geradezu auf.[307]

2.2.1.4. Bewertung von Managerleistungen: Agency-Kosten

Schließlich besteht eine der Funktionen öffentlicher Kapitalmärkte darin, in Gestalt des Aktienpreises einen Maßstab zu liefern, mit dessen Hilfe sich Managerleistungen bewerten lassen. Jedenfalls im Grundsatz dürfte heute weithin anerkannt sein, dass der Aktienkurs zumindest eine (von mehreren) Informationsquellen für Managerleistungen ist.[308] Liefert der Aktienkurs aussagekräftige Informationen

ability of investors to quickly buy or sell shares at low cost and with little price impact."; vgl. zu Informationsasymmetrien und daraus resultierenden Risikoprämien, die sich auf die Kapitalkosten der emittierenden Unternehmen auswirken *Hail/Leuz* (2006), S. 486 und 502.

306 Zu dieser Differenzierung im Bereich der Corporate Governance Problematik vgl. *Roe* (2008), S. 372f.

307 Vgl. zur Auswahl des relevanten Maßstabes im Lichte des Konsensparadigmas unten 2.2.2.2.

308 *Gilson/Whitehead* (2008): "At the corporate level, the informational efficiency of public company share prices provides an important management tool – a company receives virtually instant feedback through prices and periodic feedback through analyst reports, concerning its strategy and performance and that of

zu Managerleistungen, so kann er genutzt werden, um die Agency-Kosten zwischen Managern und Aktionären zu reduzieren. Hierzu muss das Anreizsystem für Manager soweit wie möglich mit den Interessen der Investoren in Einklang gebracht werden (z.B. über anreizkompatible Vergütungssysteme).[309] Außerdem können angesichts der Erkenntnis, dass der Aktienpreis auch diesen Informationsgehalt hat, die institutionellen Arrangements zur Unternehmenssteuerung effektiver gestaltet werden. Beispielsweise kann die Aufgabe der Aufsichtsräte oder der unabhängigen Direktoren eher als Kontrollorgan konzipiert werden denn als Beratungsgremium für das Management.[310]

Es liegt offen zu Tage, dass der Aktienkurs nur dann aussagekräftige Zahlen zur Managerleistung liefern wird, wenn sich im Kurs möglichst viele und richtige Informationen widerspiegeln; mit anderen Worten: Die Aussagekraft des Aktienkurses zur Managerleistung hängt davon ab, welcher Grad an Informationseffizienz in dem betreffenden Marktplatz herrscht. Das Abstellen auf den Marktplatz und nicht auf einzelne Unternehmen ist eine logische Konsequenz aus der heuristischen Annahme, dass auf öffentlichen Kapitalmärkten typischerweise diversifizierte Investoren agieren. Hängt die Erfüllung der Funktion „Kontrolle der Managerleistung" vom Grad der Informationseffizienz ab, dann ist diese Funktion letztlich (nur) ein Nebeneffekt der bereits eingehend diskutierten Preisbestimmungs- und Informationsverarbeitungsfunktion.[311] Entsprechendes gilt für ein anderes Signal zur Managerleistung,

its competitors, which would not be available to a private company (S. 253). (...) Share prices have become more informative over the last fifty years, in part reflecting the increase in firm-specific disclosure over the period. Stock market signals, therefore, may be an increasingly effective mean to gauge how well management is performing (S. 256)."

309 Allerdings ist dies nur in Grenzen möglich, vgl. *Coffee* (1984), S. 722: "Although management can be induced through incentive contracting devices to identify its self-interest with the maximization of share value, it will still have an interest in acquiring the shareholders' ownership at a discounted price, at least so long as it can engage in insider trading or leveraged buyouts. Because the incentives for both seem likely to remain strong, instances will arise in which management can profit by giving a false signal to the market." Vgl. hierzu auch einen Aufsatz von *Gilson/Kraakman*, der nicht zuletzt unter dem Eindruck des Enron Skandals geschrieben wurde, *Gilson/Kraakman* (2003), S. 736.

310 *Gordon* (2007).

311 Vgl. hierzu oben Ziff. 2.2.1.2.

nämlich die feindlichen Übernahmen.[312] Auch diese Transaktionen bedienen sich des öffentlichen Aktienmarktes als Plattform und nutzen die im Aktienpreis enthaltenen Informationen.

2.2.1.5. Funktion lokaler Aktienmärkte im Zeitalter der Globalisierung

Zum Abschluss der Funktionsbestimmung öffentlicher Aktienmärkte ist die Frage aufzuwerfen, ob es im Zeitalter der Globalisierung überhaupt sinnvoll ist, einen lokalen Markplatz aufzubauen oder wiederzubeleben. Sollten heranreifende Volkswirtschaften stattdessen nicht ausschließlich auf gut funktionierende ausländische Märkte setzen, die entweder über ADR-/GDR-Programme oder direktes Listing der Aktien einer im Ausland errichteten Finanz-Holding genutzt werden können? Für Manager und Eigentümer existierender, aber nicht florierender Aktienbörsen sowie für die Mitarbeiter lokaler Investmentbanken ist diese Frage „ketzerischer" Natur und natürlich zu verneinen, denn schließlich steht ihre Existenz bzw. ihr Eigentum auf dem Spiel. Daher überrascht es nicht, dass aus diesem Personenkreis die Protagonisten stammen, die in den Jahren 2000/2001 einen Wiederbelebungsversuch der brasilianischen Aktienbörse (BOVESPA) starteten. Aus volkswirtschaftlicher Sicht kommt es auf diesen Personenkreis alleine aber nicht an. Betrachten wir daher die anderen Betroffenen.

Bereits für die Unternehmerseite ist die Notwendigkeit eines lokalen Marktes nicht so eindeutig zu beurteilen. Für die großen grenzüberschreitend tätigen Unternehmen, die international sichtbar und renommiert sind, dürfte die Existenz eines nationalen Marktplatzes dann nicht essentiell sein, wenn ihnen der Weg zu den internationalen Marktplätzen nicht durch (heimische) Regulierungen verbaut wird. Sofern diese Unternehmen interessierten Großinvestoren, die nicht den Weg über ADRs oder GDRs gehen wollen, eine Alternative anbieten wollen, können sie dies lokal über private Platzierungen oder den nicht organisierten OTC-Handel tun. Die erforderlichen Preisinformationen liefert die ausländische Börse, an denen ADRs oder GDRs des Unternehmens gehandelt werden. In Einzelfällen und

312 Vgl. *Hubbard/Palia* (1998), S. 611 ff.; *Tirole* (2006), S. 429 ff.

bei sehr hohem Engagement lohnt es sich für den einsteigenden Großinvestor vielleicht sogar, eine Due Diligence durchzuführen, um sein Informationsbedürfnis aus erster Hand zu befriedigen.

Die aufgezeigten Möglichkeiten, sich Eigenkapital jenseits eines heimischen öffentlichen Aktienmarktes zu beschaffen, wurden gegen Ende der 1990er Jahre in der Tat von einigen brasilianischen Blue Chips genutzt, und zwar insbesondere für Zweitplatzierungen (Kapitalerhöhungen).[313] Erstplatzierungen sind auf diesem Weg hingegen selbst für Topunternehmen kaum praktikabel, denn die skizzierten Ausweichmöglichkeiten bauen nicht zuletzt auf Preisinformationen des organisierten lokalen Aktienmarktes auf. Für die Gruppe der aufstrebenden mittelständischen Unternehmen, die dringend Eigenkapital benötigen, um Wachstumschancen wahrnehmen zu können, stellen insbesondere Emissionen an ausländischen Börsen keinen gangbaren Weg dar. Es fehlt ihnen zum Beispiel an ausreichend qualifiziertem Personal und Management (Sprachkompetenz etc.), um die dauerhafte Einhaltung („Compliance“) ausländischer Regulierungen sicherstellen zu können. Die entsprechende Kompetenz über Beratungsfirmen einzukaufen, ist gerade auf Dauer extrem teuer. Außerdem wird es dieser Kategorie von Unternehmen wegen ihrer typischerweise geringen Sichtbarkeit im internationalen Geschäft relativ schwer fallen, auf dem internationalen Börsenparkett eine ausreichende Zahl von Investoren zu finden. Dieses Problem dürfte um so schwerer wiegen, wenn die betreffenden Unternehmen aus einer heranreifenden Volkswirtschaft stammen, die keinen erstklassigen Ruf in Sachen Corporate Governance und effektivem Justizsystem genießt, wie es in Bezug auf Brasilien lange Zeit der Fall war (und teilweise auch noch ist). Diesen Aspekt betont zu Recht *Bernhard S. Black* in einer Stellungnahme zu den Migrationsmöglichkeiten in ausländische Kapitalmärkte:[314]

> "Individual companies can partially escape weak home-country institutions by listing their shares on a stock exchange in a country with strong institutions and following that country's rules. But only partial escape is possible. A company's reputation is strongly affected by the reputation of other firms in the same country. And reputation unsupported by local enforcement and other local institutions isn't nearly as valuable as the same reputation buttressed by those institutions."

313 Vgl. *Schmith* (2004), S. 151.
314 *Black* (2001), S. 784.

Aber selbst wenn das aufstrebende mittelständische Unternehmen aus einer reifen Volkswirtschaft stammt, gibt es regelmäßig gute Gründe für einen heimischen Börsengang. Dabei können diese Gründe ganz unterschiedlicher Natur sein. Im Vordergrund steht die Vermeidung von Kosten, die sich leicht verdoppeln können, wenn Reporting- und Disclosure-Dokumente in verschiedenen Sprachen und auf der Basis unterschiedlicher Normen erstellt werden müssen. Aber auch die beim Börsengang verfolgte Marketingstrategie kann eine Rolle spielen. Ein Beispiel hierfür ist der Börsengang des deutschen Low-Cost-Carrier „Air Berlin". Obwohl sich das Management aus einer Reihe von gesellschafts- und mitbestimmungsrechtlichen Gründen dafür entschieden hat, als Vehikel für den Börsengang eine Public Limited Company nach Englischem Recht anstelle einer deutschen Aktiengesellschaft einzusetzen, erfolgte der Börsengang selbst ausschließlich in Deutschland. Einer der Gründe war, dass man den heimischen Bekanntheitsgrad nutzen wollte, um nicht zuletzt durch Fernsehspots und Plakatwerbung auch sog. Retail-Investoren anzulocken. Dieses Konzept, die eigenen Retail-Kunden als Retail-Investoren zu gewinnen, hatte einige Jahre zuvor ein deutsches Mobilfunkunternehmen bei seinem Börsengang erfolgreich eingesetzt.

Als Zwischenbilanz kann man also festhalten, dass neben den Managern und Eigentümern der lokalen Börse, (Investment-)Banken und Wertpapierhandelfirmen, auch weite Teile des Unternehmenssektors ein erhebliches Interesse daran haben, dass im Zeitalter der Globalisierung ein lokaler öffentlicher Aktienmarkt besteht und floriert. OTC-Märkte allein genügen – wie bereits angedeutet – nicht, denn sie generieren nicht genug Liquidität und benötigen daher als Referenzgröße den Preis, der an öffentlichen organisierten Marktplätzen ermittelt wird. Die besondere Qualität dieser Börsenpreise (vgl. § 24 BörsG) drückt sich nicht zuletzt darin aus, dass zum Beispiel der deutsche Gesetzgeber an ganz unterschiedlichen Stellen des Zivilrechts auf diese Preise Bezug nimmt.[315] Darin liegt ein Nutzenfaktor,

315 Im Aktiengesetz: § 65 Zahlungspflicht der Vormänner, § 186 Bezugsrecht, § 214 Aufforderung an die Aktionäre, § 226 Kraftloserklärung von Aktien; im Insolvenzrecht: § 104 InsO Fixgeschäfte; im Bürgerlichen Gesetzbuch: § 385 Freihändiger Verkauf, § 1221 Freihändiger Verkauf, § 1235 Öffentliche Versteigerung, § 1295 Freihändiger Verkauf von Orderpapieren; im Handelsgesetzbuch: § 253 Wertansätze der Vermögensgegenstände und Schulden, § 284 Erläuterung

der nicht nur einzelnen Gruppen, sondern einer Volkswirtschaft als Ganzes zugute kommt, wenn sie sich einen organisierten öffentlichen Marktplatz „leistet", indem sie einen normativen Ermöglichungsrahmen für einen solchen Platz zur Verfügung stellt.

Der Begriff „sich leistet" deutet bereits an, dass die Organisation öffentlicher Aktienmärkte selbstverständlich Regulierungskosten verursacht. Diese Kosten können nur zum Teil auf die Marktteilnehmer umgelegt werden wie z.B. in Gestalt von Gebühren der Kapitalmarktaufsichtsbehörden. Andere Kosten, die auf der Ebene der Gesetzgebung oder der Justiz entstehen, müssen aus dem allgemeinen Haushalt finanziert werden. Hinzu kommen Opportunitätskosten, die gerade in heranreifenden Volkswirtschaften durch die Allokation von knappen personellen Ressourcen entstehen. Diejenigen hellen und hochqualifizierten Köpfe des Landes, die in der Kapitalmarktaufsichtsbehörde eingesetzt werden, fehlen vielleicht bei der Korruptionsbekämpfung, in der Forschung etc. Daher kann die Frage, ob es sich für einen Staat lohnt, den (Wieder-)Aufbau eines nationalen Aktienmarktes zu unterstützen, nicht einfach durch den Hinweis auf die Bedürfnisse und Wünsche bestimmter Finanzmarktakteure oder Teile des Unternehmenssektors beantwortet werden. Vielmehr ist eine Kosten-Nutzen-Bilanz für die Volkswirtschaft als Ganzes aufzustellen, bei der es maßgeblich auf die Besonderheiten des jeweiligen Landes und auf die Aufgabenverteilung zwischen Regulierung und Selbstregulierung ankommt.

Generell kann nur die Feststellung getroffen werden, dass sich öffentliche Aktienmärkte positiv auf das gesamtwirtschaftliche Wachstum auswirken können. Dieser Effekt entsteht durch ein schnelleres Wachstum des Unternehmenssektors sowie durch einen erhöhten Zufluss von Portfolioinvestitionen.[316] Das schnellere Wachstum des Unternehmenssektors kann unter anderem damit erklärt werden, dass sich Wagniskapitalgeber (venture capitalists) eher bereit finden werden, innovative Unternehmen in der Frühphase zu finanzieren, wenn für sie die Möglichkeit besteht, über einen liquiden Aktienmarkt später

der Bilanz und der Gewinn- und Verlustrechnung, § 373 Annahmeverzug des Käufers, § 376 Fixhandelskauf, § 400 Selbsteintritt des Kommissionärs; in der Zivilprozessordnung: § 821 Verwertung von Wertpapieren.

316 *Black* (2001), S. 833 und 835 ff.

wieder aus dem Unternehmen auszusteigen und beim Börsengang „Kasse" zu machen (Funktion des Aktienmarktes als Exit-Kanal).[317] Außerdem können starke Eigenkapitalmärkte den Wettbewerb im gesamten Finanzierungsmarkt eines Landes befördern und sich vorteilhaft auf die Zinsen für Unternehmenskredite auswirken. Letzteres gilt insbesondere dann, wenn – so wie im Falle Brasiliens – vom Bankensektor trotz deutlich gesunkenen Länderrisikos und gesunkener Inflation noch immer extrem hohe Zinsen für (langfristige) Finanzierungen verlangt werden wie z.B. in Brasilien.[318] Durch den Wettbewerb zwischen verschiedenen Finanzierungsinstrumenten können die Gesamtkapitalkosten der Unternehmen sinken.[319]

Darüber hinaus zeugt die Vorstellung, der gesamte Aktienmarkt eines Landes könnte an internationale Börsenplätze ausgelagert werden, von einer etwas naiven Interpretation der Globalisierung. Auf diese Weise würde man z.B. weite Teile des Unternehmenssektors fremden Regulierungsentscheidungen (z.B. Einführung von SOX) ausliefern, mit deren Ursachen und Konzepten die heimischen Unternehmen gar nichts zu tun haben und die häufig auch gar nicht passen – nicht jede Kultur möchte zum Beispiel den Menschenschlag des „whistleblower" fördern. Ferner könnte eine solche Auslagerung den makroökonomischen Handlungsspielraum eines Landes beeinflussen. Darüber hinaus haben gerade die Jahre 2007/2008 gezeigt, dass regionale Aktienmärkte durchaus in der Lage sind, sich partiell internationalen Finanzmarktkrisen zu entziehen bzw. deren Wirkungen zu dämpfen. Ganz abgesehen davon würde eine Auslagerung dem Selbstverständnis vieler Emerging Markets zuwiderlaufen. Dies gilt nicht zuletzt für Brasilien. Dort wäre es geradezu absurd gewesen, wenn man sich um die Jahrhundertwende mit dem Niedergang des heimischen Aktienmarktes abgefunden hätte. Gemessen am BIP steht das Land in der Welt unter den ersten zehn Nationen und hat in Süd-Amerika eine klare Führungsposition inne. Für die Protagonisten des „Novo Mercado", vor allem für die Finanzmarktakteure aus São Paulo, Topmanager und einige Unternehmer des Landes, war die Antwort zur Frage „nationaler Aktien-

317 *Black* (2001), S. 833; *Engelhardt* (2007), S. 3.

318 Vgl. *Bacha/Holland/Gonçales* (2007).

319 Zu den positiven Wechselwirkungen zwischen starken Aktienmärkten, Bankkrediten und Kapitalkosten unter dem Aspekt verbesserter Corporate Governance durch den öffentlichen Aktienmarkt vgl. *Black* (2001), S. 833.

markt ja oder nein" sowieso klar, als sie im Jahre 2000 zur Diskussion einer Reform der Kapitalmarktgesetze in die Hauptstadt fuhren:[320]

> "The improbable visitors to Brasilia were convinced that their country could and should have a fully functioning world-class equities market."

2.2.2. Analyse der Kapitalmarktfunktionen im Lichte des Konsensparadigmas

2.2.2.1. Konsens zu übergeordneten Regulierungszielen

Die herausgearbeiteten Funktionen des Kapitalmarktes bilden den logischen Ausgangspunkt, um die Meta-Ziele einer Kapitalmarktregulierung zu bestimmen. Das methodische Instrument hierzu ist der hypothetische Konsens, wie er im ersten Kapitel herausgearbeitet wurde.[321] Überträgt man ihn auf das vorliegende Problem, so ist die Frage zur Zielbestimmung wie folgt zu formulieren:[322] Auf welche von mehreren Regulierungsalternativen würden sich die Kapitalmarktakteure und die wahrscheinlichen Drittbetroffenen (Stakeholder) einigen können, wenn eigennutzorientiertes Rationalverhalten unterstellt und zusätzlich angenommen wird, dass nur beschränkte Rationalität vorliegt sowie dass die Entscheidungsträger im Entscheidungszeitpunkt nicht wüssten, welche Position sie später im regulierten Marktprozess einnehmen werden (z. B. Investor, Manager oder Eigentümer eines Emittenten, Manager oder Eigentümer der Börse, Fremdkapitalgeber, Stakeholder des Emittenten, Portfolioinvestor oder Blockholder)? Die Antwort und damit der Konsens über das Ziel einer Regulierungsänderung hängen davon ab, wie die Entscheidungsträger ihre Kosten-Nutzen-Bilanz einschätzen. Damit sie diese Bilanz überhaupt erstellen können, werden sie sich vernünftiger Weise nur auf ein Regulierungsziel einlassen, dessen Erreichen zumindest qualitativ messbar ist. Messbarkeit ist also eine Grundvoraussetzung für die Konsensfähigkeit eines Regulierungsziels.

Betrachten wir unter diesem Blickwinkel die verschiedenen Funktionen des Kapitalmarktes, so fällt das Urteil zur Allokationsfunktion

320 *Da Cunha* (2008), S. ix.
321 Vgl. hierzu Ziff. 1.2.3.
322 *Kirchner* (2000), S. 64.

negativ aus, denn bislang gibt es kaum Belege für einen messbaren Zusammenhang zwischen (effizienten) Aktienpreisen und der Kapitalallokation.[323] Damit ist die Verbesserung der Allokationsfunktion als unmittelbares Regulierungsziel nicht konsensfähig. Positiver stellt sich die Situation im Hinblick auf die Wachstumsfunktion dar. Insoweit gibt es verschiedene Studien, die einen Zusammenhang zwischen den Indikatoren für die Stärke des Aktienmarktes und der Veränderung des BIP pro Kopf nahelegen. Konkret wird die Liquidität des Aktienmarktes als Maßstab genannt.[324] Auch jenseits des Themas Messbarkeit dürfte die Stärkung der Wachstumsfunktion ein konsensfähiges Regulierungsziel sein, denn von der Erreichung dieses Ziels profitieren tendenziell alle Kapitalmarktakteure und Stakeholder. Allerdings ist die Wachstumsfunktion nur eine eher mittelbare Folge eines starken Aktienmarktes, so dass sich aus der Zielsetzung, diese Funktion zu stärken, keine konkreten Regulierungsstrategien ableiten lassen.

Wenden wird uns daher der Funktion des Kapitalmarktes zu, Transaktionskosten zu senken. Vor allem die impliziten Transaktionskosten hängen mit der Qualität des institutionellen Arrangements zusammen, das einen konkreten Aktienmarkt konstituiert. Für diese Kosten gibt es einen klaren Maßstab: die Liquidität des Marktplatzes.[325] Die Vorbedingung für die Konsensfähigkeit ist also erfüllt. Damit kann die eigentliche Abwägungsfrage gestellt werden: Wer profitiert von niedrigen impliziten Transaktionskosten? Da diese Kosten nur die Kapitalmarktakteure betreffen und nicht die Stakeholder börsennotierter Aktiengesellschaften, können wir uns auf diese Akteure konzentrieren. In erster Linie kommen niedrige Transaktionskosten den Investoren zugute, die schneller und kostengünstiger in ein Aktieninvestment ein- und wieder aussteigen können. Die Börsengesellschaft, die dort tätigen Börsenmaklerunternehmen und ihre Händler haben dann ei-

323 Zu diesem Ergebnis gelangen in einer umfangreichen Studie zum gegenwärtigen Stand der (empirischen) Kapitalmarktforschung *Leuz/Wysocki*. Die Studie diente als Grundlage für die Diskussion einer Reform der kanadischen Kapitalmarktregulierung *Leuz/Wysocki* (2006), S. 211 f.: "(...) at present, there is little empirical evidence on the link between stock price efficiency and capital allocation."

324 *Black* (2001), S. 782 und 835 ff.; *Coates/Bonnie* (2004); *Levine/Zervos* (1998).

325 *Ahdieh* (2003), S. 285 f.; *Theissen* (2000), S. 335.

nen Nutzen von niedrigeren impliziten Transaktionskosten, wenn in der Folge das Handelsvolumen ansteigt. Eine solche Korrelation lässt sich nur der Tendenz nach bejahen, denn der Zusammenhang zwischen Liquidität, in der sich ja niedrigere Transaktionskosten widerspiegeln, und höherem Handelsvolumen ist nicht eindeutig.[326] Geringere implizite Transaktionskosten und bessere Liquidität des Marktplatzes erhöhen aber jedenfalls die Attraktivität des Marktplatzes als solchen, sodass die Börsengänge ansteigen dürften. Davon profitieren Börsengesellschaft, Börsenmaklerunternehmen und ihre Händler unmittelbar. Auch die Emittenten profitieren, denn an einem Marktplatz mit niedrigen (impliziten) Transaktionskosten werden mehr Investoren agieren, sodass Börsengänge und Kapitalerhöhungen leichter platziert werden können. Folglich ist das Regulierungsziel, Reduktion der (impliziten) Transaktionskosten, konsensfähig.

Die Funktion des Aktienmarktes, Agency-Kosten zu reduzieren, steht – wie ausgeführt wurde – in unmittelbarem Zusammenhang mit der Informationsfunktion. Daher können beide Funktionen zusammen erörtert werden. Die indirekte Messbarkeit der Informationseffizienz ist im Grundsatz bereits bejaht worden, wobei als mögliche Größen die Kapitalisierung des Marktplatzes, das Handelvolumen und die Marktliquidität genannt wurden.[327] Unter dem Aspekt Messbarkeit ist die Verbesserung der Informationsfunktion also ein konsensfähiges Regulierungsziel. Auch im Übrigen dürfte daran kein Zweifel bestehen. Dies gilt namentlich für die Investoren, denen in besonderer Weise am Abbau von Informationsasymmetrie gelegen ist. Da Rationalverhalten unterstellt wird und die Emittenten im Ausgangspunkt nicht wissen, wie und in welcher konkreten Situation sie von Regulierungen zur verbesserten Informationsfunktion betroffen sein werden, können auch sie einer Verbesserung der Informationsasymmetrie zustimmen. Andernfalls würden sie nämlich sehenden Auges auf einen Markt der Zitronen zusteuern, was ihre Finanzierungsmöglichkeiten verschlechtern und ihre Kapitalkosten erhöhen würde.

Im Einzelfall ist die Frage, welche Regulierungen zur Verbesserung der Informationseffizienz konsensfähig sind, sicherlich schwierig zu beantworten, denn Informationen haben viele Eigenschaften eines öf-

[326] Vgl. hierzu Ziff. 2.2.2.2.4.
[327] Vgl. hierzu Ziff. 2.2.2.2.4.

fentlichen Gutes,[328] und ihre Produktion verursacht sowohl direkte Kosten (z.B. interne und externe Rechnungslegungsexperten) als auch indirekte Kosten (z.B. Aufdeckung von Geschäftsgeheimnissen[329]). Außerdem können situationsabhängig bei Managern oder Großaktionären große Anreize zum „Informationsbetrug" bestehen. Im Grundsatz dürfte aber klar sein: Die Verbesserung der Informationsfunktion, respektive der relativen Informationseffizienz, ist unter dem Schleier des Nichtwissens um die eigene Position auch für Manager und Eigentümer eines IPO-Kandidaten (sowie für Manager und Blockholder bei einer Kapitalerhöhung) zweifelsfrei ein gewinnversprechendes Ziel. Diesem Konsens werden sich auch die Börsengesellschaft, die Börsenmaklerunternehmen und Händler anschließen, denn sie alle profitieren von der höheren Informationseffizienz durch eine größere Anziehungskraft des Marktplatzes bei Investoren und in der Folge bei Emittenten. Schließlich profitieren auch die Stakeholder von einer höheren Informationseffizienz, da sie die bessere Informationslage bei ihren Verhandlungen mit dem Unternehmen nutzen können, ohne dass sie einen Beitrag zur Informationssuche leisten müssten. Folglich dürfte das Regulierungsziel, Verbesserung der Informationseffizienz, prinzipiell bei allen betroffenen Akteuren zustimmungsfähig sein.

Als konsensfähige Meta-Ziele der Kapitalmarktregulierung stehen also fest: Absenkung der (impliziten) Transaktionskosten und Verbesserung der Informationseffizienz. An diese Feststellung schließt sich unmittelbar die Frage an, mit Hilfe welcher konkreten Größen sie gemessen werden sollen und ob eine Veränderung des bestehenden institutionellen Arrangements (Marktordnung) dazu beiträgt, den betreffenden Marktplatz näher an die beiden Meta-Ziele heranzubringen.

2.2.2.2. Konsens zu Maßstäben für die relative Informationseffizienz

2.2.2.2.1. Ausgangspunkt

Ebenso wie bei der Bestimmung der konsensfähigen Meta-Ziele einer Kapitalmarktregulierung ist auch zur Bestimmung des Maßstabes,

328 *Coffee* (1984), S. 723f.
329 *Leuz/Wysocki* (2006), S. 192 und 207.

mit dem die Annäherung an diese Ziele gemessen werden soll, das Instrument des hypothetischen Konsenses anzuwenden. Das Entscheidungsproblem lässt sich hier wie folgt formulieren: Auf welche von mehreren Maßstäben zur Messung der relativen Informationseffizienz und der relativen Höhe der Transaktionskosten können sich die Kapitalmarktakteure und wahrscheinliche Drittbetroffene (Stakeholder) einigen, wenn eigennutzorientiertes Rationalverhalten unterstellt wird und angenommen wird, dass nur beschränkte Rationalität vorliegt und dass die Entscheidungsträger im Entscheidungszeitpunkt nicht wissen, welche Position sie später im regulierten Marktprozess einnehmen werden?

Diese Fragestellung wird im Folgenden für jene Größen diskutiert, die üblicherweise als Indikatoren für den Effizienzgrad bzw. die Leistungsfähigkeit eines Aktienmarktes genannt werden. Dazu gehören die Kapitalkosten, die Marktkapitalisierung (und entsprechende Verhältniszahlen) sowie das Handelsvolumen und die Liquidität.

2.2.2.2.2. Kapitalkosten

Die Kosten des Eigenkapitals entsprechen – abstrakt gesprochen – dem Rückfluss, den Investoren dafür erwarten, dass sie dem Unternehmen risikoreiches Kapital zur Verfügung stellen.[330] Während jedoch die Messung von Fremdkapitalkosten (z.B. Darlehen und Unternehmensanleihen) relativ einfach ist, stellt sich das gleiche Vorhaben bei Eigenkapital sehr viel schwieriger dar. Folglich überrascht es nicht, dass man in der Finance-Literatur und -Praxis zwar eine ganze Reihe von Vorschlägen, aber keine weithin akzeptierten Standardgrößen finden kann.[331] Die Skala reicht zumindest von der klassischen Barwertberechnung des erwarteten Cashflow[332] über Modelle zu Berechnung der Internal Rate of Return[333] bis hin zu impliziten Kapitalkosten-Modellen, welche z.B. die Eigenkapitalkosten abschätzen, in-

330 Vgl. *Chicago CSB* (2006).
331 Vgl. zur Diskussion verschiedener Modelle *Gleißner* (2005).
332 Vgl. die Darstellung bei *Brealey/Myers/Allen* (2006), S. 61 ff., 85 ff., 882 f.; kritisch zu dieser Berechnungsmethode *Fama/French* (1999); *Fama/French* (1997).
333 So zum Beispiel *Fama/French* (1999).

dem sie Aktienkurse und Analystenprognosen kombinieren.[334] Hinzu kommt der Umstand, dass die meisten Modelle zur Berechnung von Kapitalkosten ihrerseits auf Asset Pricing Modellen aufbauen,[335] die zum einen mit vereinfachenden Annahmen arbeiten, und von denen zum anderen keines unumstritten gilt. Jenseits der Modelle zur Kapitalkostenberechnung werden noch mehr oder weniger grobe Näherungswerte benutzt. Dazu gehören insbesondere P/E-Verhältniszahlen,[336] betas[337] und beobachtete Rückflüsse auf Investitionen in Aktien (observed stock returns).[338]

Mit Blick auf unsere spezifische Problemstellung, einen konsensfähigen relativ einfachen Maßstab zur Evaluation verschiedener institutioneller Arrangements für Aktienmärkte zu bestimmen, sind die Ungewissheiten um den denkbaren Maßstab „Kapitalkosten" inakzeptabel. Außerdem ist die Berechnung der Kapitalkosten vergleichsweise kompliziert und beruht auf Rechenmodellen, deren Annahmen – wie stets bei Modellannahmen – nicht frei von Zweifeln sind. Für die vorliegende Problemstellung muss aber schon deshalb ein relativ einfach anwendbarer Maßstab gefunden werden, weil andernfalls zumindest im Bereich der staatlichen Regulierung, namentlich durch Gerichte, aber auch durch den Gesetzgeber, eine Anwendung des Maßstabs nicht zu erwarten ist. Darüber hinaus ist empirisch nicht klar, ob sich Unterschiede in der Kapitalmarktregulierung überhaupt in den

334 *Hail/Leuz* (2006), S. 489: "Our study builds on models that estimate an ex ante required return by investors using market prices and analyst forcasts."

335 Vgl. *Fama/French* (1997).

336 P/E steht für „Profit" zu „Earnings". Die Zahl gibt das Verhältnis zwischen gezahltem Preis und erwirtschaftetem Gewinn pro Aktie an; *Brealey/Myers/Allen* (2006), S. 795.

337 Vgl. statt vieler die prägnante Erklärung bei *Brealey/Myers,* Principles (2006), S. 197: "If you want to know the contribution of an individual security to the risk of a well-diversified portfolio, it is no good thinking about how risky that security is if held in isolation – you need to measure its market risk, and that boils down to measuring how sensitive it is to market movements. This sensitivity is called beta (ß). Stocks with betas greater than 1.0 tend to amplify the overall movement of the market. Stocks with betas between 0 and 1.0 tend to move in the same direction as the market, but not so far. Of course the market is the portfolio of all stocks, so the "average" stock has a beta of 1.0."

338 *Leuz/Wysocki* (2006), S. 205.

Kapitalkosten manifestieren.[339] Schließlich sind die Kapitalkosten im Rahmen des Konsensparadigmas schon deshalb problematisch, weil sie primär das Interesse der Emittenten widerspiegeln und den übrigen Marktakteuren nur mittelbar zugute kommen. In der Summe fällt das Urteil zur Konsensfähigkeit der Kapitalkosten als Vergleichsmaßstab somit negativ aus.

2.2.2.2.3. Marktkapitalisierung

Die am häufigsten genannten Näherungswerte für die relative Qualität von Aktienmärkten sind Marktkapitalisierung (ausgedrückt in Prozenten zum BIP) und Liquidität.[340] Betrachten wir zunächst die Marktkapitalisierung, die insbesondere in der LLS(V)-Artikelserie und in einigen anderen Beiträgen der sog. „Law and Finance"-Literatur verwendet wird.[341] Die Intention dieser Autoren besteht insbesondere darin, einen Zusammenhang zwischen nationalen Rechtsordnungen, der Leistungsfähigkeit eines bestimmten Kapitalmarktes und dem volkswirtschaftlichen Wachstum herzustellen. Konkret geht es ihnen darum, die folgende Kausalkette zu belegen: Ursprung und Qualität des Rechtssystems → Dynamik der Kapitalmarktentwicklung → Höhe des volkswirtschaftlichen Wachstums.[342] Dieses Untersuchungsziel stimmt nicht mit der vorliegenden Zielsetzung überein, bei der es darum geht, im Lichte des Konsensparadigmas einen Maßstab zu bestimmen, mit dem Veränderungen der relativen Informationseffizienz und der Transaktionskosten gemessen werden können. Dieses Untersuchungsziel erfordert einen direkten Kausalzusammenhang, während sich die LLS(V)-Literatur mit mittelbarer Kausalität begnügt.

339 *Hail/Leuz* (2006), S. 502: "However, it is not clear whether differences in securities regulation also manifest in differences in non-diversifiable risk and hence the cost of capital."

340 *Black* (2001), S. 845 ff.

341 Vgl. *La Porta/Lopez-de-Silanes/Shleifer/Vishny* (1997); *La Porta/Lopez-de-Silanes/Shleifer/Vishny* (1998); *La Porta/Lopez-de-Silanes/Shleifer/Vishny* (1999 a); *La Porta/Lopez-de-Silanes/Shleifer* (1999 b); *La Porta/Lopez-de-Silanes/Shleifer* (2002 a); *La Porta/Lopez-de-Silanes/Shleifer/Vishny* (2002 b); *La Porta/Lopez-de-Silanes/Shleifer* (2006); *Shleifer/Wolfenzon* (2002), *Shleifer/Vishny* (1997).

342 Vgl. Zusammenfassung und Kritik zu LLS(V) bei *Graff* (2008).

Die Verbindung zwischen erhöhter Informationseffizienz und kräftigerem Wirtschaftswachstum ist nur sehr mittelbarer Natur, denn das Wirtschaftswachstum hängt stets von zahlreichen mikroökonomischen und makroökonomischen Faktoren ab. Folglich könnten die Wirkungen, die eine Veränderung des institutionellen Arrangements für den öffentlichen Aktienmarkt auslöst, nicht einmal ansatzweise unter sonst gleichen Bedingungen durch „Veränderungen in der Verhältniszahl Marktkapitalisierung/BIP“ überprüft werden. Als absolute Zahl ist die Marktkapitalisierung aber noch viel weniger als Maßstab für Informationseffizienz geeignet, weil dann nämlich makroökonomische Faktoren völlig ausgeblendet würden, die aber möglicherweise eine dominierende Wirkung auf die Änderungen der Marktkapitalisierung haben. Beispielsweise können wenige Rohstoffunternehmen des betreffenden Landes, die zusammen einen sehr großen Anteil am Aktienmarkt eines Landes haben (in Brasilien zum Beispiel Petrobras und CVRD), die Marktkapitalisierung völlig verzerren, wenn international die Rohstoffpreise stark steigen oder sinken. Eine Verhältniszahl Marktkapitalisierung/BIP glättet derartige Verzerrungen wenigstens ansatzweise, wirft aber – wie dargelegt wurde – ebenfalls erhebliche Zweifel daran auf, ob sie ein geeigneter Maßstab für Informationseffizienz ist.

Betrachtet wir exemplarisch die Entwicklung des brasilianischen Aktienmarkts und des BIPs während der Jahre 2003–2007, so ergibt sich für die Relation der Marktkapitalisierung (MK) zum BIP folgende Zahlenreihe:

Abb. 2.1.: Tabelle zu Marktkapitalisierung (MK) und BIP.

	2003	**2004**	**2005**	**2006**	**2007**
MK zu BIP	42%	51%	55%	68%	124,6%
Δ BIP zu Vorjahr	1,1%	5,7%	3,2%	3,8%	5,4%

Quelle: BACEN (Berechnung durch Verfasser).

Diese bemerkenswerte Entwicklung, vor allem der sprunghafte Anstieg im Jahre 2007, erklärt sich im Wesentlichen durch einen starken Anstieg der IPO-Zahlen (spürbar seit 2006 und mit klar definiertem Höhepunkt in 2007) sowie weit überdurchschnittlichen Kurssteigerungen in bestimmten Marktsegmenten (allem voran bei Rohstoffak-

Abb. 2.2.: BIP pro Kopf (in Tausend US$).

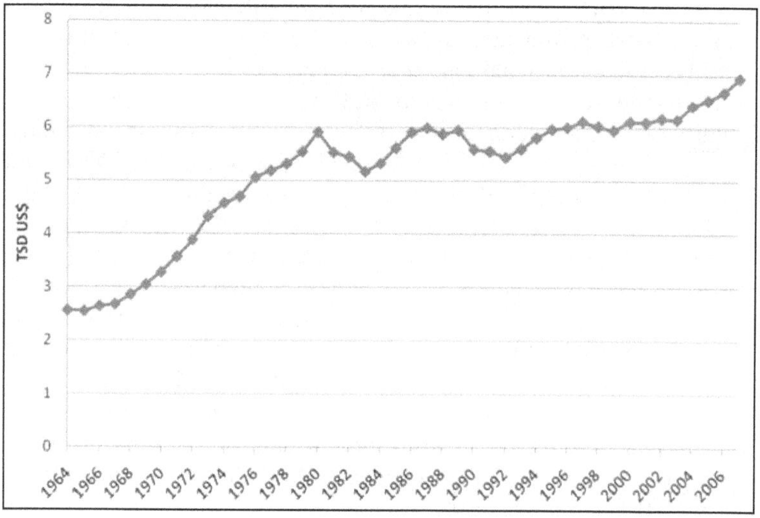

Quelle: BACEN.

tien). Die Kurssteigerungen haben sicherlich eine ganze Reihe von Ursachen, unter denen die anhaltende wirtschaftliche Stabilität, ein Anstieg des privaten Konsums (z.B. durch verstärkte Bautätigkeit und das Entstehen einer sog. C-Klasse[343]) sowie die weltweit hohen Rohstoffpreise wahrscheinlich eine besonders wichtige Rolle einnehmen. Hinzu kam im Jahre 2007 der Ausbruch eines „Börsenfiebers" in Brasilien, das – wie es Deutschland zu Zeiten des Börsengangs der Telekom erlebte – viele Retail-Anleger erstmals an die Börse getrieben hat. Vor diesem Hintergrund erscheint es vermessen, aus den BIP-Verhältniszahlen der Jahre 2003–2007 einen Rückschluss darauf ziehen zu wollen, dass sich in diesen 5 Jahren annähernd gleichförmig die Informationseffizienz des Aktienmarktes verbessert oder die impliziten Transaktionskosten reduziert hätten. Definitiv gesunken sind in dieser

343 Darunter versteht man eine größer werdende Bevölkerungsschicht, die unterhalb der klassischen oberen Mittelschicht angesiedelt ist und erstmals am Konsum von Produkten teilnimmt, die über das notwendige Minimum hinausgehen (z.B. Elektronikprodukte, Reisen, Bildung etc.).

Zeit die expliziten Transaktionskosten für Börsengänge und Zweitplatzierungen an der BOVESPA, denn im Februar 2006 hat der Gesetzgeber für diese Transaktionen eine Ausnahmeregel von der CPMF-Steuer erlassen.[344] Diese zum 1. Januar 1994 eingeführte Steuer war im Urteil vieler eine der Hauptursachen für den Niedergang des brasilianischen Kapitalmarktes in der zweiten Hälfte der 1990er Jahre.[345]

Zusammenfassend lässt sich festhalten, dass die Marktkapitalisierung weder als absolute Größe noch in Relation zum BIP ein konsensfähiger Maßstab für unsere Meta-Ziele ist, denn es lässt sich kein direkter Kausalzusammenhang zwischen der Marktkapitalisierung einerseits sowie der relativen Informationseffizienz und den Transaktionskosten anderseits belegen – weder theoretisch noch empirisch. Damit kommen wir zur Marktliquidität.

2.2.2.2.4. Liquidität und Handelsvolumen

Die Liquidität des Aktienmarktes lässt sich aus der Investorenperspektive definieren als die Möglichkeit, Aktien schnell und mit geringen Kosten kaufen und verkaufen zu können, ohne dass sich diese Transaktionen spürbar auf den Preis auswirken.[346] Bezieht man die Emittentenseite ein, so gelangt man zu folgender umfassenderen Definition:[347]

> "Liquidity measures immediacy, that is, the ability to timely execute a buy or sell order, and resiliency, investors' ability to trade without moving the price of a security against themselves. Through these twin elements, liquidity allows investors to dispose of their holdings with minimal search or other transaction costs. Such minimization of trading friction is essential to the character of equity securities, much of the value of which, as described below, is tied to ease of resale. Liquidity also benefits corporate issuers, meanwhile, by enhancing share value and providing a ready market for additional shares. Tied to their provision of liquidity, securities markets also serve critical information functions. Specifically, they facilitate efficient price discovery in both economic and financial terms. In economic terms, they determine market-clearing prices based on the cumulative supply and

344 Ende 2007 wurde die CPMF-Steuer dann abgeschafft.

345 *Mendonça de Barros* et al. (2000), S. 7; *Santana* (2003), Folie 6; *Schmith* (2004), S. 124.

346 *Leuz/Wysocki* (2006), S. 193; *Theissen* (2000), S. 351.

347 *Ahdieh* (2003), S. 285 f.

> demand collection by the market. In finance terms, they allow for the efficient incorporation of information into price."

Die Definition *Robert B. Ahdiehs* stellt die Verknüpfung sowohl zwischen Liquidität und Transaktionskosten als auch zwischen Liquidität und Preisbestimmung, respektive Informationsverarbeitung, her. Die wirtschaftliche Logik, mit der Liquidität entsteht und wirkt, lässt sich – wie *Ahdiehs* dargelegt hat – gut mit Netzwerkeffekten erklären. Je mehr Kauf- und Verkaufgebote auf einem Marktplatz eingehen, desto attraktiver wird der Marktplatz für weitere Akteure, oder in anderen Worten: Liquidität erzeugt positive Netzwerk-Externalitäten.[348] Diese Netzwerkeffekte entfalten sich in zwei Richtungen: Zum einen wirken sie als Multiplikator bei derjenigen Aktie, deren jeweilige Liquidität gerade ansteigt. Zum anderen treten Spillover-Effekte an dem betreffenden Marktplatz auf, durch die es auch bei anderen Aktien zu einem Anstieg der Liquidität kommt. *Ahdieh* hat diesen Mechanismus wie folgt zusammengefasst:[349]

> "While the utility gains of improved liquidity and price discovery are directed, in the first and highest order, to the market in an individual equity issue (...), such gains are ultimately dispersed more broadly. To varying degrees, new traders in a given stock also enhance the utility of market participants trading entirely different stocks. This arises from the implications of modern finance theory for cross-pollination of liquidity and price discovery effects among multiple traders in multiple stocks. (...) These implications arise from the comparability, substitutability, and complementary nature of equity securities, In light of these characteristics, the potential purchaser of any given stock is also a potential purchaser of other stocks, based on various factors of diversification and effective management of systematic and non-systematic risk."

Aufgrund der skizzierten Eigenschaft lässt sich die Aussage, dass die Liquidität steigt, wenn die Informationsasymmetrie unter den Akteuren zurückgeht,[350] auch umdrehen: Eine steigende Liquidität zeigt an, dass die Informationsasymmetrie zurückgegangen ist, denn mit zunehmender Liquidität nimmt die Kapazität des Marktplatzes zur Informationsverarbeitung zu.[351] Angesichts dieser Zusammenhänge

348 *Ahdieh* (2003), S. 286 f.

349 *Ahdieh* (2003), S. 290 f.

350 *Schmidt* (2002), S. 184.

351 *Ahdieh* (2003), S. 287; vgl. auch eine Untersuchung zu Insider Trading (IT) Gesetzen von *Bris,* (2005), S. 309: "Additionally, there is evidence showing that the market response to the announcement of a takeover increases with IT laws.

überrascht es nicht, dass zahlreiche empirische Untersuchungen zur Kapitalmarktforschung maßgeblich auf Veränderungen der Liquidität abstellen.[352]

Diese Aussage trifft auch für die Mehrzahl derjenigen Untersuchungen zu, die einen Zusammenhang zwischen der Leistungsfähigkeit des Kapitalmarktes und dem Wirtschaftswachstum einer Volkswirtschaft nachweisen wollen. Dabei wird insbesondere betont, dass die Marktliquidität zuverlässigere Ergebnisse zu diesem Zusammenhang liefert, als dies bei der Marktkapitalisierung der Fall ist.[353] Zu diesem Ergebnis kommen nicht zuletzt Autoren aus dem Dunstkreis der LLS(V)-Literatur.[354]

Somit erscheint Liquidität jedenfalls finanztechnisch betrachtet als bester Maßstab für Veränderungen der relativen Informationseffizienz und der Transaktionskosten.[355] Wie lässt sich aber die Liquidität eines Marktes konkret ermitteln? Die Frage ist in zwei Schritten zu beantworten. Liquidität ist zunächst immer in Bezug auf die Aktie eines bestimmten Emittenten zu messen. Die Liquidität des Marktplatzes selbst ergibt sich dann, indem man die einzelnen Liquiditäten aller an diesem Marktplatz gehandelten Aktien aggregiert und dabei gewichtet.[356] Die am häufigsten genannten Größen, mit denen sich die Liquidität der Aktien eines bestimmten Unternehmens ermitteln lässt, sind Handelsvolumen und bid-ask-spreads.[357] Dabei wird das Handelsvolumen eher als Näherungswert, denn als exakter Maßstab betrachtet. Die Einstufung als Näherungswert wird vor allem mit der hohen Korrelation begründet, die man üblicherweise zwischen dem Handelsvolumen verschiedener Aktien und ihren bid-ask-spreads

The rationale for this result is that by increasing liquidity of the stock, Insider Trading laws facilitate information being impounded."

352 Vgl. die Übersichten bei *Leuz/Wysocki* (2006), S. 202f. und *Black* (2001), S. 836f.; weitere Beispiele: *Theissen* (2000), S. 351; *Chordia/Roll/Subrahmanyam* (2008); *Leuz/Verrecchia*, (2000); *Johnson* (2008).

353 Vgl. die Übersicht bei *Black* (2001), S. 836ff.

354 *Levine/Zervos* (1998).

355 Vgl. *Schmidt* (2002), S. 184: "If standard setters provide only accounting information rules for capital markets, liquidity within those markets should be their key concern."

356 *Chordia/Roll/Subrahmanyam* (2008) S. 253.

357 Vgl. exemplarisch *Schmidt* (2002), S. 184 Fn. 91 m.w.N.; *Theissen* (2000), S. 351.

sowie anderen Liquiditätsmaßstäben beobachten könne.[358] In jüngster Zeit gibt es jedoch einige empirische Untersuchungen, die gerade keinen signifikanten Zusammenhang zwischen Handelsvolumen und Veränderungen in bid-ask-spreads feststellen konnten.[359] Wegen dieser Unsicherheiten und weil das Handelsvolumen sowieso nur einen Näherungswert liefern kann, verwenden die meisten empirischen Untersuchungen zur Kapitalmarktorganisation primär bid-ask-spreads, um die Liquidität zu messen.[360] Besonders häufig wird dabei der sog. effektive Spread verwendet, der den Unterschied zwischen dem Transaktionspreis und der Mid-Quote angibt. Dieser Wert gilt als die beste Schätzung für den „wahren" Wert der Aktien, der für Investoren ohne private Informationen über das Unternehmen verfügbar ist.[361]

Folglich sind entscheidende Vorbedingungen erfüllt, um Marktliquidität als konsensfähigen Maßstab für Informationseffizienz und Transaktionskosten einstufen zu können. Das erforderliche Zahlenmaterial (bid-ask-spreads) kann direkt aus den Marktdaten abgelesen werden, und über den Zusammenhang zwischen Liquidität und den zu messenden Größen (unseren Meta-Zielen der Regulierung) besteht in Wissenschaft und Praxis weitgehend Einigkeit. Damit bleibt die Konsensfähigkeit (individuelle Kosten-Nutzen-Analyse) als solche zu erörtern: Können sich die Kapitalmarktakteure und wahrscheinliche Drittbetroffene (Stakeholder) auf die Marktliquidität als Maßstab einigen, wenn eigennutzorientiertes Rationalverhalten unterstellt und angenommen wird, dass nur beschränkte Rationalität vorliegt sowie dass die Entscheidungsträger im Entscheidungszeitpunkt nicht wissen, welche Position sie später im regulierten Marktprozess einnehmen werden? Bereits aus der umfassenden Definition zur Liquidität ergibt sich, dass sowohl Investoren als auch Emittenten von einer höheren Liquidität profitieren. Von den Netzwerkeffekten

358 *Theissen* (2000), S. 351; die Entdeckung des Zusammenhangs zwischen Handelsvolumen und Liquidität geht ursprünglich zurück auf *Demsetz* (1968).

359 Vgl. die Übersicht zu diesen empirischen Studien und zu den korrespondierenden Ergebnissen seiner eigenen Studie bei *Johnson* (2008).

360 Vgl. zum Beispiel *Theissen* (2000), S. 352 f. und *Chordia/Roll/Subrahmanyam* (2008) sowie *Leuz/Verrecchia* (2000).

361 Vgl. *Theissen* (2000), S. 353; zur Berechnung von Bid-Ask-Spread vgl. auch *Harris* (2003), S. 297 ff.

(Liquidität zieht Liquidität an) profitieren nicht zuletzt die Betreiber des Marktplatzes und die dort tätigen Intermediäre. Deren eigennützige Interessen werden zwar durch ein steigendes Handelsvolumen noch besser bedient, aber davon profitieren Investoren und Emittenten nicht notwendigerweise, denn – wie ausgeführt wurde – ist ein Zusammenhang zwischen steigendem Handelsvolumen und sinkenden Transaktionskosten (Such- und Ausführungskosten) empirisch nicht hinreichend belegt. Daher werden sich die genannten Beteiligten nur auf Liquidität als gemeinsamen Nenner einigen können.[362] Diesem Konsens werden auch die Stakeholder des Emittenten zustimmen können, da nicht erkennbar ist, weshalb sie von steigender Liquidität negativ betroffen sein sollten. Im Gegenteil, Liquidität kann nicht nur den Grad der Informationseffekte messen, sondern kraft ihrer positiven Netzwerkeffekte auch die Informationseffizienz verbessern, wodurch die Stakeholder bei ihren Vertragsverhandlungen mit dem Emittenten profitieren. Die Konsensfähigkeit manifestiert sich in den diversen Stellungnahmen und vorbereitenden Dokumenten zum Novo Mercado. Darin ist nämlich von verschiedenen Seiten immer wieder das Thema „Verbesserung der Liquidität", akzentuiert worden.[363] Allerdings werden darin Liquidität und Handelsvolumen wohl häufig als Synonyme verwendet.[364]

362 Vgl. *Harris* (2003), S. 394: "Everyone likes liquidity. Traders like liquidity because it allows them to implement their trading strategies cheaply. Exchanges like liquidity because it attracts traders to their markets. Regulators like liquidity because liquid markets are often less volatile than illiquid markets."

363 *Santana* (2008), S. 1 ff.; *Santana* (2002): "A study just finished (October, 2002) by Professor Antonio *Gledson de Carvalho*, PhD, at the University of São Paulo, confirms, through statistic tests, that the adhesion to the Novo Mercado and Special Corporate Governance Levels 1 and 2 positively influenced the companies´ shares prices, increased the trading volume and the liquidity."; *Gledson de Carvalho* (2002); *Mendonça de Barros* et. al. (2000), S. 7.

364 Vgl. *Santana* (2008), S. 34 (Anmerkung zu Tabelle 2).

2.3. Regulierungsbedarf und Regulierungsmethodik

2.3.1. Regulierungsbedarf in Aktienmärkten

2.3.1.1. Ausgangspunkt

In den vorangegangenen Abschnitten wurde herausgearbeitet, dass eine verbesserte Informationseffizienz und eine Senkung der Transaktionskosten konsensfähige Regulierungsziele für Aktienmärkte sind und durch die Marktliquidität gemessen werden können. Noch nicht beantwortet wurde hingegen die Frage, ob und in welchen Fällen überhaupt ein Bedarf besteht, diese Meta-Ziele im Wege der Regulierung – sei sie staatlicher oder privatautonomer Natur – zu verfolgen. Diese Frage soll nicht mit Schlagworten wie Marktversagen beantwortet werden, sondern durch Betrachtung konkreter Stör- und Einflussfaktoren für die Erreichung unserer Meta-Ziele.

Das Schlagwort Marktversagen passt am besten für das Problem der Kartellbildung, das jedoch bei Aktienmärkten – wegen der internationalen Integration – von untergeordneter Bedeutung ist. Es wird in diesen Märkten am besten dadurch gelöst, dass der Wechsel an ausländische Börsen sowohl für Emittenten als auch für Investoren ungehindert offensteht. Aufgrund der hohen fixen Infrastrukturkosten (EDV) und den positiven Netzwerkeffekten, die von ansteigender Liquidität ausgehen, ist eine Zersplitterung der nationalen Börsenlandschaft weder betriebswirtschaftlich noch volkswirtschaftlich zielführend. Die Konzentration auf eine oder wenige nationale Aktienbörsen führt zu erheblichen Kostenvorteilen und zu einer Konzentration der Liquidität. Sie ist längst zur Realität geworden.

In Bezug auf unser erstes Meta-Ziel, Verbesserung der relativen Informationseffizienz, gibt es insbesondere die folgenden drei Störfaktoren: Unterproduktion von Information, gezielte Falschinformation und Kursmanipulation. Dagegen gefährdet Insider Trading als solches die Informationseffizienz im Prinzip nicht.[365] Vielmehr kann es den Effizienzgrad durch Einpreisung zusätzlicher Informationen so-

[365] Vgl. zur Rolle der zivilrechtlichen Sanktionen gegen Insiderhandel *Kirchner* (1992).

gar verbessern. Allerdings lässt sich diese Verbesserung zumindest bis zu einem gewissen Maße auch erreichen, indem Offenlegungspflichten (Ad-hoc-Mitteilungspflichten) für Insiderwissen statuiert und Verstöße sanktioniert werden. Die Effekte solcher Regulierung hängen nicht zuletzt vom Ausmaß ab, mit dem Analysten die Entwicklung der betreffenden Aktie verfolgen.[366] Für die Qualifikation von Insider Trading als Rechtfertigungsgrund für eine Regulierung ist ein anderer Aspekt als die Informationsverarbeitung ausschlaggebend. Es kann spezielle Situationen in der Unternehmensentwicklung geben, in denen sich Insider in Relation zu nichtsahnenden Investoren derart hohe Gewinne sichern können, dass ein Ausnutzen dieser Möglichkeiten nicht nur von den Investoren des betreffenden Unternehmens, sondern von allen Investoren des Marktplatzes und darüber hinaus von der gesamten Gesellschaft als Verstoß gegen eine grundlegende Fairnesskonvention empfunden wird. Ähnliche Situationen können durch kontrollierende Aktionäre verursacht werden. Die Gefahr der einseitigen Vorteilsziehung aufgrund von Insiderwissen ist in Familien-Conglomeraten besonderes hoch, da dort häufig eine enge Verflechtung zwischen Management und Großaktionären besteht. Dieser Personenkreis kennt infolge dieser Verflechtung nicht nur die künftige Unternehmensstrategie oder entwirft sie selbst, sondern er weiß auch früher als alle anderen, ob diese Strategie mehrheitsfähig ist oder nicht. Die Verletzungen grundlegender Fairnesskonventionen oder -regeln, die in Bezug auf die Aktien einer oder weniger kotierter Aktiengesellschaften geschehen, können einen ganzen Marktplatz in Verruf bringen. Dergestalt entstehen Externalitäten in einem nicht mehr akzeptablen Ausmaß. Folglich ist eine Regulierung gerechtfertigt.

Wenden wir uns nun denjenigen Faktoren zu, die mit Blick auf unser zweites Meta-Ziel, Reduktion der Transaktionskosten, eine Kapitalmarktregulierung rechtfertigen können. Über Regulierungen lassen sich Transaktionskosten senken, wenn sie den Akteuren eines Marktplatzes helfen, Verhandlungskosten einzusparen. Da Regulierungen aber immer auch Kosten verursachen, kann von einem Regulierungsbedarf im gesamtwirtschaftlichen Sinne immer nur dann die Rede

366 Vgl. die empirischen Untersuchungen zur Wirkung von Insider Trading Gesetzen *Bris* (2005); *Betzer/Theissen* (2005); *Fidrmuc/Goergen/Renneboog* (2006).

sein, wenn sich durch Regulierung ein institutionelles Arrangement etablieren lässt, das zu einer Senkung der Gesamtkosten führt.[367] Eine solche Senkung der Gesamtkosten ist unter zwei Aspekten möglich: Zum einen können – wie bereits angedeutet – die Regulierungskosten geringer sein als die Verhandlungskosten, die durch das Aushandeln einer Vielzahl von Verträgen entstehen. Zum anderen können Regulierungen negative Externalitäten reduzieren, indem sie gezielt gegenläufige Anreize setzen. Im Bereich des Aktienmarktes treten solche Externalitäten vor allem in Form vom Agency-Kosten auf. Eine potentiell kostspielige Agency-Beziehung besteht zwischen Manager und Investoren, denn die Investoren müssen, obwohl sie nicht direkt mit den Managern des Emittenten kontrahieren, die Folgen der Ermessensentscheidungen des Managements tragen. Mangels direkter Verhandlungen und unvollkommener Informationen können die Risiken nicht internalisiert werden. Auch im Hinblick auf das Verhältnis „gewöhnlicher" Investoren und kontrollierender Aktionäre kommt es zu keinen direkten Vertragsverhandlungen, die bestehende Agency-Konflikte reduzieren könnten.

Abgesehen von den bereits dargelegten Zusammenhängen zwischen Transaktionskosten einerseits und Regulierungen andererseits besteht zwischen beiden Themen speziell in öffentlichen Aktienmärkten aber noch ein viel grundsätzlicherer Zusammenhang. Mit Regulierung ist eine Standardisierung von Eigentumspositionen (z.B. Aktien) verbunden. Diese Standardisierung kann, wie im Bereich der Rechnungslegung, nicht nur die Produktionskosten von Informationen senken, sie stellt mit Blick auf Corporate Governance Praktiken und Inhalt von Wertpapieremissionsprospekten überhaupt erst Vergleichbarkeit, Austauschbarkeit und Handelbarkeit der Aktien verschiedener Emittenten her. Zumindest verbessert sie diese drei Eigenschaften der Aktien, die essentielle Voraussetzungen dafür sind, dass ein Aktienmarkt überhaupt entstehen kann. Aktieninvestoren können ihre Funktion als beste Risikoträger nämlich nur aufgrund von Diversifikation erfüllen, und ohne Vergleichbarkeit, Austauschbarkeit und Handelbarkeit ist eine Portfoliobildung und damit eine Diversifikation nicht möglich.

367 *Kirchner* (1997), S. 22; *Kirchner* (2006b), S. 112 Rdn. 53.

Schließlich gibt es noch einen weiteren Faktor, der einen Regulierungsbedarf erzeugen kann, sich aber nicht – wie die bereits diskutierten Faktoren – in das Schema Informationseffizienz und Transaktionskosten einfügen lässt. Die Rede ist vom systemischen Risiko.

2.3.1.2. Systemisches Risiko

Systemisches Risiko ist das Risiko, dass Störungen, die bei einem Unternehmen oder in einem Teil des Finanzmarktes auftreten, sich auf andere Teile des Finanzsystems ausdehnen und dadurch möglicherweise schwerwiegende Auswirkungen auf die Leistung der gesamten Wirtschaft auslösen.[368] Klassischerweise wurde systemisches Risiko vor allem mit Blick auf den Bankensektor diskutiert.[369] Als Gründe für diesen Fokus wurden genannt: die anfälligere Finanzie-

368 *Bernanke* (2007), S. 1; *Cranston* (2002), S. 66f.; *Turczyn* (2005), S. 74ff.; eine ausführliche Definition zu systemischem Risiko findet sich bei *Kaufman/Scott* (2003), S. 371ff.: "Systemic refers to the risk or probability of breakdown in an entire system, as opposed to breakdowns in individual parts or components, and is evidenced by comovements (correlation) among most or all of the parts. (...) three frequently used concepts (*to define systemic risk*). (i) The first refers to a "big" shock or macroshock that produces nearly simultaneous, large, adverse effects on most or all of the domestic economy or system. The other two definitions focus more on the microlevel and on the transmission of the shock and potential spillover from one unit to others. (ii) For example, according to the second definition, systemic risk is the "probability" that cumulative losses will accrue from an event that sets in motion a series of successive losses along a chain of institutions or markets comprising a system (...). That is, systemic risk is the risk of a chain reaction of falling interconnected dominos. (...) Likewise, the Bank of International Settlement (BIS) defines systemic risk as "the risk that the failure of a participant to meet its contractual obligations may in turn cause other participants to default with a chain reaction leading to broader financial difficulties." (iii) A third definition of systemic risk also focuses on spillover from initial exogenous external shock, but it does not involve direct causation and depends on weaker and more indirect connections. It emphasizes similarities in third-party risk exposures among the units involved. When one unit experiences adverse effects from a shock – say, the failure of a large financial or non-financial firm – that generates severe losses, uncertainty is created about the values of other units potentially also subject to adverse effects from the same shock. To minimize additional losses, market participants will examine other units, such as banks, in which they have economic interests to see whether and to what extent they are at risk."

369 *Kaufman/Scott* (2003) S. 371f.

rungsstruktur von Banken (höhere Laufzeit-Diskrepanzen zwischen Aktiva und Passiva) im Vergleich zu Börsenmaklerunternehmen sowie die größere Abhängigkeit der Banken von Ausgleichs- und Zahlungssystemen.[370] Diese Einschätzungen und mithin die einseitige Fokussierung auf Banken gehört jedoch der Vergangenheit an. Heute betrachtet man im Kontext des systemischen Risikos nicht zuletzt Kapitalmarktakteure, die große Portfolios verbriefter Derivate (zumindest kurzfristig) halten oder Wertpapiere auf Kredit kaufen. Hinzu kommen bestimmte Kapitalmarktintermediäre und Großinvestoren, deren Geschäftsmodell darauf aufbaut, einen relativ kleinen Eigenkapitalanteil mit einem sehr großen Fremdfinanzierungsanteil (Leverage) zu kombinieren (z.B. Hedge Funds und Private Equity Funds).[371] Systemisches Risiko kann sich im Kapitalmarkt zum Beispiel dadurch realisieren, dass die Preise für eine große Anzahl von Wertpapieren gleicher Art in einem oder mehreren Märkten gleichzeitig absinken und ein Verkaufszwang bei fallenden Preisen entsteht, weil nur durch Verkauf die kurzfristige Liquidität gesichert werden kann. Konkretes Beispiel aus den Jahren 2007/2008 ist die Subprime-Krise und ihre Auswirkungen auf die CDO- und MBS-Märkte.

Abstrahiert man von Einzelfällen, so werden vor allem drei Gründe für systemisches Risiko genannt: makroökonomische Schocks, Kettenreaktion durch den Zusammenbruch eines Marktakteurs (z.B. innerhalb des Bankensektors) und Spillover-Effekte von ursprünglich exogenen Schocks auf der Mikro-Ebene. Diese gefährlichen Spillover-Effekte können z.B. entstehen, wenn mehrere Unternehmen des Finanzsektors in ähnlicher Weise den Ausfallrisiken eines bestimmten Sektors der Realwirtschaft ausgesetzt sind und, ausgelöst durch Turbulenzen in diesem Sektor, eines der Unternehmen des Finanzsektors zusammenbricht und dadurch Unsicherheiten über das Ausfallrisiko der anderen Unternehmen mit ähnlichem Portfolio entstehen. Musterbeispiel ist auch hier wiederum die Krise im US-amerikanischen Immobilienmarkt (Preisverfall bei Wohnimmobilien → Krise der Hypothekenbanken → Krise bei allen Instituten, die verbriefte Hypothekenkredite halten → Krise im Markt der verbrieften Kredite).

370 *Kern/Dhumale/Eatwell* (2006), S. 4f.
371 Vgl. *Schwarcz* (2008); *Dow* (2000).

Das Problem des systemischen Risikos kann nicht auf der Ebene der Marktordnung gelöst werden, also zum Beispiel durch eine Reform des institutionellen Arrangements für den Wertpapierhandel. Vielmehr muss es, so wie dies zum Beispiel durch Basel I und II versucht wird, auf der Ebene der Finanzintermediäre und Finanzinvestoren gelöst werden. Lediglich dasjenige systemische Risiko, das im Bereich des Clearing und Settlement entstehen kann, lässt sich im weiteren Sinne der Marktordnung zurechnen. Hier ist wegen der Vielzahl der (Dritt-)Betroffenen und den insolvenzrechtlichen Implikationen eine Regulierung unumgänglich, und diese Regulierung ist im Kernbereich (der Behandlung von Insolvenzen) nur auf Ebene der staatlichen Regulierung effektiv möglich.[372]

2.3.1.3. Gezielte Falschinformation, Kursmanipulation und Insider Trading

Die gezielte Falschinformation des Marktes oder sonstige Formen der Kursmanipulation durch Akteure können das Vertrauen in einen Marktplatz nachhaltig und tiefgreifend beeinträchtigen, weil sie gegen grundlegende Fairnesskonventionen des betreffenden Marktes, ja sogar der Gesellschaft als Ganzes verstoßen. Damit stellen sie eine unmittelbare Gefahr für das Meta-Ziel der (relativen) Informationseffizienz dar. Darüber hinaus können gravierende negative Externalitäten entstehen. Wenn die Funktion des Aktienmarktes als Finanzierungsquelle für die Unternehmen eines Landes nachhaltig gestört wird, leiden dadurch nämlich nicht nur die Akteure des betreffenden Marktplatzes (redliche Investoren, Marktbetreiber, Manager des Emittenten), sondern vor allem auch die Stakeholder der direkt betroffenen Aktiengesellschaften sowie mittelbar die Stakeholder anderer gelisteter Aktiengesellschaften. Zu den potentiellen Schädigern

372 Vgl. *Goode* (2003), S. 227 Rdn. 6–34: "The European Community has long been concerned to limit systemic risk to ensure both the efficiency and the stability of dealings among participants in recognised clearing and settlement systems. To that end two Directives have been issued, the 1998 Settlement Finality Directive and the 2002 Directive on Financial Collateral Arrangements. The latter in particular is designed to override rules of national law that impair the legal efficacy of financial collateral arrangements and provisions within or outside insolvency."

gehören einzelne, in Bereicherungsabsicht handelnde Investoren ebenso wie das Management oder Blockholder gelisteter Unternehmen im Zusammenspiel mit (externen) Rechnungsprüfern.

Beispiele für das immense Ausmaß von Externalitäten, die durch Verletzung grundlegender Fairnesskonventionen oder schlicht durch Betrug angerichtet werden können, sind die Fälle Enron in den USA und Naji Nahas in Brasilien. Zu Enron bedarf es keiner Erklärung. Der Fall Nahas hingegen ist kurz zu umreißen. Nahas wurde von der Justiz beschuldigt, 1989 durch immense An- und Verkäufe von Aktien (unter anderem von CVRD-Aktien), die er mit sich selbst und Strohmännern an der Börse von Rio de Janeiro getätigt haben soll, letztlich den Zusammenbruch dieser Börse verursacht zu haben.[373] Von diesem Schlag habe sich die Börse nie wieder erholt. Mitte 2000 wurde sie tatsächlich endgültig für den Aktienhandel geschlossen.[374] Nahas wurde wegen der Vorgänge 1997 in Rio de Janeiro zunächst zu mehr als 24 Jahren Haft verurteilt; im Jahre 2005 wurde das Strafverfahren durch ein Urteil des brasilianischen Revisionsgerichts (Superior Tribunal de Justiça) mit der Maßgabe beendet, dass er nicht wegen Manipulation des Aktienmarktes verurteilt werden könne.

Es kann kein Zweifel daran bestehen, dass massive Manipulationen in einer Gesellschaftsordnung keinesfalls konsensfähig sind. Vielmehr muss der Staat versuchen, solche Verhaltensweisen durch Regulierung zu unterbinden oder doch zumindest drastisch zu sanktionieren. *John C. Coffee*[375] hat schon 1984 – auf dem Höhepunkt des Glaubens an Anreiz- und Signalling-Konzepte[376] – zu Recht darauf hingewiesen, dass es naiv sei zu glauben, man könne Betrügern und Hasardeuren im Management allein durch das gezielte Setzen vertraglicher Anreize in ausreichendem Maße beikommen. In Bezug auf betrügerische Inves-

373 *Santana* (2008), S. 1, 7: "The factors that led to the default of the biggest speculator in that market at that time seriously threatened the financial health of the Rio de Janeiro Stock Exchange, then the leading Brazilian exchange in terms of trading volume."

374 Vgl. *Schmith* (2004), S. 124, 250; der von Schmith nicht berichtete "Freispruch" erfolgte nach dem Abschluss seiner Arbeit.

375 *Coffee* (1984), S. 722.

376 *Coffee's* Aufsatz von 1984 ist vor allem eine Replik auf *Easterbrook/ Fischel* (1984).

toren scheiden vertragliche Anreize sowieso schon vom Ansatz her aus.

Für beide Seiten, Manager und Investoren, gilt: Wer die Grundbereitschaft dazu hat, falsch zu spielen, und die Chance sieht, mit einem exorbitanten Gewinn davonzuziehen, wird dies nach dem Motto „take the money and run" schlicht tun. Die einzige Möglichkeit, diese Leute vielleicht von der betrügerischen Vorteilsanmaßung abzubringen, besteht darin, ihr Kalkül durch ein drastisches Sanktionssystem (Regulierung) zu beeinflussen. Die Regulierungskosten für Überwachung und Normdurchsetzung sind gewiss beachtlich, gleichwohl dürfte das Ausmaß der Schäden überwiegen, das für den betroffenen Marktplatz insgesamt entstehen kann, wenn man auf eine Regulierung verzichten würde. Aber selbst wenn diese Bilanz (mangels Effektivität der Regulierung) negativ wäre, wird ein Verzicht auf eine Anti-Manipulationsregulierung unter den Marktakteuren und der Gesellschaft als Ganzes nicht konsensfähig sein. Die Lage ist hier nicht anders als in Bezug auf die gesellschaftliche Ablehnung des „freien" Insider Tradings[377] oder des „Diebstahls von Fahrrädern". Hier stößt das rein ökonomische Kalkül (Kosten-Nutzen-Bilanz der Regulierung) schlicht an seine Grenzen, denn es sind grundlegende Fairnessregeln betroffen, die die Gesellschaft nicht preisgeben kann.[378] Der zweite Erwägungsgrund zur europäischen Marktmissbrauchsrichtlinie bringt diese Position wie folgt auf den Punkt:[379]

> "An integrated and *efficient financial market* requires market integrity. The smooth functioning of securities markets and public confidence in markets are prerequisites for economic growth and wealth. Market abuse harms the integrity of financial markets and public confidence in securities and derivatives."

377 Die Bedeutung eines schneidigen Insider Trading Rechts und Anti-Manipulationsrechts für die breite Akzeptanz eines Marktes bei (internationalen) Investoren betont nicht zuletzt *Black* (2001), S. 783.

378 Vgl. generell hierzu und zugleich zur australischen Erfahrung *Diplock/Longdin* (2008).

379 Directive 2003/6/EC of the European Parliament and of the Council of 28 January 2003, on insider dealing and market manipulation (market abuse), Official Journal of the European Union, 12. 9. 2003, L 345/64, Recitel (2).

2.3.1.4. Unterproduktion von Information

Zwischen Managern und Blockholdern des Emittenten einerseits und Portfolioinvestoren andererseits besteht im Ausgangspunkt eine erhebliche Informationsasymmetrie. Diese Asymmetrie kann sowohl durch freiwillige Informationspreisgabe seitens der Unternehmen als auch durch Informationssuche seitens der Investoren abgebaut werden. Dabei können Informationsintermediäre (insbesondere (Investment-) Banken, Finanzanalysten und Rating Agenturen) eine wichtige Unterstützungsfunktion übernehmen. Entscheidend ist jedoch die Beziehung zwischen Investor und Emittent. Hier kann es zu erheblichen Defiziten bei der Produktion von Informationen für Investoren kommen.

Betrachtet man zunächst die Investoren, so besteht eine Ursache für dieses Defizit in einer spezifischen Eigenschaft der (öffentlich bekannten) Unternehmensinformationen. Diese Informationen haben aus der Sicht der Investoren nämlich viele Eigenschaften öffentlicher Güter. Aufgrund dessen werden Investoren ihre Möglichkeiten nicht vollkommen ausschöpfen, nach Informationen zu suchen, die nicht in den veröffentlichten Informationsdokumenten des Emittenten enthalten sind. Außerdem werden sich Investoren nicht bestmöglich darum bemühen, die betreffenden Informationsdokumente zu kontrollieren. Abgesehen davon, dass viele Investoren schon rein tatsächlich gar nicht die Möglichkeit haben (oder nur gegen prohibitive Kosten), sich solche ungefilterte Informationen (aus nicht öffentlichen Quellen) zu besorgen und die besagten Kontrollen durchzuführen, fehlt es ihnen an ausreichenden Anreizen, um sich auf die Informationssuche zu begeben. Dieses Anreizproblem besteht auch bei vielen professionellen Investoren, die die Informationskanäle im Prinzip kennen. Die Ursache für diese Anreizschwäche liegt darin, dass die Chancen der Investoren, gefundene (zunächst private) Zusatzinformationen für sich selbst nutzen zu können, bevor sie Eingang in den Markt gefunden haben, als relativ gering eingestuft werden müssen. Paradoxerweise sinken die Chancen und damit die Anreize in dem Maße, wie die Informationseffizienz eines Marktes zunimmt. Dergestalt kommt es zu einer kontinuierlichen Unterproduktion von Informationen auf der Investorenseite.

Aber auch die Unternehmen werden auf freiwilliger Basis wahrscheinlich nicht genügend Informationen über sich selbst produzieren und an die Investoren weitergeben. Diese Unterproduktion hat ihren Grund in Transaktionskosten und Agency-Konflikten. Die negative Wirkung der Agency-Konflikte für die freiwillige Informationsproduktion liegen auf der Hand: Manager und Blockholder können in bestimmten Situationen starke Anreize haben, interne Informationen selektiv einzusetzen oder gar zu verfälschen, um sich dergestalt Vorteile zu verschaffen oder das Investorenverhalten zu beeinflussen.[380] Dabei kann es je nach Situation darum gehen, positive oder negative Informationen (einstweilen) zu verschweigen.

Der zweite Grund für die Unterproduktion von Informationen führt uns zu einem komplexen Entscheidungsproblem, vor dem Emittenten beim Festlegen ihrer Informationspolitik stehen. Dabei müssen sie eine ganze Reihe von Kosten- und Nutzenfaktoren der freiwilligen Informationspreisgabe gegeneinander abwägen. Auf der Nutzenseite schlagen zu Buche: eine höhere Attraktivität des Unternehmens bei vielen Investoren (insbesondere bei institutionellen Investoren) und eine größere Aufmerksamkeit bei den Finanzmarktanalysten, wodurch ebenfalls zusätzliche Investorenkreise angezogen werden. In der Folge kann sich die Liquidität der Aktien verbessern, und dadurch werden letztlich die Kapitalkosten sinken. Darüber hinaus verbessert sich die Corporate Governance, da die Chancen des Managements und der Blockholder sinken, in unentdeckter Weise „falsche" Investitionsentscheidungen zu treffen. Falsch bedeutet dabei, dass die Entscheidungen mehr den eigenen Bedürfnissen der Manager dienen als denjenigen der Investoren.

Auf der Kostenseite sind zunächst die direkten Kosten für die Erstellung, Testierung und Verbreitung der Informationsdokumente zu nennen. Hinzu kommen Opportunitätskosten in Gestalt von Management-

380 Vgl. statt vieler *Kirchner* (2000), S. 43f., 51f. und *Coffee* (1984), S. 737; *Hail/Leuz* (2006), S. 501f.: "Without commitment, firms may have incentives to withhold or manipulate information in certain situations, e.g., when performance is poor. Effective securities regulation binds firms to provide disclosures in good and bad times, which reduces information asymmetries and increases liquidity in secondary markets (...). However, it is not clear whether differences in securities regulation also manifest in differences in non-diversifiable risk and hence the cost of capital."

zeit und indirekte Kosten (sog. proprietary costs[381]), die entstehen können, weil Dritte die Informationen für ihre Interessen nutzen können, die möglicherweise quer zu den Interessen des Emittenten liegen (Wettbewerber, Mitarbeiter, Gewerkschaften, Politikern und Regulierungsinstanzen). Diese Gefahr besteht insbesondere bei Informationen über Geschäftsgeheimnisse, profitablen Kunden- oder Marktbeziehungen und Schwächen im operativen Bereich.[382] Speziell auf den Märkten für innovative Produkte können dem Emittenten erhebliche Nachteile drohen. Projiziert man dieses Problem auf den gesamten Unternehmenssektor oder auf bestimmte Branchen, so können extensive Publizitätspflichten in einer Volkswirtschaft dazu führen, dass Standortnachteile im globalen Innovationswettbewerb entstehen.[383] Abgesehen davon ist das Erstellen von unternehmensspezifischen Informationsdokumenten, die nicht einem mehr oder weniger standardisierten Muster folgen, extrem aufwendig und kann höchstens in sehr großen Unternehmen bewältigt werden. Bereits angesichts der skizzierten Kosten können Unternehmen daher zu dem Ergebnis gelangen, dass es nicht sinnvoll für sie ist, freiwillig unternehmensspezifische Informationsdokumente zu erstellen und zu verbreiten.

Diese Schlussfolgerung könnte sich nur dann umdrehen, wenn der Nutzen sehr hoch wäre, den sich Unternehmen im Wettbewerb um Investoren davon versprechen, dass sie freiwillig Informationen preisgeben. Eine hohe Nutzenerwartung ist aber sehr zweifelhaft. Wahrscheinlich ist vielmehr das Gegenteil anzunehmen. Bei den Unternehmen kann nämlich die Erwartung vorherrschen, dass sie mit freiwillig erstellten Informationsdokumenten geringere Effekte bei den Investoren erzielen, als wenn sie solche Dokumente auf Basis anerkannter Regulierung produzieren. Konkret geht es um die Angst vor geringerer Glaubwürdigkeit der freiwillig produzierten Informationen und um die höheren Verarbeitungskosten bei potentiellen In-

381 *Leuz/Wysocki* (2006), S. 196: "These costs are often called proprietary costs, to capture the idea that these costs arise from the disclosure of proprietary information. (…) Analytical models show that the relation between disclosure and proprietary costs is therefore complex and depends on the type of competition."

382 *Leuz/Wysocki* (2006), S. 181, 192, 206 f.

383 Vgl. zu den Problemen des Innovationswettbewerbs und der regulierten Rechnungslegung *Kirchner* (2000), S. 58 ff.

vestoren.[384] Dagegen – so das mögliche Kalkül der Unternehmen – können Informationsdokumente, die zur Einhaltung von Regulierungen publiziert werden müssen, leichter das Vertrauen der Investoren gewinnen, denn die Investoren wissen, dass diese Informationsdokumente in guten und schlechten Zeiten zu publizieren sind.[385] Kurzum, die Unternehmen gehen davon aus, dass sie mit freiwilligen Informationsdokumenten nicht dieselbe Kreditwürdigkeit erzielen, wie mit solchen, die anerkannten Standards bzw. staatlichen Regulierungen entsprechen. Gleichzeitig haben die Unternehmen vor Augen, wie sehr individuell konzipierte Dokumente dazu beitragen, die Informationsverarbeitungskosten bei den Investoren zu erhöhen. Da Investoren am Aktienmarkt regelmäßig als Portfolioinvestoren agieren, kommt es für sie entscheidend auf die Vergleichbarkeit und Austauschbarkeit der Aktien an. Diese beiden Eigenschaften werden aber durch individuelle Informationsdokumente nicht gefördert, vielmehr bedarf es zu ihrer Förderung einer Standardisierung. Vor diesem Hintergrund überrascht es nicht, dass Informationsverarbeitungskosten und Vergleichbarkeit zu den zentralen Argumenten gehören, die für die Kreation von Internationalen Standards in global integrierten Kapitalmärkten vorgetragen werden.[386]

Aus alldem ergibt sich der Schluss, dass es zu einer Unterproduktion von Informationen sowohl auf der Unternehmens- als auch auf der Investorenseite kommen wird, wenn Informationen nur auf freiwilliger Basis produziert werden. Dadurch bleibt die Informationsasymmetrie auf vergleichsweise hohem Niveau und die Liquidität wird relativ gering sein. In der Folge rücken die konsensfähigen Meta-Ziele, verbesserte Informationseffizienz und reduzierte Transaktionskosten, in die Ferne. Daraus kann im Grundsatz ein Regulierungsbedarf für die Produktion von Unternehmensinformationen abgeleitet werden,[387] denn durch zwingende und konsequent durchgesetzte Rech-

384 Vgl. *Kirchner* (2000), S. 56.
385 *Hail/Leuz* (2006), S. 501.
386 *Kung* (2002), S. 476 f.: "While capital costs would be greatly reduced if issuers did not have to prepare multiple sets of financial statements for each jurisdiction in which they intended to conduct an offering, the markets could not operate efficiently if investors lacked consistent, comparable, and reliable financial information upon which to base their decision."
387 Vgl. *Kirchner* (2000), S. 43 f.: „Das Problem ist ein doppeltes: Zum einen können die auf dem Markt tätigen Akteure daraus Vorteile ziehen, dass sie be-

nungslegungsvorschriften lässt sich Informationsasymmetrie ab- und Liquidität aufbauen.[388] Bei der konkreten Ausgestaltung der Regulierung sind wie stets die Gesamtkosten dieser Regulierung zu berechnen und gegen den Nutzen für den Kapitalmarkt und das volkswirtschaftliche Wachstum abzuwägen. Dabei sind Ausweichstrategien der betroffenen Unternehmen[389] (Wechsel in nichtregulierte OTC-Märkte, Verzicht auf Börsengang, Private Placements, Wechsel in „off-shore"-Märkte) ebenso zu berücksichtigen wie die Auswirkungen auf andere Märkte[390] wie insbesondere Produktmärkte (Innovationswettbewerb[391]) und den Markt für Unternehmenskontrolle (Corporate Governance).

2.3.1.5. Corporate Governance (Agency-Kosten)

Bei einem weiten, primär ökonomisch geprägten Verständnis von Corporate Governance, wie es zum Beispiel der LLS(V)-Artikel-Serie und den hier viel zitierten Beiträgen von *Christian Leuz* zugrunde liegt, wurden einige Corporate Governance Themen bereits behandelt. Dies bezieht sich insbesondere auf Offenlegung von Unternehmensdaten und Insider Trading. Der Focus ökonomisch geprägter Abhandlungen zur Unternehmenssteuerung liegt vor allem auf der Investor-Manager-Beziehung sowie auf der Portfolioinvestor-Blockholder-Beziehung; anders formuliert: Es geht vor allem um die vier W's der Information: Wer informiert wen, wann, worüber? Dagegen spielen Themen wie das Zusammenwirken und die Kompetenzen der Gesellschaftsorgane untereinander, die Organisation von Gesellschafterver-

stimmte Informationen zurückhalten oder auch daraus, dass sie Informationen verfälschen. Zum anderen lässt sich nicht mit Sicherheit angeben, welches Informationsniveau auf dem Markt „optimal" wäre. Dieses spezifische Informationsproblem von Märkten hat dazu geführt, dass man versucht, „Marktunvollkommenheit" oder „Marktversagen" durch Regulierung zu überwinden."

388 *Schmidt* (2002), S. 184.

389 *Leuz/Wysocki* (2006), S. 181, 190f., 210ff.: "The existence of significant "crowding out" effects of disclosure regulation in Bushee and Leuz (2005) illustrate that it is important to consider the various ways in which firms can respond to the imposition of regulation. For instance, firms can go private, move to an unregulated market, or choose not to go public (S. 213)."; im Einzelnen hierzu *Bushee/Leuz* (2005).

390 *Kirchner* (2000), S. 57ff.

391 *Kirchner* (2000), S. 58ff.

sammlungen (Wahlen, Tagesordnung, Mitwirkungsrechte etc.) und die Festlegung von Entscheidungsquoren, die vor allem Juristen umtreiben, eine deutlich geringere Rolle. Klassische Überschneidungsbereiche zwischen der eher ökonomisch und der eher juristisch geprägten Sichtweise von Corporate Governance bestehen im vermögensrechtlichen Bereich (Bezugsrechte und Bezugsrechtsausschluss, Tag-along, Gewinnthesaurierung, Rückerwerb eigener Aktien etc.).

Die skizzierten Unterschiede sind wichtig für die Frage, ob es mit Blick auf die Meta-Ziele relative Informationseffizienz und niedrigere Transaktionskosten einen Regulierungsbedarf in Sachen Corporate Governance gibt. Viele der „juristischen" Corporate Governance Themen und derjenigen, die in der „Schnittmenge" liegen, sind jedenfalls in den Aktienrechtsordnungen (ursprünglich) kontinentaleuropäischer Prägung seit Jahr und Tag dezidiert geregelt; dies gilt für das 300 Artikel umfassende brasilianische Aktienrecht ebenso wie für das deutsche und das schweizerische. Dabei sind die Regelungen im Aktienrecht meist zwingender Natur. Dies hängt zum Teil sicherlich mit dem Ordnungsanspruch des Staates zusammen, ist aber vor allem dadurch begründet, dass Aktien als fungible und austauschbare Standardprodukte konzipiert sind. Da Aktien rechtlich betrachtet nichts anderes sind als ein Bündel verbriefter Eigentumsrechte, müssen logischerweise Reglungen zu grundsätzlichen Eigentumsfragen, wie insbesondere Mitwirkungs- und Vermögensrechte, zu den Bestandteilen des Bündels gehören. Damit Vergleichbarkeit und Austauschbarkeit entsteht, muss das Bündel „genormt" sein und dies geschieht am deutlichsten durch zwingende Regulierungen.

Will man diese „verfassungsrechtliche" Konzeption der realen Welt des Aktienmarkts in Europa und Brasilien nicht ignorieren und die Möglichkeit zur Migration in ausländische Aktienrechtsordnungen nicht überbewerten,[392] dann muss man die bestehenden aktienrechtli-

392 In Deutschland hat von dieser Möglichkeit, die seit dem Centros-Urteil des Europäischen Gerichtshofs vom 9. März 1999 – C-212/97 und der Einführung des europäischen Passports für Wertpapieremittenten (Directive 2001/34/EC, Official Journal L 345, 31/12/2003 p. 0064–0089) besteht, bislang wohl nur die Air Berlin Plc Gebrauch gemacht.
In Brasilien ist eine ähnliche Lösung über Brazilian Depository Receipts (BDR) zu erreichen. Ein Beispiel dafür ist die LAEP Investments Ltd. (eine Nachfolgegesellschaft des brasilianischen Zweigs von Parmelate). Bei dieser Gesellschaft

chen Bestimmungen zur Corporate Governance weitgehend als Datum hinnehmen. Im Lichte dieser Realitäten ist die Frage nach einem Regulierungsbedarf für Corporate Governance Probleme wie folgt zu stellen: Bedarf es jenseits des gesetzlichen Standardpakets zusätzlicher Regulierungen, weil es auf der „vertraglichen" Ebene zu einer Unterproduktion kommt? Weitergehend kann man fragen, über welchen Mechanismus die vorhandenen Regeln verbessert werden können. Bei beiden Fragen sollte man sich auf Lösungen konzentrieren, die möglichst keine Gesetzesänderung erfordern, da dieser Weg langsam ist, Blockaden drohen und die Kosten einer parlamentarischen Regulierungslösung besonders hoch sind.

Wenden wir uns dem Thema der Unterproduktion von Corporate Governance Regeln auf vertraglicher Ebene zu. Gesellschaftsverträge sind durch vielfältige Agency-Beziehungen charakterisiert. Im Vordergrund steht die Beziehung zwischen Manager und Investor. Daneben ist diejenige zwischen Portfolioinvestor und Blockholder von großem Interesse.[393] Dies gilt vor allem, wenn der Blockholder auch das Management stellt, wie es häufig in familiendominierten Gesellschaften der Fall ist. Da Gesellschaftsverträge auf unbestimmte Zeit geschlossen werden, erfolgen die Verhandlungen und der Vertragsschluss zwangsläufig auf Basis unvollständiger Informationen. Es handelt sich also um unvollständige Verträge bzw. Satzungen.[394] Mithin werden auch potentielle Agency-Konflikte nicht komplett gelöst. Bei Aktiengesellschaften kommt hinzu, dass die Eigentümer (Aktionäre) ständig und die Manager ziemlich häufig wechseln. Außerdem verhandeln beide Gruppen de facto gar nicht miteinander. Vielmehr steigen vor allem die Portfolioinvestoren in eine vorgefertigte Agency-Beziehung ein. Die Manager können hingegen in finanzieller Hinsicht ihre Position mit Aufsichtsräten oder unabhängigen Direktoren aushandeln. Aber selbst wenn der Managervertrag detaillierte Reglungen zu Vergütung, Pension und Abfindung vorsieht, hat der Manager immer noch Gestaltungsmöglichkeiten, die Parameter und Zeit-

handelt sich um eine Finanzholding, die auf den Bermudas gegründet wurde und ihren Börsengang in Luxemburg (Euro MTF) vollzogen hat. Ihre Aktien sind in Brasilien via Brazilian Depository Receipts gelistet.

393 Vgl. *Roe* (2008), S. 372ff.

394 *Kirchner* (1999).

punkte zu „manipulieren“, nach denen sich die Zahlungen konkret bestimmen.

Der von Anfang an unvollständige Vertrag (Satzung) wird stets ergänzt durch das staatliche Aktien- und Kapitalmarktrecht; man kann auch umgekehrt formulieren, er baut auf diesem Recht auf und gestaltet es – soweit das zwingende Recht dazu Spielräume lässt – näher aus. Trotz des Zusammenspiels von Satzung und Gesetz bleiben aber selbstverständlich Lücken in der Verhaltenskoordinierung, denn das Gesetz muss für alle Arten von Aktiengesellschaften passen und ist daher zwangsläufig abstrakter Natur. Außerdem beruht es ebenso wie die Satzung auf unvollständiger Information. Schließlich sind speziell Aktiengesetze regelmäßig „alte“ Gesetze und können aus politischen und verfassungsrechtlichen Gründen häufig nicht schnell angepasst werden, wenn Phänomene in den Märkten entstehen, die neuartige Corporate Governance Probleme hervorrufen. Ganz abgesehen davon sind solche Schnellschüsse selten wünschenswert, da die Gesetzgebungsqualität und Rechtssicherheit leiden sowie hohe Regulierungskosten entstehen. Vielfach wird daher die drastische zivil- und strafrechtliche Sanktion evidenter Fairnessverstöße auf Basis einer Generalklausel (natürlich nur im Zivil- und nicht im Strafrecht) die einzige effektive Regulierungstechnik auf staatlicher Ebene sein. Diese Form der repressiven Regulierung passt allerdings nur für punktuell auftretende schwere Agency-Konflikte. Auf neuartige, strukturell bedingte Agency-Konflikte, die infolge einer Veränderung der Marktstruktur entstehen (z.B. Aufkommen einer neuen Investorengruppe, Übergang von Blockholden zu Streubesitz und umgekehrt), kann die staatliche Regulierung hingegen nur durch Änderungen im Aktien- oder Kapitalmarktrecht reagieren. Solche Anpassungen werden nur mit erheblicher Zeitverzögerung und auf gesicherten Erkenntnissen zu den neuen Phänomenen möglich bzw. sinnvoll sein.

Bevor staatliche Regulierungen erlassen werden können, die präventiv wirken, indem sie Anreize setzen, die neu oder verstärkt auftretende Agency-Probleme entschärfen, muss zunächst klar sein, dass es sich nicht nur um eine vorübergehende Erscheinung handelt. Andernfalls stehen die Regulierungskosten außer Verhältnis zum Nutzen. Außerdem müssen wenigstens einigermaßen gesicherte (wissenschaftliche und empirische) Erkenntnisse darüber vorliegen, welche Wirkungszusammenhänge bestehen. Kurzum, es muss eine Gesamtkostenanalyse der Regulierungsänderung möglich sein. In diese Analyse müssen auch die Rechtsdurchsetzungskosten eingehen, denn eine seriöse Rechtsordnung kann es sich im Hinblick auf ihre Reputation nicht leisten, Corporate Governance Regeln – ebenso wenig wie andere Regeln – in die Welt zu setzen, wenn sie diese Regeln nicht auch zeitnah und konsequent durchsetzen kann.

Als Zwischenergebnis lässt sich festhalten, dass die (ursprüngliche) Satzung einerseits sowie das Aktien- und Kapitalmarktrecht andererseits zwar bestimmte Corporate Governance Themen adressieren können, aber immer nur in unvollständiger Weise. Insbesondere bei neuartigen Agency-Problemen, die durch Finanzinnovationen und Marktveränderungen (z.B. eine LBO/MBO-Welle) ausgelöst werden, können staatliche Regulierungen zumindest nicht zeitnah angepasst werden. Nun könnte man einwenden, dass solche Anpassungen auch gar nicht nötig seien, weil die Probleme auf vertraglicher Ebene gelöst werden könnten. In der Tat können Satzungen und Managerverträge, wie jeder Vertrag, durch Konsens verändert werden. Die Möglichkeit, Corporate Governance Regeln nachträglich via Vertragsänderung zu ändern oder neue Regeln einzuführen, ist aber vielfach eher theoretischer Natur. Die entsprechende Initiative müsste nämlich regelmäßig von den Managern selbst oder den Blockholdern ausgehen, denn sie sind es, die am besten Bescheid wissen über die kritischen Punkte in der Unternehmenssteuerung. Es ist jedoch zweifelhaft, ob diese Beteiligten in Bezug auf ihr individuelles Unternehmen genügend Anreize haben, sich in einer firmenspezifischen Corporate Governance Diskussion zu engagieren.[395] Möglicherweise sind die Opportunitätskosten

395 *Christian Kirchner* fasst das ökonomische Kalkül, das gegen eine ausreichende Produktion von Corporate Governance Regeln auf Unternehmensebene spricht, wie folgt zusammen (*Kirchner* (2002), S. 114): „Denn das ökonomische Kalkül läuft darauf hinaus, dass die Glaubwürdigkeit des Unternehmens zum Aufbau eines Vertrauens insbesondere bei potenziellen Kapitalgebern führt, das dann wiederum die Finanzierungskosten für das Unternehmen günstig beeinflusst. Strebt ein Unternehmen diesen Kostenspareffekt bei der Finanzierung an, spielt die Glaubwürdigkeit der Information, die das Unternehmen an die Stakeholder gibt, eine entscheidende Rolle. Wenn nun allgemein anerkannte Standards der Unternehmensführung einen höheren Grad an Glaubwürdigkeit haben als unternehmensindividuell entwickelte, wofür eine gewisse Wahrscheinlichkeit spricht, erweisen sich solche allgemein anerkannten Standards den unternehmensindividuellen – unter diesem Aspekt – als überlegen. Neben dem Glaubwürdigkeitsvergleich zwischen allgemeinen und unternehmensindividuellen Unternehmensfüh-

(Management-Zeit) zu hoch und die drohenden Auseinandersetzungen zu lästig. Außerdem ist es fraglich, ob mit dem Erfahrungswissen eines einzelnen Unternehmens wirklich die ganze Bandbreite der Probleme und möglichen Lösungen erfasst werden kann. Vor allem aber stellt sich – ähnlich wie bei den Informationsdokumenten – die Frage, ob Unternehmen mit vertraglichen und folglich unternehmensspezifischen Corporate Governance Regeln die erhofften Reputations- und Signalling-Effekte bei den Investoren tatsächlich erzielen können. Im Kern geht es um ein Problem der Glaubwürdigkeit und des Vertrauens. Selbst wenn sich Manager und Blockholder auf Unternehmensebene noch so strenge Corporate Governance Regeln auf die Brust schreiben, bleibt das Problem der Rechtsdurchsetzung in der kritischen Situation.[396] Hier können in schwerwiegenden Fällen rein zivilrechtliche Sanktionen (Vertragsstrafen) zu langsam sein und nicht ausreichend hart, und nur die Drohung mit dem Instrumentarium der staatlichen Ermittlungsbehörden und strafrechtlichen Sanktionen (inklusive Berufsverboten und Haft) eine glaubwürdige Bindung signalisieren.[397]

rungsstandards spielen Signalling-Effekte und die Informationskosten auf Seiten der Informationsadressaten eine Rolle. Genießen allgemeine Unternehmensführungsstandards eine Reputation in Geschäftskreisen und gibt ein Unternehmen bekannt, dass es diese anwendet, signalisiert es damit, dass es diese hohen Qualitätsstandards erfüllt. Die Informationskosten auf der Seite der Informationsadressaten – hier also in erster Linie der potenziellen Kapitalgeber – sinken, wenn diese bestimmte allgemein anerkannte Unternehmensführungsstandards kennen und ihre Wirkung einschätzen können. Sind diese Informationskosten mit einer Vielzahl unterschiedlicher Unternehmensführungsstandards konfrontiert, steigen die Informationskosten überproportional.“

396 Manager- und Investorenpräferenzen können, wie *Coffee* überzeugend dargelegt hat, nicht perfekt miteinander in Einklang gebracht werden, *Coffee* (1984), S. 722: „A particular flaw in this theory is that it overlooks the significance of corporate control transactions and assumes much too facilely that manager and shareholder interest can be perfectly aligned. (…) Although management can be induced through incentive contracting devices to identify its self-interest with the maximization of share value, it will still have an interest in acquiring the shareholders' ownership at a discounted price, at least so long as it can engage in insider trading or leveraged buyouts. Because the incentives for both seem likely to remain strong, instances will arise in which management can profit by giving a false signal to the market." Vgl. auch das partielle Zurückrudern zur Lösung aller Agency-Konflikte auf vertraglicher Ebene von *Gilson/Kraakman* (2003), S. 736.

397 *Leuz/Wysocki* (2006), S. 198: "Private contracts are generally limited in terms of the penalties that they can impose on the manager. Thus, if dismissal or

Kommt es aber sowohl auf Unternehmensebene als auch auf der Ebene der klassischen staatlichen Rechtssetzung dazu, dass nicht genügend in die Lösung von Corporate Governance Problemen investiert wird, so ist die Frage zu stellen, ob sich daraus negative Folgen für unsere Meta-Ziele (verbesserte Informationseffizienz und niedrigere Transaktionskosten) ergeben, und wie diese Folgen gegebenenfalls abgemildert werden können. Zahlreiche empirische und modelltheoretische Studien zur Agency-Theorie empfehlen, dass mehr Transparenz und eine bessere Unternehmensführung den Wert der Unternehmen verbessern. Indem potentielle Agency-Risiken durch Corporate Governance Regeln entschärft würden, verbessere sich die Qualität der Entscheidungen des Managements und reduziere sich der Betrag, den Manager sich selbst bewilligen würden.[398]

Da Investoren davon ausgehen, dass Manager dazu neigen, sich mehr als vereinbart zu bewilligen, wenn sie die Möglichkeit dazu haben, werden sie einen Aktienmarkt, dessen gelistete Unternehmen teilweise im Rufe stehen (mit negativen Spillover-Effekten für den Marktplatz als Ganzes), eine schlechte Corporate Governance zu haben, entweder meiden oder aber sie werden einen Risikoaufschlag dafür verlangen, dass die Emittenten des betreffenden Marktes im Ruf stehen, höhere Agency-Risiken aufzuweisen. Diesen Zusammenhang haben diverse vergleichende Länderstudien jedenfalls im Grundsatz belegt.[399]

monetary penalties are not sufficient, a mandatory disclosure system with a public enforcer and criminal penalties can offer advantages."

398 Vgl. exemplarisch *Lambert* (2001).

399 *Leuz/Linz/Warnock* (2008), S. 33 ff.: "Our results across countries with different institutions are consistent with the interpretation that, for foreign investors, information problems for firms with potentially problematic governance structures play an important role. Stringent disclosure requirements make it less costly to become informed about potential governance problems. They level the playing field among investors making it less likely that locals have an information advantage. Strongly enforced minority shareholder protection reduces the consumption of private control benefits and thus decreases the importance of information regarding these private benefits. In contrast, low disclosure requirements and weak investor protection exacerbate information problems and their consequences. (...) As predicted, we find that, in countries with low securities and disclosure regulation, foreigners shy away the most from firms where insiders are in control and earnings management is high. These results lend further credence to our interpretation that information problems associated with poor governance deter foreign investment."

Diese haben u. a. ergeben, dass die Effekte von Investitionen in Regulierungen zur besseren Corporate Governance und Unternehmenstransparenz dann besonders groß sind, wenn sie in Emerging Markets erfolgen, die eine (sehr) schlechte Reputation in Sachen Unternehmenssteuerung und -transparenz haben. Am deutlichsten sind die Effekte in Ländern, in denen zahlreiche (börsennotierte) Unternehmen von einzelnen Familien über Aktienblöcke und Beteiligungen am Management dominiert werden, sowie in Ländern mit vergleichsweise geringerer Integration in die internationalen Kapitalmärkte.[400] Diese Aussagen dürften – wie das Beispiel Brasiliens belegen wird – nur unter der Bedingung richtig sein, dass die makroökonomischen Schlüsselgrößen der betreffenden Volkswirtschaft einigermaßen stabil sind.

Steht somit im Grundsatz fest, dass die Unterproduktion von Regeln zur Corporate Governance unsere beiden komplementären Meta-Ziele beeinträchtigt, so stellt sich die Suche nach Auswegen. Das Zitat *Kirchners* weist bereits auf eine Möglichkeit hin, wie problematische Lücken (hohe Agency-Risiken) in der gesetzlichen und satzungsgemäßen Unternehmenssteuerung ergänzt werden können: nämlich durch die Übernahme eines national oder international anerkannten Corporate Governance Kodex. Diese Form der Regulierung hat primär den Effekt, dass an die Stelle der Entwicklung eigener Unternehmensführungsstandards für jedes Unternehmen ein allgemeiner Standard tritt, gegebenenfalls auch eine internationale Benchmark für konkurrierende nationale Kodizes. Damit wird zugleich die Wahrscheinlichkeit erhöht, dass die in den betreffenden Kodizes niedergelegten Grundsätze einer guten Unternehmensführung schneller und kostengünstiger durchgesetzt werden, als dies ohne Kodex-Regelung der Fall wäre.[401] Mit dem letzten Punkt sind wir beim Thema der Re-

400 *Hail/Leuz* (2006); *Leuz/Linz/Warnock* (2008); Chicago CSB (2006): "The finding on capital market integration sends important messages to regulators. It implies that improved securities regulation and legal systems may not be a worthwhile investment for all economies. Leuz notes that their results may be most relevant to regulators in emerging and segmented markets, where improving the institutional infrastructure would have relatively large benefits. (...) The benefits of securities regulation are somewhat muted in highly integrated economies, notes Leuz. For emerging market economies, however, the benefits of improved transparency can be substantial. Thus, improving the institutional infrastructure might be a sound investment and should be carefully evaluated."

401 *Kirchner* (2002), S. 108.

gulierungsmethodik für (heranreifende) Kapitalmärkte und der Implementierung Internationaler Standards angelangt.

2.3.2. Regulierungsmethodik für (heranreifende) Aktienmärkte

2.3.2.1. Ausgangspunkt

In den vorausgegangen Abschnitten wurde ermittelt, dass bei einer Reihe von kapitalmarktsensiblen Themen ein Regulierungsbedarf besteht, weil ohne Regulierung das Erreichen der konsensfähigen Meta-Ziele des Aktienmarktes (relative Informationseffizienz und niedrigere Transaktionskosten) gefährdet ist. Zu den ermittelten Themen gehören: Insider Trading, Manipulation, gezielte Falschinformation, periodische und ad hoc Offenlegung sowie Corporate Governance Probleme in den Beziehungen zwischen Managern und Investoren sowie zwischen Portfolioinvestoren und Blockholdern. An die Feststellung des Regulierungsbedarfs schließt sich logischerweise die Frage nach der Regulierungsmethodik an. Dabei sind vor allem zwei Teilaspekte bedeutsam: erstens die Vorgehensweise beim Entwurf der Regulierung und zweitens die Zuständigkeit für die Regulierung. Beide Aspekte werfen in Emerging Markets gewisse Besonderheiten auf. Dazu gehört zunächst einmal die spezifische Relevanz der Internationalen Standards für Finanzmärkte.

2.3.2.2. Regulierung durch Implementierung Internationaler Standards

2.3.2.2.1. Vorteile Internationaler Standards für heranreifende Märkte

Internationale Standards für Kapitalmärkte haben eine gewisse Ähnlichkeit mit öffentlichen Gütern und entfalten positive Netzwerkeffekte. Der Nutzen Internationaler Standards wird nämlich durch eine steigende Zahl von Nutzern nicht eingeschränkt, sondern er steigt sogar mit ihrer Zahl tendenziell. Diese Mechanismen können sich nicht zuletzt heranreifende Märkte zu Nutze machen. Die Netzwerkeffekte können derart stark sein, dass sich ein bestimmter Standard zu einem natürlichen Monopol entwickelt. Derzeit gibt es z.B. einige Indizien dafür, dass IFRS in ein paar Jahren den einzigen ernsthaften Konkurrenten, US-GAAP, vom Markt der Rechnungslegungsstandards verdrängen könnte. Dass zuletzt selbst Brasilien für IFRS optiert hat, dessen Blue Chips seit Jahr und Tag über ADR–Programme an US-GAAP gewöhnt sind, ist ein größerer Mosaikstein in diesem Prozess – von Kanada gar nicht zu reden.

Allerdings bestehen erhebliche Zweifel daran, dass eine solche Monopolbildung im Bereich der Internationalen Standards wünschenswert ist. Dagegen sprechen „Qualitäts"- und „Rent Seeking"-Aspekte. Ebenso wie nationale Gesetzgeber und Unternehmen arbeiten auch die Entwurfgremien zur Setzung Internationaler Standards nur mit begrenzten Informationen. Folglich ist die Qualität ihrer Regelwerke nicht perfekt. Verbesserung und Innovation entstehen aber vor allem dank einer Wettbewerbssituation. Insoweit gilt hinsichtlich des Marktes für Regulierungen prinzipiell nichts anderes als für die Produktmärkte. Ferner ist auch bei internationalen Standardsettern niemals auszuschließen, dass einzelne Akteure in diesen Institutionen mitwirken, die im Sinne des rent-seeking vor allem darauf bedacht sind, ihren eigenen Vorteil zu mehren.[402] Diese Gefahr besteht in besonderer Weise für rein private Standardsetter, die aus einer Geschäftsidee heraus geboren wurden oder sich in diese Richtung entwickelt haben.[403] Aber auch inter-staatlich organisierte Standardsetter sind gegen rent-seeking nicht gefeit, mögen die Renten mitunter auch eine andere Gestalt haben (Karrieresprünge statt „Bargeld"). Die wahrscheinlich wirkungsvollste Waffe gegen die Gefahr des rent-seeking ist ein Wettbewerb zwischen wenigen kompatiblen Standards.[404]

Aus der Sicht eines heranreifenden Markets sind diese Probleme jedoch eher von untergeordneter Bedeutung, denn sie starten typischerweise von einem – gemessen an klassischen OECD-Staaten –

402 So *Kirchner* (2000), S. 54f.

403 *Schanze* (2005), S. 97: "Standards and privately codified practices are sometimes developed by persons or organizations who detect a market for private norms. It is not only technological necessity, as in the case of the original industrial standards, that may be a motivation for this kind if entrepreneurship. (...) Entrepreneurship and lobbying activities may then convince the legislator to formally include standard of codified practice in current law."

404 So *Kirchner* (2000), S. 54f.

vergleichsweise niedrigeren Niveau. Für diese Märkte sehen die Prioritäten daher anders aus als z.B. für die USA, das Vereinigte Königreich, die Schweiz und Deutschland. Bei den Emerging Markets steht ganz oben auf der Skala, schnell auf nationalem und internationalem Parkett ein möglichst hohes Maß an Glaubwürdigkeit zu erlangen. Dieses Ziel muss bei möglichst geringen Regulierungskosten erreicht werden, um ausreichende Ressourcen für die zahlreichen weiteren Reformbaustellen zu haben. Natürlich sind Ressourcen überall knapp, aber in Emerging Markets hat die Knappheit eine andere Dimension; dies gilt speziell für qualifiziertes Personal.

Brasilien hatte 1988 mit zahlreichen Reformbaustellen gleichzeitig zu kämpfen. In diesem Jahr mündete die Re-Demokratisierung des Landes in eine neue Verfassung und gleichzeitig wurde – neben zahllosen anderen Reformprojekten – der Plano de Desenvolvimento do Mercado de Valores Mobiliários[405] beschlossen. Darin setzte sich die Kapitalmarktaufsichtsbehörde (CVM) in Abstimmung mit der Regierung das ehrgeizige Ziel, den nationalen Kapitalmarkt in den internationalen Markt zu integrieren. Als Mittel hierzu nahm man sich zweierlei vor: Erstens sollten Beziehungen zu internationalen Institutionen und anderen Kapitalmarktaufsichtsbehörden aufgebaut werden, und zweitens wollte man speziell auf den Gebieten der Rechnungslegung und Aktienemissionen entweder Internationale Standards übernehmen oder aber das nationale Recht kompatibel dazu ausgestalten.[406] Ende der 1980er Jahre standen diese Standards allerdings noch nicht auf Papieren international besetzter Institutionen, sondern spiegelten sich schlicht in der ständigen Praxis und den Formatvorlagen der internationalen Kapitalmarktakteure (Investmentbanken, Rechtsanwaltsfirmen, Wirtschaftsprüfungsgesellschaften etc.) wider oder aber im damals alles dominierenden US-amerikanischen Kapitalmarktrecht. Daher überrascht es nicht, dass die CVM im Juli 1988 ausgerechnet mit der US-SEC als erstes einen Kooperationsvertrag ab-

405 Vgl. Instrução CVM Nr. 86 vom 20. 10. 1988.

406 Instrução CVM Nr. 86 vom 20. 10. 1988: "Dos Principais Objetivos e Metas: 1. (...) 2. Integração do mercado de valores mobiliários do país ao mercado internacional mediante: a) projeto de cooperação mútua com outros órgãos similares, envolvendo: (...) compatibilização das normas contábeis; padronização dos procedimentos de auditoria; padronização dos critérios para registro de emissões de companhias e conseqüente acompanhamento (...)."

schloss,[407] und zwar noch bevor der angesprochene Entwicklungsplan im Oktober 1988 angenommen wurde.[408]

Zusammenfassend lässt sich festhalten, dass für Emerging Markets weniger die „absolute" Qualität der Internationalen Standards entscheidend ist. Vielmehr beruht ihre hohe Anziehungskraft für diese Märkte auf folgenden Aspekten: (i) Signaleffekte, (ii) Überwindung oder Umgehung politischer Widerstände sowie (iii) Normsetzungs- und Implementierungskosten. Betrachten wir diese drei Punkte im Einzelnen.

(i) Signaleffekte

Wegen ihres hohen weltweiten Bekanntheitsgrades ist die Übernahme etablierter Internationaler Standards ein geeignetes Instrument, um Glaubwürdigkeit bei nationalen und internationalen Kapitalmarktakteuren zu signalisieren. Weil die Standards weithin bekannt sind, können die Marktteilnehmer relativ leicht und schnell einordnen, was die Regulierungsänderung bedeutet. Ferner kommt Emerging Markets in besondere Weise zugute, dass die Standards als Ausdruck einer spezifischen Sachkenntnis gelten, die den Entwurfsgremien zur Setzung Internationaler Standards zugerechnet wird. Damit werden Akzeptanz und Ansehen eines implementierten Internationalen Standards regelmäßig höher sein, als es bei einem korrespondierenden Produkt staatlicher Regulierungsinstanzen der Fall wäre.[409]

Außerdem lässt sich durch Übernahme Internationaler Standards renommierter Institutionen (wie OECD, IASB, IOSCO) leicht eine gewisse Grundskepsis umgehen, die dem nationalen Gesetzgeber gerade in heranreifenden Volkswirtschaften manchmal entgegengebracht wird. Diese Skepsis wiegt vor allem dann schwer, wenn ein Land in Sachen (aggressivem) Lobbyismus, Verpflichtungssystemen und Korruption nicht den allerbesten Ruf genießt.

Schließlich können heranreifende Volkswirtschaften über den Hebel ‚Internationale Standards' blitzschnell in manchen eher schematisch

407 Der Vertrag ist abgedruckt in: Revista de Direito Bancário e do Mercado de Capitais Vol. 34 (2006), 273–280.
408 Zum Ganzen ausführlich unten Ziff. 3.2.3.
409 *Kirchner* (2002), S. 101 f.

geführten Ranglisten internationaler Organisationen aufsteigen; oder aber viele Punkte in Checklisten sammeln, die in einflussreichen wissenschaftlichen Länderstudien, wie zum Beispiel den LLS(V)-Papieren, verwendet werden. Es geht also nicht immer nur um die Substanz, sondern darum, welchen Eindruck man erwecken kann: Kleider machen Leute (oder auch Marktplätze). Erweist sich später die Qualität eines Internationalen Standards oder die Überlegenheit ihrer Promotoren als Trugschluss, so wie es zum Beispiel im Zuge des „Enron-Arthur-Anderson"-Skandals der Fall war, dann leidet darunter vor allem das Ansehen des Standards selbst, seines zentralen Marktplatzes und seiner Promotoren (im Enron-Beispiel insbesondere die US-Accounting-Branche und US-GAAP), nicht aber so sehr das Ansehen eines Emerging Markets, der den betreffenden Standard übernommen hatte. Ähnlich dürften die Dinge verlaufen, wenn eines Tages – was man nicht hoffen mag und wofür es keinerlei Anzeichen gibt – ein Skandal über einen Standardsetter wie IASB hereinbrechen sollte. Dergleichen würde die Märkte im Vereinigten Königreich, Deutschland, Spanien etc. ins Mark treffen, dagegen dürften heranreifende Märkte, die fernab vom Epizentrum liegen und IFRS übernommen hatten, eher glimpflich davonkommen.

(ii) Überwindung oder Umgehung politischer Widerstände

Der zweite Aspekt, der die Attraktivität Internationaler Standards ausmacht, besteht in der Möglichkeit, politische Widerstände im Reformprozess zu überwinden oder zu umgehen. Dabei kann es zum einen um Vorbehalte politischer Kräfte gegen das Zustandekommen eines bestimmten Reformvorschlags gehen, zum anderen kann die Vermeidung oder Beschleunigung langwieriger und komplizierter Gesetzgebungsverfahren betroffen sein. Betrachten wir zunächst kurz den ersten Aspekt. Der politische Widerstand, der von der Opposition gegen Reformgesetze aufgebaut werden kann, ist bei der Implementierung anerkannter Internationaler Standards – wie unter (i) bereits angedeutet – viel geringer als bei Gesetzen, die aus der Feder der Regierung stammen. Internationale Standards sind nämlich nicht so leicht dem Verdacht ausgesetzt, die Geburt politischer Einflussnahmen zu sein,[410] wie dies bei „hausgemachten" Gesetzen der Fall ist.

[410] Vgl. *Schmidt* (2002), S. 181.

Hinsichtlich des zweiten Aspekts, Vermeidung bzw. Abkürzung des Gesetzgebungsverfahrens, bieten Internationale Standards den Vorteil, dass sie vergleichsweise einfach auf einer Ebene unterhalb des parlamentarischen Gesetzes implementiert werden. In Betracht kommt die Ebene der Kapitalmarktaufsichtsbehörde, sofern diese Behörde wie in Brasilien mit Normsetzungsbefugnis ausgestattet ist.[411] Ferner bietet sich eine Umsetzung im Wege der (regulierten) Selbstregulierung an, also die kontraktuelle Ebene. In beiden Fällen lassen sich Schwächen des Gesetzgebungsverfahrens einer (heranreifenden) Volkswirtschaft ebenso überwinden wie eine politische Blockadesituation im Parlament.[412]

Das demokratische Legitimitätsproblem, das speziell bei einer Implementierung über die Verwaltung (Kapitalmarktaufsicht) entstehen kann, wird teilweise dadurch überwunden, dass die Internationalen Standards kraft ihres Entstehungsprozesses und ihrer weltweiten Verbreitung eine gewisse „per se-Legitimität" genießen; dies gilt namentlich in heranreifenden Märkten. In der Praxis ist die Legitimationsfrage ohnehin nicht brisant, denn es ist eine politische Tatsache, dass sich die breite Öffentlichkeit – außerhalb von schweren Krisenzeiten – schlicht nicht für Finanzmarktregulierung interessiert. Folglich steht auch die Legitimität solcher Regulierungen auf der Tagesordnung ganz unten.[413] Politiker können aufgrund des bescheidenen Interesses des Wahlvolkes nicht viele Wähler gewinnen, wenn sie in normalen Zeiten über Finanzmarktregulierung diskutieren. Meist sind nur die Kapitalmarktakteure an den einschlägigen Regulierungen interessiert. Diesem Personenkreis kommt es aber vor allem auf effektive und schnelle Regelsetzung, die nach seiner Einschätzung vom parlamentarischen Gesetzgeber (heranreifender) Volkswirtschaften häufig nicht zu erwarten ist. Symptomatisch dafür, wie manche Kapitalmarktakteure aus São Paulo über den Gesetzgeber in Brasilia denken, ist eine Aussage von *Mauro Rodrigues da Cunha* (nunmehr

411 Vgl. hierzu Ziff. 3.2.1.4. und vor allem Ziff. 3.2.2.2.

412 *Schanze* (2005), S. 95: "The second problem relates to the increasing inability of legislators to settle issues in the legislative process. Political deadlocks lead to escape strategies. However, an important escape strategy is also to "privatize" the issue and to refer it to a non-legal rule-making body."

413 *Mahoney* (2003), S. 3: "The stock market is politically important only when it is in sharp decline."

Präsident des IBGC) zur brasilianischen Reform des Aktien- und Kapitalmarktrechts im Jahre 2000/2001:[414]

> "The "sausage factory" legislative process inherent to democracies turned a well-intentioned project into a mixture of good and bad reforms. Some issues were addressed appropriately. Loopholes were closed, but many others were opened. Intense lobbying from special interests resulted in legislation that only went half as far as was necessary."

(iii) Ressourcen und Normsetzungskosten bei der Implementierung

Im Hinblick auf den Ressourcenverbrauch und die Normsetzungskosten ist zwischen der staatlichen Implementierung einerseits und der privatrechtlichen Umsetzung andererseits zu unterscheiden. Auf staatlicher Ebene lassen sich durch das Implementieren eines Internationalen Standards in der ersten Phase des Regulierungsprozesses erhebliche Kosten einsparen, denn Entwurf und Diskussion des Normtextes erübrigen sich weitgehend. Daher stellt sich vor allem die Frage, wie es um den Ressourcenverbrauch in der zweiten Phase des Regulierungsprozesses bestellt ist, bei der es um die praktische Durchsetzung der Standards geht. Konkret stehen die Kosten für qualifiziertes und gut ausgestattetes Fachpersonal in Rede, die in den Staatsanwaltschaften, der Kapitalmarktaufsichtsbehörde sowie in den Gerichten gebunden werden. Gerade in heranreifenden Volkswirtschaften geht es dabei nicht nur um „bar“ zu bezahlende Kosten („out of the pocket costs“), sondern auch um Opportunitätskosten. Diese Kosten resultieren speziell aus einem Mangel an hochqualifiziertem Personal, das in Spezialmaterien (wie Kapitalmarktregulierung), die im betreffenden lokalen (Arbeits-)Markt bislang nicht so bedeutend waren, natürlich besonders knapp ist. Häufig kehren potentielle Spitzenkräfte des Landes nach ihrer Ausbildung in den USA oder Europa nicht zurück, was persönliche Gründe haben kann, nicht selten aber auch daran liegt, dass Berufsanfänger – wie z.B. in Brasilien und Argentinien – vergleichsweise miserabel bezahlt werden. Die Schere zwischen Senior- und Junior-Personal geht traditionell in Süd-Amerika (vielleicht mit

414 Das Zitat bezieht sich auf das Gesetz Nr. 10.303/2001, das dem brasilianischen Kapitalmarkt neue Impulse geben sollte, aber weit hinter den Erwartungen der Initiatoren des Novo Mercado zurückblieb; *da Cunha* (2008), S. ix.

Ausnahme Chiles) extrem weit auseinander – vom Partner-Associate-Spread ganz zu schweigen.

Werden Internationale Standards im Wege der Selbstregulierung implementiert, stellt sich das Kostenthema etwas anders dar. Nunmehr geht es vor allem um die Optimierung von Normsetzungs-, Transaktions- und Präferenzkosten.[415] Für Kapitalmarktakteure besteht der Anreiz, sich freiwillig Internationalen Standards zu unterwerfen, vor allem darin, zukünftig Transaktionskosten zu sparen und Nutzen in Gestalt von Signalling- und positiven Netzwerkeffekten zu ziehen. Rechtstechnisch erfolgt die freiwillige Unterwerfung unter einen Standard (Kooperation) über Rahmenverträge (z.B. Unterzeichnung einer Listingvereinbarungen, Erwerb der Mitgliedschaften in einer Börse oder in einer Berufsvereinigung).

Die angesprochene Reduktion der Transaktionskosten tritt ein, weil über den Inhalt des Internationalen Standards bei allen künftigen Transaktionen nicht mehr verhandelt werden muss – positiv gewendet: Es entstehen Kooperationsvorteile.[416] Den Einsparungen bzw. Kooperationsvorteilen stehen Normsetzungskosten gegenüber, die beim Abschluss des Rahmenvertrages anfallen, mit dem der Internationale Standard ein für alle Male implementiert wird. Sofern ein Internationaler Standard schlicht eins-zu-eins übernommen wird, sind die primären Normsetzungskosten aus denselben Gründen relativ gering, die bei der entsprechenden Vorgehensweise auf Ebene der staatlichen Implementierung gelten. Relevant sind hingegen wiederum die sekundären Normsetzungskosten, also zum Beispiel Kosten für zusätzliches Personal, Schulungen und externe Berater. Während diese Kosten offen zu Tage liegen und „bar“ bezahlt werden müssen, sind die sog. Präferenzkosten eher verborgener Art.

Präferenzkosten entstehen, weil die Standardsetter beim Entwurf ihrer Regelwerke aus einer Reihe von Gründen nicht in der Lage sind, die Präferenzen der Kapitalmarktakteure perfekt abzubilden. Zu den wesentlichen Gründen gehören Informationsprobleme und der Zwang zur Abstraktion von individuellen Präferenzen, der jeder Formulierung eines Standards oder Gesetzes immanent ist. Wurde der Stan-

415 *Kirchner/Schmidt* (2005), S. 70f.; vgl. auch *Kirchner/Schmidt* (2006).
416 *Kirchner* (2000), S. 48f.

dardsetter im Auftrag tätig, resultieren Präferenzkosten aus den klassischen Agency-Problemen und können folglich auch als Agency-Kosten bezeichnet werden. Werden Internationale Standards hingegen als fertiges Produkt übernommen, wie es regelmäßig der Situation in heranreifenden Märkten entspricht, dann sind Präferenzkosten nichts anderes als jene Kosten (aufgrund von Abstrichen), die immer entstehen, wenn man anstelle von maßgeschneiderten Anzügen zu Konfektionsgrößen greift. Anderseits ist es gerade der Griff zu einem international anerkannten Label von der Stange, der den höchsten Signalling-Effekt verspricht. Außerdem ist es fraglich, ob sich die Qualität eines Internationalen Standards, in den ein vielfältiger Erfahrungsschatz eingeflossen ist, durch hausgemachte Lösungen übertreffen lässt. Die Antwort auf diese Frage und das Ergebnis der Kostenanalyse wird nicht für alle Internationale Standards gleich ausfallen. Vielmehr wird es einen deutlichen Unterschied machen, ob ein Standard eher technischer Natur ist (Rechnungslegung oder Ad-hoc-Publizität) und relativ geringe Querverbindungen zu anderen Regelungsmaterien hat oder aber, ob er sich auf etablierte Regulierungen auswirkt, in denen massive Pfadabhängigkeiten vorhanden sind (Corporate Governance im engeren aktienrechtlichen Sinne). Die Höhe der Präferenzkosten und das Ausmaß der Querverbindungen des zu implementierenden Standards hat entscheidenden Einfluss darauf, welche Strategie für die Übernahme eines konkreten Internationalen Standards vorteilhafter ist.

2.3.2.2.2. Übernahmestrategien: Eins-zu-eins-Übernahmen – Formatvorlage

Im Grundsatz kommen zwei unterschiedliche Strategien zur Umsetzung Internationaler Standards in Betracht: Standards können eins-zu-eins implementiert werden oder aber eher als Formatvorlage oder Benchmark für den Entwurf eines eigenen Regelwerk betrachtet werden. In der Praxis sind die Übergänge selbstverständlich fließend, so dass teilweise auch von Hybrid-Standardsetting gesprochen wird. Ein Beispiel dafür ist das Komitologieverfahren der EU zur Übernahme von IFRS.[417]

[417] Vgl. hierzu und den dabei entstehenden Agency-Problemen *Kirchner/Schmidt* (2005); *Kirchner/Schmidt* (2006).

Bei der Bestimmung der Umsetzungsstrategie sind eine ganze Reihe von Aspekten und Kostenfaktoren gegeneinander abzuwägen, um jene Strategie zu bestimmen, die für einen konkreten Standard und in einem bestimmten Umfeld die optimale Kosten-Nutzen-Bilanz aufweist. Betrachten wir zunächst die „Eins-zu-eins"-Strategie. Ihre Kostenvorteile liegen bei den primären Normsetzungskosten, die gegen Null gehen. Allerdings kann dieser Vorteil teuer erkauft sein, wenn es im Zuge der Durchsetzung des neuen Regimes zu sehr hohen sekundären Normsetzungskosten kommt, weil die nicht angepassten Standards zu Friktionen mit bestehenden Regulierungen führen. Eine Folge hiervon können hohe Kosten für den Unternehmenssektor sein, der seine bisherige Praxis umstellen muss. Abgesehen von diesen „bar" zu bezahlenden Umsetzungskosten löst die „Eins-zu-eins"-Strategie auch mittelbare Umsetzungskosten oder Präferenzkosten aus. Diese Kosten bestehen – wie bereits angedeutet – darin, dass man beim „Kauf von der Stange" gewisse Abstriche bei der Erfüllung individueller Präferenzen hinnehmen muss: Es kann eben hier oder dort zwicken. Aufgrund der spezifischen Unternehmenskultur und Tradition (z.B. Konsens- statt Streitkultur) sowie des regulatorischen oder makroökonomischen Umfeldes (z.B. steuerrechtliche Anknüpfungen, Indexierung, ausgeprägte Volatilität) einer Volkswirtschaft kann die Präferenzordnung der heimischen Unternehmen und Investoren in bestimmten Regelungsmaterien anders aussehen als in jener Präferenzordnung, die das Entwurfgremium zur Setzung Internationaler Standards beim Entwurf seiner Standards zugrunde gelegt hat.

Die Höhe der Präferenz- und Normdurchsetzungskosten wird davon abhängen, ob ein bestimmter Internationaler Standard eher gleich einem Fremdkörper auf eine bestehende Ordnung und ihre Pfadabhängigkeiten trifft, oder aber eher als eine Ergänzung dieser Ordnung wirkt. Von einer Ergänzung kann dann gesprochen werden, wenn der Standard eine sehr spezielle Materie betrifft, die bislang entweder gar nicht oder nur rudimentär geregelt war, und die keine oder geringe Querverbindungen zu anderen Regelungsbereichen aufweist. Im Kontext der Kapitalmarktregulierungen werden z.B. Offenlegungsstandards (oder bestimmte Aspekte von Basel I und II) wegen ihrer eher technischen Natur tendenziell weniger Konflikte mit bestehenden Regulierungen verursachen, als dies bei Corporate Governance Standards der Fall ist, die Tiefenstrukturen im Gesellschaftsrecht betreffen und auf das Zivil- und Insolvenzrecht ausstrahlen können.

Jenseits der geringeren primären Normsetzungskosten besteht ein weiterer klarer Vorteil der Eins-zu-eins-Strategie darin, dass mit ihr die stärksten Signalling-Effekte erzielt werden. Außerdem führt sie zu Spitzenwerten in Sachen Vergleichbarkeit respektive zur Reduktion der Informationskosten (bzgl. der Marktordnung) bei den Investoren. Da es für Emerging Markets besonders wichtig ist, durch die Implementierung Internationaler Standards hohe Signalling-Effekte bei den (internationalen) Investoren zu erzielen und in der Reputation zum OECD-Niveau aufzuschließen, fallen diese Aspekte stärker ins Gewicht als etwa für die EU; konkret gesprochen bedeutet dies: Die EU kann sich eher ein Komitologie-Verfahren bei der Umsetzung von IFRS leisten als ein Emerging Market wie Brasilien, denn die EU-Staaten sind nicht in demselben Maße darauf angewiesen, Signalling-Effekte in Sachen Transparenz zu erzeugen wie Brasilien oder andere heranreifende Volkswirtschaften. Außerdem kann die EU als Block viel mehr Druck (in Sachen Anerkennung von US-GAAP-Surrogaten) auf die USA und namentlich die SEC ausüben als ein einzelnes Land wie Brasilien. Damit wird keine Aussage darüber getroffen, ob das besagte Komitologie-Verfahren für die EU sinnvoll ist, woran nicht zuletzt wegen einer Vermehrung der Agency-Beziehungen im Normsetzungsprozess erhebliche Zweifel bestehen.[418]

Zusammenfassend lässt sich feststellen, dass die Kosten-Nutzen-Bilanzen verschiedener Strategien zur Umsetzung Internationaler Standards ganz erheblich von den jeweiligen Gesamtumständen abhängen. Dabei spielt die Regelungsmaterie eines umzusetzenden Standards ebenso eine Rolle wie die Ausgangssituation der Volkswirtschaft, die den Standard übernehmen will.

2.3.2.2.3. Grenzen Internationaler Standards

Zum Schluss der Ausführungen zur Kapitalmarktregulierung durch Internationale Standards ist noch auf inhaltliche Grenzen eines solchen Regulierungsansatzes einzugehen. Diese Grenzen betreffen vor

418 *Kirchner/Schmidt* (2005), S. 76 ff.; *Kirchner/Schmidt* (2006).

allem die Ermittlungsmöglichkeiten und das Sanktionssystem bei (schwerwiegenden) Verstößen gegen diese Standards. Es ist evident, dass ein effektives Sanktionssystem von herausragender Bedeutung für den Erfolg von Regulierungen ist. Dieser triviale Satz hat ein besonderes Gewicht, wenn es um Normen geht, die nicht nur Sanktion, sondern auch Abschreckung bezwecken. Genau darum geht es aber, wenn man bestimmte Akteure durch Einflussnahme auf ihr Kalkül davon abbringen will, exorbitante Vorteile ohne Gegenleistung für sich einzuziehen (z.B. durch Insider Trading oder Marktmanipulationsregeln).[419] Sanktionssysteme und Abschreckungsnormen hängen unmittelbar mit dem Gewaltmonopol des Staates zusammen. Bei straf- und verwaltungsrechtlichen Sanktionen liegt dies auf der Hand (z.B. Bußgelder, Geld- und Haftstrafen bis hin zu Berufsverboten). Aber auch bei zivilrechtlichen Sanktionen ist man jedenfalls auf der vollstreckungsrechtlichen Ebene und beim effektiven einstweiligen Rechtsschutz auf den Staat angewiesen.

Jeder dieser Regelungsbereiche ist in den Rechtsordnungen dieser Welt durch spezifische Lösungen und Pfadabhängigkeiten gekennzeichnet. Diese Determinanten können nicht für eine Randmaterie, wie es das Kapitalmarktrecht gemessen am allgemeinen Zivil- und Strafrecht nun einmal ist, verändert werden. Beispielsweise ist es in Deutschland nicht konsensfähig, im Kapitalmarkthaftungsrecht andere Kausalitätsbegriffe einzuführen oder einen Schadensersatz zuzusprechen, der seiner Höhe nach Strafcharakter hat.[420] Erst recht können im Straf- bzw. Strafprozessrecht die allgemeinen Beweisverwertungsregeln und das Sanktionssystem nicht für Kapitalmarktstraftaten geändert werden. Hier gibt es massive Pfadabhängigkeiten und allgemeine Gerechtigkeitsregeln, die zu ändern aus zahlreichen Gründen (inklusive Gesamtkosten der Regulierungsänderung) von vornherein ausscheidet.

Blickt man in verschiedene Internationale Standards (z.B. IFRS, IOSCO-Disclosure-Rules, OECD-Principles zu Corporate Governance),

419 Vgl. *Leuz/Wysocki* (2006), S. 198.

420 Vgl. die Comroad-Rechtsprechung: Bundesgerichtshof, Urteil vom 4. 6. 2007 – II ZR 147/05 Bundesgerichtshof; Bundesgerichtshof, Urteil vom 4. 6. 2007 – II ZR 173/05; Bundesgerichtshof, Urteil vom 7. 1. 2008 – II ZR 229/0; Bundesgerichtshof, Urteil vom 7. 1. 2008 – II ZR 68/06.

so fällt auf, dass sich diese offenbar ganz bewusst bei der Ausgestaltung von Sanktionssystemen zurückhalten. Diese Enthaltsamkeit gilt selbst für EU-Richtlinien[421] zum Kapitalmarktrecht, die immerhin auf einer in vielen Bereichen harmonisierten (europäischen) Rechtsordnung aufbauen können und der Geltungskraft nationaler Gesetze viel näher kommen als Internationale Standards. Typischerweise beschränken sich die betreffenden Richtlinien – trotz hohen Detailgrades im Übrigen – beim Thema Sanktionen darauf, diese nur im Rahmen einer Generalklausel anzusprechen und eine Zielvorgabe zu machen. Ein Beispiel hierfür ist Art. 25 EU-Prospektrichtlinie:[422]

> Sanctions
> 1. Without prejudice to the right of Member States to impose criminal sanctions and without prejudice to their civil liability regime, Member States shall ensure, in conformity with their national law, that the appropriate administrative measures can be taken or administrative sanctions be imposed against the persons responsible, where the provisions adopted in the implementation of this Directive have not been complied with. Member States shall ensure that these measures are effective, proportionate and dissuasive.
> 2. Member States shall provide that the competent authority may disclose to the public every measure or sanction that has been imposed for infringement of the provisions adopted pursuant to this Directive, unless the disclosure would seriously jeopardise the financial markets or cause disproportionate damage to the parties involved.

Diese Enthaltsamkeit der EU hat zwar auch handfeste Kompetenzgründe im EGV, sie ist aber gleichwohl symptomatisch für den Grenzverlauf zwischen nationalen Regulierungen einerseits sowie supranationalen und Internationalen Standards andererseits. Diese Grenzen, die insbesondere das delikts-, verwaltungs- und strafrechtliche Sanktionssystem betreffen, markieren zugleich die absolute Grenze einer möglichen Substitution staatlicher Regulierung durch Selbstregulierung. Damit sind wir beim letzten Abschnitt dieses Kapitels angelangt, nämlich bei der Frage, welche Institutionen für die Regulierung des Aktienmarktes und im speziellen die Implementierung Internationaler Standards in Betracht kommen.

421 Zur Bedeutung der EU als Standardsetter vgl. *Nobel* (2005), S. 51 ff.

422 Directive 2003/71/EC of the European Parliament and of the Council of 4 November 2003 on the prospectus to be published when securities are offered to the public or admitted to trading and amending Directive 2001/34/EC (Text with EEA relevance), Official Journal L 345, 31/12/2003, S. 0064–0089.

2.3.2.3. Regulierungsinstanzen: Staat – Börse – Verbände der Marktakteure

2.3.2.3.1. Das Verhältnis von Regulierung und Selbstregulierung

Als mögliche Instanzen für den Entwurf und die Durchsetzung von Kapitalmarktregulierungen kommen sowohl staatliche Institutionen als auch private Institutionen in Betracht, die von den Marktakteuren privat-autonom organisiert werden.[423] Zu den staatlichen Institutionen gehören der parlamentarische Gesetzgeber und die Kapitalmarktaufsichtsbehörde, wenn sie, wie z.B. in Brasilien, mit Normsetzungsbefugnis ausgestattet ist. Was die privaten Institutionen anbelangt, so ist an erster Stelle an die Börse selbst und an solche Organisationen zu denken, die von Marktakteuren einer bestimmten Profession gegründet wurden (z.B. Banken). Bei der Frage, wer von diesen Instanzen welche Funktionen im Regulierungsprozess übernehmen soll, geht es nicht nur um die einmalige Zuweisung der Kompetenz zur Erzeugung und Durchsetzung von Gesetzen (öffentliche Güter) oder privater Standards (Club Güter). Vielmehr muss durch geeignete Verfahren sichergestellt werden, dass sich die jeweiligen Präferenzen der Betroffenen in der jeweiligen Kompetenzzuordnung widerspiegeln.[424] Aus Sicht der Kapitalmarktakteure dürfte eine bestimmte Kompetenzzuordnung vor allem dann konsensfähig sein, wenn sie nach Maßgabe folgender Kriterien erfolgt: Wer hat (i) größere Sachkenntnis und (ii) höhere Anreize, um eine Regulierung zu kreieren, welche den status quo in pareto-überlegener Weise näher an die konsensfähigen Meta-Ziele heranbringt, also sowohl die Informationseffizienz verbessert als auch die Transaktionskosten senkt.

(i) Sachkenntnis

Namentlich *Christian Kirchner* weist in Bezug auf Corporate Governance Standards darauf hin, dass private Regulierungsinstanzen aufgrund ihres Erfahrungswissens in diesem Bereich über eine bessere Sachkenntnis verfügen als staatliche Regulierungsinstanzen. Die

423 Vgl. zur Diskussion der Verteilung regulatorischer Kompetenzen im Kapitalmarkt *Ferran* (2004), S. 236ff.

424 *Kirchner* (1997), S. 24f.

überlegene Sachkenntnis und das Wissen der Akteure darum könne eine höhere Akzeptanz derjenigen Standards vermitteln, die von privater Expertenhand entworfen werden.[425] Gegen dieses vielfach anerkannte Argument wendet *Paul G. Mahoney* ein, dass staatliche Regulierungsinstanzen sehr leicht Personen anstellen oder beauftragen könnten, die über das relevante Expertenwissen verfügen.[426] Dies mag mancher Orts so sein. Ob diese Möglichkeit in einer bestimmten Volkswirtschaft tatsächlich besteht, hängt aber nicht zuletzt davon ab, wie flexibel das Vergütungssystem für Beamte und Verwaltungsangestellte des betreffenden Landes ist, und ob Wechsel aus dem privaten in den öffentlichen Sektor und umgekehrt leicht möglich sowie in der Praxis auch üblich sind. In Bezug auf Deutschland ist zum Beispiel beides zu verneinen, denn die Grenzen sind zementiert. In Brasilien scheint zumindest für die Führungsspitze der Kapitalmarktaufsichtsbehörde anderes zu gelten, wie jüngst wieder der Wechsel von *Marina Helena Santana* aus einer Spitzenposition in der BOVESPA ins Präsidentenamt der CVM belegt. Unterhalb dieser Ebene dürften die Verhältnisse allerdings etwas anders aussehen, denn dort werden überwiegend lebenszeitige Beamte eingesetzt. Diese Beamten werden durch einen „Concurso" nach der französischen Tradition ausgewählt. Dieses Verfahren ist in Brasilien für die Besetzung aller halbwegs bedeutsamen Verwaltungs- und Justizpositionen verfassungsrechtlich vorgeschrieben.[427] Diese sog. "Concursados" werden relativ schnell lebenszeitig verbeamtet und erhalten eine relativ hohe, nach Dienstjahren ausgerichtete Besoldung und Pension.

In Deutschland jedenfalls ist es der Kapitalmarktaufsichtsbehörde aufgrund der Starrheit der Beamten- und Angestelltenvergütung, die für alle Arten von Behörden des Landes und Bundes nahezu gleichförmig gelten, praktisch unmöglich, erstklassiges Personal zu rekrutieren. Besser war dies in der Vergangenheit nur bei der Deutschen Bundesbank, dem Flaggschiff unter den deutschen Behörden, die je-

425 *Kirchner* (2002), S. 101 f.

426 *Mahoney* (2003), S. 2: "A regulator with appropriate incentives (...) could easily hire people with the relevant experience. The case for allowing exchanges to determine standards of corporate governance, then, rests on incentives, not expertise."

427 Vgl. Art. 37 Abs. 2 bis 4 Verfassung der föderativen Republik Brasilien von 5. Oktober 1988.

doch durch eine absurde Kürzungs- und Gleichschaltungspolitik des Finanzministeriums sukzessive um ihre ursprünglich bessere Position auf dem Arbeitsmarkt für erstklassiges Personal gebracht wird. Der deutschen Kapitalmarktaufsichtsbehörde, die vom internationalen Ruf der Bundesbank nur träumen kann, verbleibt sowieso nur die Vergabe von Gutachten, wenn sie erstklassiges Expertenwissen einkaufen will. Das Gutachterwesen kann jedoch erhebliche Agency-Konflikte hervorrufen, nicht zuletzt weil die wahren Experten im Kapitalmarktbereich nicht in der unabhängigen Wissenschaft, sondern in der Praxis zu finden sind und mithin im Lager der einen oder anderen Interessengruppe stehen. Außerdem sind Gutachterverträge für die kontinuierliche Weiterentwicklung von Regulierungen sowie für die Durchsetzung bestehender Regulierungen nicht geeignet, hierzu bedarf es Personen, die den Prozess ständig begleiten.

Der Aspekt „größere Sachkenntnis der Marktakteure“ ist daher zumindest in einem Umfeld, wie es zum Beispiel in Deutschland und wohl auch in Brasilien besteht, prinzipiell bedeutsam und spricht für eine Regulierung durch die Marktakteure selbst. Soweit allerdings die Regulierung im Wesentlichen darin besteht, einen Internationalen Standard zu implementieren, der von anerkannten Experten entworfen wurde, relativiert sich dieser Aspekt. Er wird aber nicht bedeutungslos, denn auch für die Entscheidung über Art und Weise der Implementierung bedarf es einer besonderen Sachkenntnis.

(ii) Anreizstruktur

Wenden wir uns dem Thema zu, welche Anreizstruktur bei den verschiedenen Instanzen besteht, sich maximal für den Entwurf einer Regulierung des öffentlichen Aktienmarktes anzustrengen. Betrachten wir zunächst den Gesetzgeber und die Kapitalmarktaufsichtsbehörde, die mit gewissen länderspezifischen Unterschieden typischerweise in einer mehr oder weniger strengen hierarchischen Beziehung zur Regierung steht. Politische Akteure werden vor allem durch ihre Wiederwahlchancen motiviert und Verwaltungsbeamte durch ihre Aufstiegschancen, die sich mit politischem Rückenwind häufig verbessern. Aufgrund ihrer Motivation, Wahlen gewinnen zu wollen, haben politische Akteure ein Spektrum von Themen vor Augen, das weit über den Aktienmarkt hinausreicht und in dem die Prioritäten vor allem durch aktuelle Probleme bestimmt werden. Der Aktienmarkt spielt im politischen Kalkül, wie *Paul G. Mahoney* dargelegt hat, für gewöhnlich keine wichtige Rolle:[428]

> "Most important for present purposes, it is clear from centuries of observation that securities markets become salient political topics only in the immediate aftermath of broad and sharp decline in securities prices. As legal historian Stuart Banner[429] has noted, every important regulatory statute in England and the United States from the very start of organized securities markets in the late 17th century was enacted after a crash."

Die Tatsache, dass Finanzmärkte nur unmittelbar nach einem Crash politisch bedeutsam sind, führt – wie *Mahoney* zutreffend ausführt – zu einer toxischen Mischung. Ausgerechnet dann, wenn politisch die Wahrscheinlichkeit für signifikante Regulierungsänderungen am größten ist, dreht sich die Stimmung in der Gesellschaft gegen die chaotische Natur des Kapitalismus[430] und dominiert das Bedürfnis nach Stabilität. Die beiden Faktoren, Reformstimmung und Risikoaversion, können nun von bestimmten Akteuren ausgenutzt werden, um die Politik in einer Weise zu beeinflussen, die ihnen persönliche Vorteile bringt (rent seeking). Dergestalt kann die Kapitalmarktregulierung – wie es *Mahoney* drastisch formuliert – durch die Verkäufer risikoarmer Wertpapiere verpestet werden, die das Regulierungssystem nur benutzen wollen, um Hindernisse für die Verkäufer riskanterer Wertpapiere zu errichten.[431]

Auf europäischer Ebene liegen die Dinge etwas anders als am US-Markt, den *Mahoney* vor Augen hat. Die Ursachen für die zahlreichen EU-Richtlinien zur Finanzmarktregulierung der letzten 10 Jahre stehen (bislang) nicht im Kontext mit einem Marktcrash, sondern sind Ausdruck eines andauernden Harmonisierungsprozesses. Dazu kommt eine politische Strategie der EU-Kommission, die darauf abzielt, vorhandene Regelungskompetenzen möglichst weitgehend und schnell auszuschöpfen. Daraus ergibt sich nicht notwendig eine giftige Mischung, wie sie *Mahoney* beschrieben hat, aber auch keine Situation, welche die Anreize der EU-Kommission beim Entwerfen von Regulierungen in Einklang bringt mit den Präferenzen der Marktakteure. Immerhin ist die Kommission im Unterschied zur deutschen Kapital-

428 *Mahoney* (2003), S. 3.
429 Vgl. *Banner* (1998).
430 Vgl. *Schumpeter* (1934), S. 323 ff.
431 *Mahoney* (2003), S. 3 f.

marktaufsichtsbehörde in der Lage, Spitzenabsolventen zu rekrutieren – übrigens, wie in Brasilien, durch gute Bezahlung und „Concurso“. Auch sind die Übergänge zur Praxis fließend, wie jüngst der Wechsel einer 41-jährigen Partnerin einer internationalen Top-Anwaltskanzlei in die EU-Kommission (Kartellrecht) exemplarisch belegt.[432]

Auch in heranreifenden Märkten stellt sich die Situation, die Anlass für weitreichende Regulierungsänderungen gibt, häufig anders dar als von *Mahoney* beschrieben. Dort geht es entweder um die erstmalige Organisation des Kapitalmarktes oder aber um die Wiederbelebung nach mehr oder weniger langem Dornröschenschlaf, der durch einen makroökonomischen Schock, strukturelle oder politische Veränderungen ausgelöst wurde und nach Wegfall dieser Störfaktoren beendet werden kann. Aber auch hier haben die politischen Akteure keine ausgeprägten Anreize, sich zum Wohle des Aktienmarktes und der relativ wenigen Wähler, die sich dort tummeln, mit einflussreichen gesellschaftlichen Kreisen anzulegen, die den status quo aus Gründen des rent-seeking möglichst weitgehend konservieren wollen. Die Erörterung der Situationen des brasilianischen Aktienmarktes (speziell in den Jahren 2001/2002) im dritten Kapitel wird ein Beispiel dafür liefern.

Nach diesen relativ enttäuschenden Ergebnissen zur Anreizstruktur des Gesetzgebers ist die Frage nach den Anreizen der Börse zu stellen. Geht man zunächst von einer traditionellen Börse aus, die sich im Eigentum ihrer Mitglieder (typischerweise Börsenmaklerunternehmen) befindet und als nicht gewinnorientierte Gesellschaft konzipiert ist, dann liegt offen zu Tage, dass höhere Handelsvolumina den Eigentümern nicht nur höhere Umsätze, sondern auch Gewinne bringen,[433] denn die Kostenstruktur der Börsen ist vor allem durch fixe Kosten geprägt (insbesondere EDV). Höhere Handelsvolumina führen zwar nicht notwendigerweise zu mehr Liquidität, sie können aber immerhin als Indiz dafür betrachtet werden.[434] Durch steigende Handelsvolumina und mehr Liquidität werden auch die Interessen der Investoren und Emittenten bedient, so dass bei ihnen die Kompetenz-

432 Vgl. Nachricht veröffentlicht bei Juve am 20. 3. 2008, abrufbar unter http://www.juve.de.
433 *Mahoney* (2003), S. 2.
434 Vgl. hierzu Ziff. 2.2.2.2.4.

zuweisung an die Börse konsensfähig ist. Beide, Investoren und Emittenten, werden darüber hinaus auf die Neutralität der Börse vertrauen, denn sie wissen, dass deren Geschäftsmodell darauf aufbaut, langfristig das Vertrauen beider Marktseiten zu gewinnen. Hinzu kommt der Umstand, dass innerhalb einer Börse typischerweise keine Agenten tätig sind, die wie im Investmentbankengeschäft innerhalb kürzester Zeit durch sehr hohe Bonuszahlungen derart reich werden können, dass erhebliche „Moral Hazard"-Risiken bestehen. Schließlich dürfte die Zuweisung der Regulierungskompetenz an die Börse auch bei den Stakeholdern konsensfähig sein, denn ihre Interessen leiden – wie dargelegt wurde – nicht unter verbesserter Informationseffizienz und niedrigeren Transaktionskosten, die durch höhere Liquidität indiziert werden.

Die Analyse der skizzierten Anreizstruktur verändert sich nicht grundsätzlich, wenn anstelle einer klassischen Börse eine profit-orientierte Börse betrachtet wird, die einem breit gestreuten Kreis von Aktionären gehört hat und selbst gelistet ist. Diese Börsen machen ihren Profit durch Gebühren der gelisteten Gesellschaften, der Aktienhändler und den Verkauf von Marktdaten. Bei integrierten Börsen wie zum Beispiel der BOVESPA kommen noch die Abwicklungsgebühren hinzu. Mit Blick auf diese Einnahmequellen ist klar, dass auch bei diesen Börsen ihre Einnahmen mit der Zahl der Transaktionen steigen. Allerdings können Interessenkonflikte, die aus der Monopolstellung (z.B. Erschwerung des Delisting und der Migration ins Ausland) und dem Selbstlisting entstehen (z.B. bei Beteiligung der Börse an M&A-Transaktionen[435]), handfeste Argumente dafür liefern, dass zumindest hinsichtlich des Selbstlistung und der Selbstregulierungsaktivitäten eine Überwachung durch die staatliche Kapitalmarktaufsichtsbehörde unverzichtbar ist.[436]

Betrachten wir abschließend die Anreizstruktur der (Investment-) Banken, die ebenfalls als mögliche private Regulierungsinstanz in Betracht kommen. Ihre Rolle ist dabei naturgemäß auf jene Teilaspekte des öffentlichen Aktienmarktes beschränkt, an denen sie praktisch

435 Vgl. *Ferran* (2004), S. 247.

436 Zum institutionellen Arrangement, das in Brasilien anlässlich des Börsengangs der BOVESPA geschaffen wurde, vgl. Ziff. 3.3.3.3.2.

immer beteiligt sind und die unmittelbar ihre Arbeit betreffen.[437] Die Rede ist insbesondere von Regulierungen zum Erstellen von Wertpapieremissionsprospekten. Diese Prospekte werden im Zuge von Erst- und Zweitplatzierungen maßgeblich von denjenigen (Investment-) Banken gestaltet, die vom Emittenten als Koordinator der Emission beauftragt wurden. Die Prospekte spielen nicht zuletzt beim Underwriting eine wichtige Rolle. Dieses Geschäft findet unter den (Investment-)Banken und Banken statt, so dass alle (Investment-)Banken reihum auf die Qualität der Prospekte angewiesen sind. Da (Investment-)Banken (zusammen mit Anwaltsfirmen) diejenigen Akteure sind, die Wertpapierprospekte selbst schreiben und im Zuge des Underwriting tatsächlich eingehend studieren, haben sie zweifelsfrei das größte Fachwissen, was diese Dokumente anbelangt. Als Intermediär zwischen Emittent und Investoren kennen sie die Interessenlage der beiden Lager recht genau. Obwohl die (Investment-)Banken vom Emittenten ausgewählt und beauftragt werden, haben sie im Prinzip erhebliche Anreize, keine der beiden Seiten zu bevorzugen, denn ihr Geschäftsmodell baut ebenso wie bei der Börse darauf auf, dass sie von den Emittenten deshalb ausgewählt werden, weil ihnen die Investoren ihr Vertrauen schenken und sie deshalb Aktien erfolgreich platzieren können.[438] Außerdem kontrahieren die Investmentbanken eines

437 Vgl. zur generellen Bedeutung der Investmentbanken und ihrer Qualität für die Entwicklung leistungsfähiger Kapitalmärkte *Black* (2001), S. 795: "A sophisticated investment banking profession that investigates securities issuers because the investment banker's reputation depends on not selling overpriced securities to investors. Investment bankers are a key reputational intermediary. They walk a fine line between selling and offering and overselling it. The role includes conducting a "due diligence" investigation of the issuer and satisfying themselves that the offering documents and "road show" presentations reasonably portray the issuer's prospects, the mayor risks of the investment are disclosed, and the issuer's managers are honest. For example, investment bankers routinely conduct background checks on company insiders and walk away if the insiders have an unsavory past or dubious friends."

438 *Black* (2001), S. 795: "Investment banker's reputations are policed in a number of ways. Securities purchasers will remember if an investment bank sells them several bad investments and avoid its future offerings. Investment banks track the aftermarket performance of their own and their competitors' offerings and happily disclose competitors' weak performance to potential clients. And when an underwriter sells shares for a fraudulent company, which later collapse in price when the fraud is discovered, this is a major embarrassment, not soon

Marktplatzes – wie angedeutet wurde – in erheblichem Umfang immer wieder (auf Basis von Wertpapieremissionsprospekten) mit ihren Wettbewerbern. Folglich haben sie ein erhebliches Interesse an der Prospektqualität und gegenseitigem Vertrauen.

Vor diesem Hintergrund erscheinen sie als geradezu ideale Instanz für den Entwurf einer Wertpapierprospektregulierung. Allerdings gilt dies so uneingeschränkt nur, wenn man (Investment-)Banken als Organisationen betrachtet und die Agency-Konflikte ausblendet, die zwischen der Organisation und ihrem Herzstück, den (Investment-) Bankern, bestehen können. Die Vergangenheit hat immer wieder gezeigt, dass die extremen Anreize durch jährlich abgerechnete Bonuszahlungen sowie die besonders große Neigung mancher Vertreter dieser Branche zu Eitelkeit und Hybris dazu führen kann, dass massive „Moral Hazard"-Probleme auftreten.[439] Deshalb wird eine Selbstregulierung durch Banken, die sich in Gestalt der Wertpapieremissionsprospekte direkt auf die Emittenten und Investoren auswirkt, nur dann konsensfähig unter allen betroffenen Akteuren sein, wenn institutionelle Vorkehrungen gegen den Einfluss von rentseeking getroffen werden und eine Qualitätskontrolle der Selbstregulierung möglich ist. Erforderlich sind also sowohl Sicherungen auf Verfahrens- als auch auf inhaltlicher Ebene. Diese Anforderungen leiten unmittelbar zur institutionellen Verankerung und den Grenzen der Selbstregulierung über.

2.3.2.3.2. Institutionelle Verankerung und Grenzen der Selbstregulierung

Die Analyse zur Kompetenzverteilung im Bereich der Aktienmarktregulierung hat gezeigt, dass speziell Börsen, aber auch (Investment-) Banken konsensfähige Selbstregulierungsinstanzen sein können, weil sie in fachlicher Hinsicht und vor allem wegen ihrer Anreizstruktur eine hohe Gewähr dafür bieten, dass sie pareto-überlegene Regulierungen entwerfen werden. Da Selbstregulierung ohne staatlichen Ermöglichungsrahmen nicht auskommt, sich aber auch in diesen Rahmen einfügen muss, sind nunmehr die Möglichkeiten zur institu-

forgotten by investors or the banks' competitors. So too for debt offering that quickly goes into default."

439 Vgl. *Gilson/Kraakman* (2003), S. 736.

tionellen Verankerung und zu den Grenzen der Selbstregulierung auszuloten. Betrachten wir zunächst die (Investment-)Banken und sodann die Börsen.

(i) (Investment-)Banken und Selbstregulierung

Im Hinblick auf die ausgeprägten Agency-Risiken, die mit dem Vergütungssystem der (Investment-)Banken verbunden sind, können von ihnen gesetzte Regulierungen nur dann konsensfähig unter den Marktakteuren sein, wenn Sicherungsmaßnahmen gegen rent-seeking im Verfahren zur Standardentwicklung getroffen werden. Bevor konkrete Lösungen hierzu betrachtet werden, muss zunächst geklärt werden, wie sich eine Selbstregulierung der (Investment-)Banken überhaupt implementieren lässt. In diesem Mechanismus liegt auch der Schlüssel für verfahrensmäßige Sicherungen.

Da sich (Investment-)Banken im Bereich der „freien“ Selbstregulierung bewegen, kommt nur eine Bindung kraft privatautonomer Entscheidung aller sich verpflichtenden Akteure in Betracht. Eine solche netzförmige und inhaltlich identische Bindung zahlreicher Beteiligter lässt sich am besten über eine mitgliedschaftliche Lösung organisieren. Dabei kann man konkret an folgende Lösung denken: Mit der Mitgliedschaft im Verband der (Investment-)Banken eines bestimmten Marktplatzes verpflichten sich diese, Wertpapierprospekte nur dergestalt zu erstellen, dass die vom Verband verabschiedeten Standards zur Prospekterstellung eingehalten werden. Diese Verpflichtung kann dahingehend ergänzt werden, dass sich die Mitglieder am Underwriting eines öffentlichen Angebots nur beteiligten dürfen, wenn dem Angebot ein Emissionsprospekt zugrunde liegt, der nach dem verbandsinternen Standard erstellt, beim Verband registriert und von diesem zertifiziert wurde.[440]

Registrierung und Zertifizierung machen deutlich, dass es hier zu Überschneidungen mit den Aufgaben kommen kann, die typischerweise von den Wertpapieraufsichtsbehörden bzw. den Börsen erfüllt werden. Diese Überschneidungen legen eine Koordination zwischen den betreffenden Institutionen nahe, da andernfalls Akzeptanzprobleme und eine Verdopplung der Regulierungs- bzw. Transaktionskosten

440 Vgl. hierzu Ziff. 3.3.1.3.

auftreten können. Aufgrund ihrer öffentlichrechtlichen Natur und ihrer Eingriffsbefugnisse stehen Wertpapieraufsichtsbehörden hierarchisch über privatrechtlichen Verbänden. Außerdem setzt das zwingende staatliche Recht eine Untergrenze für private Standards. Folglich müssen die von Verbänden eingeführten Regelwerke zwangsläufig mindestens ebenso streng sein, wie das staatliche Recht und die Vorgaben der Aufsichtsbehörde für den betreffenden Sachverhalt (hier: den Wertpapieremissionsprospekt). Entsprechendes gilt für die Regeln der Börse: auch diese können sich gegen weniger strenge Verbandsregeln durchsetzen. Ihre Durchsetzungskraft beruht allerdings nicht auf normativen Hierarchien, sondern schlicht darauf, dass die Börse das letzte Wort dazu hat, wer bei ihr gelistet wird und wer nicht. Folglich werden Standards zu Wertpapierprospekten, die von den Verbänden der (Investment-)Banken entworfen werden, in Relation zur staatlichen Regulierung und zur Börse immer die strengsten sein, sonst machen sie gar keinen Sinn. Wenn die Dinge aber so liegen, dann macht es aus Sicht der Aufsichtsbehörde durchaus Sinn, zwecks Verfahrensbeschleunigung und zur Vermeidung doppelter Kosten darüber nachzudenken, die Prospektregulierung und vor allem die Prüfung und Zertifizierung von Prospekten an einen Selbstregulierungsverband zu delegieren. Genau darüber verhandeln in der ersten Hälfte des Jahres 2008 der Verband der im Investment tätigen brasilianischen Banken (ANBID) und die Kapitalmarktaufsichtsbehörde (CVM).[441]

Aus der skizzierten Konzeption der Selbstregulierung durch einen Investmentbankenverband folgt, dass ein tatsächlicher Konsens mit den Investoren und Emittenten über den Prospektstandard nicht erfolgt. Beide Gruppen können ja nicht Mitglied des Verbandes werden. Da Emittenten und Investoren aber von diesen Standards betroffen sind, weil das standardkonform erzeugte Produkt für sie bestimmt ist, bedarf es nach dem Konsensparadigma ihrer hypothetischen Zustimmung. An diesem Konsens wird auch der Verband interessiert sein, denn sein Hauptanreiz für das Engagement im Prozess der Standardentwicklung besteht ja gerade darin, das Vertrauen in die Arbeit seiner Mitglieder und die Akzeptanz ihrer Produkte bei Emit-

441 Diese Information erhielt der Verfasser im Rahmen eines Interviews, das er am 10. 1. 2008 mit *José Carlos Halpern Doherty* in dessen Eigenschaft als Superintendente de Auto-Regulação bei ANBID in São Paulo geführt hat.

tenten und Investoren zu erhöhen. Wertpapieremissionsprospekte sind ein solches Produkt.

Den hypothetischen Konsens kann man bejahen, wenn sich für Emittenten und Investoren aus dem Prospektstandard eher Vorteile als Nachteile ergeben und man annimmt, dass weder Emittenten noch Investoren wissen, in welcher Weise sie von dem Standard betroffen sein werden. Wertpapierprospekte zielen darauf ab, Informationsasymmetrien abzubauen und dadurch die Informationseffizienz zu verbessern sowie Transaktionskosten reduzieren. Da Emittenten und Investoren wissen, dass (Investment-)Banken für die Prospektregulierung eine vorteilhafte Anreizstruktur und ein großes Fachwissen haben, werden sie in die überlegene Qualität der betreffenden Standards vertrauen, sofern Verfahrensvorkehrungen gegen rent-seeking getroffen wurden und eine inhaltliche Qualitätskontrolle besteht.

Verfahrensmäßige Sicherungen lassen sich herstellen, indem das Verfahren zur Standardentwicklung transparent gestaltet und eine Dokumentationspflicht eingeführt wird. Zumindest die Quellen für benutzte Vorlagen (precedents) und die Zusammensetzung des Entwurfkomitees (drafting body) müssen offengelegt werden. Ferner kommen öffentliche Anhörungen (hearings) zu Entwürfen in Betracht. Die erforderliche Qualitätskontrolle ist dann gegeben, wenn der Verband eine international anerkannte Benchmark für seine Arbeit anerkennt, oder aber sich gerade die Implementierung einer solchen Benchmark (z.B. IOSCO-Prospektstandards) zum Ziel gesetzt hat. Durch institutionalisierte Kooperationen mit den Entwurfgremien zur Setzung Internationaler Standards und der nationalen Wertpapieraufsichtsbehörde kann die Konsensfähigkeit der Arbeit eines Verbandes zum Zwecke der Selbstregulierung weiter verbessert werden.

Die Schattenseite einer rein privatrechtlich konzipierten Selbstregulierung liegt bei der Rechtsdurchsetzung. Dritte, die sich nicht freiwillig im Rahmen des Verbandes verpflichtet haben, den Standard einzuhalten, können überhaupt nicht sanktioniert werden, wenn sie in irgendeiner Form dazu beigetragen haben, den Standard zu verletzen. Und auch innerhalb des Verbandes sind die Sanktionsmöglichkeiten begrenzt. Zwar sind verbandsinterne Schiedsverfahren und ein vertraglich vereinbartes Sanktionssystem prinzipiell möglich. Die Effektivität dieser Institutionen ist aber gerade bei gravierenden Verstößen bereits auf der Ermittlungsseite sehr zweifelhaft. Es fehlen die schneidigen Durchsuchungs- und Beschlagnahmemöglichkeiten, die dem Gewaltmonopol des Staates unterliegen. Hinzu kommt die Unmöglichkeit, spürbare Sanktionen gegen die eigentlichen Urheber zu verhängen, die regelmäßig nicht Verbandsmitglied sind. Es wird ja typischerweise nicht deshalb zu gravierenden Verstößen gegen den Prospektstandard des Verbandes kommen, weil eine (Investment-) Bank als solche (durch ihr Topmanagement) die Losung ausgegeben hat, systematisch gegen Verbandspflichten zu verstoßen. Vielmehr werden es einzelne Investmentbanker und Teams sein, die bei einem speziellen Projekt (Börsengang, Zweitplatzierung) gegen die Standards des Verbandes verstoßen und dabei kollusiv mit Managern des Emittenten und Wirtschaftsprüfern vorgehen. Die Möglichkeiten eines (Investment-)Bankenverbandes, Sanktionen wegen Verstößen gegen Standards zu verhängen, sind im Wesentlichen auf die präventive Kontrolle, also die Versagung des Zertifikates für erkennbar fehlerhafte Prospekte beschränkt. Stellen sich Fehler erst später heraus, wie es gerade für betrügerische Fehlinformationen typisch ist, erweisen sich Verbandslösungen gemessen an staatlichen Aufsichtsbehörden, Zivilgerichten und der Staatsanwaltschaft als stumpfes Schwert. Sofern allerdings die Aufsichtsbehörden und die Justiz in einem bestimmten Markt nicht schnell und frei von Verpflichtungssystemen arbeiten, relativiert sich natürlich die fehlende Schärfe verbandsinterner Sanktionen.

(ii) Börsen und Selbstregulierung

Das Fazit zur Frage, ob Börsen zur Selbstregulierung geeignet sind, lautete im vorangegangen Abschnitt wie folgt: Börsen sind sowohl aufgrund ihrer Fachkenntnis als auch aufgrund ihrer Anreizstruktur besonders gut dazu geeignet, konsensfähige Aktienmarktregulierungen zu entwerfen.[442] Aufgrund ihrer strategischen Position im Zent-

442 Ebenso *Mahoney* (1997); *Mahoney* (2003); ähnlich: *Black* (2001), S. 796: “A stock exchange with meaningful listing standards and the willingness to enforce them by delisting companies that violate disclosure rules. Stock exchanges are a (...) important reputational intermediary. They establish and enforce listing standards, including disclosure requirements. Investors use the listing as a proxy

rum des Marktplatzes können sie Regulierungen auch relativ leicht durch Verträge implementieren. Diese Aussage gilt sowohl in Richtung der Börsenhändler als auch in Richtung der Emittenten. Im ersten Fall müssen Händler die Zulassungsbedingungen der Börse akzeptieren, um zugelassen zu werden, im zweiten kann die Börse den Hebel der Listingvereinbarung zur Implementierung ihrer Standards ansetzen.[443]

Angesichts der Worte „akzeptieren müssen" und „Hebel" sowie im Lichte der weltweiten Börsenkonsolidierung des letzten Jahrzehntes drängt es sich förmlich auf, den Monopoleinwand gegen die Börse als Regulierungsinstanz zu erheben. In zahlreichen nationalen Märkten, inklusive Brasilien, ist inzwischen nur noch eine einzige Aktienbörse übrig geblieben. Folglich ist *Mahoney's* Lösungsvorschlag zum Monopolproblem, man müsse nur (wohl via staatlicher Regulierung) dafür sorgen, dass der gesamte Aktienmarkt von einer Aktienbörse zur anderen Aktienbörse bei geringen Transaktionskosten wechseln könne,[444] nicht mehr ohne weiteres überzeugend.

Sein Vorschlag gewinnt aber an Überzeugungskraft, wenn man ihn auf die Migration in ausländische Aktienmärkte erweitert. Dagegen lässt sich nun wiederum einwenden, dass realistisch betrachtet nur ein bestimmter Prozentsatz von Aktiengesellschaften aus einer (heranreifenden) Volkswirtschaft an eine ausländische Börse wechseln kann. Dies ist prinzipiell richtig, dennoch ist der Einwand letztlich nicht gravierend, denn die Blue Chips einer heranreifenden Volkswirtschaft können sehr wohl ins Ausland wechseln. Ihr Weggang genügt, um eine regionale Börse mit den Mitteln des Wettbewerbs in die Knie zu zwingen. Beim Niedergang der brasilianischen Aktienbörsen in den 1990er Jahren konnte man ein solches Szenario beobachten, nachdem durch Zulassung von ADR/GDR-Programmen die Grenzen geöffnet wurden.[445] Mehr als 10 Jahre später ist die weltweite Integration der Aktienmärkte noch wesentlich weiter vorangeschritten (ca. 100 brasi-

for company quality. Both investors and exchanges understand that false disclosure by a few companies will taint all listed companies."

443 *Kirchner/Schmidt* (2005), S. 68; *Leuz/Wysocki* (2006), S. 192 mit Fn. 7; *Mahoney* (2003), S. 11.

444 *Mahoney* (2003), S. 5 f.

445 Vgl. zu diesem Niedergang *Schmith* (2004), S. 231 f.; *Mendonça de Barros* et al (2000), S. 7; *Santana* (2008), S. 2 ff.

lianische Gesellschaften haben ADR/GDR-Programme), sodass es ein regionaler Monopolist wie die BOVESPA kaum wagen dürfte, Monopolrenten unter anderem gegen die Giganten Petrobras und CVRD extrahieren zu wollen.

Gleichwohl kann man dem Monopolisten nicht die Entscheidung über das Öffnen und Schließen der Grenzen überlassen. Es ist Aufgabe der staatlichen Regulierung, heimischen Unternehmen die Migration in ausländische Kapitalmärkte offen zu halten, und zwar sowohl auf der Ebene des Aktien- und Kapitalmarktrechts als auch im Steuerrecht. Im Steuerrecht lauern heutzutage (aufgrund der Anreizstruktur der Finanzpolitiker) die eigentlichen Gefahren für den (internationalen) Wettbewerb der Aktienmärkte (z.B. durch Wegzugssteuern) und mithin den Wettbewerb der Regulierungskonzepte. Die Notwendigkeit, Migration in ausländische Märkte zu ermöglichen und das Errichten von Marktzutrittsschranken für neue heimische Börsen zu verhindern, ist einer der beiden zentralen Gründe, weshalb eine freie Selbstregulierung durch die Aktienbörse – wie sie *Mahoney* vorschwebt[446] – nicht in Betracht kommt. Ein weiterer Grund sind die Interessenkonflikte, die sich aus dem Selbstlisting ergeben können.[447]

Abgesehen davon, dass eine staatliche Kapitalmarktregulierung notwendig ist, um gewissen Gefahren der freien Selbstregulierung durch Börsen zu begegnen, ergibt sich diese Notwenigkeit auch aus den „natürlichen" Grenzen der Selbstregulierung. Da Börsen rein privatrechtliche Organisationen sind, können sie, ebenso wie Verbände der Marktakteure, nur diejenigen zum Einhalten ihrer Regelwerke verpflichten, die mit ihnen kontrahieren. Dazu gehören nicht die Investoren. Marktmanipulationen und „subtile" Formen des Insider Trading, die über Hintermänner („Treuhänder") der Insider abgewickelt werden, können von Börsen selbst nicht effektiv verfolgt werden – jedenfalls nicht in Bezug auf alle Beteiligten. Da ein verpflichtender Vertrag zu Lasten Dritter rechtlich nicht anerkannt wird, kann über

446 *Mahoney* (2003), S. 2: "This is an argument, not for the status quo, in which stock exchanges are statutorily appointed a "self-regulatory organizations" under the firm control of SEC, but rather for a more substantial privatization of the regulatory function."

447 Vgl. hierzu oben Ziff. 2.3.2.3.1. (ii).

den Hebel Listingvereinbarung nicht auf Personal des Emittenten zugegriffen werden. Anders liegen die Dinge, sofern das Topmanagement die Listingvereinbarung auch mit Wirkung gegen sich selbst unterzeichnet hat.

Aber auch in Bezug auf jene, die sich der Selbstregulierung kraft privatautonomer Entscheidung unterworfen haben, bestehen – wiederum parallel zur Regulierung durch Verbände der Marktakteure – Defizite, was die Sanktionsmöglichkeiten der Börse anbelangt. Lediglich mit Blick auf die Börsenhändler fällt das Urteil positiver aus. Die Ausschlussdrohung (speziell bei einer Börse mit regionalem Monopol) bedeutet für den Börsenhändler faktisch ein Berufsverbot und ist damit wohl eine recht wirksame Sanktion. Schwierigkeiten können aber bei der Ermittlung eines Verstoßes entstehen. Vertragliche Regelungen zur Offenlegung von Unterlagen etc. sind letztlich kein scharfes Schwert, da auch deren Erfüllung erst einmal vor Gericht eingeklagt werden muss, bevor sie vor Ort vollstreckt werden können. Mit den Möglichkeiten des Staatsanwaltes können weder solche Regelungen noch Schiedsgerichtsklauseln konkurrieren. Dies gilt selbstverständlich auch für Ermittlungen bei den gelisteten Unternehmen.

Bei den Emittenten kommt erschwerend hinzu, dass die anscheinend so wirksame Sanktion des (zeitweisen) Delisting ein zweischneidiges Schwert ist. Zweischneidig ist es, weil das Delisting und der damit verbundene Entzug von Liquidität die Investoren härter trifft als die Täter auf der Emittentenseite. Die Täter haben sich je nach Lage der Dinge und dem Motto „take the money and run" längst aus dem Staub gemacht. Auch in Listingbedingungen vereinbarte Geldstrafen gegen den Emittenten treffen zumindest mittelbar die Investoren, da sie regelmäßig aus der Unternehmenskasse bezahlt werden. Abgesehen davon, dass durch Maßnahmen gegen den Emittenten nicht die Wurzeln des Agency-Problems gelöst werden, ist das zentrale Sanktionsinstrument der Börse, das (zeitweilige) Delisting, in vielen Fällen nicht angemessen. Für eher geringfügige Verstöße ist es eine übertriebene Sanktion. Bei massiven Verstößen, wie sie vor allem in insolvenznahen Szenarien vorkommen, ist das Delisting hingegen zu schwach bzw. wirkungslos. *Paul G. Mahoney* hat diese Disproportionalität treffend wie folgt beschrieben:[448]

448 *Mahoney* (2003), S. 10.

> "The exchange's principal threat is to delist a company that violates its rules. That is an excessive sanction for minor violation and accordingly not credible. It is an insufficient sanction for egregious violations, particularly those prompted by "last period" concerns. (...) In that situation, the company has nothing to lose from concealment if the only sanction is delisting. If the company discloses, it will become bankrupt. If it conceals and the exchange discovers the deception, the company will be delisted. Assuming that the stigma of the delisting in those circumstances destroys the market for the company's securities, the worst that can happen is bankruptcy. There is marginal deterrence of concealment."

Zieht man Bilanz zur Selbstregulierung, so kann man festhalten, dass Börsen besonders gut dafür geeignet sind, in den folgenden Bereichen Regulierungen zu schreiben und Internationale Standards zu implementieren: Offenlegung von Unternehmensinformationen, Corporate Governance Themen mit unmittelbarem Einfluss auf die Umlauffähigkeit der Aktien (z.B. free float), Verhaltensregeln für Mitglieder der Börse (insbesondere Börsenhändler) und die Gestaltung der Marktstruktur (z.B. Segmentierung, Market-Maker). Aufgrund ihres unmittelbaren Zugriffs auf Marktdaten können sie außerdem einen wichtigen Beitrag zur Durchsetzung ihrer eigenen und der staatlichen Marktregulierungen leisten. Allerdings stoßen sie speziell beim Aufdecken schwerwiegender Betrugsfälle oder Manipulationen an Grenzen, die nur mit Hilfe des staatlichen Gewaltmonopols (z.B. staatsanwaltliche Durchsuchungen) überwunden werden können. Für den Bereich der Sanktionen gilt ähnliches. Mit Blick auf Investoren hat die Börse keine Zugriffsmöglichkeit. Daher dürfte das effektivste institutionelle Arrangement eine Kombination aus privater Rechtsentwicklung und staatlicher Rechtsdurchsetzung sein.[449]

449 In diesem Sinne auch *Black* (2001), S. 785; *Mahoney* (2003), S. 11; *Leuz/Wysocki* (2006), S. 190: "We emphasize that there are various mechanisms that influence outcomes – such as corporate transparency, market forces and a country's individual arrangements – aside from disclosure regulation. Moreover, there are interactions between these different mechanism and forces. For instance, we highlight that corporate transparency likely is a joint outcome of market forces and the incentives provided by various institutions and regulations and the quality of their enforcement. Moreover, we point to significant complementarities between the elements of the institutional infrastructure and markets. As a result of these complementarities, particular disclosure regulation should not be viewed in isolation from other economic factors, institutional arrangements, and regulation."

Bei dieser Kombination stellt sich aber ein rechtsstaatliches und demokratisches Legitimationsproblem. Der Staat kann nämlich nicht mit den Mitteln des Verwaltungsrechts und schon gar nicht mit denjenigen des Strafrechts rein privatrechtlich begründete Ansprüche durchsetzen. Dieses Legitimationsproblem lässt sich nur in einem System der regulierten Selbstregulierung überwinden, indem die Börse von staatlicher Seite den Auftrag erhält, ihre Marktordnung selbst zu regulieren, und sich sodann die entworfenen Regulierungen genehmigen lassen muss (z.B. durch die Wertpapieraufsichtsbehörde). Normative Politikempfehlungen zur konkreten Gestaltung der regulierten Selbstregulierung müssen die jeweiligen wirtschaftlichen, institutionellen und kulturellen Parameter des betreffenden Marktes berücksichtigen. Ob und welche Gestaltungselemente sich allgemein oder für heranreifende Volkswirtschaften empfehlen lassen, wird im Kontext einer Analyse des institutionellen Arrangements gegeben, das Brasilien für seinen Novo Mercado entwickelt hat.

2.4. Konsensfähige Eckpunkte einer Aktienmarktregulierung

Bevor die Analyse des institutionellen Arrangements „Novo Mercado“ in Angriff genommen wird, sind die Ergebnisse des zweiten Kapitels zusammenzufassen. Zunächst ging es darum zu ermitteln, welche Meta-Ziele der Kapitalmarktregulierung unter den Marktakteuren konsensfähig sind und wie die Annäherung an diese Ziele gemessen werden kann. Die Ziele wurden aus den originären und messbaren Funktionen des Kapitalmarktes abgeleitet, sie lauten: Verbesserung der Informationseffizienz und Senkung der (impliziten) Transaktionskosten. Als konsensfähiger Maßstab für eine Veränderung im Grad der Zielerreichung hat sich die Marktliquidität herauskristallisiert, die in bid-ask-spreads zu messen ist.

Sodann wurde ermittelt, in welchen Fällen überhaupt Regulierungen des Aktienmarktes erforderlich sind, um die genannten Meta-Ziele zu erreichen oder um Gefahren für sie abzuwenden. Dabei hat sich für die folgenden Fälle ein Regulierungsbedarf ergeben: Unterproduktion von Informationen über den Emittenten, Lösung bestimmter Agency-Konflikte beim Emittenten (Corporate Governance), Bekämpfung gezielter Falschinformation, Kursmanipulationen, aggressive Formen des Insider Trading sowie systemisches Risiko. Dieses Risiko kann allerdings im Kern wohl nicht auf der Ebene der Marktordnung (des Transaktionsrechts) gelöst werden,[450] sondern allenfalls durch eine Regulierung bestimmter Finanzintermediäre.

Danach wurden Kosten- und Nutzenaspekte verschiedener Regulierungsinstrumente und -methoden analysiert. Dabei ergab sich, dass es gerade für heranreifende Volkswirtschaften besonders vorteilhaft sein kann, Internationale Standards zur Finanzmarktregulierung zu implementieren. Ob bei der Implementierung besser eine „Eins-zu-eins"-Strategie oder eine „Benchmark"-Strategie verfolgt wird, kann nicht allgemein beantwortet werden, sondern hängt insbesondere davon ab, ob eher eine technische Regulierungsmaterie betroffen ist oder eine solche Materie, die auf erhebliche Pfadabhängigkeiten im vorhandenen institutionellen Arrangement trifft.

Schließlich wurde die Anreizstruktur potentieller Regulierungsinstanzen diskutiert, um herauszufinden, welche Kompetenzzuweisung anreizkompatibel und bei den Marktakteuren konsensfähig sein könnte. In diesem Kontext wurden vor allem Möglichkeiten und Grenzen der Selbstregulierung erörtert. Dabei stellte sich heraus, dass die Börsen besonders gut als Selbstregulierungsinstanz geeignet sind; daneben kommen Verbände der Marktakteure, namentlich der (Investment-)Banken, in Betracht. Allerdings können diese Selbstregulierungsinstanzen speziell Durchsetzungs- und Ermittlungsaufgaben nur bis zum einem bestimmten Grad effektiv erfüllen, so dass eine Arbeitsteilung zwischen Selbstregulierungsinstanzen und staatlichen Regulierungsinstanzen notwendig ist. Darüber hinaus erfordern natürliche Monopole der Börsen und ihr Selbstlisting eine gewisse Kontrolle ihrer Selbstregulierungsaktivitäten.

Das Zusammenspiel zwischen Marktakteuren (Selbstregulierung) und staatlichen Akteuren erlangt noch eine weitere Dimension, wenn man Regulierung als Suchprozess unter der Bedingung eingeschränkter Rationalität versteht.[451] In bestimmten Regelungsmaterien kann spe-

450 Die US-SEC versuchte im Sommer 2008 allerdings mit dem zeitweiligen Verbot von sog. Leerverkäufen, also einem Eingriff in das Transaktionsrecht, die Folgen der „Subprime"-Krise abzumildern.

451 Vgl. *Kirchner* (2006b), S. 112 Rdn. 52.

ziell für eine staatliche Regulierung noch nicht genügend Wissen vorhanden sein, das bei den Marktakteuren entweder schon vorhanden ist oder aber von ihnen leichter erworben werden kann. Aufgrund höherer Flexibilität im Verfahren der Standardsetzung und der geringeren Reichweite ihrer Standards gegenüber staatlichen Regulierungen (vor allem Gesetzen) sind Selbstregulierungsinstanzen zum Beispiel eher in der Lage, verschiedene Lösungen über die Zeit auszuprobieren. Der Staat kann sich in der Regulierung mit Blick auf Rechtssicherheit und Kosten keine Experimente leisten. Außerdem stehen Selbstregulierungsinstanzen wie Börsen in einem härteren Regulierungswettbewerb mit anderen Marktplätzen als der Staat. Zumindest werden Börsenmanager und -eigentümer einen solchen Wettbewerb deutlicher wahrnehmen als Politiker oder Verwaltungsbeamte. Im Regulierungswettbewerb werden aber – wie in jedem Wettbewerbsprozess – Innovationen produziert und zugleich ihre Qualität getestet. Selbstregulierung kann also gerade in der Lernphase eine Reihe von Vorteilen bieten.[452] Im Bereich der Finanzmärkte ist dieser Aspekt besonders wichtig, da diese Märkte immer wieder neue Produkte hervorbringen, deren Lebenszyklus manchmal kurz sein kann und die nach mehr oder weniger kurzer Boomphase entweder ganz oder zeitweise wieder verschwinden, weil sie z.B. für eine sehr spezifische Marktsituation konzipiert wurden. In solchen Fällen wird sich bei einer Gesamtkostenbetrachtung eine Regulierung entweder gar nicht oder nur nach einer Etablierung des Produkts lohnen, sodass etwaige Externalitäten in der Zwischenzeit von der staatlichen Regulierung schlicht hingenommen oder der Selbstregulierung überlassen werden sollten.

Schließlich kann Selbstregulierung, insbesondere wenn sie sich Internationaler Standards bedient, noch eine weitere Funktion im Reformprozess einer Regulierung erfüllen. Sie kann nämlich als Beschleuniger und Hebel zur Überwindung politischer Widerstände dienen. Ganz in diesem Sinne hat *Maria Helena Santana*, eine der zentralen Figuren bei der Reform des brasilianischen Aktienmarktes, folgenden Titel für einen Vortrag zum Novo Mercado gewählt:[453] “Using the Stock Exchange to Speed Reform.”

452 *Kirchner* (2002), S. 105.
453 *Santana* (2002).

Kapitel 3: Das institutionelle Arrangement des Novo Mercado

3.1. Überblick

Im dritten und letzten Kapitel wird die Entwicklung des institutionellen Arrangements Novo Mercado dargestellt und im Lichte der theoretischen Erwägung des zweiten Kapitels analysiert. Kreation und Erfolgsgeschichte der Aktienmarktreform sind untrennbar verbunden mit dem tiefgreifenden Wandel der brasilianischen Wirtschaftsordnung in den 1990er Jahren und den makroökonomischen Turbulenzen in dieser Zeit. Damit diese Zusammenhänge greifbar werden, folgt der Aufbau dieses Kapitels weitgehend dem historischen Verlauf der Ereignisse und Reformprojekte. Als Beginn wird das Jahr 1988 gewählt, denn in diesem Jahr gab sich Brasilien seine aktuelle Verfassung – und wie stets markiert die Verfassung den äußeren institutionellen Rahmen für die Marktorganisation. Im Falle Brasiliens ist die Bedeutung der Verfassung umso größer, als sie – gemessen an Verfassungen anderer Länder – sehr detailreich ausgestaltet wurde, was vor dem Hintergrund der langen Militärzeit verständlich ist. Der Regelungsinhalt der brasilianischen Verfassung erstreckt sich unter anderem auf Grundfragen der Verwaltungsorganisation. Dadurch wird ein Ordnungs- und Kompetenzrahmen vorgegeben, in den sich insbesondere die Finanzmarktaufsicht einfügen muss. Letztlich beeinflusst die Verfassung auf diese Weise das institutionelle Arrangement der Kapitalmarktakteure.

3.2. Institutioneller Rahmen und makroökonomische Entwicklung

3.2.1. Die demokratische Verfassung des Jahres 1988

3.2.1.1. Verfassungsrechtliche Weichenstellung

Die verfassungsrechtliche Kompetenzordnung und das Verfahren zur Gesetzgebung sind von zentraler Bedeutung für die Frage, auf welche Weise und von welchen Akteuren die Kapitalmarktordnung eines Staates strukturiert wird. Über die Kompetenzordnung und das Gesetzgebungsverfahren werden die Weichen dafür gestellt, ob die Kapitalmarktregulierung eher auf der Ebene des förmlichen Gesetzes oder des Wirtschaftsverwaltungsrechts erfolgt. Implizit ergibt sich aus der Verfassung auch, ob überhaupt grundsätzlich eine Selbstregulierung durch die Marktakteure möglich ist. Darüber entscheiden die Verfassungsgeber, indem sie sich prinzipiell zur Marktwirtschaft und Vertragsfreiheit bekennen.[454] Die brasilianische Verfassung von 1988 gibt ein solches Bekenntnis ab. Inwieweit es dann in einem bestimmten Markt tatsächlich zur Selbstregulierung kommt, hängt primär davon ab, welchen Spielraum der Gesetzgeber den Marktakteuren belässt, indem er von seiner Regelungskompetenz entweder (gezielt) keinen Gebrauch macht oder nur eine Rahmenordnung vorgibt. Sofern grundsätzlich ein solcher Spielraum besteht, wird das Engagement, das die Marktteilnehmer in Sachen Selbstregulierung entfalten, vor allem durch die Leistungsfähigkeit der staatlichen Regelungen bestimmt werden. Erweisen sich diese Regelungen als unzureichend, oder fordert der Staat gar zur Selbstregulierung auf, dann wird die Selbstregulierung in dem betreffenden Markt tendenziell bedeutsamer sein.

3.2.1.2. Das Gesetzgebungsverfahren und seine Schwächen

Die beiden verfassungsrechtlichen Strukturprinzipien, die das brasilianische Gesetzgebungsverfahren maßgeblich bestimmen, sind das Zweikammern- und das Präsidialsystem.[455] Gesetzgebendes Organ ist der Congresso Nacional (Art. 44 Verfassung-1988), der sich aus dem Abgeordnetenhaus (Câmara dos Deputados) und dem Senat (Senado Federal) zusammensetzt. Die Câmara dos Deputados wird vom gesamten Volk in landesweiten Wahlen für eine Amtszeit von vier Jahren gewählt, und zwar nach dem Verhältniswahlprinzip. Da-

454 Grundlegend sind die Garantien der freien Initiative (Art. 1 IV, Art. 170 caput, Art. 170 IV: "livre iniciativa"), des freien Wettbewerbs (Art. 170 IV), der Handlungsfreiheit (Art. 5 II) und die Eigentumsgarantie (Art. 5 XXII, Art. 170 II); vgl. *e Silva Neto* (2008), S. 792 ff.

455 Vgl. *e Silva Neto* (2008), S. 349 ff. und 419 ff.

bei hat sich in den vergangenen 20 Jahren keine klare Parteienlandschaft herausgebildet. Vielmehr sind in der Câmara dos Deputados zahlreiche Parteien vertreten, von denen keine mehr als 20 Prozent der Abgeordneten stellt.[456] Im Senado Federal sind die verschiedenen Bundesstaaten (und der Distrito Federal) der Föderativen Republik Brasilien mit jeweils drei Senatoren vertreten. Die Senatoren werden für die Dauer von acht Jahren gewählt. Sowohl das Abgeordnetenhaus als auch der Senat treffen Entscheidungen grundsätzlich mit der einfachen Mehrheit der abgegebenen Stimmen (Art. 47 Verfassung-1988).

Neben dem Congresso Nacional steht der Präsident als zentrales Exekutivorgan (Art. 76 Verfassung-1988).[457] Er wird direkt vom Volk gewählt (Art. 77 und Art. 82 Verfasssung-1988), wobei eine Wiederwahl nach Ablauf der vierjährigen Amtszeit einmal zulässig ist (Art. 14 § 5 Verfassung-1988). Der Präsident steht nicht nur an der Spitze der Exekutive, sondern er hat auch erheblichen Einfluss auf die Gesetzgebung.[458] Dazu gehören insbesondere ein umfangreiches und teilweise exklusives Initiativrecht (Art. 60 II, Art. 61 caput und § 1 Verfassung-1988) sowie ein Vetorecht gegen Gesetzesbeschlüsse der beiden Kammern (Art. 66 Verfassung-1988). Hat jedoch die politische Partei des Präsidenten in beiden Kammern keine klare Mehrheit, was die Regel ist, dann kommt es häufig zu einer Blockade der Gesetzesvorschläge des Präsidenten; entsprechendes gilt für Gesetzesprojekte, die von anderer Seite initiiert werden (vgl. Art. 61 caput sowie § 2 Verfassung-1988). Die Blockademöglichkeit resultiert nicht

456 Nach den Wahlen von 2006 (2002) gehören zu den wichtigsten Parteien Brasiliens: „partido dos trabalhadores – PT" mit 15% (17,7%); „partido do movimento democrático brasileiro – PMDB" mit 14,6% (14,4%); „partido social da democracia brasileira – PSDB" mit 13,6% (13,8%); „democratas – DEM" mit 10,9% (16,4%); „partido progressista – PP" mit 7,1% (9,6%); „partido socialista brasileiro" mit 6,2% (4,3%); „partido democrático trabalhista – PDT" mit 5,2% (4,1%); „partido trabalhista brasileiro – PTB" mit 4,7% (5,1%); „partido da república – PR" mit 4,4% (5,1%); „partido popular socialista – PPS" mit 3,9% (2,8%); „partido verde – PV" mit 3,6%; „partido comunista do brasil – PCdoB" mit 2,1% (2,3%). Vgl. zu den Zahlen die website des Tribunal Superior Eleitoral, http://www.tse.gov.br

457 Zur Entstehung und zum Machtgefüge in der brasilianischen Verfassung vgl. *Baaklini* (1992), S. 179 ff.

458 *E Silva Neto* (2008), S. 400 ff.

zuletzt daraus, dass beide Kammern die Gesetzesentwürfe ändern können, wodurch eine erneute Zustimmung der jeweils anderen Kammer erforderlich wird (Art. 65 Verfassung-1988), die dann ihrerseits Änderungen vornehmen kann usw. In der Verfassungspraxis hat sich das skizzierte Gesetzgebungsverfahren als äußerst schwerfällig erwiesen, da der erforderliche Konsens beider Kammern und des Präsidenten aufgrund der zersplitterten Parteienlandschaft schwierig zu erreichen ist. Häufig muss sich der Präsident insbesondere die Zustimmung der Länderkammer erkaufen, indem er den Gouverneuren der Bundesstaaten teure Geschenke macht (z.B. Refinanzierung von bundesstaatlichen Schulden). Verschärft wird das Ganze durch den erheblichen Einfluss gut organisierter Lobbyistengruppen (der sog. brasilianische „Corporatism“).[459] Die Folge sind sehr lange Laufzeiten der Gesetzgebungsverfahren. Bei der Reform des Insolvenzrechts[460] dauerte das Gesetzgebungsverfahren zum Beispiel elf Jahre und bei der Bilanzrechtsreform[461] (Einführung der IFRS) waren es sieben Jahre, wobei der Gesamtprozess fast zwanzig währte.[462] Diese

459 Vgl. *Doctor* (2003).

460 Am 9. Februar 2005 wurde nach 11 Jahre dauerndem Gesetzgebungsprozess das Gesetz Nr. 11.101/2005 zur Reform des Insolvenzrechts verabschiedet (Lei de Fâlencias e Recuperação de Empresas), das zu einer Stärkung der Gläubigerrechte geführt hat; vgl. *Baer* (2008), S. 166; *Standard & Poors* (2005); *Stuber/Carloni* (2005). Zu den Motiven des Gesetzgebers vgl. die Ausführungen des Abgeordneten *Biolchi* (2007), S. XXXV–XLV.

461 Die Initiative zur Übernahme der IFRS in das brasilianische Recht (durch Änderung der Vorschriften zur Rechnungslegung der Aktiengesellschaften, Kapitel XV, XVI, XVIII und XX des Gesetzes 6.404/1976) ging von der CVM aus, die ein entsprechendes Reformgesetz in die Abgeordnetenkammer (Câmara dos Deputados) eingebracht hat (Gesetzesprojekt Nr. 3.741/2000). Nach langen Diskussionen im Congresso Nacional wurde das Projekt in Gestalt des Gesetzes Nr. 11.638 vom 28. 12. 2007 angenommen. Danach werden die IFRS nicht nur für Aktiengesellschaften eingeführt, sondern für alle Gesellschaften, die eine bestimmte Größenordnung erreichen: Gesamtwert der Bilanzaktiva BRA$ 240 (ca. € 90 Mio.), Umsatz über BRA$ 300 Mio. (ca. € 110 Mio.).

462 Bereits im Plano de Desenvolvimento do Mercado de Capitais der CVM aus dem Jahre 1988 wurde die Übernahme internationaler Bilanzregeln als Ziel definiert; vgl. CVM Instrução Nr. 86 vom 20. 10. 1988, Abschnitt "Dos Principais Objetivos e Metas, Ziff. 2 a). Darauf nimmt die CVM in einer Stellungnahme zum Abschluss der Bilanzrechtsreform Bezug; vgl. *CVM,* Edital de audiência pública SNC Nr. 02/2007, vom 30. 6. 2007, S. 3 (abrufbar unter http://www.cvm.gov.br).

Zeiträume sind im Bereich der Kapitalmarktregulierung für die Marktakteure völlig inakzeptabel.

3.2.1.3. Weitreichende Ewigkeitsgarantie für erworbene Eigentumsrechte

Abgesehen von dem ohnehin schwierigen und meist sehr langwierigen Gesetzgebungsverfahren sieht die Verfassung aber noch einen weiteren Stolperstein vor, der es extrem schwer macht, strukturelle Reformen durchzusetzen, die in bestehende Eigentumsrechte bzw. Rechtspositionen eingreifen. Die brasilianische Verfassung enthält im Rahmen des Grundrechtskatalogs (vgl. Art. 5 XXXVI Verfassung-1988) nämlich eine Bestandsgarantie für bereits erworbene Rechte („direito adquirido") und abgeschlossene Rechtsakte („ato jurídico perfeito").[463] Diese Positionen können durch parlamentarische Gesetze nicht revidiert werden (vgl. Art. 59 II, III Verfassung-1988: leis complementares oder leis ordinárias). Selbst mit einer Verfassungsänderung (Art. 59 Abs. I Verfassung-1988: emendas à Constituição) kommt man regelmäßig nicht weiter, denn die brasilianische Verfassung sieht in Art. 60 § 4 IV eine Ewigkeitsgarantie (cláusula pétrea) für individuelle Garantien und Rechte (direitos e garantias individuais) vor, und dazu gehört dem systematischen Standort nach auch die Garantie erworbener Rechte und abgeschlossener Rechtsakte (Art. 5 XXXVI Verfassung-1988).

Die Ewigkeitsgarantie der brasilianischen Verfassung ist breiter formuliert als zum Beispiel Art. 79 Abs. 3 GG und wird (bislang) überwiegend auch weit interpretiert.[464] Da die Garantie erworbener Rechte und abgeschlossener Rechtsakte zivilrechtlichen Ursprungs ist, können auch im Zivilrecht, namentlich im Aktienrecht, kaum rückwirkende Änderungen vorgenommen oder Anpassungspflichten an eine neue Rechtslage geregelt werden. Im Zuge des Reformprozesses der brasilianischen Gesellschaft während er 1990er Jahre und danach hat sich die steinerne Klausel vor allem als Stolperstein für eine grundlegende Reform des Pensionssystems erwiesen, die zur Entlas-

463 Zur Interpretation dieses Verfassungsartikels wird Art. 6 des Einführungsgesetzes zum Código Civil herangezogen (Decreto-Lei Nr. 4.657/1942).

464 Vgl. *e Silva Neto* (2008), S. 21 ff.

tung der Staatsfinanzen und damit für die Stabilitätspolitik dringend erforderlich war. Im Jahre 2002 hat das Verfassungsgericht (Supremo Tribunal Federal) eine viel diskutierte Kehrtwende bei der Verfassungsinterpretation vollzogen und auf diese Weise ein Reformgesetz zum Pensionssystem (aus dem Jahre 2003) nicht an der Ewigkeitsgarantie scheitern lassen.[465] Begründet wurde die Entscheidung im Wesentlichen mit dem Argument, dass andernfalls ein Systemzusammenbruch drohe. Damit erkennt das Gericht offenbar an, dass es zwanzig Jahre nach Einführung der Verfassung und fast fünfundzwanzig Jahre nach Ende der Militärzeit nicht angehen kann, die Verfassung erstarren zu lassen und als Bollwerk gegen unbezahlbar gewordene Privilegien einer kleinen gesellschaftlichen Gruppe einzusetzen.

3.2.1.4. Auswege aus der verfassungsrechtlichen und politischen Sackgasse

Angesichts der skizzierten Blockade liegt es auf der Hand, dass sich sowohl auf der Ebene der Verfassungspraxis als auch auf der Ebene der Marktakteure alternative Regulierungskonzepte herausbilden mussten. Die Auswege der Exekutive, namentlich des Präsidenten, aus den häufigen parlamentarischen Blockaden sind in der Verfassung selbst angelegt.

(i) Delegierte Gesetzgebung („leis delegadas")

Einer dieser Auswege besteht darin, dass der Congresso Nacional die Ausarbeitung bestimmter Gesetzesprojekte an den Präsidenten delegieren kann (Art. 68 caput Verfassung-1988). Diese Delegation erfolgt durch eine Resolution, die den Auftrag zur Gesetzgebung konkretisieren muss (Art. 68 § 2 Verfassung-1988). In dieser Resolution kann auch festgelegt werden, dass ein vom Präsidenten entworfenes Gesetz erst in Kraft tritt, nachdem der Congresso Nacional seine Zustimmung erklärt hat (Art. 69 § 3 Verfassung-1988). In diesem Fall wird das Problem der schwierigen Mehrheitsfindung für Gesetzesbe-

[465] Vgl. die Entscheidung des Supremo Tribunal Federal vom 26. 9. 2007 zur Emenda Constitucional Nr. 41/2003 im Rahmen der Ação direta de inconstitucionalidade Nr. 3.104-0.

schlüsse offensichtlich nicht überwunden. Selbst wenn der Congresso Nacional von seiner Option, einen Zustimmungsvorbehalt aufzunehmen, keinen Gebrauch macht, stellt das Institut des delegierten Gesetzes keine effektive Lösung dar. Denn zum einen können zahlreiche Materien gar nicht übertragen werden (insbesondere „leis complementares", vgl. Art. 68 § 1 Verfassung-1988) und zum anderen muss für die Übertragungsentscheidung („resolução") selbst eine politische Mehrheit im Congresso Nacional gefunden werden.[466]

(ii) Provisorische Maßnahmen („medidas provisórias")

In der brasilianischen Verfassungspraxis hat sich daher ein anderes Institut als bevorzugter Ausweg der Präsidenten aus den häufigen parlamentarischen Blockaden herauskristallisiert: die sog. medidas provisórias. Gemäß Art. 62 Verfassung-1988 kann der Präsident im Fall von „Relevanz und Dringlichkeit" provisorische Maßnahmen erlassen, die Gesetzeskraft haben (Art. 62 caput Verfassung-1988).[467] Die beiden Voraussetzungen für den Erlass solcher Maßnahmen erscheinen auf den ersten Blick restriktiv. De facto sind sie es aber nicht, denn in der Verfassungspraxis wurden sie stets weit ausgelegt, so dass die Präsidenten regen Gebrauch davon machten.[468] Im Jahre 2001 wurden die Einsatzmöglichkeiten für vorläufige Maßnahmen jedoch durch eine Verfassungsänderung deutlich eingeschränkt (Emenda Constitutional Nr. 32/2001).[469] Gemäß Art. 62 § 3 Verfassung-1988 verlieren provisorische Maßnahmen ihre Wirksamkeit, wenn sie nicht innerhalb von 60 Tagen vom Congresso Nacional in förmliche Gesetze umgewandelt werden. Allerdings kann der Präsident die Maßnahmen einmalig um weitere 60 Tage verlängern (Art. 62 § 7 Verfassung-1988).

466 Vgl. zu delegierten Gesetzen *e Silva Neto* (2008), S. 406ff.

467 Die Aufnahme der „medidas provisórias" in die Verfassung wurde von der italienischen Verfassung (Art. 77 Verfassung-1947) inspiriert; vgl. *e Silva Neto* (2008), S. 410ff.

468 Präsident *Fernando Collor de Melo* (1990–1992) setzte 106 vorläufige Maßnahmen in Kraft, bei *Itamar Franco* (1992–1994) waren es 505 und bei *Fernando Henrique Cardoso* (1994–1998 und 1999–2002) sogar 4.954; vgl. *Mainwaring* (1988), S. 62f. und 168–187.

469 *E Silva Neto* (2008), S. 414f.

Als Folge der Verfassungsänderung des Jahres 2001 ist die Bedeutung provisorischer Maßnahmen im Vergleich zu der Ära des Präsidenten Fernando Henrique Cardoso (1994–2002) zurückgegangen. Im Gesellschafts- und Kapitalmarktrecht war dieses Regulierungsinstrument ohnehin stets ungeeignet, da Rechtsänderungen in diesen Bereichen kaum rückgängig gemacht werden können oder nur bei prohibitivem Aufwand. Entsprechend gering war insoweit der Einsatz provisorischer Maßnahmen. Stattdessen hat man in erheblichem Umfang von einem weiteren Instrument Gebrauch gemacht, das die Verfassung-1988 zur effektiveren Regulierung bereithält, nämlich der Einrichtung einer sog. autarken Behörde mit Normsetzungsbefugnis.

(iii) Unabhängige Verwaltungsagenturen mit Normsetzungsbefugnis

Art. 37 Abs. XIX Verfassung-1988 sieht die Möglichkeit vor, durch spezielles Gesetz sog. autarke Behörden einzurichten. Diesen Behörden kann in dem betreffenden Gesetz auch die Kompetenz übertragen werden, für ihren Zuständigkeitsbereich Normen zu setzen. Das übertragende Gesetz muss Zielvorgaben enthalten sowie die Reichweite und Grenzen der Normsetzungsbefugnis bestimmen.[470] Diese Befugnis endet jedenfalls dort, wo ein parlamentarisches Gesetz geändert werden müsste. Die brasilianische Kapitalmarktaufsichtsbehörde, die Comissão de Valores Mobiliários (CVM), hat den Status einer solchen autarken Behörde: Sie überwacht also nicht nur die Einhaltung von Gesetzen, die für den Kapitalmarkt relevant sind, sondern kann auch selbst Kapitalmarktrecht setzen. Daneben gibt es im Bereich der Finanzmarktregulierung noch zwei weitere „Autarquias“: Die Banco Central do Brasil (BACEN) und die Superintendência de Seguros Privados (SUSEP). Das Konzept der autarken Behörden spielt im brasilianischen Wirtschaftsrecht eine erhebliche Rolle, so hat zum Beispiel auch die Kartellaufsichtsbehörde CADE

470 *Rocha* (1986), S. 47, 54 f.: "Por outras palavras, a lei que opera a delegação deve ser suficientemente clara quanto à política adotada pelo legislador e quanto aos objetivos por ele perseguidos, bem como com relação aos limites em que se exercerá a delegação. A conseqüência prática desta clareza consiste no fato de que ela confere parâmetros pelos quais se pode avaliar a atuação do Executivo, sabendo se ele está ou não se coadunando com os objetivos estabelecidos pelo legislador."

(Conselho Administrativo de Defesa Econômica) den Status einer Autarquia.[471]

Das Fundament für die Normsetzungskompetenz der Autarquias bildet die verfassungsrechtliche Doktrin der Delegation legislativer Gewalt (delegação de poderes legislativos).[472] Die abgeleitete Gesetzgebungskompetenz der autarken Behörden kann sehr weit reichen. Im Falle der CVM ist dies der Fall, denn das mehrfach geänderte Gesetz (Nr. 6.385/1976) zur Konstituierung der CVM zählt zwar ihre Zuständigkeiten einzeln auf, es verwendet dabei aber (zumindest teilweise) eher generalklauselartige Formulierungen. Die äußerste Grenze ihrer Normsetzungsbefugnis ist dort überschritten, wo die CVM Regelungen eines parlamentarischen Gesetzes wie zum Beispiel das Aktiengesetz (Gesetz Nr. 6.404/1976) ändern müsste, um eine Veränderung herbeizuführen. Folglich konnten und können fundamentale Corporate Governance Themen nicht von der CVM adressiert werden, jedenfalls nicht im Wege der Normsetzung. Beispielsweise war es ihr nicht möglich, die in Brasilien vieldiskutierte Obergrenze für Vorzugsaktien (von zwei Dritteln auf 50%) herabzusetzen. Dieser Schritt musste vielmehr durch parlamentarisches Gesetz geschehen (Gesetz Nr. 10.303/2001). Ebenso verhält es sich mit der verbindlichen Einführung der IFRS (Gesetz Nr. 11.638/2007).

In Bereich des Aktienrechts steht der CVM nur dann eine Regelungskompetenz zu, wenn sich im Aktienrecht eine ausdrückliche Ermächtigungsnorm dafür findet. Aber selbst eine solche Norm kann nur zu Konkretisierungen und nicht zu Änderungen des Aktienrechts ermächtigen. Ein Beispiel findet sich in Art. 60 § 3 Gesetz 6.404/1976. Dort sieht das Aktiengesetz explizit vor, dass die CVM die Emission von Unternehmensanleihen einschränken kann.[473]

Die CVM wurde nicht erst auf Basis der Verfassung-1988 eingerichtet, sondern schon im Jahre 1976 (Gesetz Nr. 6.385/1976), also zeitgleich mit der großen Aktienrechtsreform (Gesetz Nr. 6.404/1976).

471 *Oliveira/Grandino Rodas* (2004), S. 18; *Aragão* (2006), S. 293 ff.

472 *Eizirik/Gaal/Parente/de Freitas Henriques* (2008), S. 249; *Rocha* (1986).

473 Art. 60 § 3 Gesetz 6.404/1976: "A Comissão de Valores Mobiliários poderá fixar outros limites para emissões de debêntures negociadas em bolsa ou no balcão, ou a serem distribuídas no mercado." Vgl. *Eizrik/Gaal/Parente/de Freitas Henriques* (2008), S. 70.

Sie ist Bestandteil des Brasilianischen Finanzsystems, des sog. Sistema Financeiro Nacional (SFN), dessen Fundament in den Jahren 1964/1965 errichtet wurde.[474]

3.2.2. Fortschreibung des 1964/1965 eingeführten nationalen Finanzsystems

3.2.2.1. Grundstruktur des Brasilianischen Finanzsystems

Die ursprüngliche Verfassung-1988 enthielt im Kapitel IV einige Regelungen zum SFN. Gemessen am hohen Detailgrad, der charakteristisch ist für die brasilianische Verfassung, waren diese Regelungen vergleichsweise kurz, da die Verfassung-1988 von Anfang an die Existenz des SFN voraussetzte und dessen Fortschreibung dem parlamentarischen Gesetz überließ. Diese Vorgehensweise ist in technischer Hinsicht stimmig, denn bereits die Einrichtung des SFN in den Jahren 1964/65 erfolgte durch einfaches Gesetz und nicht im Rahmen der Verfassung.[475] Im Jahre 2003 wurden durch eine Verfassungsänderung selbst die relativ knappen Regelungen zum SFN weitgehend gestrichen (Emenda Constitucional Nr. 40/2003). Heute finden sich nur noch die folgenden Bruchstücke zum SFN in der Verfassung: allgemeine Zielbestimmung des SFN (Art. 192), knappe Bestimmungen zur Funktion der Banco Central (Art. 162), Kompetenz des Bundes („União") zur Ausgabe von Geld und zur Gesetzgebung auf dem Gebiet des Finanzmarktrechts (Art. 21 VII und VIII; Art. 22 VI, VII und XIX).[476]

Der erste Schritt zur Konstituierung des SFN erfolgte 1964 durch ein Gesetz zur Bankrechtsreform, mit dem der Conselho Monetário Nacional (CMN) und die Banco Central do Brasil (BACEN) geschaffen

474 Vgl. *Studart* (1995), S. 116.

475 Lei da Reforma Bancária Nr. 4595/1964 e Lei do Mercado de Capitais Nr. 4.728/1976; vgl. hierzu *Turczyn* (2005), S. 120ff.; *Andrezo/Lima* (2007), S. 37ff.; *Neto* (2006), S. 44ff.

476 *Turczyn* (2005), S. 113–120.

wurden.[477] Beide Institutionen bilden zusammen mit der Banco do Brasil (S.A.) und der Banco Nacional de Desenvolvimento Econômico e Social (BNDES) die traditionellen vier Säulen des brasilianischen Sistema Financeiro Nacional.[478] Im zweiten Schritt wurde 1965 ein Kapitalmarktgesetz verabschiedet; dem folgte 1966 eine Regulierung für Investmentbanken. Beide Gesetze wurden in erheblichem Umfang durch das US-amerikanische Finanzmarktmodell beeinflusst, was sich nicht zuletzt in der (erst 1988 aufgehobenen) Trennung von Geschäfts- und Investmentbanken sowie in (später mehrfach modifizierten) Restriktionen für Beteiligungen von Banken an Unternehmen zeigte.

Die BNDES war bereits 1952, also noch während der zweiten Präsidentschaft von Getúlio Vargas, per Gesetz (Nr. 1.628/1952) gegründet worden[479] und hieß bis 1982 Banco Nacional de Desenvolvimento Econômico (BNDE). Die Entwicklungsbank war zunächst als Autarquia auf Bundesebene (autarquia federal) konzipiert, wurde jedoch 1971 per Gesetz (Nr. 5.662/1971) in ein staatliches Unternehmen mit eigener Rechtspersönlichkeit und Vermögen umgewandelt. Anders als die anderen Bestandteile des SFN untersteht die BNDES nicht dem Finanzministerium, sondern dem Ministerium für Entwicklung, Industrie und Außenhandel (Ministério do Desenvolvimento, Indústria e Comércio Exterior). Der Name der Bank ist Programm. Ihre Aufgabe besteht seit ihrer Gründung bis heute vor allem darin, langfristiges Kapital für Industrie- und Infrastrukturprojekte zur Verfügung zu stellen. Derzeit finanziert die BNDES zum Beispiel den Ausbau der U-Bahn in Rio de Janeiro.

Hierarchisch betrachtet stehen das Finanzministerium und der CMN an der Spitze des SFN, wobei der CMN als ein spezielles Organ („órgão específico“) innerhalb der Grundstruktur („estrutura básica“) des Finanzministeriums konzipiert ist (Art. 16 VII Gesetz Nr. 9.649/1998). Der CMN legt die Geld- und Zinspolitik Brasiliens fest (vgl.

477 Zu den Finanzmarktreformen der Jahre 1964 bis 1966 vgl. *Studart* (1995), S. 116ff.

478 Vgl. *Andrezo/Lima* (2007), S. 37ff.; *Neto* (2006), S. 44ff.; *Turczyn* (2005), S. 121ff.

479 Zur relativ großen Unabhängigkeit der BNDES (von der Politik) seit den Fünfziger Jahren, wodurch die Bank weniger stark als andere Institutionen von wechselnden Präsidenten und Regierungen betroffen war, vgl. *Willis* (1995).

Art. 2, 3, 4 Gesetz Nr. 4.595/1964). Diese Politik wird von der Zentralbank (BACEN) umgesetzt (Art. 8 Gesetz Nr. 9.649/1998), die als operativer Arm des CMN fungiert.[480] Darüber hinaus hat der CMN weitreichende Kompetenzen im gesamten Bereich der Finanzmarktgestaltung. Bis zur Einrichtung der CVM im Jahre 1976 war die CMN auch für die Regulierung des Kapitalmarktes umfassend zuständig.[481] Noch heute ist der CMN dafür verantwortlich, die Leitlinien der Kapitalmarktregulierung vorzugeben und grundlegende Entscheidungen zur Struktur der CVM zu treffen. Damit sind wir bei der Frage angekommen, welcher Status der CVM innerhalb des SFN zukommt.

3.2.2.2. Status der CVM innerhalb des Brasilianischen Finanzsystems

Als die CVM im Jahre 1976 per Gesetz Nr. 6.385/1976 dem bestehenden SFN als fünfte Säule hinzugefügt wurde, erhielt sie zunächst den Status einer „entidade autárquica vinculada ao Ministério da Fazenda". Bei der Gestaltung der CVM orientierte man sich an der US-Securities-Exchange-Comission und dem US-amerikanischen Konzept der Independent Regulatory Commission,[482] das in Brasilien erheblichen Einfluss auf die Regulierungsstrategie des Staates hat.[483] Gleichwohl weisen die brasilianischen Regulierungsbehörden meist nicht alle idealtypischen Merkmale einer Independent Regulatory Commission (oder Agency) auf. Zu diesen Merkmalen gehört, dass die Regierung nicht durch Ermessenentscheidung die Direktoren der Regulierungsagentur, die für eine gesetzlich bestimmte Zeit ernannt werden, vorzeitig abberufen kann; ferner darf ihr kein Weisungsrecht und keine Richtlinienkompetenz gegenüber der Agentur zustehen;

480 *Andrezo/Lima* (2007), S. 38 ff.; *Aragão* (2006), S. 301 f.

481 Art. 30 Portaria Nr. 327/1977: "Compete à CVM propor ao CMN a transferência progressiva das atribuições ora exercidas pelo Banco Central e que são de sua competência. A CVM proporá a mencionada transferência à medida que os seus serviços forem criados e estiverem aptos a exercer suas funções."; *Andrezo/S. Lima* (2007), S. 41.

482 *Rocha* (1986).

483 *Aragão* (2006), S. 37 ff., 226 ff., 263 ff.

außerdem muss die Agentur außerhalb des hierarchischen Verwaltungsaufbaus stehen und in finanzieller Hinsicht unabhängig sein.[484]

Gemessen an diesem Kriterienkatalog ist die Autarkie der CVM nach wie vor unvollständig, obwohl ihre Unabhängigkeit seit der Gründung immer wieder gesetzlich gestärkt wurde.[485] Im Jahre 2002 erhielt sie den Status einer „autárquia *em regime especial* vinculada ao Ministério da Fazenda". Diese Statusverbesserung erfolgte durch zwei Gesetzesänderungen.[486] Dabei wurden sowohl die Stellungen des Präsidenten und der vier Direktoren deutlich verbessert als auch die finanzielle Unabhängigkeit der CVM gestärkt.[487] Die Mitglieder des Leitungsgremiums, bestehend aus dem CVM-Präsidenten und vier Direktoren, werden nunmehr vom Präsidenten der Republik nach Bestätigung durch den Senado Federal ernannt (Art. 6 Gesetz Nr. 6.385/1976 *caput* in der Fassung des Gesetzes 10.411/2002). Die Ernennung erfolgt auf fünf Jahre, wobei die ausgewählten Personen ein festes Mandat erhalten (Art. 5 Gesetz Nr. 6.385/1976: „mandato fixo e estabilidade") und nur bei Vorliegen außerordentlich schwer-

484 *Aragão* (2006), S. 264.

485 Gesetz Nr. 10.303/1976; Gesetz Nr. 9.457/1997; Gesetz Nr. 10.303/2001; Dekret 3.995/2001; Gesetz Nr. 10.411/2002; Dekret Nr. 4.300/2002.

486 Gesetz Nr. 10.303/2001; Dekret 3.995/2001; Gesetz Nr. 10.411/2002; Dekret Nr. 4.300/2002.

487 Zum Grad der finanziellen Unabhängigkeit nach diesen Reformen vgl. *Schmith* (2004), S. 254 ff.
Die CVM dringt weiterhin auf eine Verbesserung ihrer finanziellen Ausstattung und Autonomie, wie sich aus ihrem „Plano Estratégico" (2005–2007), S. 17 f. ergibt (abrufbar über http://www.cvm.gov.br): "A estrutura de financiamento da CVM baseia-se majoritariamente na taxa de fiscalização, nos termos das leis 7.940/89 e 11.076/04. Essa estrutura é, assim, reflexo da jurisdição da CVM e do universo de entes fiscalizados. Nos últimos quinze anos, grandes mudanças atingiram todos os aspectos do mercado de capitais que informaram a redação da referida lei: a estrutura do sistema de distribuição e negociação de valores mobiliários; o universo de companhias abertas e seus diferentes portes; a indústria de fundos de investimento e a jurisdição da CVM. Tais mudanças impõem a necessidade de uma revisão abrangente da estrutura de financiamento da CVM. Os estudos preparatórios para essa revisão começarão em 2005, com vistas à redação de um Projeto de Lei a ser enviado ao Congresso, buscando sua aprovação ainda na vigência deste Plano."

wiegender Gründe abberufen werden können (vgl. Art. 6 §§ 2–4 Gesetz Nr. 6.385/1976).[488]

Was die Regelungen zur Finanzierung der CVM anbelangt (Art. 7 Gesetz Nr. 6.385/1976), so wurden diese seit 2001 zwar deutlich verbessert. Den Löwenanteil ihrer Einnahmen (ca. 70%) bezieht sie aus den Überwachungsgebühren (taxa de fiscalização: R$ 87 Mio. in 2005); daneben bilden die Registrierungsgebühren (taxa de registro: $ 17 Mio. in 2005) den zweitgrößten Posten (ca. 12%).[489] Blickt man aber in die Details der Regelung (vgl. Art. 7 III Gesetz Nr. 6.385/1976), so fällt auf, dass sich die CVM die Gebührentabelle für ihre Aufgaben und Dienste vom Conselho Monetário Nacional (CMN) genehmigen lassen muss. Solche Genehmigungspflichten sind ein klassisches Instrument zum Aufbau einer hierarchischen Verwaltung. Damit steht Art. 7 III Gesetz Nr. 6.385/1976 in einem Spannungsverhältnis zu Art. 5 desselben Gesetzes. Dort betont der Gesetzgeber, dass die CVM eine unabhängige Verwaltungseinheit sei („autoridade administrativa independente") und gerade nicht in einem hierarchischen Verhältnis stehe („ausência de subordinação").

Die Regelung des Art. 5 Gesetz Nr. 6.385/1976 ist eine Art Definitionsnorm, in der die Gestalt der CVM lediglich umrissen wird. Bei Lektüre der konkreten Normen zur Kompetenzordnung ergibt sich, dass die CVM noch immer in grundsätzlichen Fragen an die Zustimmung des CMN gebunden ist. An zentraler Stelle des Gesetzes wird explizit geregelt, dass der CMN die Regulierungspolitik im Finanzmarkt definiert und die grundlegende Ausrichtung der CVM bestimmt (Art. 3 Abs. I, III und IV Gesetz Nr. 6.385/1976). Diese hierarchische Abstufung wiederholt sich in den Regelungen zur Normsetzungsbefugnis (Art. 8 Abs. I und IV Gesetz Nr. 6.385/1976).[490] Außerdem muss sich die CVM ihre Personalplanung vom CMN absegnen lassen. Dasselbe gilt für die Vergütung des CVM-

488 *Aragão* (2006), S. 303f.; *Eizirik/Gaal/Parente/de Freitas Henriques* (2008), S. 243f. Vgl. auch Dekret Nr. 4.763/2003, mit dem die Steuerungsstruktur der CVM (Estrutura Regimental da Comissão de Valores Mobiliários) angenommen wurde.

489 Comissão de Valores Mobiliários (CVM), Relatório Anual 2006, Rio de Janeiro 2006, S. 27; abrufbar unter http://www.cvm.gov.br.

490 Vgl. *Aragão* (2006), S. 303.

Präsidenten, der Direktoren und der Bediensteten in Vertrauenspositionen (Art. 3 Abs. V Gesetz Nr. 6.385/1976).

Ferner zeigt sich die partielle Eingliederung der CVM in den hierarchischen Verwaltungsaufbau (unterhalb des Finanzministeriums) bei den Rechtsmitteln, die den Betroffenen gegen CVM-Entscheidungen mit Sanktionscharakter zur Verfügung stehen. Über die Beschwerde gegen solche Maßnahmen entscheidet nämlich nicht die CVM selbst, sondern der Conselho de Recursos do Sistema Financeiro Nacional (CRSFN).[491] Der CRSFN wurde 1985 als integraler Bestandteil der Struktur des Finanzministeriums geschaffen und hat die Funktion, als zweite und letzte Instanz über Verwaltungsstreitigkeiten (mit Sanktionscharakter) zu entscheiden, die das Sistema Financeiro Nacional betreffen.[492] Dazu ist anzumerken, das über Verwaltungsstreitigkeiten des Bürgers mit „autarquias" grundsätzlich die Richter („juízes federais") der Bundesgerichte in den Regionen entscheiden (Art. 109 Abs. I Verfassung-1988: tribunais regionais federais).[493] Das brasilianische Recht kennt keine spezifische Verwaltungsgerichtsbarkeit (vgl. Art. 91 Verfassung-1988) und zieht die Trennung zwischen den Gerichten des Bundes und der Länder auch in der ersten Instanz durch.

Für die Qualifikation der CVM als unabhängige Regulierungsbehörde (im klassischen Verständnis) ist die Existenz eines Rechtsmittels zu einer anderen Verwaltungseinheit ein vernichtendes Argument, denn das Fehlen eines solchen Rechtsweges stellt geradezu ein Definitionsmerkmal der Institution „unabhängige Regulierungsbehörde" dar.[494] Aus diesem Grund und mit Blick auf die Richtlinien- und Zustimmungskompetenz des CMN hat die CVM trotz stetigen Macht-

491 Zur Bedeutung des CRSFN vgl. *Santos* (2007).

492 *Aragão* (2006), S. 304; *Eizirik/Gaal/Parente/de Freitas Henriques* (2008), S. 347 f.; vgl. auch *Eizirik* (2006).

493 Das Gerichtssystem (inklusive dasjenige der Staatsanwaltschaften, Ministério Público, vgl. Art. 128 Verfassung-1988) ist in zwei horizontale Ebenen gegliedert: die Bundesebene und die Länderebene. Für bestimmte in der Verfassung definierte Sachgebiete sind Bundesgerichte zuständig (Art. 106–110 Verfassung-1988), die in den Regionen (z. B. Rio de Janeiro) eigene Instanzgerichte unterhalten. Im übrigen sind die Gerichte der einzelnen Bundesstaaten der föderativen Republik Brasilien zuständig (Art. 125, 126 Verfassung-1988).

494 *Aragão* (2006), S. 264.

gewinns nicht den Status einer „agência reguladora independente" erreicht.[495] Daher erscheint es dogmatisch konsequent, dass die CVM in einem seit 2004 schwebenden Gesetzesprojekt, in dem allgemeine Regelungen für unabhängige Regulierungsbehörden getroffen werden sollen, nicht vorkommt.[496]

In der Praxis der brasilianischen Kapitalmarktregulierung und speziell in der Wahrnehmung der Kapitalmarktakteure tritt die CVM aber wie eine unabhängige Regulierungsbehörde in Erscheinung. Durch weite Ausschöpfung ihrer Normsetzungsfunktion und die recht konsequente Ausübung ihrer Überwachungs- und Sanktionsfunktion dominiert sie praktisch die Kapitalmarktregulierung. Diese Dominanz gilt nicht zuletzt für die Regulierung der Börsen. Insoweit setzt die CVM allerdings im Hinblick auf Marktorganisation und -überwachung in erheblichem Umfang auf regulierte Selbstregulierung, d.h. sie gibt dem privatrechtlich organisierten Börsenbetreiber einen Ermöglichungsrahmen vor, innerhalb dessen er seinen Marktplatz näher ausgestalten darf.[497] Die vom Börsenbetreiber ausgearbeitete Marktordnung wird anschließend von ihr nach Prüfung autorisiert. Jenseits dessen kooperiert die CVM auf informeller beziehungsweise privatrechtlicher Ebene mit Selbstregulierungsinstanzen, wie insbesondere der Associação Nacional dos Bancos de Investimento (ANBID),[498] die von den Marktakteuren privatautonom errichtet und betrieben werden. Damit ergibt sich folgende Struktur für die brasilianische Aktienmarktregulierung:

495 Zutreffend *Aragão* (2006), S. 303f.; anderer Ansicht *Eizirik/Gaal/Parente/de Freitas Henriques* (2008), S. 250f.

496 Gesetzgebungsprojekt Nr. 3337/04, vgl. dazu *da Silva Pereira Neto/Correa* (2006). Eine andere Interpretation zur Nichtberücksichtigung der CVM findet sich bei *Eizirik/Gaal/Parente/de Freitas Henriques* (2008), S. 243 Fn. 4.

497 Vgl. Kapitel IV ("Auto-regulação dos mercados organizados de valores mobiliários") der CVM-Instrução Nr. 461/2007.

498 Vgl. zum Beispiel die Unterstützung für ANBID bei der Aufnahme in IOSCO, *ANBID* (2007), S. 172.

Abb. 3.1.: Struktur der bras. Aktienmarktregulierung.

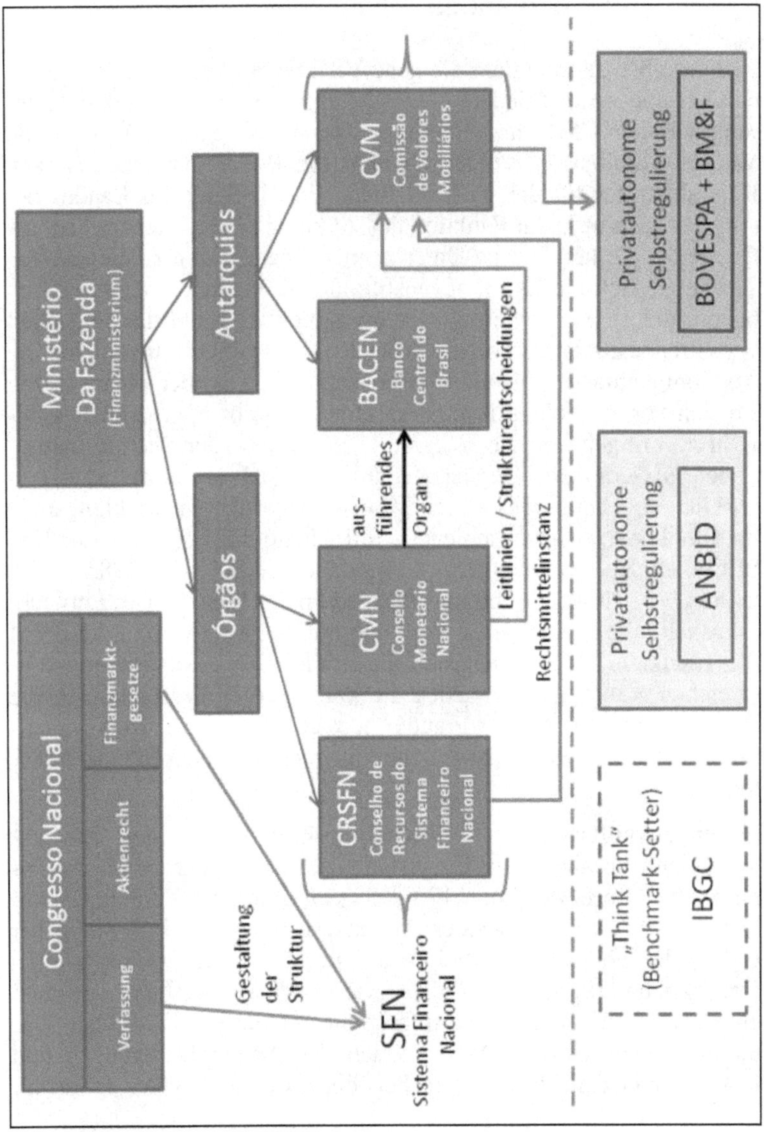

3.2.3. Der Plan zur Entwicklung des brasilianischen Kapitalmarktes (1988)

In demselben Jahr, in dem die neue Verfassung verabschiedet wurde, entwarf und verabschiedete die CVM in Abstimmung mit der Regierung und dem CMN den „Plano de Desenvolvimento do Mercado de Valores Mobiliários“.[499] Darin wurde die Bedeutung eines starken Kapitalmarktes für die wirtschaftliche Entwicklung des Landes betont. Ferner wurde die Funktion des Aktienmarktes unterstrichen, als Quelle für die langfristige Unternehmensfinanzierung zu dienen. Als Ziel setzte sich die CVM, auf institutionelle Veränderungen hinzuarbeiten, die eine Erweiterung der Investorenbasis und das Entstehen von Streubesitz im Aktienmarkt bewirken („ampliar a base acionária das companhias e pulverização do capital"). Darüber hinaus nahm sie sich vor, die lokale Kapitalmarktordnung auf internationales Niveau zu bringen und die Integration in die globalen Märkte institutionell zu verankern. Der letzte Punkt ließ sich am einfachsten verwirklichen, denn bereits einige Monate, bevor der Entwicklungsplan im Oktober 1988 verabschiedet wurde, hatte die CVM mit der US-SEC einen Kooperationsvertrag abgeschlossen. Im Jahre 1983 gehörte die CVM zu den Gründungsmitgliedern der IOSCO. Der Entwicklungsplan nimmt auch dazu Stellung, mit welchen Mitteln die CVM die gesetzten Ziele, namentlich die Stimulation des Aktienmarktes, erreichen wollte. Dabei werden die Verbesserung der Liquidität, die Bekämpfung von Betrug („fraudes no mercado“) sowie die Kompatibilität des nationalen Bilanzrechts mit Internationalen Standards betont.

Neben zukunftsgerichteten Programmsätzen enthält der Entwicklungsplan vor allem das Eingeständnis, dass weder durch die Finanzmarktreform der Jahre 1964/65 noch durch die Kapitalmarktreform des Jahres 1976 (neues Aktiengesetz und die Errichtung der CVM) das gemeinsame Ziel beider Reformpakete erreicht wurde. Der Aktienmarkt hatte sich nicht, wie in den 1960er Jahren geplant, zu einer wichtigen Finanzierungsquelle für die brasilianischen Unternehmen entwickelt. Das Volumen der Aktienplatzierungen und Unternehmensanleihen entsprachen bis Ende der 1980er Jahre nur

499 Vgl. CVM- Instrução Nr. 86/1988.

knapp 2,5% der aggregierten Investitionen.[500] Das Wachstum während des brasilianischen Wirtschaftswunders (oder poetischer: der sog. „anos dourados“) von 1968–1973 und in der Phase danach (II. Plano Nacional de Desenvolvimento) von 1974–1979 wurde im Wesentlichen über die brasilianische Entwicklungsbank (BNDE) und über externe Kredite finanziert.[501] Das Finanzmarktsystem, das sich in Brasilien in den späten 1960er und frühen 1970er Jahren tatsächlich herausbildete und noch Ende der 1980er Jahre bestand, entsprach also nicht dem anvisierten US-amerikanischen kapitalmarktorientierten Modell.[502]

Tatsächlich konzentrierte sich das Finanzsystem sogar noch stärker auf (Geschäfts-)Banken, als es vor der 1964er Reform der Fall war. Dabei entwickelten sich die Investmentbanken, die 1966 einen gesetzlichen Rahmen erhielten,[503] weder zum Intermediär für langfristige Finanzierungen noch spielte in ihrem Geschäftsmodell das „Underwriting“-Geschäft eine zentrale Rolle. Vielmehr stellten sie vor allem kurzfristiges Working Capital zur Verfügung. Um die ihnen zugedachte Funktion erfüllen zu können, fehlte es schlicht an ausreichenden langfristigen Ersparnissen, die sie als Intermediär in eine entsprechende langfristige Finanzierungsquelle für den Unternehmenssektor hätten umwandeln können.[504]

Was die Beteiligung von Finanzinstituten am Gesellschaftskapital von Unternehmen außerhalb des Finanzsektors anbelangt, so war vorgesehen, dass der CMN einer solchen Genehmigung zustimmen muss (Art. 30 Gesetz Nr. 4.595/1964). Die Voraussetzungen für die Geneh-

500 *Hermann* (2002), S. 78 und Tabelle 4 auf S. 81.

501 *Hermann* (2002), S. 78.

502 Diese Reform wollte eine Grundlage dafür schaffen, dass langfristige Finanzierungen für wachsende Unternehmen bereitgestellt werden konnten. Dabei setzte man auf vier Institutionen: die nationale Entwicklungsbank BNDE (später BNDES), regionale Entwicklungsbanken, Investmentbanken und Börsenmaklerunternehmen (brokerage houses). Obgleich die Reformgesetze der Jahre 1964/1965 den öffentlichen Banken weiterhin eine wichtige Rolle zuwiesen, zielten sie darauf ab, einen starken privaten Arm im brasilianischen Finanzsystem zu etablieren, der nach dem US-Modell durch den Kapitalmarkt unterstützt werden sollte; vgl. *Hermann* (2002), S. 75.

503 CMN Resolution Nr. 18/1966; vgl. zur gegenwärtigen Regulierung der Investmentbanken CMN Resolution 2.624/1999.

504 *Hermann* (2002), S. 74 und 78.

migung waren ursprünglich in einem Dokument der Banco Central do Brasil, dem operativen Arm des CVM, enthalten (BACEN Circular Nr. 126/1969). Diese Regelung wurde im Jahre 1999 durch eine CMN Resolution (Nr. 2660/1999) aufgehoben, die selbst schon bald wieder aufgehoben wurde. Seit 1999 gibt es keine Regulierung mehr, die positiv erklärt, dass eine Genehmigung erforderlich ist (vgl. auch CMN Resolution Nr. 2723/2000). Daraus zieht die Praxis den Schluss, es genüge eine schlichte Mitteilung an die Zentralbank. De facto spielte in Brasilien die Beteiligung von Finanzinstituten am Unternehmenssektor (außerhalb der Familienkonglomerate) keine große Rolle – schon gar nicht, wenn man die Verflechtungen mit der früheren Situation in Deutschland vergleicht („Deutschland-AG“).

Die 1966 eingeführten Steueranreize für Aktieninvestoren hatten mehr Schaden angerichtet als genutzt, denn sie führten nur zu einem kurzfristigen spekulativen Boom, der schon 1971 jäh in einem Crash endete. Dieser zerstörte bei weiten Kreisen das Vertrauen in den Aktienmarkt nachhaltig.[505] *Jennifer Hermann* fasst die Entwicklung des brasilianischen Aktienmarktes in ihrer Studie zur langfristigen Entwicklung des brasilianischen Finanzmarktes (1964–1997) prägnant zusammen und nennt drei weithin anerkannte Gründe für das Scheitern des ursprünglich anvisierten Konzepts:[506]

> “In 1976 two attempts were made to reorganise the stock market and bring about his recovery: the emission of a corporation law[507] (6.404) that established several operating and accounting rules for open companies; the creation of the Comissão Nacional de Valores Mobiliários acting as the regulator and supervisor of the capital market.[508] Nevertheless faced with the lack of confidence triggered by the crash of 1971 and several adverse conditions to long-term business planning, these measures were not able to secure the recovery of the Brazilian Stock Market and to transfer it to an important source of investment financing. Three fundamental factors may have caused the failure of the 1964–67 reform: a) a precarious understan-

505 *Hermann* (2002), S. 81 f.: “In the stock market the fiscal incentives (tax exemptions for savers and tax reduction for open companies was introduced in 1966) produced a boom, but these were guided by short-term financial advantages (from the tax exemptions) and not by accurate prospective analyses. Such trends culminated with the crash of the stock exchange at the end of 1971 and drained the market for two decades.”; *Schmith* (2004), S. 252.

506 *Hermann* (2002), S. 82.

507 Gemeint ist das Aktiengesetz von 1976 (Gesetz Nr. 6.404/1976).

508 Gesetz Nr. 6.385/1976.

ding of the sources of financial restraint in developing countries; b) failures in the management of financial policy, marked by advances and retreats throughout the 1960s and 1970s; c) the persistence of inflation, with galloping inflation by the 1980s."

Jenseits der von *Hermann* aufgezählten wirtschaftpolitischen und makroökonomischen Gründe dürfte die traditionelle Eigentümerstruktur des brasilianischen Unternehmenssektors eine wesentliche Ursache dafür gewesen sein, dass der lokale Kapitalmarkt lange Zeit unterentwickelt war. Als der Plan zur Entwicklung des Kapitalmarktes 1988 beschlossen wurde, beherrschten staatliche und multinationale Unternehmen das Bild, die sich beide nicht über den lokalen Kapitalmarkt finanzierten. Die großen nationalen Unternehmen, die prinzipiell für eine Kapitalmarktfinanzierung in Betracht kamen, waren typischerweise im Familienbesitz. Diese Familien wollten ihr Eigentum aber nicht mit zahlreichen (womöglich auch noch stimmberechtigen) Portfolioinvestoren teilen, sondern vielmehr selbst das Management stellen.[509] Die Dominanz der Blockholder und das Überleben dieses Modells der Unternehmensführung kann mit einer Kombination aus makroökonomischen Faktoren und Argumenten aus der Agency-Theorie erklärt werden. In einem Umfeld großer makroökonomischer Instabilität sind Managementfehler und Moral Hazard schwerer zu kontrollieren als in stabilen Volkswirtschaften, denn eine ceteris paribus-Analyse ist bei hoher Volatilität nicht einmal näherungsweise möglich. Folglich sind die Agency-Kosten jener Unternehmen, die durch Streubesitz charakterisiert sind und von externen

509 *Gremaud/Sandoval de Vasconcellos/Toneto Júnior* (2004), S. 178: "Em relação ao não desenvolvimento do mercado de financiamento direto, principalmente o mercado de ações (instrumento de participação), pode-se elencar uma série de fatores. Em primeiro lugar, a estrutura patrimonial das empresas brasileiras. No Brasil, sempre foi marcante a presença de empresas estatais e empresas multinacionais que não negociam participação no mercado de capitais nacional como forma de levantar recursos. As empresas que poderiam ser o alvo desse mercado, as grandes empresas nacionais, caracterizam-se por ser de estrutura familiar, não aceitando dividir seu controle. Em segundo lugar, a demanda por papéis de risco no Brasil por parte dos poupadores é extremamente limitada, devido a alta rentabilidade oferecida pelos títulos de renda fixa. Assim, entre ganhar alta rentabilidade sem riscos e aceitar correr os riscos dos títulos de renda variável, opta-se pela primeira alternativa. E um terceiro fator refere-se à estruturação do sistema financeiro brasileiro – em que há predomínio de bancos comerciais com restrições à participação no capital das empresas."

Managern (ohne Eigentümerrisiken) gesteuert werden, besonders groß. Dadurch erweist sich eine Corporate Governance Struktur, die auf Blockholder oder auf Familienbesitz gegründet ist, als die überlegene oder zumindest ebenbürtige Struktur.[510]

In der Summe führte die traditionelle Struktur des Unternehmenssektors dazu, dass es lange Zeit keine drängende Nachfrage nach Aktienkapital gab. Noch bescheidener stellte sich aber die Angebotsseite für private Risikowertpapiere dar. Denn schließlich konnten brasilianische Investoren über Jahrzehnte bereits durch den Erwerb staatlicher Wertpapiere eine hohe feste Verzinsung erzielen. Dabei förderte der Staat diese Investitionsentscheidung einerseits durch steuerliche Anreize und andererseits durch Restriktionen, die er institutionellen Investoren hinsichtlich des Erwerbs privater Wertpapiere auferlegte. Auch das geringe Angebot an risikoreichem Aktienkapital hat also letztlich vor allem makroökonomische und wirtschaftspolitische Gründe.

Zusammenfassend lässt sich jedenfalls für die brasilianische Wirtschaft festhalten, dass hohe (ausländische) Kapitalzuflüsse und speziell ein Anstieg der Nachfrage nach Wertpapieren mit längeren Laufzeiten (bis hin zu Aktienkapital) primär von makroökonomischen Indikatoren (insbesondere Verschuldens- und Defizitquoten) abhingen und erst an zweiter Stelle durch gesellschafts- bzw. kapitalmarktrechtliche Reformen beeinflusst werden konnten.[511] Ende

510 *Welch* (1993), S. 18 f.: "The type of tenure structure observed in Latin American corporations, however, makes sense in the context of high macro-economic uncertainty common to the region. More uncertainty renders managers' activities less observable, making a strong and concentrated ownership structure more efficient. More diffuse ownership is only possible in an environment of macroeconomic stability. Still, current controlling interests in Latin America are likely to resist opening their capital. Even after extensive policies were adopted in the Brazilian capital markets to broaden common (voting) stock ownership in the form of fiscal incentives, firms resisted diluting control."

511 So neben den bereits genannten Studien von *Hermann* (2002) und *Welch* (1993) auch *Studart* (2000), S. 25: "(...) macroeconomic, and especially monetary and fiscal policy should have as main objectives price and financial stability, which are the main requirements for the development of capital markets and of increasing the maturities of financial assets held by individual and institutional investors."; *Brooks* (2007), S. 51: "Unlike other emerging markets, where the dismantling of capital controls and financial regulations became a fundamental condition for the receipt of foreign investment, capital flows to Brazil were not

der 1980er und noch Anfang der 1990er Jahre befand sich Brasilien in einer makroökonomischen Schieflage, die nicht zuletzt durch eine Hyperinflation und schwerwiegende Haushaltsprobleme gekennzeichnet war. Vor diesem Hintergrund war an einen schnellen Erfolg bei der Umsetzung des Plano de Desenvolvimento do Mercado de Valores Mobiliários, insbesondere an das Ausdehnen der Investorenbasis bzw. die Förderung von Streubesitz, nicht zu denken. Tatsächlich gingen Zahl und Volumen der Börsengänge sowie der Zweitplatzierungen (Kapitalerhöhungen) ab Mitte der 1980er Jahre stetig zurück und blieben lange Jahre auf niedrigem Niveau.[512] Zunächst standen makroökonomische Reformen und eine Restrukturierung des Bankensystems im Vordergrund. Dennoch ist der Entwicklungsplan aus dem Jahre 1988 bemerkenswert, da er – wie sich aus der Retrospektive zeigen wird – ziemlich präzise die Richtung vorzeichnete, in die sich der Kapitalmarkt langfristig tatsächlich entwickelte.

3.2.4. Reform des Bankensystems – Liberalisierung und Privatisierung

Die Restrukturierung des Bankensektors begann im Jahre 1987 mit einer Reform der Bilanzierungsregeln für Finanzinstitute.[513] Noch in demselben Jahr verabschiedete der CMN die erste vorsichtige, aber gleichwohl wichtige Resolution (Nr. 1289/1987) zur externen Libera-

conditioned on radical neoliberal policy signals. Instead, strong capital inflows depended heavily on signals of Brazil's fiscal and macroeconomic performance. With market actors closely following the Brazilian government's debt and deficit ratios, technocrats came to evaluate policy changes according to their likely effects on these key sovereign risk indicators."

512 *Schmith* (2004), S. 203 mit Graph 5.4: "Both secondary issues and IPOs have shown a steady decline since the middle of the 1980s. As a percentage of the economy, secondary and IPO issues have not experienced the same steadily downtrend, but still a significant decrease. These two graphs indicate that although a steadily decreasing number of existing and new firms can raise capital in the equity markets, the amount raised per firm has increased, with much of this secondary funding originating from outside the organized equity markets. What this, and the maintenance of ADR programs suggests, is that although there is a demand for capital, there is a shortage of supply through the public markets, predominantly affecting the financing of new companies."

513 Plano Contábil das Instituições do Sistema Financeiro Nacional, BACEN-Circular Nr. 1.524/1987; vgl. *Andrezo/Lima* (2007), S. 168.

lisierung des Finanzmarktes. Darin wurde im Ausland lebenden Personen erlaubt, über speziell geschaffene Investmentfonds in Brasilien zu investieren. Diese Möglichkeit wurde 1991 durch eine Gesetzesänderung erweitert (CMN-Resolution Nr. 1832/1991). Seitdem dürfen ausländische institutionelle Investoren mit Anleihen und anderen Wertpapieren handeln, die in Brasilien emittiert worden waren. Diese Gesetzgebung zeigte erst Wirkung, als sich im Ausland die Zinskonditionen verschlechterten, während in Brasilien die realen Zinsen stiegen. Auf diese Weise floss ab 1992 zunächst vor allem heimisches Kapital zurück, das in den 1980er Jahren geflohen war.[514]

Im Jahre 1988 wurde eine Bankrechtsreform vollzogen, die eine wichtige regulatorische Voraussetzung für die notwendige Konsolidierung schuf.[515] Im Zuge dieser Reform wurde nämlich das Universalbankenprinzip („bancos múltiplos“) offiziell zugelassen und insbesondere der Zusammenschluss von Geschäfts- und Investmentbanken explizit erlaubt.[516] Dieser Schritt bedeutete eine Anerkennung der Realitäten, die sich im Bankenmarkt während der 1970er und 1980er Jahre herausgebildet hatten.[517] Daher ist es nicht überraschend, dass es bereits ein Jahr nach dem Erlass der CMN-Resolution Nr. 1.524/1988 schon ca. 100 Universalbanken gab.[518] Die Reform markiert den Beginn eines Prozesses, in dem die Bedeutung der nationalen Entwicklungsbank (BNDES) langsam zurückging.[519]

Im Jahre 1990, als die Inflationsrate bei 2.700% pro Jahr lag, verabschiedete die Regierung einen Privatisierungsplan (Programa Nacional de Desestatização; kurz PND).[520] Parallel dazu schuf die CVM

514 *Studart* (2000), S. 32; *Andrezo/Lima* (2007), S. 170.

515 Zur Geschichte des brasilianischen Bankensystems, vgl. *Baer/Nazmi* (2000), S. 4ff.

516 *Studart* (2000), S. 29ff.; *Andrezo/Lima* (2007), S. 168f.

517 *Hermann* (2002), S. 94ff.: "As regards the financial deregulation policy, in 1988 a banking reform (Central Bank Resolution 1524) authorised the creation of "universal banks" in Brazil here called "multiple banks". Under the new regulation, commercial and investments banks were authorised to merge or consolidate with finance companies into multiple banks. In effect, the 1988 banking reform meant the recognition, by the government of the reality of the banking system, which, in fact already operated as multiple banks."

518 *Andrezo/Lima* (2007), S. 169; *Hermann* (2002), S. 94.

519 *Hermann* (2002), S. 94ff.

520 Gesetz Nr. 8.031/1990; vgl. *Andrezo/Lima* (2007), S. 177ff.; *Baer* (2008), S. 228ff.

(Instruktion Nr. 141/1990) den Typus eines speziellen Privatisierungsfonds (Fundo Mútuo de Privatização). Diese Fonds mussten ihr gesamtes Vermögen in Privatisierungszertifikate anlegen, die zum Erwerb von Aktien der zu privatisierenden Unternehmen berechtigen.[521] Um ausländische Investoren am Privatisierungsprozess zu beteiligen und den Zufluss von Devisen zu stimulieren, schuf der CMN (Resolution Nr. 1.806/1991) zusätzlich zum PND einen speziellen Privatisierungsfonds für ausländisches Kapital (Fundo de Privatização – Capital Estrangeiro). Trotz dieser Maßnahmen erreichte die Beteiligung ausländischer Investoren in der ersten Phase des Privatisierungsprozesses (1990–1994) nur ca. 5 Prozent des Gesamtvolumens. Als erstes von 33 Unternehmen wurde im Jahre 1991 die Minengesellschaft Usiminas unter dem Regime des PND privatisiert. Was die Zurückhaltung ausländischer Investitionen während der ersten Privatisierungsphase anbelangt, so muss man sich die folgenden makroökonomischen Daten vergegenwärtigen.

Abb. 3.2.: Makroökonomische Daten während der ersten Privatisierungswelle (1990–1994).

	BIP in Preisen 1988 (Mrd. R$)	**Reale Wachstumsrate (in %)**	**BIP pro Kopf in Preisen 1988 (Mrd. R$)**	**Jährliche Inflationsrate IGP-DI (in %)**
1988	736	–0,1	5266	1.038
1989	760	+3,2	5338	1.783
1990	727	–4,4	5042	1.477
1991	734	+1,0	5014	480
1992	730	–0,5	4910	1.158
1993	766	+4,9	5075	2.708
1994	811	+5,9	5295	1.094

Baer (2008), S. 134 Tabelle 7.2; http://www.ipeadata.com.br

521 Vgl. CVM-Instruktion 141/1991: "O Fundo de Privatização – Certificados de Privatização (CP), constituído sob a forma de condomínio fechado, terá seu patrimônio integralizado com certificados de privatização, destinados a adquirir valores mobiliários emitidos por empresas que vierem a ser desestatizadas na forma da Lei nº 8.031, de 12 de abril de 1990."

Die Fondsgesetzgebung, die im Kontext mit der ersten Privatisierungswelle erfolgte, bedeutete einen wichtigen Schritt für die strukturelle Entwicklung des Kapitalmarktes, denn erstmals wurde gezielt das Entstehen institutioneller Investoren und der Zufluss ausländischer Portfolioinvestitionen gefördert.[522] Durch wachsende Bedeutung der Investmentfonds, namentlich der Pensionsfonds,[523] veränderte sich die Marktstruktur in jene Richtung, die die CVM in ihrem Entwicklungsplan aus dem Jahre 1988 vorgegeben hatte: Erweiterung der Investorenbasis. Allerdings vollzog sich diese Entwicklung nur allmählich, da die frühen Regulierungen zu Investment- und Pensionsfonds vorsahen, dass diese Fonds vor allem in Staatsanleihen investieren mussten. Diese restriktiven Regulierungen änderten sich im Laufe der Jahre (1995[524] und 2004[525]).[526] Seit 2007 dürfen Pensionsfonds deutlich mehr in Wertpapiere privater Emittenten investieren.[527]

Mit Blick auf die externe Liberalisierung des Finanzsektors erfolgte im Jahre 1992 ein weiterer wichtiger Schritt. Durch CMN-Resolution Nr. 1289/1992 wurde es brasilianischen Unternehmen erlaubt, American Depository Receipts (ADR) und Gobal Depository Receipts (GDR) zu emittieren. In der Literatur wird dieser Schritt vielfach als einer der wesentlichen Gründe für den Niedergang des brasilianischen Aktienmarktes (Ende der 1990er Jahre) genannt; teilweise wird sogar eine Verknüpfung zwischen der „Flucht" in ADR/GDR und dem Transparenzgefälle zwischen dem lokalen und dem externen Kapitalmarkt hergestellt.[528] Bei näherer Betrachtung der Markt-

522 *Andrezo/Lima* (2007), S. 234 ff.

523 Zur Pensionsreform in Lateinamerika und speziell in Brasilien vgl. *Arza* (2008); *Brooks* (2007), S. 50 f.

524 *Hermann* (2002), S. 97 ff.

525 Im Jahr 2004 wurde die Regulierung zu Investmentfonds grundlegend reformiert (CVM-Instruktion Nr. 409/2004 und Nr. 411/2004, vgl. *Eizirik/Gaal/Parente/Freitas Henriques*, (2008), S. 77 ff.

526 Vgl. zum Portfolio Investmentfonds während der 1990er Jahre *Studart* (2000), S. 36 f. mit Tabelle 6.

527 CMN Resolution Nr. 3456/2007, vgl. Journal of International Banking Law and Regulation 2007, Issue 9, News Section, N-89.

528 *Schmith* (2004), S. 124: "Although the privatizations were a success, the health of the rest of the market remained precarious. The combination of a major market manipulation scandal in 1989 (the Naji Nahas affair), its rapidly declining business relative to Bovespa, the difficulties of Brazilian capital markets, following the introduction of ADRs in 1992, and then the CPMF (tax to all fi-

entwicklung erscheint diese Kausalkette jedoch zweifelhaft. In den ersten Jahren nach Zulassung von ADR-/GDR-Programmen entwickelte sich nämlich der lokale Aktienmarkt in Brasilien durchaus positiv: so stieg von 1992 bis 1997 die Zahl der gelisteten Aktiengesellschaften um 12%, und die aggregierte Marktkapitalisierung der gelisteten Gesellschaften nahm stark zu, wobei dieses Marktwachstum vor allem im Zweitmarkt (durch Kursgewinne) entstand.[529]

Das erste ADR-Programm einer brasilianischen Gesellschaft wurde im Jahre 1996 aufgelegt, also erst vier Jahre nach der gesetzlichen Zulassung dieser Programme. Der eigentliche Durchbruch für ADR-Emissionen erfolgte sogar erst 1998, denn von 1997 auf 1998 stieg die Zahl der ADR-Programme von acht auf dreiundzwanzig. In den beiden folgenden Jahren erlebte die BOVESPA im Vergleich zum externen ADR-Markt einen deutlichen Einbruch.[530] Im Jahre 2000 betrug das Handelsvolumen von nur 28 in den USA gelisteten brasilianischen Gesellschaften bereits mehr als 1/3 des Handelsvolumens der 495 an der BOVESPA gelisteten Gesellschaften. Gleichzeitig ging die Zahl der gelisteten Gesellschaften in den Jahren 1999/2000 signifikant zurück.[531]

Abb. 3.3.: Entwicklung der ADR-Programme bras. Unternehmen (1996–2000).

	1996	1997	1998	1999	2000
Handelsvolumen ADR in % zum Handelsvolumen BOVESPA	0,3	1,2	2,9	10,3	30,2
Zahl der ADR-Programme	2	8	21	23	28

Quelle: BOVESPA (http://www.bovespa.com.br)

nancial transactions) in 1996 *(unter anderem Namen zum 1. 1. 1994 eingeführt)*, led to the closure of the Rio de Janeiro Stock Exchange (and seven minor exchanges) for equities trading in mid 2000. Added to these difficulties and the shrinking of equities underwriting, was the fact that many of Brazil's most prominent firms decided in the 1990s to expand their capital base through existing shareholders and not general secondary offerings. Both of these trends led Brazilian capital markets to lose business during the 1990s."

529 *Studart* (2000), S. 35.

530 *Studart* (2000), S. 35.

531 Vgl. *Santana* (2008), S. 5 f.

Die Erklärung für den verhaltenen Start der ADR-Programme und den Einbruch des lokalen Aktienmarktes Ende der 1990er Jahre lässt sich mit Hilfe eines Blicks auf die makroökonomische Entwicklung in dieser Zeit erklären. In demselben Jahr, in dem ADR-Programme zugelassen wurden (1992), begann die Umschuldung der brasilianischen Staatsschulden durch die Emission des ersten „Brady-Bonds" (IDU-Bonds).[532] Im Jahre 1994 wurden sieben weitere Bonds emittiert, darunter namentlich die sog. C-Bonds (Capitalization Bonds).[533] Dabei handelt es sich um nicht garantierte Staatsanleihen, deren Spread zu US-Treasury weithin als Indikator für das Länderrisiko Brasiliens verwendet wird.[534] Die Umschuldung nach dem Modell des Brady-Plans führte in den ersten Jahren zu einer gewissen Entlastung der Staatsfinanzen. Hinzu kamen Einnahmen aus den Privatisierungen[535] und die erfolgreiche Inflationsbekämpfung mit Hilfe des Plano-Real,[536] der ebenfalls 1994 eingeführt wurde. Infolgedessen war das Country-Risk Brasiliens zwischen 1994 und 1997 relativ niedrig, und die Wachstumsraten waren respektabel. Dieses günstige makroökonomische Klima änderte sich drastisch in den Jahren 1998/1999 und erzwang eine (erneute) grundlegende Korrektur der Währungs- und Geldpolitik.[537] Dieser Zeitpunkt fällt exakt zusammen mit dem Durchbruch der ADR-Programme und dem Einbruch des lokalen Aktienmarktes.

532 Vgl. *Herrmann* (2002), S. 91.

533 Banco Central do Brasil – Investor Relations Group, Conutry Risk, Brasilia 2005, S. 8: "The C-Bond issuance in April 1994 totaled US$ 7.4 billion. Its main characteristics are: a) matures in 2014; b) grace period up to 2004, when biannual amortization payments begin; c) step-up coupons 2001, to a fixed 8% p.a.; and e) interest partially capitalized in the first six years; and e) no collateral for principal and interest."

534 Vgl. *Aragão* (2006), S. 69f.; ein weiterer vielfach verwendeter Risikoindikator ist EMBI (Emerging Markets Bond Index) bzw. EMBI+ (Emerging Markets Bond Index Plus); vgl. *Banco Central do Brasil* – Investor Relations Group, Country Risk, Brasilia 2005.

535 Vgl. *Andrezo/Lima* (2007), S. 178f.

536 Hierzu ausführlich unter Ziff. 3.2.5.

537 Zu den Gründen siehe Ziff. 3.2.5.2.

Abb. 3.4.: C-Bond Spread zu US-Treasuary (1996–2000).

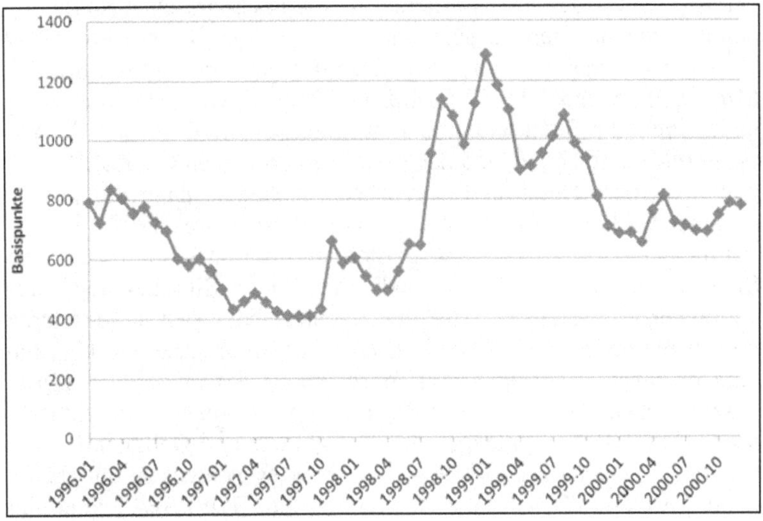

Quelle: IBGE

Abb. 3.5.: BIP-Wachstum, Netto Reserven, Leistungsbilanz und Wechselkurs (1994–1999).

	1994	1995	1996	1997	1998	1999
Wachstumsrate (BIP) in %	5,8	4,2	2,8	3,7	0,1	0,5
Netto Reserven in Mrd. US$	38,81	51,84	60,11	52,17	44,56	36,34
Leistungsbilanz in Mrd. US$	–1,7	–18,0	–24,3	–33,4	–34,4	–25,2
Wechselkurs R$ zu US$	0,64	0,92	1,12	1,2	1,26	1,81

Quelle: BACEN relatório anual (mehrere Jahrgänge).[538]

538 Vgl. *Baer* (2008), S. 134, 136, 143.

ADR-Programme wurden vor allem von den brasilianischen Blue Chips (z.B. Gerdau und Braskem) und der brasilianischen Regierung genutzt, die nämlich ausgerechnet während der Krisenjahre 1998/1999 die wertmäßig größten Privatisierungen durchführte (US$ 27,7 Mrd. in 1998 und US$ 37,5 Mrd. in 1999). Davon betroffen waren namentlich die Telekommunikationsgesellschaft Telebrás, die Minengesellschaft CVDR und das Energieunternehmen Gerasul.[539] Hält man sich diese Daten und Ereignisse vor Augen, dann drängt sich folgende Erklärung für den ADR-Boom in den Jahren 1998/1999 auf: All diejenigen Emittenten, die es sich aufgrund ihrer internationalen Sichtbarkeit und ihres Fundmentalwertes (in der Einschätzung internationaler Analysten) leisten konnten, entschieden sich in den Jahren 1998/1999 dafür, auf ausländische Aktienmärkte auszuweichen, um dem drastisch gestiegenen systemischem Risiko im lokalen Markt auszuweichen. Mit schlechter Regulierung des lokalen Aktienmarktes, insbesondere mit mangelnder Transparenz und Defiziten bei der Corporate Governance, dürfte das Ganze eher weniger zu tun gehabt haben. Andernfalls hätte der Einbruch an der BOVESPA schon viel früher kommen müssen. Die einzige gravierende Verschlechterung, die aus Investorensicht in den brasilianischen Regulierungen zur Corporate Governance zwischen 1994 und 1999 erfolgte, war im Jahre 1997 die Streichung einer Tag-along-Regelung aus der ursprünglichen Fassung des Aktiengesetzes (Nr. 6.404/1976).[540] Hinter diesem Federstrich des Gesetzgebers, der schon 2001 wieder revidiert wurde, stand wohl vor allem die Absicht der Regierung, im Privatisierungsprozess Kosten zu sparen.[541] Bereits die Gesetzesänderung aus dem Jahre 1997 verbesserte aber auch an einigen Stellen des Aktienrechts das Corporate Governance Niveau.[542]

539 Die ADRs von Telebrás gehörten zu den ersten, die in New York gelistet wurden und schon 1997 ein Handelsvolumen von US$ 21,7 Mrd. erreichten; die ADRs von CVRD wurden 2000 gelistet und gehören heute zu den Schwergewichten im Markt, vgl. *Andrezo/Lima* (2007), S. 203f.

540 Durch Gesetz Nr. 9.457/1997 wurde Art. 254 Gesetz Nr. 6404/1976 gestrichen. Im Jahre 2001 wurde eine neue Tag-along-Regelung durch Gesetz Nr. 10.303/2001 in das Aktiengesetz eingefügt (vgl. Art. 254a Gesetz Nr. 6.404/1976 in der Fassung seit 2001).

541 *Yazek* (2007), S. 113.

542 Vgl. hierzu Ziff. 3.3.1.2.1.

Dennoch gibt es Wechselwirkungen zwischen der brasilianischen Corporate Governance Entwicklung und der Ausbreitung brasilianischer ADR-/GDR-Programme (Ende 2000 waren es 28; Anfang 2008 waren es ca. 100). Indem sich die brasilianischen Blue Chips den höheren Transparenzstandards der internationalen Börsen unterwerfen mussten, wurde nämlich der Boden dafür bereitet, dass solche Standards auch im lokalen Markt eingeführt werden konnten bzw. mit Blick auf den Konkurrenzdruck sogar eingeführt werden mussten.[543] In dieselbe Richtung wirkten Forderungen internationaler Portfolioinvestoren, die sich nicht zuletzt über brasilianische Fonds an brasilianischen Unternehmen beteiligt hatten.[544]

3.2.5. Plano Real und Konsolidierung des Bankensektors

3.2.5.1. Startphase des Plans (1994–1998)

3.2.5.1.1. Makroökonomische Weichenstellung

Neben der Schuldenkrise war die Inflation dasjenige Problem, das Anfang der 1990er Jahre am meisten drängte. Um dies zu erfassen, genügt bereits ein flüchtiger Blick auf folgende Zahlen: Im Jahre 1993 betrug die jährliche Inflationsrate ca. 2.708% (IGP-DI); von Januar bis Juni 1994 lag sie durchgängig über 40% pro Monat. Nachdem es der Regierung unter dem Präsidenten Itamar Franco und

543 *UNCTAD* (2003), S. 14: „The most important market-driven factor encouraging greater transparency in corporate governance is the increasing number of Brazilian companies that are seeking access to the US capital market via American Depository Receipts (ADRs). Foreign listings have raised the quality of domestic reporting, but the overall result has been the loss of Brazilian trading volume to US and European markets. In the future, recapturing some of the lost trading volume may mean bringing investors that prefer the relative safety of US or European exchanges back to Brazil."

544 *UNCTAD* (2003), S. 14: "Another factor that has enhanced transparency has been the opening of the financial markets to international investors. Foreign portfolio investors make greater demands upon companies for information and the disclosure, and the disclosure policies of some Brazilian companies are clearly being adapted to meet their needs. The absence of voting rights for the vast majority of traded shares still represents a serious impediment to the growth of the Brazilian market and the increased assertiveness of investors."

dem Finanzminister Fernando Henrique Cardoso (ab 1995 selbst Präsident) gelungen war, während der ersten Jahreshälfte 1994 die Staatsschulden mit Hilfe von Brady-Bonds zu restrukturieren, konnten sie Mitte des Jahres 1994 in Gestalt des Plano Real eine schon vorbereitete Währungsreform in die Tat umsetzen.[545] Dabei baute man in der ersten Phase des Plano Real (1994–1998) vor allem auf die beiden Steuerungsinstrumente hohe Zinsen und eine (asymmetrische) Dollarbindung. Während der Verkaufspreis für einen Real auf einen Dollar festgesetzt wurde, überließ man den Kaufpreis für den Real dem freien Spiel der Marktkräfte. Dank substantieller Kapitalzuflüsse aus dem Ausland (nicht zuletzt angezogen durch die hohen Zinsen) und andauerndem Handelsbilanzüberschuss im Jahre 1994 wertete der Real auf und stand im November 1994 sogar bei R$ 0,85 zum US-Dollar. Die Inflationsrate begann bereits im August spürbar zu fallen und betrug im Dezember nur noch 0,6% pro Monat.

Im Jahre 1995, als Brasilien von den Auswirkungen der Mexiko-Krise (1994/1995) getroffen wurde, stieg die Inflationsrate zwar wieder an, sie erreichte aber bei weitem nicht mehr die Werte der frühen 1990er Jahre. Außerdem steuerten die Geldpolitiker zu Beginn des Jahres 1995 gegen, indem sie weitere Zinserhöhungen durchführten und eine moderate Abwertung des Real bewirkten. Im Jahre 1996 lag die Inflationsrate bei 11,1% pro Jahr und fiel 1998 sogar auf nur noch 3,89%.[546] Das Ziel der Inflationsbekämpfung war also erreicht. Was die Währungsrelationen anbelangt, so wertete der R$ zwar von Anfang 1995 bis Ende 1998 kontinuierlich ab, aber dies geschah nur mit mäßigem Tempo, so dass im Dezember 1998 der Stand von R$ 1,21 für einen US$ erreicht wurde.[547]

Die dauerhafte Inflationsbekämpfung hatte im Rahmen des Plano Real höchste Priorität. Zur Erreichung dieses Ziels setzte man auf den Wechselkursanker (exchange rate ancor) und eine Hochzinspolitik, denn die eigentlich notwendigen fundamentalen Änderungen in der Fiskalpolitik waren aus politischen und verfassungsrechtlichen Gründen nicht zu erreichen – jedenfalls nicht schnell. Die gewählten Instrumente zur Inflationssteuerung riefen allerdings schon sehr bald

545 Zum Plano Real vgl. *Andrezo/Lima* (2007), S. 197; *Baer* (2008), S. 129 ff.
546 *Baer* (2008), S. 132 Tabelle 7.1.
547 *Baer* (2008), S. 131 f. mit Tabelle 7.1.

erhebliche Nebenwirkungen hervor.[548] Während die Wirtschaft in den ersten 2½ Jahren des Real-Plans noch real wuchs (allerdings schon mit rückläufiger Tendenz: 5,9% in 1994 und 3,6% in 1997), kam es in den Jahren 1998/1999 zu einem regelrechten Einbruch. Die reale Wachstumsrate betrug 1998 nur noch 0,1% und lag auch 1999 bei lediglich 0,5%. Vergleicht man das BIP pro Kopf der Jahre 1997 und 1999, so stellt man sogar einen Rückgang fest.[549] Die hohen Zinsen hatten das Wirtschaftswachstum „abgewürgt"; die Asien- (1997) und die Russlandkrise (1998) verschärften als exogene Schocks die hausgemachten Probleme noch.[550]

Ebenso wie die hohen Zinsen hatte auch der hohe Kurs des Real einen sehr negativen Nebeneffekt: Nachdem Brasilien in den 10 Jahren vor Einführung des Real stets einen Handelsbilanzüberschuss erwirtschaftet hatte, kehrte sich die Relation zwischen Exporten und Importen im Januar 1995 um, und es entstand ein Handelsbilanzdefizit.[551] Parallel dazu rutschte die Dienstleistungsbilanz noch tiefer ins Minus als früher. Als Folge davon geriet auch die Zahlungsbilanz immer mehr in eine Schieflage. Betrug das Defizit im Jahre der Einführung des Real nur US$ 1,7 Mrd., so lag es ein Jahr später (1995) schon bei US$ 18,0 Mrd. und 1998 sogar bei US$ 33,4 Mrd. Während dieses Defizit anfänglich durch den erhöhten Zufluss ausländischer Direkt- und Portfolioinvestitionen ausgeglichen werden konnte, begannen ab dem Jahr 1997 die Nettoreserven zu schmelzen. Gleichzeitig näherte sich das Ende der „Grace-Period" unter dem Brady-Plan.

Die Abhängigkeit von immer weiteren ausländischen Kapitalzuflüssen, um das Leistungsbilanzdefizit ausgleichen zu können, zwang Brasilien dazu, die Zinsen auch bei rückläufigem Wachstum und relativ geringer Inflation sehr hoch zu halten, um einen deutlichen Investitionsanreiz für ausländische Investoren zu setzen. Dieser Zwang, an hohen Zinsen festzuhalten, wurde durch die internationalen Finanzkrisen der 1990er Jahre (Mexiko, Asien und Russland) noch weiter

548 *Baer* (2008), S. 133 ff.

549 *Baer* (2008), S. 134 Tabelle 7.2.

550 Vgl. hierzu *Andrezo/Lima* (2007), S. 197; *Baer* (2008), S. 200 f.

551 Brasiliens Anteil am Weltexport betrug in den späten 1990er Jahren nur noch etwa 0,8%, während der Anteil in den frühen 1980er Jahren noch bei 1,5% gelegen hatte; vgl. *Baer* (2008), S. 135 f. mit Tabelle 7.4.

verschärft, da die internationale Liquidität insgesamt abnahm.[552] Angesichts der gestiegenen makroökonomischen Risiken und des minimalen Wachstums (BIP-Wachstum in 1998: 0,13%) vermochten die hohen Zinsen aber tatsächlich immer weniger Kapital anzuziehen. Vielmehr kam es zu einer Kreditrationierung.[553]

Die naheliegende Gegenmaßnahme, den Real abzuwerten (Aufgabe des Wechselkursankers), um dergestalt einen Wachstumsimpuls zu setzen und die Handelsbilanz aus ihrer Schieflage zu bringen, erschien der Regierung aber zunächst in zweifacher Hinsicht als zu gefährlich: (1) Die erfolgreiche Inflationspolitik sollte auf keinen Fall riskiert werden. (2) Bei einer drastischen Abwertung des Real drohte eine Explosion der öffentlichen und privaten Auslandsschulden, denn nicht nur die Bedienung der ausländischen Staatsschulden würde kostspieliger (ein Großteil der Staatsschulden war an den US$ gekoppelt[554]), sondern auch für den brasilianischen Unternehmenssektor stand ein drastischer Anstieg ihrer Finanzierungskosten auf dem Spiel. Ein guter Teil der großen nationalen Unternehmen und der in Brasilien tätigen Töchter multinationaler Unternehmen hatte sich nämlich auf dem internationalen Markt verschuldet, um den hohen heimischen Zinsraten zu entkommen.[555]

Ende der 1990er Jahre eskalierte die Situation: Trotz erheblicher Steuererhöhungen und einem Anstieg der tatsächlich bezahlten Steuern[556] verschlechterte sich die Haushaltssituation dramatisch, und die

552 *Braga/Gremaud* (2005), S. 19 f.; vgl. auch *Samuels* (2003), S. 551 ff.
553 *Hermann* (2002), S. 107: „Under such conditions, savers, banks and funds managers tend to adopt a „credit rationing" policy (...). The rationing is characterised when higher (real) interest rates are no longer able to stimulate the demand for assets, because, they expand more than proportionally the (expected) asset risk. In the Brazilian case, in addition to the risk related to high interest rates, credit rationing also reflects the typical high degree of risk-aversion of savers and financial institutions produced by the long history of macroeconomic instability (...)."
554 *Samuels* (2003), S. 559.
555 *Braga/Gremaud* (2005), S. 20.
556 Die Steuerlast stieg von 1994 bis 2001 in Brasilien spürbar an, was insbesondere für die persönliche Einkommenssteuer galt, die von 2,61% auf 4% des BIP anstieg, wobei das reale Wachstum des BIP in diesen sieben Jahren nur 18,2% betrug. Außerdem wurde 1994 eine Steuer auf Finanztransaktionen eingeführt, die dann ab 1996 den Namen CPMF (Contribuição sobre Movimento Financeiro) erhielt, unter dem sie bekannt ist. Vgl. *Samuels* (2003), S. 561.

Staatsverschuldung stieg deutlich an (von 28,5% des BIP in 1994 auf 48% des BIP im Januar 1999[557]). Dieser Anstieg war nicht zuletzt eine Folge der Refinanzierung von Länderschulden auf Bundesebene[558] sowie immenser Pensionszahlungen.[559] Da unter diesen Bedingungen das Vertrauen internationaler und nationaler Investoren in den Real abnahm,[560] war eine Korrektur der Wirtschaftspolitik in den Jahren 1998/1999 unumgänglich.[561]

Abb. 3.6.: Entwicklung der Makrodaten bis zur Aufgabe des Wechselkursankers.

	1993	**1994**	**1995**	**1996**	**1997**	**1998**	**1999**
Inflation[562] (IGP-DI)	2.708,17	1.093,89	14,78	9,34	7,48	1,7	19,98
Inflation[563] (IPCA)	2.477,15	916,43	22,41	9,56	5,22	1,66	8,94
Inflation[564] (IGP-M)	–	–	–	–	–	1,79	20,10
Selic in %	3.488,45	1.153,6	53,08	22,73	37,19	31,24	19,03

557 *Andrezo/Lima* (2007), S. 201.

558 *Samuels* (2003), S. 561.

559 In der Zeit von 1987 bis 1997 stieg die Verhältniszahl zwischen Gehältern und Pensionen (für staatliches Personal) von 2,5-zu-1 auf 1-zu-1 an; vgl. *Samuels* (2003), S. 569; vgl. *Carvalho Pinheiro* (2004).

560 Zu diesem Vertrauensverlust und den Ursachen für den Schuldenanstieg *Samuels* (2003), S. 557 ff.

561 Vgl. *Baer* (2008), S. 133 ff.; *Andrezo/Lima* (2007), S. 198 ff.

562 Der IGP-DI (Índice Geral de Preços – Disponibilidade Interna) ist ein sehr traditioneller Index (wird seit 1944 berechnet) und war in der Vergangenheit der offizielle Inflationsmaßstab in Brasilien; vgl. *Neto* (2006), S. 41.

563 Der IPCA (Índice Nacional de Preços ao Consumidor Amplo) ist vom Standpunkt der Wirtschaftspolitik aus betrachtet der wichtigste Index. Er wird vom CMN als Referenzwert benutzt, um die Inflation zu steuern, vgl. *Neto* (2006), S. 41.

564 Der IGP-M (Índice Geral de Preços do Mercado) ist im Finanzsektor der meistgenutzte Index, insbesondere zur Indexierung öffentlicher Schuldtitel sowie zur Korrektur regulierter Preise. Er wurde 1998 aus dem Finanzsektor heraus mit dem Ziel geschaffen, einen Maßstab zu etablieren, der frei ist von Einflussnahme durch die Regierung; vgl. *Neto* (2006), S. 41.

	1993	1994	1995	1996	1997	1998	1999
ΔBIP in %	4,92	5,95	4,22	2,66	3,72	0,13	0,79
R$/US$	–	0,63	0,92	1,01	1,08	1,16	1,81

Quelle: *Baer* (2008), S. 405 Tabelle A1 und S. 410 Tabelle A5.

3.2.5.1.2. Strukturelle Veränderungen im Bankensektor

Bevor wir uns mit den wirtschaftpolitischen Korrekturen der Jahre 1998/1999 befassen, sind zunächst die strukturellen Veränderungen im Bankensektor darzustellen, die noch während der ersten Phase des Plano Real erfolgte. Die Restrukturierung war 1995 dringend erforderlich geworden, da das Geschäftsmodell vieler Banken (insbesondere der Geschäfts- und Universalbanken) unter den veränderten makroökonomischen Gegebenheiten nicht mehr funktionierte und sie von der Insolvenz bedroht waren. Außerdem waren zahlreiche Institute, namentlich aus dem öffentlichen Bankensektor, nicht in der Lage, ihre Arbeitsweise so zu verbessern, dass sie zu Internationalen Standards aufschließen konnten. Genau dieses Ziel, internationales Niveau im Bankensektor zu erreichen, hatte sich aber die Regierung Cardoso gesetzt. Dass es ihr ernst damit war, zeigt sich nicht zuletzt daran, dass sie schon im Jahr der Einführung des Plano Real (1994) den Basler Accord (Basel I) implementierte und dabei die Mindesteigenkapitalquote sogar auf 11% festgelegt hatte.[565]

(i) Programm zur Stärkung und Restrukturierung des Finanzsystems (PROER)

In den 1980er Jahren und Anfang der 1990er Jahre hatten sich viele Geschäfts- und Universalbanken darauf konzentriert, die galoppierende Inflation für äußerst lukrative Arbitragegeschäfte zu nutzen.[566] Darüber hinaus hatten sie sich daran gewöhnt, ihre Gewinne mit kurzfristigen Finanzierungsgeschäften für Staatschulden zu erwirt-

565 CMN-Resolution Nr. 2.099/1994; vgl. dazu *Andrezo/Lima* (2007), S. 206f.; *Hermann* (2002), S. 110; *Yazbek* (2007), S. 240ff.

566 *Andrezo/Lima* (2007), S. 202; *Baer/Nazmi* (2000), S. 6ff.; *Studart* (2000), S. 35; *Welch* (1993), S. 10.

schaften.[567] Nachdem die Staatsschulden dank des Brady Plans restrukturiert waren, schrumpfte dieses Geschäftsfeld. Vor allem aber fiel das Geschäft mit der Inflation abrupt weg, als sich schon kurz nach Einführung des Plano Real zeigte, dass mit dem neuen Konzept endlich die Inflation nachhaltig bekämpft werden konnte.[568] Außerdem stieg als Folge höherer realer Zinsen[569] die Zahl der ausgefallenen Darlehensschuldner drastisch an. Während die Quote der „Non-Performing Loans“ im Dezember 1993 noch bei 7% lag, stieg sie bis Dezember 1995 auf 21%. Hinzu kamen Diskrepanzen („mismatch“) zwischen den Kosten für kurzfristige Einlagen und den Einnahmen aus vergleichsweise längerfristig ausgegebenen Darlehen.[570] Allein zwischen Juli 1994 und Oktober 1995 musste die Zentralbank bei 21 Geschäfts- und Universalbanken intervenieren und sie liquidieren oder unter das spezielle RAET-Regime stellen (Regime de Administração Especial Temporária).[571] Schließlich begann durch die Öffnung des Finanzmarktes für ausländische Akteure der Konkurrenzdruck auf die lokalen Institute zuzunehmen. Da die Regierung diesen Wettbewerb fördern und die Öffnung weiter vorantreiben wollte, war klar, dass die bestehenden Strukturen nicht überleben konnten.[572]

In dieser Situation wurde im Oktober 1995 ein Regierungsprogramm zur Stärkung des nationalen Finanzsystems (PROER[573]) verabschiedet. Erklärtes Ziel dieses Programms war es, die Liquidität und Solvenz des Finanzsystems zu sichern sowie die Interessen der Sparer und Investoren zu schützen.[574] Zunächst verhinderte die Zentralbank als „lender of last resort“ über PROER und den ebenfalls 1995 neu geschaffenen Fundo Garantidor de Créditos (FGC) eine systemische

567 *Studart* (2000), S. 35; zu den Techniken, mit denen die Banken vor allem während der 1980er Jahre aus der hohen Inflation enorme Profite gemacht hatten vgl. *Hermann* (2002), S. 83 ff.

568 Vgl. *Andrezo/Lima* (2007), S. 2002.

569 Im Jahre 1994 betrug der Leitzins 53,08%, die „IGP-DI“-Inflationsrate lag bei 14,78%; 1995 war das Verhältnis 22,73% zu 9,34%.

570 *Baer* (2008), S. 145.

571 *Andrezo/Lima* (2007), S. 206.

572 *Hermann* (2002), S. 109 f.

573 PROER steht für Programa de Estímulo à Reestruturação e ao Fortalecimento do Sistema Financeiro.

574 Vgl. *Andrezo/Lima* (2007), S. 215 ff.; *Baer* (2008), S. 145 f.; *Hermann* (2002), S. 110.

Krise. Da die strukturellen Probleme auf diese Weise aber nicht zu überwinden waren, setzte PROER steuerliche und finanzielle Anreize für eine Konsolidierung im Bankensektor. Zunächst wurde denjenigen Banken, die ein anderes Finanzinstitut übernehmen wollten, für die Finanzierung der Akquisition eine zinsgünstige Kreditlinie angeboten. Außerdem wurde dem erwerbenden Institut erlaubt, Verluste der Zielgesellschaft in steuerlicher Hinsicht zu absorbieren und für Abschreibungszwecke zu nutzen.[575] Obwohl die Regierung mit diesen Anreizen auch darauf abzielte, internationale Finanzinstitute anzuziehen,[576] waren die Effekte von PROER zunächst auf den internen Markt beschränkt. Hier löste das Programm allerdings sehr schnell die erhoffte Konsolidierungswelle aus. Zu den bedeutendsten Akquisitionen im ersten Jahr nach Einführung von PROER gehörten die Übernahmen der Banco Nacional durch Unibanco, der Banco Francês e Brasileiro durch Itaú sowie der Banco Econômico durch Excel.[577]

(ii) Reduktion der Staatsbanken und Internationalisierung

Mindestens ebenso dringlich wie die Restrukturierung des privaten Bankensektors waren Veränderungen im öffentlichen Bankensektor. Insbesondere regionale öffentliche Banken hatten über viele Jahre hinweg einen wesentlichen Beitrag zum Chaos in den brasilianischen Staatsfinanzen geliefert. Die Gouverneure der Bundesstaaten hatten diese Banken nämlich immer wieder dazu benutzt, um mit Hilfe von Krediten steigende Ausgaben zu finanzieren und Haushaltslöcher zu stopfen. Später lehnten sie es dann ab, die Kredite zurückzubezahlen und ruinierten damit die Staatsbank, die dann von der Zentralbank auf Kosten des Bundes saniert werden musste. *David Samuels* beschreibt die Brisanz dieses Problem wie folgt:

> "Between 1982 and 1993 Brazil's Central Bank had to intervene in 60 of the 87 state-government financial institutions because they were close to

575 *Andrezo/Lima* (2007), S. 215; *Baer* (2008), S. 145.

576 *Studart* (2000), S. 33 und 37f.; *Hermann* (2002), S. 109: "In addition, the government has been trying to stimulate competition in the banking sector (...) through a policy of increasing foreign participation in the Brazilian banking market, by supplying credit and fiscal incentives to foreign banks interested in acquiring ailing national banks."

577 *Andrezo/Lima* (2007), S. 225; *Baer* (2008), S. 145.

> bankruptcy, and by 1990, 45.3 per cent of state bank loans were non-performing, compared to only 1.7 per cent of loans by private sector banks. Although observers perceived that the political autonomy of state governors to use and abuse their state banks undermined presidential capacity to implement stabilisation policies, until 1995 the federal government regularly bailed out state banks in exchange for political support in Congress."

Als Ende 1994 eine Intervention bei den Landesbanken von Rio de Janeiro und São Paulo erforderlich wurde, machte die Regierung Cardoso klar, dass sie nicht auf Dauer bereit war, ruinös geführte Landesbanken vor der Insolvenz zu retten. Der notwendige Schritt, den Gouverneuren die Kontrolle über die regionalen Staatsbanken zu entziehen, erwies sich jedoch politisch als äußerst schwierig – als Deutscher fühlt man sich unwillkürlich an die Landesbanken erinnert. Letztlich musste sich die Regierung Cardoso die Zustimmung zu ihrem Restrukturierungsplan teuer erkaufen. Erst als Cardoso den Gouverneuren anbot, die Schulden ihrer Provinzen zu günstigen Konditionen auf Bundesebene zu refinanzieren, verzichteten sie auf die Kontrolle der regionalen öffentlichen Banken.[578] Damit war der Weg für Cardoso frei, das Problem durch Privatisierung (hoffentlich) ein für alle Mal zu lösen. Als Hebel hierzu wurde 1997 das Programm zur Reduktion der staatlichen Präsenz im Bankensektor (PROES[579]) aufgelegt.[580] Das Programm erwies sich als effektiv. Bereits Mitte 1998 war der Anteil der Staatsbanken an der Summe aller Einlagen auf 6,5% gesunken, während er Ende 1996 noch bei 19,3% gelegen hatte.[581] Bis 2002 wurden mit Hilfe von PROES zehn Institute liquidiert und sieben privatisiert; sieben weitere wurden zunächst vom Bund übernommen und danach privatisiert. Darüber hinaus wurden fünf Institute saniert und sechzehn Banken in Förderagenturen umgewandelt.[582]

578 *Baer* (2008), S. 145 f.; *Samuels* (2003), S. 5555.

579 PROES steht für Programa de Incentivo a Redução do Setor Público Estadual na Atividade Bancária.

580 Zur Privatisierung und Restrukturierung des Bankensystems vgl. *Baer/Nazmi* (2000); *Andrezo/Lima* (2007), S. 202 ff.; *Makler* (2000); *Ness Jr.* (2000); speziell zu PROES vgl. *Baer* (2008), S. 145 f.; *Andrezo/Lima* (2007), S. 217 ff.; *Studart* (2000), S. 34.

581 *Baer* (2008), S. 146.

582 *Andrezo/Lima* (2007), S. 218.

Außerdem verstärkte PROES die Wirkungen des zwei Jahre zuvor aufgelegten PROER. Die Konsolidierungswelle erreichte ihren Höhepunkt in den Jahren 1997/1998, und jetzt griffen auch ausländische Finanzinstitute in den Restrukturierungsprozess ein.[583] Namentlich HSBC, Santander, ABN-Amro und Credit Swiss (First Boston) nutzten die Gelegenheit, um sich in den brasilianischen Markt einzukaufen.[584] Gemessen an den gesamten Aktiva des Finanzsektors stieg der Marktanteil derjenigen Finanzinstitute, die unter ausländischer Kontrolle standen, im Zeitraum zwischen 1995 (Einführung von PROER) und Ende 2000 von 8,4 auf 27,4 Prozent an.[585] Der Markteintritt führender internationaler Institute veränderte – wie von der Regierung Cardoso beabsichtigt – nicht nur die Wettbewerbssituation im Finanzsektor, sondern führte auch zu einer Qualitätsverbesserung bei den Finanzierungstechniken und einer Erweiterung des Angebots an Finanzprodukten.[586]

Abb. 3.7.: Strukturveränderungen im Bankensektor (1988–1998).

	Dezember 1988	**Juni 1994**	**Dezember 1998**
Öffentliche Banken des Bundes	6	6	6
Öffentliche Banken der Länder	37	34	24
Lokale Privatbanken	44	147	106
Niederlassungen ausländischer Geschäftsbanken	19	19	16
Banken unter ausländischer Kontrolle	7	19	36
Banken mit ausländischer Beteiligung	5	31	23

583 *Studart* (2000), S. 33 und 37 ff.

584 *Andrezo/Lima* (2007), S. 225; vgl. auch *Baer/Nazmi* (2000), S. 17; *Makler* (2000), S. 68. Die UBS, die gegenwärtig äußerst erfolgreich im brasilianischen Investmentgeschäft agiert, erwarb erst im Jahre 2006 die brasilianische Investmentbank Pactual.

585 *Andrezo/Lima* (2007), S. 226 Tabelle 5.17.

586 Vgl. *Hermann* (2002), S. 109 f.; *Studart* (2000), S. 38 f.

	Dezember 1988	Juni 1994	Dezember 1998
Investmentbanken	49	17	22
Summe aller Banken	166	273	233

Quelle: *Andrezo/Lima* (2007), S. 205.

Abb. 3.8.: Akquisitionen inländischer Banken durch ausländische Banken (1997–1998)

	Käufer	**Zielgesellschaft**
1997	HSBC	Banco Bamerindus
	Santander Central Hispano[587]	Banco Geral do Comércio e Noroeste
	Konsortium (Banco Espírito Santo/Grupo Monteiro Aranha/Crédit Agricole)	Boavista
1998	Caixa Geral de Depósitos	Banco Bandeirantes
	CSFB	Garantia
	Bilbao Vizcaya	Excel-Econômico
	ABN Amro	Banco Real e BANEPE

Quelle: *Andrezo/Lima* (2007), S. 225 Tabelle 5.15.

3.2.5.2. Die zweite Phase des Plano Real (ab 1999)

3.2.5.2.1. Aufgabe des Währungsankers

Bevor die Regierung Cardoso im Jahre 1998 den erforderlichen drastischen Kurswechsel in der Geld- und Währungspolitik vornehmen konnte, musste Cardoso zunächst einmal einen Wahlkampf führen. Im Oktober 1998 erhielt er das Mandat für seine zweite Amtszeit (1998–2002). Der Kurswechsel ließ nicht lange auf sich warten. Bereits im November 1998 korrigierte die wiedergewählte Regierung

[587] Im Jahre 2000 erwarb Santander zusätzlich Baenspa; vgl. *Andrezo/Lima* (2007), S. 225.

ihre bisherige Wirtschaftspolitik.[588] Der Kongress verabschiedete ein Notgesetz zur Haushaltsstabilisierung, das sowohl auf Steuererhöhungen als auch auf Ausgabenkürzungen setzte. Gleichzeitig stellte der IWF ein Hilfspaket zur Verfügung. Im Januar 1999 wurde dann der Wechselkurs des Real freigegeben und es kam zu einer deutlichen Abwertung gegenüber dem US$: Der Kurs fiel von R$ 1,16 für einen US$ im Jahre 1998 auf R$ 1,81 ein Jahr später.[589] Parallel dazu wurde eine ganze Reihe von Regulierungen verabschiedet, um das Bankensystem zu stabilisieren.[590]

Des weiteren bemühte sich die Regierung weiterhin, den politisch und verfassungsrechtlich äußerst schwierigen Prozess einer Reform des öffentlichen Pensions- und privaten Rentensystems fortzuführen.[591] Dieses Thema war und ist in Brasilien besonders problema-

588 Vgl. unter anderem *Braga/Gremaud* (2005), S. 19ff.; *Giambiagi* (2007), S. 58ff.; *Andrezo/Lima* (2007), S. 2002ff.

589 Vgl. zur Abfolge der Ereignisse die Zeittafel bei *Baer* (2008), S. 139 Tabelle 7.5.

590 *Hermann* (2002), S. 110f.: Since the adoption of the floating exchange rate regime in January 1999, another round of measures has begun: (a) requirements (CMN Resolution 2682/1999) of reserve provisions for non-performing loans were reinforced (...); (b) a capital requirements to cover exchange and interest rate risk was established (CMN Resolution 2606/1999 and 2692/2000); (c) a schedule was introduced for reduction of the banks' participation in non-financial institutions, from the existing level of 80 per cent to 50 per cent of net asset value by 2002."

591 *Brooks* (2007), S. 50f.: "Between 1992 and 2003, the Brazilian government made nearly unceasing efforts to reform the country's public and private pension systems. These efforts yielded two constitutional amendments (in 1998 and 2003) and a structural reform of the "pay-as-you-go" private sector pension system (in 1999), which was passed through ordinary law. (...) In addition to a greater political diffidence toward neoliberal economic models, Brazil enjoyed a privileged capacity to attract foreign capital without radical liberalization. Unlike other emerging markets, where the dismantling of capital controls and financial regulations became a fundamental condition for the receipt of foreign investment, capital flows to Brazil were not conditioned on radical neoliberal policy signals. *Instead, strong capital inflows depended heavily on signals of Brazil's fiscal and macroeconomic performance. With market actors closely following the Brazilian government's debt and deficit ratios, technocrats came to evaluate policy changes according to their likely effects on these key sovereign risk indicators* (...). Technocrats in Brazil therefore did not see pension privatization as an opportunity to signal credibility through market-oriented reform, but rather as a means to

tisch, wie folgende Zahlen belegen: Obwohl 1998 in Brasilien nur ca. 8% der Bevölkerung älter als 60 Jahre waren, gab das Land in Prozent zum BIP etwas mehr an öffentlichen Geldern für das Rentensystem aus als Portugal, wo deutlich mehr als 20% der Bevölkerung über 60 Jahre alt waren.[592]

Schließlich wurde in der ersten Hälfte des Jahres 2000 ein Gesetz zur fiskalpolitischen Verantwortung („Lei de Responsabilidade Fiscal") verabschiedet. Dieses Gesetz sollte die Regierungen der brasilianischen Bundesländer ein für alle Mal einer stärkeren Haushaltsdisziplin unterwerfen. Zu diesem Zweck wurden auf allen staatlichen Ebenen strenge Verschuldungsgrenzen festgelegt. Außerdem zielte das Gesetz auf Transparenz ab, indem es die Länder dazu verpflichtete, alle Einnahmen und Ausgaben zu veröffentlichen. Ferner wurden Strafen für öffentliche Bedienstete und Beamte eingeführt, die das Gesetz künftig verletzen würden.[593]

Die makroökonomischen Effekte, die von der Aufgabe des Währungsankers in den ersten beiden Jahren (1999–2000) ausgingen, waren moderat; jedenfalls kam es nicht zu heftigen Ausschlägen bei den kritischen Makrodaten. Die Inflationsrate stieg zwar im Umstellungsjahr deutlich an. Dennoch bedeutete der Anstieg von 1,7% im Jahre 1998 auf 19,98% ein Jahr später nicht einmal ansatzweise ein Rückfall auf das Niveau, das Brasilien vor Einführung des Plano Real lange Zeit gewohnt war. Außerdem fiel die Inflationsrate schon in den folgenden beiden Jahren wieder auf moderate 10%. Der Anstieg im Umstellungsjahr hing vor allem mit einer Absenkung des Leitzinses von 31,24% (1998) auf 19,03% (1999) zusammen. Im Jahre 2000 erreichte der Leitzins mit 16,19% (bei 9,81% Inflation) seinen vorläufigen Tiefststand. Der Wechselkurs des Real zum US$ lag 1999 und 2000 stabil bei ca. 1,8.

Zwar war die Umstellung ohne Brüche gelungen, andererseits blieben aber auch die erhofften Effekte beim Wachstum sowie in der Handels- und Zahlungsbilanz zunächst gering. Das Wachstum betrug 1999 magere 0,79% und stieg im Jahre 2000 auf immerhin 4,38% an.

restore financial balance to the pension system, and thus to the state budget more broadly." Vgl. auch *Arza* (2008); *Carvalho Pinheiro* (2004).

592 Vgl. die Grafik in *Carvalho Pinheiro* (2004), S. 264.

593 *Samuels* (2003), S. 554.

Danach fiel es jedoch wieder auf unter 2%. Sowohl die Handels- als auch die Zahlungsbilanz blieb in beiden Jahren negativ. Immerhin verminderte sich schon im Umstellungsjahr (1999) das Defizit in der Handelsbilanz gegenüber dem Vorjahr. Dieser Effekt setzte sich im Jahre 2000 fort und schlug dann auch auf die Leistungsbilanz durch. Die ausländischen Direktinvestitionen stiegen in den Jahren 1999 und 2000 spürbar an, erreichten aber nicht das Niveau der ersten Hälfte der 1990er Jahre.[594]

3.2.5.2.2. Krisen- und Schicksalsjahre: 2001/2002

Im Jahre 2001 schlug das weltpolitische Pech, das beide Amtsperioden Cardosos ständig begeleitet hatte (Mexiko-, Asien- und Russlandkrise), erneut zu. Das Zerplatzen der Internetblase und der Enron-Skandal erschütterten weltweit das Vertrauen der Investoren. Außerdem geschah der Terroranschlag auf das World Trade Center, und zum Jahresende erreichte die Argentinienkrise ihren Höhepunkt. In Brasilien waren von dieser Krise, anders als in Europa, nicht nur einige waghalsige oder gutgläubige Anleihegläubiger betroffen, sondern erhebliche Teile der brasilianischen Wirtschaft, denn Argentinien ist traditionell einer der wichtigsten Handelspartner Brasiliens. Das reale Wirtschaftswachstum der Welt (world BIP growth rate) fiel im Jahre 2001 auf 2,7% gegenüber 4,8% im Vorjahr.[595] Unter diesen Vorzeichen war eine Besserung der wirtschaftlichen Lage Brasiliens nicht zu erwarten. Vielmehr sackte die Wachstumsrate des BIP in 2001 auf 1,31% ab; 2000 waren es noch 4,38% gewesen. Immerhin blieb die Inflationsrate stabil. Die Handelsbilanz wies nach sechs Jahren und die Leistungsbilanz nach vier Jahren endlich wieder einen (kleinen) Überschuss aus.[596] Der Real wertete gegenüber dem US$ weiter ab (von 1,83 in 2000 auf 2,35 in 2001) und der Leitzins stieg um 3% auf ca. 19%. Beides verteuerte die Staatsschulden, denn noch immer waren 1/3 der Staatsschulden an den US$ gekoppelt und ca. 50% waren indexiert (Leitzins).

Diese Daten verhießen für das Wahljahr 2002 nicht Gutes, zumal sich die Ära des liberalen Reformpräsidenten Cardoso nach zwei Amtspe-

594 Vgl. zu den Zahlen *Baer* (2008), S. 405 ff.
595 CIA World Factbook, abrufbar unter http://www.cia.gov.
596 Vgl. zu den Zahlen *Baer* (2008), S. 405 ff.

rioden unvermeidlich ihrem Ende näherte. Und in der Tat fiel der Kurs des Real gegenüber dem US$ von 2,41 im Januar 2002 auf US$ 3,43 im Juli 2002. Damit verteuerten sich die anstehenden Zins- und Tilgungszahlungen weiter, so dass ein Default immer näher rückte, zumal mehr und mehr Zahlungspflichten aus dem Brady Plan fällig wurden. Darüber hinaus wurden die Märkte auch deshalb immer nervöser, weil sich ein Wahlsieg des ehemaligen Gewerkschaftsführers Lula da Silva und seiner linken Partido dos Trabalahadores (PT) abzeichnete und man eine Abkehr vom Stabilitätskurs der scheidenden Regierung befürchtete. Vor diesem Hintergrund kündigte der IWF im August 2002 an, dass er bereit sei, Brasilien bis zur Höhe von US$ 30 Mrd. Kredite zur Verfügung zu stellen (ca. 50% wurden in Anspruch genommen), damit es nicht zu einem Default kommen würde.[597] Diese Ankündigung sorgte kurzfristig für eine gewisse Beruhigung der Märkte und verhinderte tatsächlich einen Default.

Auch der aussichtsreiche Präsidentschaftskandidat da Silva und seine Partei versuchten, die Lage zu beruhigen. Hierzu veröffentlichte da Silva einen Brief, der unter dem Namen „carta ao povo brasileiro“ berühmt geworden ist. Darin erläuterte er die Eckpunkte seiner künftigen Politik und versprach, keine radikalen Änderungen in der Wirtschaftspolitik durchzuführen sowie bestehende Verträge zu respektieren. Er machte insbesondere deutlich, dass er sich für makroökonomische Stabilität und Planungssicherheit bei langfristigen Investitionen einsetzen werde. Der Wahlkampfsituation und dem brasilianischen Temperament entsprechend ist der Brief an das Volk vom 22. Juni 2002 etwas pathetisch formuliert; die zentrale Passage zur Wirtschaftspolitik lautet (in der Übersetzung des Verfassers) wie folgt:[598]

597 Zur Rechtfertigung dieser Maßnahme des IWF vgl. *Stiglitz* (2002).

598 Brief von *Lula da Silva* vom 22. Juni 2002 ("carta ao povo brasileiro"): "(. . .) Será necessária uma lúcida e criteriosa transição entre o que temos hoje e aquilo que a sociedade reivindica. O que se desfez ou se deixou de fazer em oito anos não será compensado em oito dias. O novo modelo não poderá ser produto de decisões unilaterais do governo, tal como ocorre hoje, nem será implementado por decreto, de modo voluntarista. Será (o novo modelo) fruto de uma ampla negociação nacional, que deve conduzir a uma autêntica aliança pelo país, a um novo contrato social, capaz de assegurar o crescimento com estabilidade. *Premissa dessa transição será naturalmente o respeito aos contratos e obrigações do país.* As recentes turbulências do mercado financeiro devem ser compreendidas nesse contexto de fragilidade do atual modelo e de clamor popular pela sua

„(Das neue Modell) wird die Frucht eines breiten nationalen Verhandlungsprozesses sein, der zu einer echten Allianz für das Land führen muss, ein neuer Gesellschaftsvertrag, der Wachstum mit Stabilität ermöglicht. Prämisse dieses Übergangs wird natürlich der Respekt von Verträgen und Verpflichtungen des Landes sein.“

Bereits das im Vorfeld der Wahlen veröffentlichte Partei- bzw. Regierungsprogramm der PT[599] enthielt Aussagen, die für Entspannung hätten sorgen können, wäre eine solide Vertrauensbasis vorhanden gewesen. In dem Programm wurden sechs zentrale Politikziele einer künftigen Regierung unter da Silva definiert. Zu den Zielen gehörten insbesondere Preisstabilität, ein effizientes Steuersystem und die Bereitstellung langfristiger Finanzierungen.[600] Aber wer liest schon Parteiprogramme? Und wer glaubt ihnen? So war es erst der besagte öffentliche Brief vom Juni 2002, der einen gewissen psychologischen Beruhigungseffekt in Wirtschaftskreisen hatte. Dennoch – und trotz der Kreditzusage des IWF – blieben die Märkte bis zu den Wahlen im Oktober recht nervös. Der Real erreichte im September mit 3,89 sein Allzeit-Tief gegenüber dem US$ und die Inflationsrate stieg im Oktober 2002 auf 1,57% (p. m.).[601] Vor diesem Hintergrund sah sich da Sil-

superação. À parte manobras puramente especulativas, que sem dúvida existem, o que há é uma forte preocupação do mercado financeiro com o mau desempenho da economia e com sua fragilidade atual, gerando temores relativos à capacidade de o país administrar sua dívida interna e externa. É o enorme endividamento público acumulado no governo Fernando Henrique Cardoso que preocupa os investidores. Trata-se de uma crise de confiança na situação econômica do país, cuja responsabilidade primeira é do atual governo. Por mais que o governo insista, o nervosismo dos mercados e a especulação dos últimos dias não nascem das eleições. Nascem, sim, das graves vulnerabilidades estruturais da economia apresentadas pelo governo, de modo totalitário, como o único caminho possível para o Brasil. Na verdade, há diversos países estáveis e competitivos no mundo que adotaram outras alternativas. Não importa a quem a crise beneficia ou prejudica eleitoralmente, pois ela prejudica o Brasil. O que importa é que ela precisa ser evitada, pois causará sofrimento irreparável para a maioria da população. Para evitá-la, é preciso compreender que a margem de manobra da política econômica no curto prazo é pequena. O Banco Central acumulou um conjunto de equívocos que trouxeram perdas às aplicações financeiras de inúmeras famílias. Investidores não especulativos, que precisam de horizontes claros, ficaram intranqüilos. E os especuladores saíram à luz do dia, para pescar em águas turvas (. . .).”

599 *Partido dos Trabalhadores* (PT), Programa do Governo, São Paulo 2002.

600 Vgl. *Baer* (2008), S. 152 f.

601 Vgl. *Baer* (2008), S. 159 Tabelle 8.4 und S. 160 Tabelle 8.5.

va am 28. Oktober 2002, nur einen Tag nach seiner Wahl zum Präsidenten, wohl gezwungen, erneut einen Brief („Compromisso com a mudança") an die Öffentlichkeit zu schreiben, in dem er seine Wahlkampfaussagen und -versprechen zur künftigen Wirtschaftspolitik bekräftigte:[602]

> „Wie wir während des Wahlkampfes gesagt haben, wird unsere Regierung Verträge respektieren, die frühere Regierungen geschlossen haben, nicht unvorsichtiger in der Inflationskontrolle werden und – wie es immer bei Regierungen der PT war – eine verantwortungsvolle Haltung zur Fiskalpolitik einnehmen."

Entscheidend war jedoch, dass diesen Worten sogleich Taten folgten. Die Inflationsrate schoss im letzten Quartal 2002 nach oben: von 1,57% im Oktober auf 3,39% im November, 2,7% im Dezember (Angaben jeweils pro Monat). Die Reaktion der Regierung erfolgte prompt. Der Leitzins wurde sofort deutlich erhöht und erreichte nach weiteren Zinsschritten im Februar 2003 seinen Spitzenwert von 26,5%. Im Juni 2003 begann ein Zinssenkungszyklus, der im Mai 2004 bei 16% vorübergehend endete.[603] Die Inflationsrate reagierte wie erhofft und sank in 2003 auf 7,67% und blieb in 2004 bei moderaten 9,4%, bevor sie weiter sank. Ferner verfolgte die neue Regie-

602 Öffentlicher Brief von *Lula da Silva*, São Paulo 28. Oktober 2002 („Compromisso com a mudança"): „Vamos enfrentar a atual vulnerabilidade externa da economia brasileira – fator crucial na turbulência financeira dos últimos meses – de forma segura. *Como dissemos na campanha, nosso governo vai honrar os contratos estabelecidos pelo governo, não vai descuidar do controle da inflação e manterá – como sempre ocorreu nos governos do PT – uma postura de responsabilidade fiscal.* (...) O país tem acompanhado com preocupação a crise financeira internacional e suas implicações na situação brasileira. Em especial, a instabilidade na taxa de câmbio e a pressão inflacionária dela decorrente. Porém, com toda a adversidade internacional, estamos com superávit comercial de mais de 10 bilhões de dólares neste ano. Resultado que pode ser ampliado já em 2003 com uma política ofensiva de exportações, incorporando mais valor agregado aos nossos produtos, aprofundando a competitividade da nossa economia, bem como promovendo uma criteriosa política de substituição competitiva de importações. O Brasil fará a sua parte para superar a crise, mas é essencial que além do apoio de organismos multilaterais, como o FMI, o BID e o BIRD, se restabeleçam as linhas de financiamento para as empresas e para o comércio internacional. (...) A construção dessa nova perspectiva de crescimento sustentado e de geração de emprego exigirá a ampliação e o barateamento do crédito, o fomento ao mercado de capitais e um cuidadoso investimento em ciência e tecnologia (...)."

603 Vgl. zu den Zahlen *Baer* (2008), S. 155f. und 405ff.

rung eine vorsichtige Fiskalpolitik, wodurch der Haushaltsüberschuss („primary surplus") im Jahre 2003 von zuvor 3,75% auf 4,25% des BIP stieg.[604] Damit übertraf Brasilien die Zusagen, die es Mitte 2002 gegenüber dem IWF abgegeben hatte.

All diese Maßnahmen und Erfolge führten dazu, dass die Märkte relativ schnell Vertrauen in die neue Regierung fassten. Besonders deutlich kommt das gestiegene Vertrauen in der Entwicklung des brasilianischen Länderrisikos zum Ausdruck. Der C-Bond Spread lag im Oktober 2002 bei 2.052 Basispunkten und fiel bis Januar 2004 auf lediglich 478,2 Basispunkte. Danach stieg er bis Mai 2004 leicht an, um anschließend wieder zu fallen. Im Oktober 2005 betrug er 363,6 Basispunkte. Ganz ähnlich stellte sich der Verlauf der „EMBI"-Werte dar (Emerging Markets Bond Index).[605] Anfang 2003 lag der EMBI-Wert noch bei ca. 1.400 Basispunkten, zum Jahreswechsel 2003/2004 fiel er auf ca. 400 Basispunkte.

Im Verlauf des Jahres 2003 kam auch die Abwertung des Real gegenüber dem US$ zum Stillstand, und es begann eine lange Phase der Aufwertung. Der Handelsbilanzüberschuss stieg ab 2003 kräftig an und auch die Zahlungsbilanz war deutlich im Plus. Die Wachstumsrate des BIP stieg 2004 auf fast 5% an. Die Zahlungsbilanzüberschüsse in den Jahren 2003 bis 2005 ließen die Reserven Brasiliens innerhalb von nur zwei Jahren so kräftig ansteigen (von US$ 15 Mrd. auf US$ 66,7 Mrd.), dass sich die Regierung da Silva zum Jahresende 2005 entschloss, die gesamten Darlehensschulden des Landes gegenüber dem IWF in Höhe von US$ 15,5 Mrd. vorzeitig zurückzuzahlen und eine Rückkaufoption bezüglich des C-Bonds auszuüben. Nur drei Jahre zuvor (2002) hatte Brasilien – wie skizziert – vom IWF die betreffenden Darlehen erhalten, um einen Default zu vermeiden. Planmäßig hätten die Darlehen erst 2006 und 2007 in zwei etwa gleichgroßen Raten zurückbezahlt werden müssen. Bei alldem half, dass der Arbeiterführer da Silva nach der langen Pechsträhne des Intellektuellen Cardoso endlich „das Glück nach Brasilien zurückgebracht hat".[606] Die Weltwirtschaft zog ab 2002 kräftig an, internationale Finanzkrisen blieben einstweilen aus und die Rohstoff-

604 *Baer* (2008), S. 154.

605 Der Wert wird kalkuliert von *J. P. Morgan*; vgl. Chart 1 in *ANDIMA* (2007), S. 9.

606 Vgl. *Hunter/Power* (2007); *Zucco* (2008).

preise explodierten. Ersteres kann man an den BIP-Wachstumsraten leicht ablesen; letzteres lässt sich an der eindrucksvollen Entwicklung der Companhia Vale do Rio Doce (CVRD), dem bedeutendsten brasilianischen Unternehmen und zweitgrößten Minenkonzern der Welt, greifbar machen. Während die Marktkapitalisierung der CVRD im Jahre 2003 noch bei deutlich unter US$ 20 Mrd. lag, erreichte sie Ende 2007 einen (bis dato) Höchststand US$ 174 Mrd.

Abb. 3.9.: BIP-Wachstum (Welt, OECD, USA, Brasilien) in % zum Vorjahr (2001–2007).

	2001	2002	2003	2004	2005	2006	2007
Welt	2,7	–	3,8	4,9	4,7	5,1	5,2
OECD	1,2	1,6	1,9	3,2	2,5	2,9	2,9
USA	0,3	2,5	3,1	4,4	3,5	2,9	2,2
Brasilien	1,9	1	0,1	5,1	2,4	2,8	4,5

Quelle: CIA Factbook 2008; OECD Factbook 2008.

Abb. 3.10.: Jahresabschlussdaten der CVRD von 2003 bis 2007 (in Mrd. Real).

	2003	2004	2005	2006	2007
Brutto-umsatz	20,9	29,0	35,4	46,7	66,4
EBITDA	8,1	12,2	16,7	22,8	33,6
Rein-gewinn	4,5	6,4	10,4	13,4	20,0

Quelle: Valor Econômico vom 18. 4. 2008, S. A17.

Fairerweise muss man diesen – in Brasilien populären – Sprüchen zum „Glück Lulas“ entgegenhalten, dass Präsident da Silva es verstanden hat, zumindest ein wenig für den sozialen Frieden zu tun und gleichzeitig die Stabilitätspolitik fortzusetzen. Letzteres zeigt sich zum Beispiel daran, dass auch die Regierung da Silvas nach längeren Laufzeiten bei den Staatsschulden strebte. Dabei hatte sie durch die bereits unter der Regierung Cardoso erreichte Konsolidierung sowie aufgrund der überaus positiven Entwicklung der Handelsbilanz und des dauerhaft drastisch zurückgegangenen Länderrisikos einen deutlich größeren Handlungsspielraum als die Regierung Cardoso, die vor allem während ihrer zweiten Amtszeit (1998–2002) an diesem Thema gearbeitet hatte. Davor hatten sich die Laufzeiten ab Ende der 1980er Jahre und noch während der ersten Amtszeit Cardosos (1994–1998) extrem verkürzt, wodurch die Verletzlichkeit durch kurzfristige Finanzmarktstörungen deutlich zugenommen hatte.[607] Bei Cardosos Amtsantritt im Jahre 1994 betrug die Laufzeit interner Schuldtitel im Median zwei Monate. Ende 2002 wurde geschätzt, dass nur noch 27% der Staatsschulden eine geringere Laufzeit als 12 Monate aufwiesen.[608] Im Jahre 2005, drei Jahre nach dem Wahlsieg da Silvas, sah die Situation noch günstiger aus. Dies galt nicht nur für die Laufzeitstruktur der Staatsschulden, sondern auch für das Ausmaß der indexierten Staatsschulden und die Relation zwischen BIP und Zinslast des Staates.

Abb. 3.11.: Laufzeitstruktur der externen Schulden (in Prozent).

	1 Jahr	2 Jahre	3 Jahre	4 Jahre	5 Jahre	> 5 Jahre
1985	12	14	14	12	5	8
1999	23	11	6	5	5	50[609]
2005	16	13	9	8	8	46

Quelle: *Baer* (2008), S. 190 Tabelle 9.3 (b).

Abb. 3.12.: Bras. Schuldtitel und Abnahmen der Indexierung (2001–2006).

	2001	2002	2003	2004	2005	2006
Summe in R$ Mrd.	624,0	623,2	731,9	810,3	979,7	1.093,5
Wechselkurs	28,6	22,5	10,8	5,2	2,7	1,3
Over/Selic	52,8	60,8	61,4	57,1	51,8	37,8
Prefixado	7,8	2,2	12,5	20,1	27,9	36,1
Andere indexierte Titel	10,8	14,5	15,3	17,6	15,8	24,8

Quelle: BACEN.

607 Vgl. *DB Research* (November 2007 b), S. 8.
608 *Samuels* (2003), S. 566.
609 Dieser Sprung ist eine Folge des Brady-Plans, der in Brasilien 1994 umgesetzt wurde.

Abb. 3.13.: Zinsen für Staatsschulden und in Relation zum BIP (2002–2007).

	2002	2003	2004	2005	2006	2007
Zinsen in R$ Mrd.	114	145	128	157	160	159
Zinsen in % BIP	7,71	8,54	6,61	7,32	6,86	6,23

Quelle: BACEN.

Abb. 3.14.: Zinsen für Staatsschulden in Relation zu Staatseinnahmen.

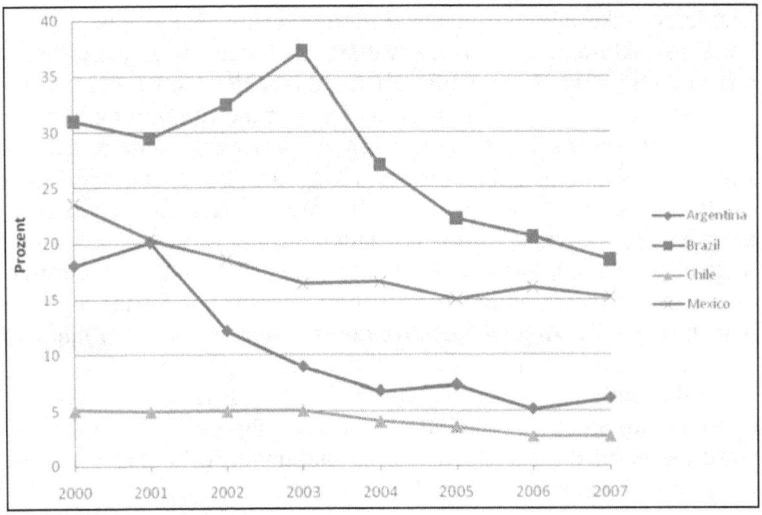

Quelle: DB Research.

3.3. Neugestaltung des Aktienmarktes in den Jahren 2000 und 2001

3.3.1. Ausgangspunkt und Vorgeschichte

3.3.1.1. Novo Mercado und Corporate Governance

Im Zentrum der Neugestaltung des brasilianischen Aktienmarktes und speziell der Entwicklung des Novo Mercado standen die Verbesserung der brasilianischen Corporate Governance Strukturen sowie der Anschluss an internationale Finanzmarktstandards und -praktiken. Von den zahlreichen Facetten der Corporate Governance Thematik wurden vor allem zwei Aspekte kontrovers diskutiert: Erstens die Rechte der Minderheitsaktionäre bei einem Kontrollwechsel („Tag along") und bei Umstrukturierungen, sowie zweitens das sogenannte „One-share-and-vote-"Prinzip. In Relation zu diesen beiden Teilsaspekten der Corporate Governance Thematik erwies sich die Einführung höherer Transparenzstandards als weniger schwierig. Zwar dauerte es auf der Ebene der staatlichen Regulierung viele Jahre, bevor die IFRS verbindlich vorgeschrieben wurden. Im Wege der Selbstregulierung konnten die IFRS bzw. US-GAAP aber relativ schnell und problemlos eingeführt werden. Die mächtigen brasilianischen Blue Chips hatten sich über ihre Transaktionen in den internationalen Finanzmärkten, namentlich über ADR-/GDR-Programme, ohnehin schon Ende der 1990er Jahre an internationale Rechnungslegungsstandards gewöhnt. Auch die Einführung einer Ad-hoc-Publizität für relevante Fakten[610] („ato ou fato relevante") stellte sich als eher unproblematisch dar. Insoweit gehörte die brasilianische Kapitalmarktregulierung sogar zu den internationalen Vorreitern.[611]

Die beiden Hauptstreitpunkte und die entsprechende Schwerpunktsetzung bei der Gestaltung des Novo Mercado erklären sich zum einen aus der spezifischen Situation des brasilianischen Aktienmarktes, die durch eine extrem hohe Verbreitung stimmrechtsloser Vorzugsaktien geprägt war (in Kombination mit Pyramidalstrukturen und Stimmbindungsverträgen). Zum anderen war sicherlich die Art und

610 CVM-Instrução Nr. 358/2002.
611 Vgl. hierzu das *IOSCO* (2002), S. 12.

Weise ausschlaggebend, wie der Gesetzgeber während der 1990er Jahre mit den Themen Vorzugsaktien und Minderheitenrechte umgegangen ist. Die Initialzündung zur Reform des Aktienmarktes erfolgte durch den dramatischen Niedergang der brasilianischen Börsen am Ende der 1990er Jahre, der eine Veränderung des institutionellen Arrangements förmlich zur Überlebensfrage werden ließ.

3.3.1.2. Ambivalente Entwicklung der Corporate Governance in den 1990er Jahren

3.3.1.2.1. Nachrangige Bedeutung der Thematik für die erste Regierung Cardoso

Für die Regierung Cardoso war das Thema Corporate Governance vor allem während ihrer ersten Amtszeit von untergeordneter Bedeutung. Vor dem Hintergrund der geschilderten makroökonomischen Probleme und des gesellschaftlichen Transformationsprozesses während der 1990er Jahre ist es unmittelbar einsichtig, weshalb die Regierung Cardoso andere Prioritäten setzte. Ihr deshalb unterstellen zu wollen, sie hätte eine ablehnende oder gleichgültige Haltung gegenüber der internationalen Corporate Governance Entwicklung eingenommen, wäre sicherlich falsch. Denn aufs Ganze gesehen war diese Regierung nicht nur durch eine fortschrittliche liberale Haltung charakterisiert, sondern vor allem durch das konsequente Streben nach Anschluss an das OECD-Niveau. Diese Einschätzung wird nicht nur durch die frühe Übernahme von Basel I und die Verfolgung einer nachhaltigen Stabilitätspolitik belegt, sondern auch durch die Aktienrechtsreform während der zweiten Amtszeit Cardosos. Im Zuge dieser Reform wurden 2001 – im Rahmen des politisch Möglichen – zeitgemäße Corporate Governance Regeln geschaffen.

In der Zeit davor sah sich die Regierung Cardoso aber zunächst einmal gezwungen, eine Reduktion der Schutzniveaus für Investoren (speziell für Minderheitsaktionäre) durchzuführen. Diese Reduktion gegenüber dem Schutzniveau der ursprünglichen Fassung des Aktiengesetzes (aus dem Jahre 1976) erfolgte in zwei Schritten: Der erste geschah 1995 im Zuge der Einführung des Programms zur Restrukturierung und Stärkung des Nationalen Finanzsystems (PROER). Der zweite datiert auf das Jahr 1997 und wurde im Kontext mit den

Privatisierungen der großen Versorgungsgesellschaften vorgenommen.

(i) Gesetz zur Stärkung des Bankensektors: PROER

Mit dem sogenannten PROER[612] (Programa de Fortalecimento das Instituições Financeiras Federais) zielte die Regierung Cardoso darauf ab, eine Konsolidierung des Bankensektors anzustoßen. Hierzu wurde für bestimmte gesellschaftsrechtliche Transaktionen und Restrukturierungsmaßnahmen das Recht der Minderheitsaktionäre ausgeschlossen, die Rücknahme ihrer Aktien gegen Auszahlung eines Anteils am Reinvermögen zu verlangen (Art. 230 i.V.m. Art. 137 Gesetz Nr. 6.404/1976 in der Fassung vor 1997[613]). Ebenfalls ausgeschlossen wurde die gesetzliche Pflicht, bei einer Veräußerung der Kontrollmehrheit ein öffentliches Pflichtangebot an die Minderheitsaktionäre abzugeben (vgl. Art. 254 Gesetz Nr. 6.404/1976 in der Fassung vor 1997).[614] Der partielle Ausschluss dieser aktienrechtlichen Schutzbestimmungen war begrenzt auf Transaktionen, die unter das PROER fielen, also auf den Bankensektor.

Vergegenwärtigt man sich, dass es beim PROER darum ging, illiquide bzw. nahezu illiquide Finanzinstitute unter das Dach von noch gesunden Instituten zu bringen, und zwar in einer Situation mit hohem systemischen Risiko,[615] so liegt offen zu Tage, weshalb die Regie-

612 Das Programm wurde durch die provisorische Maßnahme Nr. 1.179/1995 eingeführt, die später in das Gesetz Nr. 9.710/1998 umgewandelt wurde.

613 Art. 230: "O acionista dissidente da deliberação que aprovar a incorporação da companhia em outra sociedade, ou sua fusão ou cisão, tem direito de retirar-se da companhia, mediante o reembolso do valor de suas ações (artigo 137).
Parágrafo único. O prazo para o exercício desse direito será contado da publicação da ata da assembléia que aprovar o protocolo ou justificação da operação, mas o pagamento do preço de reembolso somente será devido se a operação vier a efetivar-se."
Art. 137: "A aprovação das matérias previstas nos números I, II e IV a VIII do artigo 136 dá ao acionista dissidente direito de retirar-se da companhia, mediante reembolso do valor de suas ações (artigo 45), se o reclamar à companhia no prazo de 30 (trinta) dias contados da publicação da ata da assembléia-geral."

614 Art. 3 Gesetz Nr. 9.710/1998: "Nas reorganizações societárias ocorridas no âmbito do Programa de que trata o art. 1 não se aplica o disposto nos arts. 230, 254, 255, 256, § 2o, 264, § 3o, e 270, parágrafo único, da Lei nº 6.404, de 15 de dezembro de 1976."; vgl. hierzu *Carvalhosa* (2008), Art. 137 S. 883.

615 Vgl. hierzu Ziff. 3.2.4.

rung Cardoso gar keine andere Wahl hatte, als das Recht zur Aktienrückgabe gegen Barabfindung auszuschließen. Denn diese Abfindungen hätten nicht nur eine Kapitalreduktion bewirkt, sondern sie hätten vor allem zu einem Liquiditätsabzug geführt. Angesichts des ohnehin bestehenden Liquiditätsengpasses im Markt hätte sich kaum ein (halbwegs) gesundes Finanzinstitut an dem dringend notwendigen Konsolidierungsprozess beteiligt, wenn es Barabfindungen hätte bezahlen müssen – und falls doch: Dann hätten sich die Liquiditätsprobleme im Markt und das damit zusammenhängende systemische Risiko eher noch verschärft. Abgesehen davon wäre eine Anwendung des Rückgaberechts in den Jahren 1995 bis 1997 auch unangemessen gewesen. Die damals (bis 1997) gültige Regelung des Aktiengesetzes zum Rückgaberecht sah nämlich zwingend vor, dass sich der Abfindungsanspruch nach dem Reinvermögen (patrimônio líquido das ações) berechnet, das in der letzten von der Hauptversammlung bestätigen Bilanz ausgewiesen war.[616] Das Reinvermögen vieler Banken, die nicht mehr selbständig lebensfähig waren, lag in den Krisenjahren des brasilianischen Finanzsystems aber deutlich über ihrem wirtschaftlichen Wert und spiegelte ihre Liquiditäts- und Rentabilitätsprobleme sowie die Ertragsaussichten nicht wider.

Gleichfalls außer Kraft gesetzt wurde eine Regelung des Aktiengesetzes, nach der bei Veräußerung der Kontrollmehrheit ein Pflichtangebot abzugeben war („Tag along“). In Art. 254 Gesetz Nr. 6.404/1976 (Fassung vor 1997[617]) war ursprünglich vorgesehen, dass eine

616 Art. 45. O reembolso é a operação pela qual, nos casos previstos em lei, a companhia paga aos acionistas dissidentes de deliberação da assembléia-geral o valor de suas ações.
§ 1 O estatuto poderá estabelecer normas para determinação do valor de reembolso, que em qualquer caso, não será inferior ao valor de *patrimônio líquido das ações*, de acordo com o último balanço aprovado pela assembléia-geral. (...)

617 Art. 254: "A alienação do controle da companhia aberta dependerá de prévia autorização da Comissão de Valores Mobiliários.
§ 1 A Comissão de Valores Mobiliários deve zelar para que seja assegurado tratamento igualitário aos acionistas minoritários, mediante simultânea oferta pública para aquisição de ações.
§ 2 Se o número de ações ofertadas, incluindo as dos controladores ou majoritários, ultrapassar o máximo previsto na oferta, será obrigatório o rateio, na forma prevista no instrumento da oferta pública.
§ 3 Compete ao Conselho Monetário Nacional estabelecer normas a serem observadas na oferta pública relativa à alienação do controle de companhia aberta."

solche Veräußerung von der vorherigen Zustimmung der CVM abhängen würde. Bei der Erteilung der Zustimmung musste die CVM sicherstellen, dass die Gleichbehandlung der Minderheitsaktionäre durch ein öffentliches Angebot gewahrt wurde. Mit dem Außerkraftsetzen dieser Regelung für das PROER verfolgte die Regierung das Ziel, die Kosten der Veräußerung von (angeschlagenen) Finanzinstituten niedrig zu halten. Auf diese Weise sollte bei gesunden in- und ausländischen Instituten ein Kaufanreiz gesetzt werden. Ohne massive finanzielle Anreize, also niedriger Kaufpreis und Steuervorteile, wäre die Konsolidierung im Rahmen von PROER wohl kaum in Gang gekommen. Welches gesunde Finanzinstitut beteiligt sich schon freiwillig und ohne wirtschaftlichen Anreiz an der Sanierung maroder Institute. Soweit die Veräußerung staatlicher Finanzinstitute betroffen war, wollte der Staat mit Hilfe von PROER natürlich auch maximale Erträge bei der Privatisierung erzielen.

Angesichts der gesamtwirtschaftlichen Lage und der Bankenkrise stellt sich die „Verschlechterung“ gegenüber dem schon vor 1995 erreichten Niveau des Investorenschutzes (respektive der Aktionärsrechte) als eine Notstandsmaßnahme dar. Die Regierung Cardoso stand, was die Sanierung des SFN anbelangte, im Jahre 1995 mit dem Rücken zur Wand. Nicht aus Ignoranz gegenüber der Corporate Governance Thematik, sondern weil es das geringere Übel war, dürfte man sich zur partiellen Reduktion des Schutzniveaus entschlossen haben. Sicherlich könnte man sich auf den Standpunkt stellen, dass diese Kosten vom Steuerzahler hätten getragen werden müssen. Aber zum einen hat der Staat (respektive der Steuerzahler) für die Sanierung zahlreicher Finanzinstitute bereits tief in die Tasche gegriffen und zum anderen ließ die Haushaltslage keine weitere Verschuldung zu. Außerdem waren die Aktienkurse der betroffenen Finanzinstitute ohnehin relativ niedrig. Angesichts dieser Umstände kann man die Entscheidung der Regierung nachvollziehen, die Kosten der unabdingbaren Konsolidierung teilweise auf die Aktionäre der Finanzinstitute zu verlagern. Die Entscheidung wird umso verständlicher, wenn man bedenkt, dass es in den 1990er Jahren kaum Streubesitz in Brasilien gab und nur ein sehr geringer, aber äußerst wohlhabender Teil der Bevölkerung sein Vermögen in Aktien angelegt hatte.

(ii) Gesetz zur Erleichterung der Privatisierungen (Lei Kandir 1997)

Nur zwei Jahre nach der skizzierten sektoral begrenzten Einschränkung des Rechts zur Aktienrückgabe (mit Abfindungsanspruch) und der ebenfalls sektoral begrenzten Abschaffung eines öffentlichen Pflichtangebots erweiterte der Gesetzgeber den Anwendungsbereich beider Regelungen auf alle Aktiengesellschaften. Durch das Gesetz Nr. 9.457/1997 (sogenanntes Lei Kandir) wurde die Tag along-Regelung der Art. 254 und 255 Gesetz Nr. 6.404/1976 (einstweilen) ersatzlos gestrichen.[618] Ferner wurde das Recht auf Aktienrückgabe gegen Auszahlung des Anteils am Reinvermögen in dreifacher Weise eingeschränkt: (1) Für die Fälle der Spaltung (cisão) und Auflösung der Gesellschaft (dissolução) sowie der Beendigung des Liquidationsstadiums (cessação do estado de liquidação) wurde der Abfindungsanspruch vollständig gestrichen (Art. 137 und Art. 230 Gesetz Nr. 6.404/1976 in der Fassung des Änderungsgesetzes Nr. 9.457/1989). (2) In Bezug auf Fusionen (fusão), Eingliederungen (incorporação) und Konzernbildungen (formação de grupo) wurde das Rückgaberecht auf Fälle begrenzt, in denen die betreffenden Aktien im Markt nur mit geringer Liquidität bzw. Streuung gehandelt wurden. Daran fehlt es nach der gesetzlichen Regelung, wenn sich mehr als die Hälfte der Aktien im Free Float befinden.[619] (3) Für alle verbleibenden Fälle wurde die Möglichkeit geschaffen, in der Satzung einen Berechnungsmodus für die Abfindung vorzusehen, der auf dem geschätzten wirtschaftlichen Wert des Unternehmens beruht (Art. 45 Gesetz Nr. 6.404/1976[620]). Die Schätzung muss von drei Sachverständigen oder einem darauf spezialisierten Unternehmen vorgenommen werden (Art. 45 § 3 i. V. m. Art. 8 Gesetz Nr. 6.404/1976). Die zuletzt genannte Änderung war deshalb von großer praktischer Bedeutung, weil

618 *Andrezo/Lima* (2007), S. 252; *Eizirik* (1998), S. 87 ff.

619 Art. 137 II und III Gesetz Nr. 6.404/1976 in der Fassung des Gesetzes Nr. 9.457/1997; vgl. hierzu *Eizirik* (1998), S. 71 ff.

620 Art. 45 Gesetz Nr. 6404/1976:

O reembolso é a operação pela qual, nos casos previstos em lei, a companhia paga aos acionistas dissidentes de deliberação da assembléia-geral o valor de suas ações.

§ 1 O estatuto poderá estabelecer normas para determinação do valor de reembolso, que em qualquer caso, não será inferior ao valor de patrimônio líquido das ações, de acordo com o último balanço aprovado pela assembléia-geral. (...)

das Reinvermögen der Unternehmen häufig deutlich über ihrem wirtschaftlichen Wert lag. Das Aktienrecht[621] erlaubte es aber bis 1997 gleichwohl nicht, eine Abfindung unterhalb des Reinvermögenswertes festzulegen.[622] Mit Erweiterung der satzungsmäßigen Gestaltungsfreiheit wollte der Gesetzgeber nicht zuletzt der sog. Abfindungsindustrie („indústria do recesso") ihre Geschäftsgrundlage entziehen.[623]

Die bedeutendste Änderung des sogenannten Lei Kandir war der vollständige Ausschluss des Rückgaberechts bei Unternehmensspaltung und die gleichzeitige Abschaffung der Tag along-Regelung bei Veräußerung der Kontrollmacht. Diese Regelung ermöglichte es der Regierung, die großen staatlichen Versorgungsunternehmen mit ihren Konzessionen kostengünstig und schnell zu privatisieren. Betroffen waren insbesondere die Sektoren Energieversorgung und Telekommunikation.[624] Zum schillernden Anwendungsbeispiel wurde die Privatisierung der Telefongesellschaft Telebrás.[625] Dabei handelte es sich um eine Holding, die sich im Eigentum des Bundes (União Federal) befand und die Kontrollmehrheit an allen operativen Telefongesellschaften des Landes hielt, so zum Beispiel an Telerj, der Telefongesellschaft im Staat Rio de Janeiro. Die operativen Gesellschaften verfügten jeweils über Konzessionen für das Telekommunikationsgeschäft und hatten den Status einer gemischtwirtschaftlichen Gesellschaft (sociedade de economia mista[626]).

Dieses sog. Sistema Telebrás wurde in dreizehn voneinander unabhängige Gesellschaften (eine Gesellschaft für Fernverbindungen, vier

621 Die ursprüngliche Regelung des Art. 45 § 1 Gesetz Nr. 6.404/1976 lautete: O estatuto poderá estabelecer normas para determinação do valor de reembolso, que em qualquer caso, não será inferior ao valor de patrimônio líquido das ações, de acordo com o último balanço aprovado pela assembléia-geral.

622 Vgl. zum Ganzen *Eizirik* (1998), S. 83f.

623 *Eizirik* (1998), S. 85: "A lei nº 9.457/97 também visou a eliminar a "indústria do recesso", ou seja, a operação de aquisição de ações realizada com a única finalidade de dissentir de deliberações sociais e receber o reembolso das ações."

624 *Andrezo/Lima* (2007), S. 251; *Eizirik* (1998), S. 64.

625 Folha Online (Folha de São Paulo) vom 29. 7. 2003: "Entenda o que foi vendido no leilão da Telebrás."

626 Diese Gesellschaften werden nach der Verfassung-1988 (Art. 37 XIX) auf der Basis eines speziellen Gesetzes errichtet, wobei die Verfassung-1988 den Rahmen für dieses Gesetz vorgibt (Art. 173).

Festnetzgesellschaften, acht Mobilfunkgesellschaften) plus die ursprüngliche Telebrás S.A. aufgespalten. Die dreizehn operativen Gesellschaften wurden am 29. Juli 1998 sukzessive an der Börse von Rio de Janeiro versteigert. Dabei erwarb zum Beispiel Telefônica de España die Festnetzgesellschaft für die Region São Paulo. Bei den Auktionen wurden insgesamt R$ 22 Mrd. (damals ca. US$ 20 Mrd.) erzielt. Der Betrag entsprach einem Aufschlag von ca. 64% auf die Summe der Mindestpreise, die die Regierung bei Beginn der Versteigerung für die zwölf Gesellschaften festgelegt hatte. Telebrás selbst blieb als Aktiengesellschaft bestehen, wobei das Vermögen der Gesellschaft auf etwas mehr als 1% seines ursprünglichen Wertes sank. Zum Zeitpunkt der Versteigerung hatten die Aktien von Telebrás an der BOVESPA die höchste Liquidität aller Aktien und über das aufgelegte ADR-Programm wurde die Telebrás-Aktie im Jahre 1997 zu der am meisten gehandelten ausländischen „Aktie“ an der NYSE.[627] Ohne die skizzierte Änderung im Aktienrecht wäre die gewählte Form der Privatisierung unmöglich gewesen.

Die Abschaffung des Aktienrückgaberechts (mit Anspruch auf Barabfindung) war aber nicht der einzige Punkt der Aktienrechtsreform des Jahres 1998. Daneben nahm der Gesetzgeber eine Klarstellung bei den Regelungen vor, die sich auf die Art und Weise beziehen, wie Emissionspreise bei Kapitalerhöhungen festgelegt werden (Art. 170 Gesetz Nr. 6.404/1976).[628] Nach dieser Präzisierung war klar, dass der Emissionspreis alternativ oder kumulativ mit Hilfe der folgenden Kriterien festzulegen war: Reinvermögen, Rentabilitätsprognose bzw. Börsenkurs. Weder die CVM noch die Justiz dürfen grundsätzlich in die unternehmerische Ermessensentscheidung über den Emissionspreis eingreifen.[629] Nur wenn der Emissionspreis so niedrig ist, dass der Wert der Altaktien ausgehöhlt wird („diluição injustificada da participação“), ist die Eingriffsschwelle für den Richter überschritten, und zwar unabhängig davon, ob den Altaktionären ein Bezugsrecht zusteht oder nicht.[630] Die Verletzung der Ermessensgrenzen muss aber von den

627 *Andrezo/Lima* (2007), S. 203.

628 Vgl. zu den Änderungen *Andrezo/Lima* (2007), S. 252; *Eizirik* (1998), S. 93 ff.

629 *Eizirik* (1998), S. 98.

630 Die Einzelheiten zum Bezugsrecht sind geregelt in Art. 171 Gesetz Nr. 6.404/1976.

Minderheitsaktionären geltend gemacht und bewiesen werden.[631] Dabei hilft ihnen eine Dokumentationspflicht, die der Gesetzgeber in dem neu eingefügten Art. 170 § 7 Gesetz Nr. 6.404/1976 explizit geregelt hat. Danach müssen die Kriterien, die bei der Bestimmung des Emissionspreises angewandt wurden, detailliert dokumentiert werden. Außerdem wurden in diesem Kontext die Missbrauchstatbestände, die den Handlungsspielraum des kontrollierenden Aktionärs beschränkten, um folgenden Fall erweitert: Bei Kapitalerhöhung darf er junge Aktien nicht aus Gründen zeichnen, die jenseits des Gesellschaftszwecks liegen und dubios sind (Art. 117 § 1 h Gesetz Nr. 6.404/1976).

Darüber hinaus wurde das Recht der Minderheitsaktionäre gestärkt, die Hauptversammlung einzuberufen.[632] Ebenfalls erweitert wurden die Rechte des Überwachungsrates (Conselho Fiscal).[633] Dieses Gremium ist vom Verwaltungsrat zu unterscheiden (Conselho de Administração). Der Überwachungsbeirat hat die Aufgabe, die Entscheidungen und das Verhalten des Managements unter dem Gesichtspunkt zu überprüfen, ob alle gesetzlichen und statutarischen Pflichten eingehalten werden (Art. 163 Gesetz Nr. 6.404/1976). Er ist daher ein reines Kontrollorgan auf rechtlicher Ebene. Demgegenüber bestimmt der Verwaltungsrat die Leitlinien der Gesellschaft, definiert ihre strategische Ausrichtung und überprüft Businesspläne (Art. 142 Gesetz Nr. 142/1976). Bis zu zwei Drittel der Mitglieder des Verwaltungsrates können geschäftsführende Funktionen wahrnehmen. Zu den Kompetenzen des Verwaltungsrates gehört es, den Vorstand (Diretoria) als das geschäftsführende Organ und den unabhängigen Rechnungsprüfer zu ernennen. Der Vorstand ist für das tägliche Management und die Implementierung der vorgegebenen Leitlinien und Strategien zuständig. Er hat die ausschließliche Vertretungsmacht für die Gesellschaft.[634] Das höchste Entscheidungsgremium ist die Generalversammlung.

Ferner modifizierte das Lei Kandir die Regelungen zu stimmrechtslosen Vorzugsaktien, die in Brasilien traditionell eine außerordentlich

631 *Eizirik* (1998), S. 100.

632 Die neu eingefügten Regelungen sind enthalten in: Art. 123 Parágrafo único c) und d).

633 Die betreffenden Erweiterungen sind in Art. 163 VIII § 8 Gesetz 6.404/1976 enthalten; vgl. hierzu *Eizirik* (1998), S. 111 ff.

634 Eine komprimierte Darstellung des brasilianischen Board-Systems enthält *UNCTAD* (2003), S. 4.

große Bedeutung haben. Sie werden von zahlreichen Marktakteuren als eine der Hauptursachen dafür betrachtet, dass sich der lokale Kapitalmarkt insgesamt nur langsam und vergleichsweise schwach entwickelt hat. Da Vorzugsaktien – wie die Märkte in anderen Ländern belegen – nicht per se von Übel sind, stand nicht die Existenz dieser Aktienklasse als solches in der Kritik. Vielmehr wurde die großzügige gesetzliche Obergrenze von bis zu zwei Dritteln aller emittierten Aktien kritisiert (Art. 15 § 2 Gesetz Nr. 6.404/1976 in der Fassung bis 2001). Ebenfalls teils heftiger Kritik ausgesetzt war das Fehlen effektiver Vorrechte, die den Vorzugsaktionären als Ausgleich für den Stimmrechtsausschluss zustehen.[635] Trotz vieler Gegenstimmen entschied sich der Gesetzgeber im Jahre 1997 dafür, die Obergrenze für Vorzugsaktien unverändert zu lassen. Er korrigierte aber die bestehende Praxis, die das Privileg des Vorzugsaktionärs bei der Dividendenverteilung auf die zeitliche Abfolge reduzierte, also den Vorzugsaktionären keinen echten wirtschaftlichen Vorteil in Relation zu den Stammaktionären gewährte.[636] Die Korrektur erfolgte dergestalt, dass kraft zwingenden Rechts die Dividende für Vorzugsaktien mindestens 10% über der Dividende für Stammaktien liegen muss, es sei denn die Vorzugsaktionäre erhalten eine garantierte Fest- oder Mindestdividende (Art. 17 Gesetz Nr. 6.404/1976[637]).[638]

635 *Eizirik* (1998), S. 29.

636 *Eizirik* (1998), S. 41.

637 *Art. 17 Gesetz Nr. 6.404/1976 in der Fassung vor 1997:*
As preferências ou vantagens das ações preferenciais podem consistir:
I – em prioridade na distribuição de dividendos;
II – em prioridade no reembolso do capital, com prêmio ou sem ele;
III – na acumulação das vantagens acima enumeradas.
Art. 17 Gesetz Nr. 6.404/1976 in der Fassung von 1997 bis 2001:
As preferências ou vantagens das ações preferenciais:
I – consistem, salvo no caso de ações com direito a dividendos fixos ou mínimos, cumulativos ou não, no direito a dividendos no mínimo dez por cento maiores do que os atribuídos às ações ordinárias;
II – sem prejuízo do disposto no inciso anterior e no que for com ele compatível, podem consistir:
a) em prioridade na distribuição de dividendos;
b) em prioridade no reembolso do capital, com prêmio ou sem ele;
c) na acumulação das vantagens acima enumeradas.

638 Ausführlich zu den Hintergründen der Gesetzesänderung *Eizirik* (1998), S. 29 ff.

Schließlich stärkte das Lei Kandir die spezielle Versammlung der Vorzugsaktionäre.[639] Bereits die ursprüngliche Fassung des Aktiengesetzes aus dem Jahre 1976 hatte vorgesehen, dass solche Beschlüsse der Hauptversammlung, die sich unmittelbar auf die Rechte der Vorzugsaktionäre auswirken (vgl. Art. 136 § 1 Gesetz Nr. 6.404/1976), der vorherigen Zustimmung oder der späteren Genehmigung durch eine spezielle Versammlung der betroffenen Vorzugsaktionäre bedürfen. Allerdings regelte das Gesetz nicht, innerhalb welchen Zeitraumes die Genehmigung erfolgen musste. Diese Gesetzeslücke konnte von Aktionären mit Kontrollmehrheit als Hebel genutzt werden, um das Zustimmungsrecht der Vorzugsaktionäre zu unterdrücken. Um diese Lücke zu schließen, wurde eine Verfallszeit von einem Jahr für den genehmigungspflichtigen Beschluss eingeführt. Diese Frist kann durch die Satzung nicht verlängert werden. Erfolgt innerhalb eines Jahres keine Zustimmung durch die Versammlung der Vorzugsaktionäre, so verliert der Hauptversammlungsbeschluss seine Gültigkeit und entfaltet keinerlei Wirkungen mehr für die Aktionäre.[640] Die dargelegte Reform der Regelungen zu Vorzugsaktien unterstreicht, dass die Regierung Cardoso dort, wo es nicht zu Lasten der vorrangigen Privatisierungs- und Stabilitätspolitik ging, auch schon während der ersten Amtszeit durchaus daran interessiert war, den Aktienmarkt durch höhere Corporate Governance Standards zu fördern. Diese Einschätzung wird bestätigt durch Änderungen, die parallel zur Aktienrechtsreform des Jahres 1997 im Kapitalmarktgesetz (Gesetz Nr. 6.385/1976) vorgenommen wurden. Dabei wurden die Eingriffsmöglichkeiten der CVM bei Verstößen gegen die Kapitalmarktordnung erheblich erweitert und der Strafkatalog deutlich verschärft.[641]

Schließlich ist in Bezug auf die Aktienrechtsnovelle des Jahres 1997 positiv hervorzuheben, dass sie das weithin als „schändlich" bezeichnete Lei Lobão (Gesetz Nr. 7.958/1989) vollständig revidiert hat.[642] Darin war das Aktienrückgaberecht durch ein „verdecktes" Einzelfallgesetz punktuell gestrichen worden, um einer bestimmten unternehmerischen Klientel einen Gefallen zu tun. Mit dem Federstrich zur Auslöschung des Lei Lobão hat die Regierung Car-

639 *Eizirik* (1998), S. 121 ff.
640 *Eizirik* (1998), S. 122.
641 *Eizirik* (1998), S. 129 ff.
642 Vgl. statt vieler *Carvalhosa* (2008), Art. 137 S. 882 f.

doso dem brasilianischen Aktienrecht ein gutes Stück an Glaubwürdigkeit zurückgegeben. Der Akt des Gesetzgebers war zugleich ein Signal für die Justiz, die das Lei Lobão auf Altfälle noch anwenden musste. In der Folgezeit beschränkte das Revisionsgericht (Superior Tribunal de Justiça) den Anwendungsbereich des „schändlichen" Gesetzes durch eine sehr restriktive Auslegung.[643]

Die teils heftige Kritik, die in Brasilien vor allem aus der Ecke der Juristen (meist sind es anwaltlich tätige Autoren) an der Aktienreform des Jahres 1997 geübt wird,[644] betrachtet diese Reform zu einseitig aus der Perspektive der Einzelfallgerechtigkeit. Dabei wird verkannt, wie eng der Handlungsspielraum Ende der 1990er Jahre für die Regierung und den Gesetzgeber war. Das Vorantreiben des makroökonomischen Heilungs- und Transformationsprozesses war wichtiger als die Rücksichtnahme auf Aktionärsrechte. Die temporäre bzw. partielle Enteignung war auch deshalb vertretbar, weil erst die makroökonomische Gesundung des Landes die Voraussetzung dafür schuf, dass sich die darniederliegende Marktkapitalisierung der brasilianischen Aktiengesellschaften ab 2003 wieder erholen konnte.

Für den Reformprozess des Aktienmarktes ist das Lei Kandir bedeutsam, weil es in zweifacher Hinsicht zu einer konzeptionellen Erneuerung führte, die das brasilianische Aktienrecht – trotz der verbleibenden Defizite in Sachen Corporate Governance – näher an Internationale Standards der Aktienmarktregulierung heranführte. Die Rede ist erstens davon, dass bei der Unternehmensbewertung vom statischen Konzept des Reinvermögens auf den wirtschaftlichen Wert umgestellt wurde. Damit hielten zeitgemäße Ertragswertprognosen und Cashflow-Analysen Einzug.[645] Die zweite Erneuerung bestand darin, die *Liquidität* erstmals als Kriterium für eine differen-

643 Urteil Superior Tribunal de Justiça (STJ) vom 10. 12. 1998, Recurso Especial 86.376-MG (1995/0030964-5) do STF, 3ª T, abgedruckt in Revista de Direito Mercantil Vol. 116 (1999), 180–191 mit Anmerkung *Simionato* (1999); Urteil Superior Tribunal de Justiça (STJ) vom 2. 10. 2003, Recurso Especial 139.777 – RS (1997/0047929-3).

644 Vgl. zum Beispiel *Simionato* (1998); ausgewogener und ökonomisch reflektiert hingegen die eingehende Analyse des Gesetzes Nr. 9.457/1997 von *Eizirik* (1998), S. 19–126.

645 *Eizirik* (1998), S. 64.

zierte Regulierung einzusetzen.[646] Dabei setzte der Gesetzgeber mit der Einführung des Liquiditätskonzepts zugleich einen Anreiz für die Liquiditätsverbesserung. Denn wie anders sollte man die Entscheidung des Gesetzgebers interpretieren, das Rückgaberecht (bei Rückerstattung) ab einem Free Float von mehr als 50% außer Kraft zu setzen?

3.3.1.2.2. Brasilianischer Corporate Governance Kodex

Da von der brasilianischen Regierung in den 1990er Jahren wegen vorrangiger anderer Politikziele nicht allzu viel in Sachen Corporate Governance erwartet werden konnte, waren die interessierten Kapitalmarktakteure selbst dazu aufgerufen, etwas an der Situation und dem Rückstand gegenüber der internationalen Entwicklung zu ändern. Nicht zuletzt durch den Markteintritt zahlreicher internationaler Unternehmen und Beratungsfirmen, die sich an der Konsolidierungs- und Privatisierungswelle beteiligt hatten, wuchs die Zahl derjenigen Marktakteure, die an einer Rezeption internationaler Corporate Governance Standards interessiert war. An die Speerspitze dieser Interessengruppe stellte sich das Instituto Brasileiro de Governança Corporativa (IBGC), das im Jahre 1995 zunächst unter dem Namen „Instituto Brasileiro de Conselheiros de Administração (IBCA)“ in São Paulo gegründet wurde – die Namensänderung erfolgte im Jahre 1999.[647] Die 37 Gründungsmitglieder setzten sich zusammen aus: Unternehmern, hochrangigen Managern brasilianischer und multinationaler Unternehmen (inklusive des Finanzsektors), Vertretern von Beratungsunternehmen und wenigen Wissenschaftlern. Zu diesem Personenkreis gehörte unter anderem der einflussreiche brasilianische Unternehmer und früherer Präsident des IBGC *Paulo Villares*.

Die Gründer des IBGC hatten schon kurze Zeit, nachdem sich der Erfolg des Plano Real abzeichnete, die gemeinsame Vision, einen bedeutenden lokalen Aktienmarkt aufzubauen. Als eine der wesentlichen Voraussetzungen dafür erkannten sie die Notwendigkeit, auf bessere Corporate Governance Praktiken in der brasilianischen Unternehmenslandschaft hinzuarbeiten. Diese Erkenntnis stand im Zeit-

646 *Eizirik* (1998), S. 71 ff.

647 Zur internationalen Anerkennung der Arbeit des IBGC vgl. *UNCTAD* (2003), S. 11; vgl. zur Entwicklungsgeschichte des *IBGC* (2005).

geist der internationalen Corporate Governance Diskussion, die sowohl in den USA als auch in Europa während der 1990er Jahre einen ersten Höhepunkt erreichte. Daher ist es nicht überraschend, dass der im Dezember 1992 veröffentlichte Cadbury Report (The Financial Aspects of Corporate Governance) einen erheblichen Einfluss auf die Arbeit des wenige Jahre später gegründeten IBGC ausübte.

Allerdings war es von Anfang an das Ziel des IBGC, einen Kodex zu kreieren, der zur brasilianischen Unternehmenskultur passte und nicht einfach eine Kopie des US-amerikanischen oder britischen Weges darstellte. Speziell das US-amerikanische Modell hätte in Reinform keine realistische Chance gehabt, in Brasilien akzeptiert zu werden, denn die brasilianische Kultur ist mehr durch Konsens als durch Konfrontation geprägt.[648] Außerdem sind die einflussreichen Familienkonglomerate nun einmal wesentlicher Teil der Unternehmenswirklichkeit – zumal einige dieser Konglomerate, wie zum Beispiel Odebrecht und Gerdau, zu den brasilianischen Vorzeigeunternehmen gehören. Die Strategie des IBGC war daher darauf gerichtet, einen „Brazilian Style of Corporate Governance" zu kreieren. Dieser Stil musste einerseits kompatibel zu Internationalen Standards und zu den Erwartungen professioneller Investoren sein. Andererseits hatte er sich in die brasilianische Wirklichkeit einzufügen. Diese Realität war gekennzeichnet durch einen hohen Bestand an Vorzugsaktien, die Existenz von Pyramidalstrukturen und Stimmbindungsverträge sowie einen tiefgreifenden gesamtwirtschaftlichen Transformationsprozess.[649]

Die spezifische Herausforderungen, Internationale Corporate Governance Standards während eines umfassenden gesellschaftlichen Transformationsprozesses zu implementieren, stellte sich Mitte der 1990er Jahre nicht nur in Brasilien. In einer ähnlichen Situation – wenn auch mit ganz anderen Vorzeichen – befand sich zu jener Zeit Südafrika. Daher ließen sich die Initiatoren des IBGC unter anderem vom 1994 veröffentlichten „King Report on Corporate Governan-

648 So die Aussage von Herrn *José Guimarães Monforte* im Rahmen eines Interviews, das der Verfasser am 12. März 2008 in São Paulo durchgeführt hat. Herrn *Monforte* war zum damaligen Zeitpunkt noch Präsident des IBGC.
649 Siehe Fn. 648.

ce“ inspirieren.[650] Die Verfasser dieses Reports betonten, dass es ihnen um die Implementierung internationaler Corporate Governance Regeln im südafrikanischen Kontext ging, der geprägt sei durch einen tiefgreifenden sozialen und politischen Wandel, die aufkeimende Demokratie und die Wiederaufnahme Südafrikas in die Weltgemeinschaft.[651] Dadurch sahen sich die Gründer des IBGC in ihrer Idee bestätigt, eine „Brazilian Style of Corporate Governance“ zu kreieren.

Das IBGC veröffentlichte seinen ersten Code of Best Practice of Corporate Governance im Jahre 1999, also praktisch zeitgleich mit der ersten Version der OECD Principles of Corporate Governance, die inzwischen weithin als Benchmark anerkannt sind. Zwar wurden die OECD-Prinzipien erst 1999 von den OECD-Ministern offiziell gebilligt, sie sind aber bereits im April 1998 öffentlich gemacht worden.[652] Daher überrascht es nicht, dass die OECD-Prinzipien einen erheblichen Einfluss auf die Gestaltung des IBGC-Kodex hatten. Ganz in diesem Sinne stellte das UNCTAD-Sekretariat in einem Report zum Inhalt des IBGC-Kodex fest, dieser sei wohl von bekannten internationalen Kodices inspiriert worden.[653] Und in der Tat, legt man die aktuellen Versionen des IBGC-Kodex (2004) und des OECD-Corporate-Governance-Kodex (2004) nebeneinander, so kann man feststellen, dass viele Punkte des OECD-Kodex im IBGC-Kodex abgebildet werden. Die Ähnlichkeit beider Dokumente springt an den folgenden Stellen förmlich ins Auge: Aktionärsrecht (insbesondere Gleichbehandlungsgrundsatz) und Verantwortlichkeit des Board.[654] An anderen Stellen erinnert der IBGC-Kodex hingegen eher an den Cadbury-Report. Dies gilt insbesondere für das Thema unabhängige Rechnungsprüfung, das sehr viel umfangreicher behandelt wird als in den OECD-Prinzipien. Ferner sieht der IBGC-Kodex die Einrichtung eines Audit Committee vor.[655]

650 Vgl. Fn. 648.

651 Vgl. “Introduction and Background n°2” des King Report on Corporate Governance (revised version 2002), vgl. http://www.iodsa.co.za.

652 *Nobel* (1999).

653 Fallstudie *UNCTAD* (2003), S. 11.

654 Vgl. *IBGC* (2004), Ziff. 1.2.–1.8. und Ziff. 2.4 einerseits und *OECD* (2004), Part One, III. A. und VI. andererseits.

655 Vgl. *IBGC* (2004), Ziff. 2.9 und Ziff. 4.

Da sich der IBGC-Kodex (ähnlich wie der Cadbury-Report) auf einen konkreten Aktienmarkt bezieht und sich daher im Rahmen eines speziellen Aktien- und Kapitalmarktgesetzes bewegt, ist klar, dass sein Detailgrad wesentlich größer sein kann als derjenige der OECD-Prinzipien. Was den Stil anbelangt, so ist der IBGC-Kodex vergleichsweise ausführlich geschrieben. Teilweise enthalten die Standards selbst Wertungen und Begründungselemente.[656] Inhaltlich beschäftigte sich die erste Version des IBGC-Codes aus dem Jahre 1999 (die aktuelle, dritte Version erschien 2004) vor allem mit Funktion, Zusammensetzung und den Befugnissen des Verwaltungsrates („conselho administração"). Aber auch die Bedeutung der Liquidität für die Aktienmarktentwicklung wurde betont, indem die Unternehmen aufgefordert wurden, Anstrengungen für einen möglichst hohen Free Float zu unternehmen.[657]

Die Berücksichtigung der charakteristischen Merkmale der brasilianischen Unternehmenskultur zeigt sich sowohl in der Empfehlung, ein Family Council einzurichten[658] als auch vor allem im Umgang mit dem Thema Vorzugsaktien. Zwar favorisiert der IBGC-Kodex das „One-Share-One-Vote-"-Prinzip. Sofern dieses aber wegen des Bestandes an bereits emittierten Vorzugsaktien nicht durchführbar ist, sieht der IBGC-Kodex eine Alternative vor: Die Satzung solle den Vorzugsaktionären ausnahmsweise ein Stimmrecht einräumen, wenn Beschlüsse über gravierende Strukturänderungen getroffen werden. Hierzu empfiehlt der Kodex, eine Liste konkreter Strukturänderungen in die Satzung aufzunehmen.[659]

Die erste Überarbeitung des IBGC-Kodex erfolgte im Jahre 2001. Sie war erforderlich geworden, nachdem der Gesetzgeber im gleichen Jahr weitreichende Änderungen im Aktienrecht[660] vorgenommen hatte. In der zweiten Ausgabe des IBGC-Kodex wurde der Gleichbehandlungsgrundsatz näher ausgearbeitet und das Themen-

656 Vgl. zum Beispiel *IBGC* (2004), Ziff. 1.2 Absatz 2: "As a matter of fact, voting is the best and most efficient oversight instrument."

657 *IBGC* (2004), Ziff.: 1.11. Free Float: Publicly-held companies should make an effort to keep in circulation as many shares as a possible, and support their free float, to enhance their *liquidity* when trading.

658 *IBGC* (2004), Ziff.: 1.10.

659 *IBGC* (2004), Ziff.: 1.2 Absatz 3.

660 Gesetz Nr. 10.303 vom 31. 10. 2001.

spektrum erweitert (z.B. um Ausführungen zu unabhängigen Rechnungsprüfern). Die zweite Überarbeitung, die zum aktuellen Kodex führte, wurde im Laufe des Jahres 2003 vorgenommen, also unwesentlich später als die Überarbeitung der OECD-Prinzipien.[661] Bei der zweiten Überarbeitung wurden wiederum zusätzliche Themen adressiert. Außerdem wurden Stakeholder-Interessen stärker einbezogen.

Die Hauptarbeit (pro bono) bei der zweiten Revision leistete dabei ein 14-köpfiges Expertenteam, zu dem unter anderem *Maria Helena Santana* gehörte. Frau *Santana* ist eine der zentralen Persönlichkeiten, die für eine Verbesserung der brasilianischen Corporate Governance Praktiken gekämpft haben, wobei ihr der Novo Mercado als wichtigster Hebel diente. Im Jahre 2007 wurde sie als erste Frau zur Präsidentin der CVM ernannt und unterbrach damit als Ökonomin eine lange Reihe juristisch geprägter CVM-Präsidenten. Davor arbeitet sie über zehn Jahre für die BOVESPA. In dieser Zeit war sie maßgeblich an der Entwicklung des Novo Mercado beteiligt.[662] Während der zweiten Revision des IBGC-Kodex, an der sie federführend mitwirkte, war sie bei der BOVESPA als Superintendente Executiva de Relações com Empresas da BOVESPA tätig. Eine zweite Persönlichkeit aus dem brasilianischen Kapitalmarkt, die zu dem 14-köpfigen Team gehörte, ist *Mauro Rodrigues da Cunha.* Auch er hatte erheblichen Einfluss auf die Durchsetzung Internationaler Corporate Governance Standards in Brasilien. Ende März 2008 wurde er zum neuen Präsidenten des IBGC gewählt.[663]

Das IBGC hat sich von Anfang an nicht nur als Drafting Body für Corporate Governance Kodices verstanden, sondern auch als Förderer der Reputation des brasilianischen Aktienmarktes im Ausland. Deshalb war das IBGC schon früh darauf bedacht, internationale Aufmerksamkeit auf sich und das Potential des brasilianischen Kapitalmarktes zu lenken. Hierzu baute das IBGC Verbindungen zu den globalen Promotoren von Corporate Governance Praktiken auf. Bei-

661 Die Überarbeitung der OECD-Prinzipien erfolgte im Laufe des Jahres 2002, vgl. hierzu das Vorwort in *OECD* (2004), S. 3.

662 Valor Econômico 9/8/2007, CVM promete marcar em cima do lance, Editora Finanças Página, C12.

663 Vgl. das Vorwort von *da Cunha* (2008).

spielsweise veranstaltete das IBGC im Jahre 1999 Corporate Governance Seminare in Europa (Paris und London) und wirkte ein Jahr später an der Organisation des ersten „Runden Tisches zu Corporate Governance in Lateinamerika" mit, der unter der Schirmherrschaft der OECD und der Weltbank stand.

Darüber hinaus begann das IBGC schon 1997 damit, Trainingsprogramme und Seminare für Verwaltungsratsmitglieder (conselheiros de administração) anzubieten. Dieses Seminarprogramm wurde später erheblich ausgeweitet[664] und bildet heute einen Schwerpunkt der Tätigkeit des IBGC. Daneben widmet sich das Institut weiterhin der Pflege des Corporate Governance Kodex und zunehmend der Meinungsbildung in fachlichen und politischen Kreisen (Lobby-Arbeit). Hierzu greift das IBGC aus eigener Initiative spezielle technische Fragen der Corporate Governance auf und nimmt in Gutachten deziciert Stellung zu ihnen bzw. schlägt teilweise konkrete Gesetzesänderungen vor. Ein weiteres Feld, dem sich das „geschäftstüchtig" gewordene IBGC künftig widmen will, ist die Etablierung eines Zertifikats für qualifizierte Verwaltungsratsmitglieder. Das Zertifizierungskonzept hierfür wurde von der Associação Nacional dos Bancos de Investimento (ANBID) im Auftrag des IBGC entwickelt.[665] Schließlich versteht sich das IBGC heute auch als Sammelstelle und Wissensdatenbank zu aktuellen Themen der Unternehmensführung im weiteren Sinne. Dazu passt das zuletzt aufgegriffene Modethema „business reasons for sustainability".

Für die institutionelle Einordnung des IBGC-Kodex ist entscheidend, dass er einer rein privaten Initiative entspringt und in keiner Weise verbindlich ist. Vielmehr soll er als Leitbild dienen, wie in seiner Einleitung explizit zum Ausdruck kommt:[666]

> "The code (...) is designed to play an important educational role and lay the foundations of an effective application of good corporate governance practice in Brazil."

664 Vgl. *IBGC* (2004), Ziff. 2.38: "Consistent with the need for Directors to improve their performance and focus on the long run, it is essential that they attend continuing training and refresher courses in order to update their knowledge."

665 Vgl. hierzu Ziff. 3.3.1.3.

666 IBGC-Kodex (2004), Einleitung.

Obwohl der IBGC-Kodex keinen verbindlichen Charakter hat, beeinflusst er die Unternehmenspraxis. Teilweise sind seine Spuren in Emissionsprospekten ablesbar. Beispielsweise skizziert der Börseneinführungsprospekt der BOVESPA Holding S.A. das Konzept des IBGC-Kodex und erklärt explizit, welche Empfehlungen des Kodex die BOVESPA für sich als bindend anerkennt.[667] Hierzu muss man wissen, das im Zeitpunkt des Börsengangs und der Prospekterstellung der CEO der BOVESPA, *Gilberto Mifano*, zugleich Vizepräsident des IBGC war.[668]

Der Einfluss des IBGC auf die Corporate Governance ist aber – wie gesagt – rein faktischer Natur. Das IBGC ist keine Selbst-Regulierungsorganisation. Vielmehr ist es als eine Mischung aus „think tank", Diskussionsforum und Fortbildungseinrichtung in Sachen Corporate Governance zu qualifizieren. Dem IBGC kommt das Verdienst zu, Corporate Governance Themen in den 1990er Jahren als einer der Ersten in Brasilien adressiert zu haben. Dadurch wurde sicherlich ein wichtiger Beitrag für die Konsensfähigkeit und Akzeptanz des Novo Mercado geleistet.

3.3.1.3. Kodex für Wertpapieremissionen

Die Associação Nacional dos Bancos de Investimento (ANBID) wurde im Jahre 1967 gegründet. Ein Jahr zuvor hatte der CMN per Resolution 18/1966 den Typus Investmentbank offiziell in das brasilianische Finanzsystem (SFN) eingeführt. Von ihrer Gründung bis etwa Anfang der 1990er Jahre fungierte die ANBID vor allem als Repräsentantin der in Brasilien niedergelassenen Investmentbanken und leistete die typische Arbeit eines Lobbyisten. Mit dem grundlegenden Wandel des brasilianischen Wirtschaftssystems in den 1990er Jahren und dem Markteintritt zahlreicher internationaler Finanzinstitute erweiterte die ANBID das Spektrum ihrer Aktivitäten. Zu einem zentralen Arbeitsgebiet wurde dabei der Entwurf, die Pflege und Überwachung von Selbstregulierungskodices. Mit diesen Kodices bezweckt die ANBID, Standards für die Art und Weise zu etablieren, wie die ty-

[667] Endgültiger Emissionsprospekt der BOVESPA Holding S. A. (2007), S. 199–200.

[668] Endgültiger Emissionsprospekt der BOVESPA Holding S. A. (2007), S. 290.

pischen Finanzdienstleistungen der (Investment-)Banken zu erbringen sind. Diese Kodizes, deren Zahl zwischenzeitlich auf fünf angewachsen ist,[669] sind für alle Mitglieder der ANBID kraft ihrer Mitgliedschaft verbindlich. Ihre Einhaltung wird von der ANBID nach einem detailliert geregelten Verfahren kontrolliert. Bei Verstößen gegen die Standards greift ein eigens dafür vorgesehenes internes Sanktionssystem. Während das Sanktionsverfahren ursprünglich in den einzelnen Kodizes geregelt war, ist es nunmehr in einem speziellen Verfahrenskodex der Selbstregulierung enthalten (Código dos processos da autoregulação da ANBID[670]), der am 1. Januar 2008 in Kraft getreten ist. Da praktisch jede in Brasilien niedergelassene Bank, die Investmentbanking betreibt, eine Mitgliedschaft bei ANBID besitzt, haben die ANBID-Standards einen hohen Wirkungsgrad erreicht.

Der erste und im vorliegenden Zusammenhang wichtigste ANBID-Kodex, wurde im Jahre 1999 veröffentlicht und betrifft das öffentliche Angebot von Wertpapieren, insbesondere die Erstellung des Wertpapieremissionsprospekts und das Underwriting-Geschäft. Entworfen wurde der Kodex von einer Kommission, die mit Experten aus den Mitgliedsbanken besetzt war. Die Kommission orientiert sich bei ihrer Arbeit vor allem an der Regulierung der US Securities Exchange Commission sowie an der US-amerikanischen Prospekt- und Underwriting-Praxis. Zu diesem Zeck analysierte die Kommission eine große Zahl von Wertpapieremissionsprospekten aus der New Yorker Praxis.[671] Dabei muss man sich vor Augen halten, dass die

669 Código de auto-regulação da ANBID para as ofertas públicas de distribuição e aquisição de valores mobiliários; Código de auto-regulação da ANBID para os fundos de investimento; Código de auto-regulação da ANBID para o programa de certificação continuada; Código de auto-regulação da ANBID para serviços qualificados ao mercado de capitais; Código de auto-regulação da ANBID para a atividade de private banking no mercado doméstico.

670 Wie alle ANBID-Kodices ist auch der Verfahrenskodex abrufbar unter http://www.anbid.com.br.

671 Diese Informationen erhielt der Verfasser im Rahmen eines Interviews mit *José Carlos Doherty* in dessen Eigenschaft als Superintendente de Auto-Regulação bei ANBID. Das Interview fand am 10. Januar 2008 in São Paulo statt. Die erhaltenen Angaben decken sich mit den Feststellungen der *UNCTAD* (2003), S. 12: "This self-regulatory code sets standards for issuing securities for investment banks and proposes improved transparency in public offerings. It draws some of its inspiration from disclosure standards required by the US Secu-

Entwurfsphase für den ersten ANBID-Kodex exakt mit dem Aufkommen der ADR-Programme in Brasilien zusammenfällt. Den Fokus auf US-Standards zu richten, war eine logische Folge dieser Entwicklung.

Darüber hinaus war es in der brasilianischen Kapitalmarktregulierung seit der großen Finanzmarktreform in den 1960er Jahren zur Tradition geworden, sich fast ausschließlich am US-Modell zu orientieren. Diese Aussage trifft vor allem auf die Politik der CVM zu, die erst seit wenigen Jahren auch EU-Richtlinien beim Entwurf ihrer Regulierungen heranzuziehen scheint. Diese Ausrichtung der CVM legte bei den Marktakteuren, namentlich der ANBID, sicherlich die Vermutung nahe, dass die CVM sich – wie bis dato üblich – am US-Modell orientieren würde, wenn sie früher oder später eine Prospekt- bzw. Underwriting-Regulierung erlassen sollte. Folglich war es klug, diesen denkbaren – und im Jahre 2003 tatsächlich erfolgten[672] – Schritt zu antizipieren.

Jenseits der US-Praxis und -Regulierung hatte die ANBID beim Entwurf des Kodex aber auch die im September 1998 veröffentlichten IOSCO-Disclosure-Standards[673] im Blick. Angesichts der rasant voranschreitenden Globalisierung – speziell im Finanzsektor – und der zunehmenden Bedeutung Internationaler Standards lag es nahe, dass sich die IOSCO-Standards schnell zu einer internationalen Benchmark entwickeln würden. Außerdem ist die CVM ein Gründungsmitglied der IOSCO und legte – ausweislich ihres Entwicklungsplans aus dem Jahre 1988[674] – großen Wert auf den Anschluss an Internationale Standards. Folglich musste man aus Sicht der ANBID damit rechnen, dass sich die CVM bei einer möglichen künftigen Regulierung an den IOSCO-Disclosure-Standards orientieren könnte. Die Einbeziehung der IOSCO-Standards neben den US-Standards in die Entwurfsphase führte nicht zu Friktionen, weil die US-Standards erheblichen Einfluss auf die Gestaltung der IOSCO-Standards[675] hatten. Was das europäische Kapitalmarktrecht als

rities and Exchange Commission and covers both primary and secondary placements."

672 Vgl. CVM-Instrução Nr. 400/2003.

673 IOSCO (1998); abrufbar unter http://www.isoco.org.

674 Vgl. hierzu Ziff. 3.2.3.

675 Vgl. hierzu *Kung* (2002), S. 465 ff.

denkbare Alternative anbelangt, so trat die EU-Kommission mit ihrer Wertpapierprospektrichtlinie[676] erst im November 2003 auf die Weltbühne und nahm darin selbst Bezug auf die IOSCO-Standards (vgl. Art. 20 der Richtlinie). Schließlich wurde die ANBID im Jahre 2005 – nicht zuletzt dank eines Empfehlungsschreibens der CVM – als assoziiertes Mitglied (affiliate membership) in die IOSCO aufgenommen.[677] Dementsprechend deutlich zeigt sich der Einfluss der IOSCO-Disclosure-Standards auf die im Jahre 2005 veröffentlichte überarbeitete Fassung des ANBID-Kodex.

Anders als die (nunmehr fusionierten) Börsen BOVESPA und BMF verfügt die ANBID nicht über eine staatliche Ermächtigung zur Selbstregulierung.[678] Folglich kann der ANBID-Kodex nur auf rein privatrechtlichem Wege funktionieren. Dafür gibt es zwei rechtliche Möglichkeiten: eine verbands- und eine vertragsrechtliche Lösung. Beide spiegeln sich im ANBID-Kodex wider. Gemäß Art. 3 ANBID-Kodex gilt der Kodex zunächst für alle ANBID-Mitglieder. Darüber hinaus können sich Institutionen, die nicht ANBID-Mitglied sind, dem Kodex durch Unterzeichnung eines speziellen Anerkennungsformulars unterwerfen (Art. 4 Kodex). Ist der Kodex über einen dieser beiden Hebel anwendbar, dann dürfen sich die betreffenden Institutionen nur dann an öffentlichen Wertpapierangeboten beteiligen, wenn bei dieser Transaktion die Regeln des Kodex eingehalten werden (Art. 6 Kodex).[679] Dazu gehört unter anderem die Pflicht, darauf hinzuwirken, dass die Wertpapiere in einer Weise öffentlich vertrieben werden, die zu einer möglichst hohen *Liquidität* im Zweitmarkt führt.[680] Außerdem müssen die Institute, die dem Kondex unterwor-

676 Directive 2003/71/EC of the European Parliament and of the Counsil of 4 November 2003 on the prospectus to be published when securities are offered to the public or admitted to trading and amending Directive 2001/34/EC, Official Journal of the European Union of 31 December 2003, L 345/64.

677 Das Empfehlungsschreiben der CVM für die Aufnahme der ANBID in die IOSCO ist abgedruckt im Jubiläumsband der *ANBID* (2007), S. 172.

678 Vgl. CVM-Instrução Nr. 461/2007, Capítulo IV: Auto-regulação dos mercados organizados de valores mobiliários.

679 Zur Technik, wie die ANBID ihren Code verbindlich macht, vgl. *UNCTAD* (2003), S. 11 f.

680 Art. 6 *ANBID*-Kodex (2005):
Nas Ofertas Públicas realizadas no mercado de capitais brasileiro, as Instituições Participantes deverão: (...)

fen sind, bei allen öffentlichen Ankündigungen ein spezielles ANBID-Siegel verwenden,[681] aus dem hervorgeht, dass bei dem betreffenden öffentlichen Angebot der ANBID-Kodex eingehalten wurde.

Die Einhaltung des Kodex-Standards wird durch ein spezielles Registrierungsverfahren abgesichert. Die ANBID-Mitglieder sind nach dem Kodex verpflichtet, parallel zum staatlichen Registrierungsverfahren jede Wertpapieremission auch bei der ANBID registrieren zu lassen (vgl. Art. 23 bis 26 ANBID-Kodex).[682] Auf diese Weise erhält die ANBID nicht nur ein Kontrollinstrument, sondern kann auch eine eigene umfassende Datenbank aufbauen. Da die zweifache Registrierung – zu der noch ein drittes Registrierungsverfahren bei der BOVESPA hinzukommt – tendenziell die Kosten verdoppelt, planen CVM und ANBID, ihre Registrierungsverfahren zu koordinieren.[683] Konkret planen beide Institutionen den Abschluss eines Vertrages, der zur Verfahrenskonzentration bei der ANBID führen würde. Dieses Projekt ist vor dem Hintergrund zu sehen, dass die CVM ab 2009 zu einem risikobasierten Überwachungsmodell übergehen will und

IX considerando as características de cada Oferta Pública e dos respectivos investidores, buscar, se considerado apropriado pelos Coordenadores em conjunto com a emissora e/ou ofertantes, distribuir os valores mobiliários de forma a privilegiar a liquidez de tais valores (…).

681 Art. 19 *ANBID*-Kodex (2005):
O Selo ANBID será composto pela logomarca da ANBID acompanhada do seguinte texto:
"A (O) presente oferta pública (programa) foi elaborada (o) de acordo com as disposições do Código de Auto-Regulação da ANBID para as Ofertas Públicas de Distribuição e Aquisição de Valores Mobiliários, o qual se encontra registrado no 4° Ofício de Registro de Títulos e Documentos da Comarca de São Paulo, Estado de São Paulo, sob o n° 5032012, atendendo, assim, a (o) presente oferta pública (programa), aos padrões mínimos de informação contidos no Código, não cabendo à ANBID qualquer responsabilidade pelas referidas informações, pela qualidade da emissora e/ou ofertantes, das instituições participantes e dos valores mobiliários objeto da (o) oferta pública (programa)."

682 Art. 23 *ANBID*-Kodex (2005):
As Ofertas Públicas deverão ser registradas na ANBID no prazo de 15 (quinze) dias, a contar da data da concessão do respectivo registro pela CVM. (…).

683 Diese Informationen erhielt der Verfasser im Rahmen eines Interview mit *José Carlos Doherty* in dessen Eigenschaft als Superintendente de Auto-Regulação bei ANBID. Das Interview fand am 10. Januar 2008 in São Paulo statt.

ihre Kapazitäten begrenzt sind.[684] Das Outsourcing-Projekt legt Zeugnis dafür ab, wie vertrauensvoll die Kooperation zwischen der CVM und der ANBID ist. Im Übrigen genießt die ANBID auch internationale Anerkennung, wie namentlich in der IOSCO-Mitgliedschaft und einem UNCTAD-Report zum Ausdruck kommt.[685]

Die ANBID kooperiert aber nicht nur mit der CVM, sondern auch mit privaten Institutionen, die auf eine Verbesserung der brasilianischen Kapitalmarktordnung hinwirken. Im Jahre 2007 haben die ANBID und das IBCG (Brazilian Institute of Corporate Governance) einen Kooperationsvertrag geschlossen, in dem es um eine Zertifizierung für unabhängige Board Mitglieder geht.[686] Die ANBID hat sich seit 2002 (Veröffentlichung eines Zertifizierungskodex[687]) eine Kompetenz für die Zertifizierung von qualifiziertem Personal des Finanzsektors erworben. Diese Kompetenz will sich das IBGC im Rahmen des Kooperationsvertrages zu Nutze machen. Abgesehen davon nimmt der ANBID-Disclosure-Kodex explizit auf den IBGC-Kodex Bezug und unterstreicht damit dessen Bedeutung als Benchmark für Corporate Governance.[688]

Schließlich kooperieren die ANBID und die BOVESPA miteinander; allerdings beruht die Kooperation nicht auf einem Vertrag, sondern ist eher informeller Natur. Führende Mitarbeiter der BOVESPA arbeiten regelmäßig in zwei zentralen ANBID-Gremien: der Comissão de Acompanhamento do Mercado de Capitais (Art. 29 bis 34 AN-

684 So die Aussage der CVM-Präsidentin *Maria Helena Santana* in einem Interview mit der Zeitung O Globo: "CVM vai exigir mais transparência das empresas de capital aberto, O Globo vom 30. 12. 2007, S. 26.

685 Vgl. die Fallstudie der *UNCTAD* (2003), S. 11 f.

686 Diese Informationen erhielt der Verfasser im Rahmen eines Interview mit dem *José Carlos Doherty* in dessen Eigenschaft als Superintendente de Auto-Regulação bei ANBID. Das Interview fand am 10. Januar 2008 in São Paulo statt.

687 Abrufbar unter http://www.anbid.com.br.

688 Art. 9 § 1 *ANBID*-Kodex (2005):

Além das informações exigidas pela regulamentação, do prospecto deverá constar: (...)

V. descrição detalhada, em seção específica, das práticas de governança corporativa recomendadas no Código de Melhores Práticas de Governança Corporativa publicado pelo IBGC – Instituto Brasileiro de Governança Corporativa (...).

BID-Disclosure-Kodex) und dem Conselho de Auto Regulação do Mercado de Capitais (Art. 35 bis 40 ANBID-Disclosure-Kodex). Schließlich nimmt der ANBID-Kodex an mehreren Stellen explizit auf BOVESPA-Regeln zur Corporate Governance Bezug (vgl. Art. 6 IV und Art. 24 III, X, XI ANBID-Kodex). Dabei ist insbesondere die Regelung des Art. 6 IV ANBID-Kodex hervorzuheben, wonach sich die Mitglieder von ANBID nur an solchen Wertpapieremissionen beteiligen sollen, bei denen sich der Emittent verpflichtet hat, mindestens die „Stufe 1“ der BOVESPA-Corporate-Governance-Regeln einzuhalten.[689]

3.3.1.4. Niedergang des lokalen Aktienmarktes Ende der 1990er Jahre

In der zweiten Hälfte der 1990er Jahre erlebte der brasilianische Aktienmarkt einen dramatischen Niedergang. Während der Jahre 1995 bis 1999 konnten brasilianische Aktiengesellschaften im lokalen Markt nur R$ 10 Mrd. zusätzliches Kapital durch Ausgabe neuer Aktien aufnehmen. Mehr als 50% davon entfielen nicht auf öffentliche Angebote von Wertpapieren, sondern auf private Aktienplatzierungen.[690] Zwar stieg das Handelsvolumen an den Börsen in den Jahren 1997/1998 deutlich an. Der Anstieg war aber nur eine vorübergehende Erscheinung, die vor allem durch den Zufluss ausländischer Portfolioinvestitionen ausgelöst wurde. Diese Investitionen konzentrierten sich auf Privatisierungen, die zum Teil an der Börse über Versteigerungen von Aktienpaketen durchgeführt wurden. Hauptbeispiel ist die Privatisierung von Telebrás.[691] Nachdem die Privatisierungen ihren Höhepunkt überschritten hatten und eine neue makroökonomische Krise einsetzte,[692] ging das Handelsvolumen gegen Ende der 1990er Jahre stark zurück. Von Juli 1997 bis Ende 2000 be-

689 Vgl. hierzu Ziff. 3.3.2.3.1.

690 *Da Cunha* (2008), S. IX; vgl. auch *Schmith* (2004), S. 203 Fn. 109; *Ness Jr.* (2000).

691 Vgl. hierzu Ziff. 3.3.1.2.1.

692 Vgl. hierzu Ziff. 3.2.5.2.

trug der Rückgang 47,76%.[693] Außerdem konzentrierte sich das Handelsvolumen immer mehr auf wenige Aktiengesellschaften.[694]

Auch die Zahl der Börsengänge ging an den damals noch neuen brasilianischen Börsen während der 1990er Jahre extrem zurück. Zudem hatte sich im Markt die Erwartungshaltung durchgesetzt, dass ein Börsengang an der BOVESPA nur noch dann gelingen konnte, wenn die Aktien parallel dazu über ein US-Listing (ADR-Programm) platziert wurden und man sich dergestalt die Kreditwürdigkeit außer Landes erwarb.[695] Ähnliches galt für Zweitplatzierungen. Unter diesen Vorzeichen floss schnell viel Liquidität von der BOVESPA an die New Yorker Börsen ab. Das Handelsvolumen aller ADR-Programme brasilianischer Gesellschaften betrug im Jahre 2000 ein Drittel des gesamten Handelsvolumens der BOVESPA. Zu jener Zeit hatten 28 Gesellschaften ADR-Programme aufgelegt, während an der BOVESPA 495 Gesellschaften gelistet waren.[696]

Die Misere schlug sich auch in den Aktienpreisen nieder, so fiel der Aktienindex IBOVESPA zwischen Juli 1997 und Ende 2000 um ca. 34%.

693 *Santana* (2008), S. 2; vgl. auch *Schmith* (2004), S. 203: "Brazilian market liquidity, (the ability to buy and sell an asset without changing its price) as measured by sales volume to BIP, has increased but not notably. Another measure of liquidity, turnover (annual market volume over market value), portrays a struggling Brazilian market."

694 *Schmith* (2004), S. 203, 204f.: "(…) between July 1997 and July 1998, for example, only nineteen firms (of a total of 463 listed on BOVESPA) had their shares traded every day and only sixty firms were traded at least 261 days in this periode. (…) Finally, the concentration of trading is a measure of market diversity. A concentrated market has very few companies that make up the bulk of trading. Markets that have higher turnover can still be illiquid if only a select group of stocks are traded. Graph 5.7 shows that although concentration has declined with the privatization program in the late 1990s, the top ten firms still account for around 45 percent of total trading, and the top 11–100 around 42 percent. This means that some 330 companies (out of around 430) account for less than 5% of the than 5 percent of daily trading."

695 *Santana* (2008), S. 5: "During that period, very few new companies applied to list on the exchange since only those companies that had simultaneously arranged for US exchange listing were expected to complete a successful listing on BOVESPA. This fact highlights the weakness of Brazil's equity market in those days. Brazilian companies had no alternative but to "rent" the credibility and depth of another better-regarded market if they wanted to gain access to capital by issuing shares in their home market."

696 *Santana* (2008), S. 6.

Als Folge dieses Preisverfalls entschieden sich in den Jahren 1998–2000 eine ganze Reihe von Aktionären mit Kontrollmehrheit zum Going Private. Diese Entwicklung betraf vor allem ausländische Unternehmen, die im Zuge der Privatisierung die Kontrolle an brasilianischen Gesellschaften erworben und dabei hohe Prämien für den Kontrollwechsel bezahlt hatten. Insgesamt betrachtet war 1999/2000 eine Situation entstanden, in der, ohne zu übertreiben, die Existenz der BOVESPA auf dem Spiel stand. Das folgende Zitat aus einem Artikel von *Maria Helena Santana* und die sich anschließende Tabelle dürften die Brisanz der Situation hinreichend deutlich zum Ausdruck bringen:[697]

> "In the face of an extreme weakening of Brazil's capital market that threatened its very survival, BOVESPA sought to identify alternatives to reverse what seemed then to be an inexorable, downward trend."

Abb. 3.15.: Entwicklung BOVESPA in Relation zu BIP und ADR-/GDR-Programmen (1995–2000).

	1995	**1996**	**1997**	**1998**	**1999**	**2000**
Marktkapitalisierung BOVESPA in Mrd. US$	148	217	255	161	229	225
Marktkapitalisierung zu BIP in %	9%	14%	17%	12%	25%	25%
Zahl der IPO's	2	0	1	0	1	1
Wachstum des BIP in %	4,22	2,66	3,72	0,13	0,79	4,38
Zahl der ADR/GDR-Programme	0	2	8	21	23	28
Handelsvolumen ADR in % zum Handelsvolumen BOVESPA	0	0,3	1,2	2,9	10,3	30,2
(Handelsvolumen der Börse Rio de Janeiro[698])	–	(16,8)	(24,7)	(31,5)	(5,3)	(7,2)

697 *Santana* (2008), S. 8.

698 Im August 2000 wurde die Börse in Rio de Janeiro für den Handel mit Eigenkapitaltitel geschlossen. Kraft einer Vereinbarung zwischen den Börsen wurde der Handel mit diesen Wertpapieren vollständig an die BOVESPA transferiert.

	1995	1996	1997	1998	1999	2000
Monatliches Handelsvolumen in Mrd. US$	5,7	8,1	15,9	11,67	7,1	8,47

Quelle: BOVESPA; FIAB (Federación Iberomericano de Bolsas); *Baer* (2008), S. 405 Tabelle A1.

3.3.2. Entwurfsphase des Novo Mercado

3.3.2.1. Breiter Konsens über die notwendigen Maßnahmen

Die brasilianischen Kapitalmarktakteure standen in den Jahren 1999/2000 mit dem Rücken zur Wand. Was die Aktienbörsen anbelangt, so war zu der Zeit die wirtschaftliche Situation der BOVESPA immerhin deutlich besser als die ihrer Konkurrenten. Ihr Marktanteil am landesweiten Handelsvolumen betrug 90%. Daher überrascht es nicht, dass es die BOVESPA war, die sich an die Spitze einer Initiative zur Rettung des brasilianischen Aktienmarktes stellte.

Einer der ersten Reformschritte war die Integration des gesamten lokalen Aktienmarktes in die BOVESPA. Hierzu schloss die BOVESPA im April 2000 eine Integrationsvereinbarung mit den übrigen acht Börsen, inklusive dem früheren Marktführer in Rio de Janeiro. Kraft dieser Vereinbarung wurden im Laufe des Jahres 2000 alle Aktien an die BOVESPA transferiert.[699]

Parallel dazu gab die BOVESPA eine wissenschaftliche Studie in Auftrag, in der die Ursachen der Misere herausgearbeitet und konkrete Lösungswege entwickelt werden sollten.[700] Die im Juni 2000 veröffentlichte Studie kam zu dem Ergebnis, dass die geringe Liquidität im Zweitmarkt das entscheidende Hindernis für eine bessere Entwicklung des Aktienmarktes war.[701] Als wesentliche Gründe für

699 *Santana* (2008), S. 7.

700 Zu diesem Auftrag vgl. *Santana* (2008), S. 8; die Studie ist auf der website der BOVESPA abrufbar und wurde verfasst von *Mendonça de Barros* et al. (2000).

701 *Mendonça de Barros* et al. (2000), S. 5.

die geringe Liquidität wurden genannt: hohe direkte Transaktionskosten (vor allem ausgelöst durch die CPMF-Steuer[702]), der Abfluss von Liquidität in ADR-Programme und die schlechten Corporate Governance Praktiken brasilianischer Unternehmen.[703] Die CPMF-Steuer war ein von den Marktakteuren nicht zu ändernder Parameter. Der Abfluss von Liquidität an die New Yorker Börsen stellte letztlich nur ein Symptom und nicht den Krankheitsherd dar. Deshalb konzentrierte sich die Studie auf das Thema Corporate Governance. Als wissenschaftlicher Beleg für den vorausgesetzten Zusammenhang zwischen Corporate Governance Niveau und Leistungsfähigkeit des Aktienmarktes diente der Studie vor allem die LLSV-Literatur.[704] Den empirischen Nachweis und zugleich das Referenzmodell für einen Ausweg erkannte sie im (zu jener Zeit noch) erfolgreichen „Neuen Markt" der Frankfurter Wertpapierbörse.[705]

Ferner organisierte die BOVESPA in dieser Zeit Gespräche mit allen Marktteilnehmern, um aus deren Perspektive zu erfahren, wo die Probleme liegen. Auf diese Weise wollte sie zugleich die Basis dafür schaffen, dass der zu entwickelnde Lösungsvorschlag auf einem breiten Konsens beruhen würde.[706] Als Verbündete konnte die BOVESPA vor allem auf das IBGC und die ANBID setzen,[707] die bereits Vorarbeiten in Sachen Corporate Governance- und Transparenzstandards geleistet hatten, und ebenfalls die Marktliquidität als zentrales Thema adressiert hatten.[708]

Darüber hinaus kümmerte sich die BOVESPA auch um internationalen Rat und Unterstützung. Dergestalt konnte sie ihrer Kritik am bestehenden brasilianischen Corporate Governance Modell und ihren Änderungsvorschlägen zur Marktordnung mehr Glaubwürdigkeit und Gewicht verleihen, und zwar sowohl bei den brasilianischen Unternehmen als auch bei der Politik. Als tatkräftige internationale Ver-

702 Vgl. hierzu Ziff. 1.1.3, Ziff. 2.2.2.2.4. und Ziff. 3.3.3.2.1.
703 *Mendonça de Barros* et al. (2000), S. 7 ff.
704 *Mendonça de Barros* et al. (2000), S. 41 ff.
705 *Mendonça de Barros* et al. (2000), S. 12 ff.
706 Vgl. *da Cunha* (2008), S. X.
707 *Santana* (2008), S. 18 und 21.
708 Vgl. hierzu Ziff. 3.3.1.2.2. und Ziff. 3.3.1.2.2.

bündete erwiesen sich die International Finance Corporation (World Bank) und die OECD.[709]

Schließlich hatte die BOVESPA auch in der CVM einen (stillen) Verbündeten, denn die CVM hatte das Thema Liquiditätsverbesserung bereits in ihrem Entwicklungsplan aus dem Jahre 1988 adressiert.[710] Außerdem hat die CVM über die Abgeordnetenkammer (Câmara dos Deputados) in den Jahren 1999/2000 zwei Gesetzesvorschläge lanciert, die genau in dieselbe Richtung zielten, wie die Ideen der BOVESPA und ihrer anderen Verbündeten. Der erste Vorschlag der CVM betraf die Übernahme internationaler Bilanzierungsstandards (projeto de Lei n° 3.741/00[711]); der Zweite zielte auf eine Reform des Aktiengesetzes, die mehr Schutz für Minderheitsaktionäre und bessere Corporate Governance Praktiken bringen sollte (projeto de Lei n° 23/2001 = n° 3.115/97 in der Câmara dos Deputados).[712] Die CVM selbst konnte den regulatorischen Rahmen für die Corporate Governance nicht verbessern. Denn hierzu hätte sie das Aktiengesetz ändern müssen und soweit reicht ihre Normsetzungsbefugnis nicht.[713] Folglich war sie darauf beschränkt, Gesetzesänderungen in Brasilia anzustoßen.

In den Gesprächen der BOVESPA mit den Marktakteuren, insbesondere mit nationalen und internationalen Investoren, kristallisierten sich folgende – im Grunde alt bekannte[714] – Probleme als hauptsächliche Hindernisse für die Kapitalmarktentwicklung heraus: Zum einen wurde die Dominanz stimmrechtsloser Vorzugsaktien an den Pranger gestellt. Aufgrund der noch immer geltenden gesetzlichen Obergrenze von zwei Dritteln waren stimmberechtigte Aktionäre in

709 *Santana* (2008), S. 8 und 20; vgl. exemplarisch die Studie von *Rabelo/Coutinho* (2001).

710 Vgl. hierzu Ziff. 3.2.3.

711 Dieser Vorschlag wurde allerdings erst 2007 Gesetz, vgl. CVM, Edital de Audiência Pública SNC Nr. 02/2007 und Gesetz Nr. 11.639/2007.

712 Das Projekt wurde zwar schon 2001 als Gesetz Nr. 10.303/2001 umgesetzt aber nur in abgeschwächter Form, vgl. *Andrezo/Lima* (2007), S. 314 Fn. 63; *Santana* (2008), S. 10 mit Fn. 4. Bestimmte Änderungsvorschläge der CVM (Reduktion der Obergrenze für stimmrechtslose Vorzugsaktien), die nun endlich aufgegriffen wurden, datieren sogar auf Anfang der 1990er Jahre, vgl. Fallstudie *UNCTAD* (2003), S. 4.

713 Vgl. hierzu Ziff. 3.2.1.4. und Ziff. 3.2.2.2.

714 Vgl. hierzu Ziff. 3.3.1.2.

der Lage, mit etwas mehr als 17% aller Aktien das Unternehmen zu kontrollieren. (2) Zum anderen geißelten die Kapitalmarktakteure insbesondere Lücken im Aktienrecht, die schwerwiegende Verstöße gegen den Gleichbehandlungsgrundsatz der Aktionäre zuließen. Dabei ging es um die Szenarien „Change of Control“ und „Squeeze Out“, in denen die Minderheitsaktionäre vom Aktionär mit Kontrollmehrheit faktisch enteignet werden konnten. Paradebeispiel dafür waren extrem hohe Prämien, die von den kontrollierenden Aktionären beim Verkauf ihres Aktienpaketes realisiert werden konnten, während die Minderheitsaktionäre ihre für den neuen Mehrheitsaktionär „irrelevanten“ Aktien nur zu relativ geringen Preisen im Markt verkaufen konnten.[715] (3) Schließlich wurde die große Informationsasymmetrie zwischen Minderheitsaktionären und Management/ Mehrheitsaktionär als gravierendes Defizit benannt.

Die BOVESPA zog aus der besagten Studie und vor allem aus den Gesprächen mit den Marktakteuren den Schluss, dass sie ihre Bemühungen um eine Wiederbelebung des Marktes genau auf die genannten Schwachstellen konzentrieren musste. *Maria Helena Santana* fasst die Schlussfolgerungen der BOVESPA wie folgt zusammen:[716]

> "The basic premise guiding the creation of the Novo Mercado was that a reduction in investor perceptions of risk would improve share values and liquidity. Specifically, BOVESPA believed that investors would perceive the risks to be lower if they were granted additional rights and guarantees as shareholders, and if the asymmetry of access to information between controlling shareholders/company management and market participants was narrowed, if not eliminated."

Diese Position war konsensfähig unter nationalen und internationalen Portfolioinvestoren, Finanzintermediären (namentlich ANBID) und der CVM. Bei den mächtigen Blockholdern, namentlich den brasilianischen Unternehmerfamilien, war sie es (einstweilen) sicherlich nicht. Denn ihre Machtposition würde zunächst einmal in Frage gestellt. Nur wenn es tatsächlich gelänge, durch Abbau von Informationsasymmetrie und Stärkung der Minderheitenrechte eine größere Marktliquidität zu generieren und in der Folge höhere Aktienkurse und niedrigere Finanzierungskosten zu erreichen, konnte die BOVESPA auch mit der Zustimmung der vorhandenen Blockholder

715 *Santana* (2008), S. 10.
716 *Santana* (2008), S. 11.

rechnen. Die Beweislast für ihre Behauptung, dass die anvisierten Veränderungen tatsächlich zur Harmonisierung von Investoren- und Unternehmerinteressen (Blockholderinteressen) führen würden,[717] lag bei der BOVESPA selbst. Legt man das im zweiten Kapitel ausgearbeitete Konsensparadigma zugrunde,[718] so konnte ein hypothetischer Konsens aller betroffenen Marktteilnehmer nur dann erreicht werden, wenn der Lösungsweg – mehr Rechte und Informationen für Minderheitsaktionäre – optional ausgestaltet war. Genau daran orientiert sich das Konzept des Novo Mercado.

3.3.2.2. Enttäuschender Verlauf der Beratungen zur Aktienrechtsreform

Im August 2000 nahmen zahlreiche Kapitalmarktakteure aus São Paulo, die an der Wiederbelebung des lokalen Aktienmarktes interessiert waren, an einer Beratung des Abgeordnetenhauses (Câmara dos Deputados) zur Reform des Aktien- und Kapitalmarktrechts teil. Diskutiert wurde ein von der CVM angestoßenes Gesetzesprojekt, das schließlich ein Jahr später in Gestalt des Gesetzes Nr. 10.303/2001 realisiert wurde.[719] Die Beratungen verliefen aus Sicht der nach Brasilia gereisten Marktakteure ziemlich enttäuschend. Es zeichnete sich ab, dass die vorgeschlagenen Reformen zur Stärkung der Corporate Governance (insbesondere der Rechte von Minderheitsaktionären) allenfalls in abgeschwächter und unzureichender Form verabschiedet würden. *Mauro Rodrigues da Cunha*, einer der Promotoren des Wiederbelebungsversuches und heutiger IBGC-Präsident, bringt die Einschätzung, mit der die meisten Marktakteure zurück nach São Paulo fuhren, in deutlichen Worten zum Ausdruck:[720]

717 Vgl. *Santana* (2008), S. 11: "With investors seeing lower risks and stock valuations carrying a lower risk premium, more companies would go public. Those that already were listed would be more likely to announce new issues. These developments would strengthen the stock market's role as an alternative means of financing for companies and thereby help to harmonize the interests of entrepreneurs and investors."

718 Vgl. hierzu Ziff. 2.2.2. und 2.4.

719 Vgl. hierzu Ziff. 3.3.3.2.1.

720 *Da Cunha* (2008), S. IX.

> "The legislation that passed one year after their excursion was clearly not the panacea for all the evils, as some had hoped. The "sausage factory" legislative process inherent to democracies turned a well-intentioned project into a mixture of good and bad reforms. Some issues were addressed appropriately. Loopholes were closed, but many others were opened. Intense lobbying from special interests resulted in legislation that only went half as far as was necessary. As Vice President Marco Maciel approved the new law, market participants greeted the event with a fraction of the enthusiasm they had originally expressed in their testimony. Law 10.303 would not revive the market—not by itself."

Angesichts dessen sah sich die BOVESPA in ihrer Strategie bestätigt: Es musste ein Ausweg gefunden werden, der nicht von einer Änderung des Aktienrechts oder anderer Gesetzesänderungen abhängig war.[721] Blickt man auf die Makrodaten der Jahre 1999/2000 so ist man als Außenstehender geneigt, die Frage zu stellen, woher die Protagonisten des Novo Mercado eigentlich die Zuversicht nahmen, dass ihr Wiederbelebungsversuch alsbald gelingen konnte. Vielleicht war es eine Mischung aus dem Mut der Verzweiflung und der Bestätigung, die sie von außen erfuhren. Mut der Verzweiflung könnte deshalb eine Rolle gespielt haben, weil es für einige Marktakteure schlicht um die berufliche Existenz ging. Die Bestätigung von außen kam vor allem von Seiten der IFC/World Bank und der OECD sowie dem einstweilen grandiosen Erfolg des Vorbildes in Frankfurt am Main.[722] Kurios ist dabei, dass der deutsche „Neue Markt" schon fast in Trümmern lag,[723] als der brasilianische Novo Mercado Ende 2000/Anfang 2001 implementiert wurde. Auch die wissenschaftliche Referenz zur Gestaltung des Novo Mercado, die sog. LLS(V)-Literatur, hatte schon erste Kratzer abbekommen.[724]

721 *Santana* (2008), S. 10.

722 Vgl. hierzu die von der BOVESPA zur Vorbereitung des Novo Mercado in Auftrag gegebene Studie von *Mendonça de Barros* et al. (2000), S. 12ff. und 41ff.

723 Vgl. *Engelhardt* (2007), S. 2.

724 Vgl. hierzu Ziff. 2.2.1.1. (i) und Ziff. 2.2.2.2.3.

3.3.2.3. Konzeption des Novo Mercado

3.3.2.3.1. Grundidee und Segmentierung

Die Grundidee des Novo Mercado Konzepts bestand darin, neben das traditionelle Marktsegment mit gesetzlichen Mindeststandards ein alternatives Segment zu stellen, in dem erstens höhere Anforderungen an Transparenz zu erfüllen sind, zweitens die Investoren mehr Rechte erhalten, drittens möglichst keine stimmrechtslosen Vorzugsaktien existieren und viertens ein Marktschiedsgericht über alle Streitigkeiten entscheidet. Als Hebel zur Implementierung des alternativen Marktsegments setzte die BOVESPA standardisierte Listingvereinbarung ein, mit denen sie die Gestaltung der Satzung gelisteter Aktiengesellschaften beeinflusste. Flankierend dazu verlangte sie – gleichfalls als Listingvoraussetzung – von den Mitgliedern der Gesellschaftsorgane sowie dem kontrollierenden Aktionär, dass sie sich in standardisierter Form verpflichten, auch persönlich für die Erfüllung der Listingbedingungen einzustehen.

Den Initiatoren des Novo Mercado war von Anfang an klar, dass sie nicht alleine auf neue Börsengänge setzen konnten, sondern auch eine Migrationsbewegung aus dem traditionellen Markt in das alternative Segment auslösen mussten, um schnell eine kritische Masse an Gesellschaften zusammenzubringen, die freiwillig höhere Corporate Governance Standards einhalten wollten. Die Ausgangslagen für die Gruppe der Gesellschaften, die einen Börsengang erwogen, und jener Gruppe, die eine Migration in Betracht zogen, waren jedoch völlig unterschiedlich. Fast alle bereits gelisteten Gesellschaften (im traditionellen Markt der BOVESPA) wiesen nämlich einen hohen Bestand an stimmrechtslosen Vorzugsaktien auf. Daher konnte sie schon rein technisch gar nicht die Maximalforderung erfüllen, nur stimmberechtigte Aktien zu emittieren. Darüber hinaus gab es eine Reihe von Gesellschaften, die sich aus Misstrauen nicht der privaten Schiedsgerichtsbarkeit unterwerfen wollten.[725] Vor diesem Hintergrund entschied sich die BOVESPA dafür, nicht nur ein alternatives Marktsegment anzubieten, sondern ein dreistufiges Modell zu lancieren.

725 *Santana* (2008), S. 12f.

An die Spitze stellte sie den Novo Mercado. In diesem Segment wurde sozusagen alles verwirklicht, was den Initiatoren des Reformprozesses als „ideal“ erschien, um die Liquidität und Informationseffizienz des Marktes zu verbessern. Unterhalb dieser Benchmark siedelte die BOVESPA die beiden Marktsegmente „Level 1“ und „Level 2“ an, die in abgestufter Form fortgeschrittene Corporate Governance Standards vorsahen. Diese beiden Stufen (insbesondere Level 1) waren vor allem für bereits gelistete Gesellschaften konzipiert, die man zur Migration bewegen wollte, um dergestalt auf breiter Front die Corporate Governance Kultur der brasilianischen Aktiengesellschaften zu verbessern.[726] Demgegenüber war der Novo Mercado primär für Börsengänge konzipiert. Beginnen wir die Analyse der verschiedenen Marktsegmente auf der unteren Stufe.

(i) Level 1

Das Listingsegment „Level 1“ unterscheidet sich vom traditionellen Markt durch ein höheres Transparenzniveau, d.h. die dort gelisteten Aktiengesellschaften müssen strenge Offenlegungspflichten erfüllen. Darüber hinaus übernehmen sie die Verpflichtung, mindestens 25% der emittierten Aktien im Umlauf (Free Float) zu belassen. Das nicht offen ausgesprochene Ziel der BOVESPA bestand darin, den traditionellen Markt sukzessive „auszutrocknen“ und Level 1 als Basisniveau zu etablieren. Diese Zielsetzung kommt darin zum Ausdruck, dass die generellen Listingregeln der BOVESPA, die für alle Segmente inklusive dem traditionellen Markt gelten, seit 2002 vorsehen, dass Börsengänge nicht mehr unterhalb des Level 1 durchgeführt werden können. Zu den wichtigsten Regeln des Level 1 gehören folgende Punkte:

- Aufrechterhaltung eines Free Float von mindestens 25% aller emittierten Aktien, und zwar auch nach erfolgter Kapitalerhöhung sowie vollzogenem Kontrollwechsel;
- Bestmögliche Anstrengung, um eine breite Streuung der Aktien zu erreichen; dies gilt unter anderem dann als gegeben, wenn mindes-

[726] *Santana* (2008), S. 13: "These two intermediate segments between the traditional BOVESPA market and the Novo Mercado are intended to serve as stepping stones that will facilitate gradual adaptation by companies when direct migration to the top level is not considered feasible."

tens 10% der Aktien einzelnen Investoren (nicht institutionellen Investoren) zugeteilt werden;

- Erweiterte Rechnungslegungspflichten (insbesondere Vierteljahresberichte mit Kapitalflussrechnung und konsolidierter Bilanz);
- Offenlegung der Existenz und des Inhalts von Vereinbarungen zwischen Aktionären (entsprechendes gilt für Aktienoptionsprogramme);
- Offenlegung eines jährlichen Terminplans für Ereignisse der Aktiengesellschaften, die für Investoren relevant sind;
- Veröffentlichung eines Emissionsprospekts nach Maßgabe der Regeln, die in der Listingvereinbarung enthalten sind;[727]
- Unterwerfung unter einen Sanktionskatalog, der von der BOVESPA bei Verstößen gegen die Listingvereinbarung angewandt werden kann;
- Aktiengesellschaft muss ihre Senior Manager, unabhängige Mitglieder des Verwaltungsrates (conselho de administração) und Mitglieder des Überwachungsrates (conselho fiscal) verpflichten, bestimmte Offenlegungspflichten im Zusammenhang mit Insidergeschäften einzuhalten;
- Veröffentlichung monatlich erscheinender Berichte über Insidergeschäfte und Geschäfte von kontrollierenden Aktionären mit den Aktien der Gesellschaft;
- Sobald die Aktiengesellschaft mit einem verbundenen Unternehmen einen Vertrag abschließt, dessen Wert R$ 200.000 übersteigt, muss die Gesellschaft der BOVESPA hierzu Details mitteilen.

(ii) Level 2

Die im Level 2 gelisteten Gesellschaften müssen alle unter Level 1 aufgeführten Bedingungen erfüllen. Darüber hinaus müssen sie sich verpflichten, weiterreichende zusätzliche Corporate Governance Standards einzuhalten, die vor allem auf ein höheres Schutzniveau für Minderheitsaktionäre abzielen. Die Satzung muss diesen Aktionären zusätzliche Rechte einräumen und Vorkehrungen dagegen treffen, dass insbesondere Vorzugsaktionäre wirtschaftlich „enteignet“ werden können. Außerdem haben die Mitglieder des Verwaltungsrates (con-

727 Diese Regeln sind kompatibel zu den IOSCO- und ANBID-Disclosure-Standards für Emissionsprospekte.

selho de administração) und der Gesellschafter mit Kontrollmacht in separaten und standardisierten Erklärungen eine persönliche Verpflichtungserklärung zu unterzeichnen. Kraft dieser Erklärung unterstellen sie sich auch persönlich dem Regime der Listingvereinbarung. Zu ihrem Pflichtenkatalog gehört nicht zuletzt, gemeinsam mit anderen Organmitgliedern der Gesellschaft dafür zu sorgen, dass auch künftige Mitglieder des Verwaltungsrates und neue kontrollierende Gesellschafter eine entsprechende persönliche Verpflichtungserklärung abgeben. Die Mitglieder des Überwachungsrates müssen ebenfalls eine persönliche Verpflichtungserklärung abgeben, die jedoch mit Rücksicht auf die begrenzte Funktion dieses Organs (legal compliance) nicht so weitreichend ist. Die wichtigsten Regelungen im Level 2 sind:

- Bestimmung einer einheitlichen Amtszeit von maximal zwei Jahren für alle Direktoren und Mitglieder des Verwaltungsrates (conselho de administração), von denen mindestens 20% unabhängige Mitglieder sein müssen;
- Erstellung und Veröffentlichung eines Jahresabschlusses nach US-GAAP oder IAS/IFRS;
- Unterwerfung unter ein spezielles, bei der BOVESPA eingerichtetes Marktschiedsgericht, und zwar in Bezug auf alle Streitigkeiten im Zusammenhang mit der Listingvereinbarung;
- Öffentliches Pflichtangebot zum Erwerb aller Aktien, wenn die Aktiengesellschaft sich von der Börse zurückzieht oder ihre Registrierung im Level 2 aufgibt;
- Gleichbehandlung aller stimmberechtigten Aktionäre im Falle eines Kontrollwechsels (Tag along zu 100% des vom Aktionär, der Kontrollmacht hat, erzielten Preises[728]);
- Pflichtangebot an alle Vorzugsaktionäre im Falle eines Kontrollwechsels (Tag along bei 80% des vom Aktionär, der Kontrollmacht hat, erzielten Preises[729]);
- Satzung muss den Vorzugsaktionären im Falle aufgelisteter Strukturentscheidungen ein Stimmrecht einräumen; betroffen sind Fusi-

728 Die gesetzliche Regelung in Art. 254 a Gesetz Nr. 6.404/1976 schreibt lediglich ein Pflichtangebot in Höhe von 80% vor.

729 Die gesetzliche Regelung in Art. 254 a Gesetz Nr. 6.404/1976 sieht in Bezug auf Vorzugsaktionäre kein Pflichtangebot vor.

ons- und Verschmelzungsverträge sowie Verträge zwischen der Gesellschaft und dem Gesellschafter, der Kontrollmacht hat.

Bei einem Regelverstoß sieht die Listingvereinbarung verschiedene Sanktionen vor. Die strengste Sanktion ist das Recht der BOVESPA, den Listingvertrag zu kündigen und das Delisting herbeizuführen. Nimmt die BOVESPA diese schwerwiegende Maßnahme vor, dann ist der kontrollierende Aktionär verpflichtet, ein öffentliches Rückkaufgebot für alle ausstehenden Aktien abzugeben. Der angebotene Kaufpreis muss dem wirtschaftlichen Wert der Aktiengesellschaft entsprechen. Dieselbe Pflicht besteht für Novo Mercado Gesellschaften. In diesen Regelungen kommt ein wichtiges Element der BOVESPA-Strategie deutlich zum Ausdruck: Die Einhaltung der Listingvereinbarung wird nicht zuletzt dadurch abgesichert, dass die zentralen Personen in der Unternehmensteuerung in die persönliche Haftung genommen werden.

(iii) Novo Mercado

Aktiengesellschaften, die sich für ein Listing im Novo Mercado entscheiden, müssen zunächst im Wesentlichen dieselben Pflichten erfüllen wie im Level 2. Darüber hinaus müssen sie eine weitere Pflicht übernehmen, die im brasilianischen Umfeld einen gravierenden Unterschied markiert: Novo Mercado Gesellschaften dürfen ausschließlich stimmberechtigte Aktien emittieren. Konsequenterweise muss bei einem Kontrollwechsel allen Aktionären ein öffentliches Kaufangebot unterbreitet werden. Der Preis ist derselbe, der dem Aktionär mit Kontrollmehrheit angeboten wird. Der Novo Mercado setzt also das „One-Share-One-Vote"-Prinzip und den Gleichbehandlungsgrundsatz vollständig um.

Da praktisch alle traditionellen börsennotierten Gesellschaften in erheblichem Umfang stimmrechtslose Vorzugsaktien emittiert haben, sind im Novo Mercado nicht die brasilianischen Blue Chips gelistet. Die meisten dieser Gesellschaften finden sich entweder im Level I[730] oder unverändert im traditionellen Markt.[731] Ausnahmen sind der

730 Zum Beispiel: BRASKEM, CVRD, ELETROBRAS, GERDAU, METALURGICA GERDAU, ITAU HOLDING, UNIBANCO, USIMINAS, VOTORANTIM.

731 Zum Beispiel AMBEV, EMBRATEL, PETROBRAS, TIM.

Flugzeugbauer Embraer, Banco do Brasil sowie die beiden (nun fusionierten) Börsen BM&F und BOVESPA. Bei allen drei Gesellschaften handelt es sich jedoch um Sonderfälle. BM&F und BOVESPA haben ihren Börsengang erst Ende 2007 vollzogen und namentlich die BOVESPA musste natürlich schon aus Reputationsgründen ihren Börsengang im Top-Segment vornehmen. Banco do Brasil hat den Status einer halb staatlichen und halb privaten Gesellschaft (sociedade anônima de capital misto). Embraer ist in den 1990er Jahren privatisiert worden. Dabei hat sich der brasilianische Staat eine sogenannte goldene Aktie[732] an dem Unternehmen gesichert, weil es unter anderem Rüstungsgüter herstellt.

Zwar war der Novo Mercado ebenso wie der Neue Markt an der Frankfurter Wertpapierbörse von Anfang an nicht auf Blue Chips ausgerichtet, sondern eher auf Börsenneulinge.[733] Anders als das deutsche „Vorbild", das später jämmerlich scheiterte, war der Novo Mercado aber nicht auf Technologieunternehmen („New economy") und die Venture Capital Branche fokussiert. Vielmehr richtet er sich an Unternehmen aller Branchen und Reifegrade – vom Start up bis zum traditionsreichen Familienunternehmen. Die Prämisse der BO-

732 Vgl. http://www.embraer.com.br : "The golden share is held by the Federative Republic of Brazil. The golden share is entitled to the same voting rights as the holders of common shares. In addition, the golden share entitles the holder thereof to veto rights over the following corporate actions:
Change of the corporate name or business purpose of the Company;
Alteration and/or application of the Company´s logo;
Creation and/or alteration of military programs, whether or not involving the Federative Republic of Brazil;
Development of third parties´skills in technology for military programs;
Interruption of the supply of maintenance and replacement parts for military aircraft;
Transfer of the equity control of the Company.
Any amendments: (i) to the provisions, of Article 4, of the main section of Article 10, of Articles 11, 14 and 15, of item III Article 18, of paragraphs 1 and 2 of article 27, of item X, of Article 33, of item XII, of Article 39 or of Chapter VII; or further, (ii) the rights granted by these By-Laws on the Golden Share.

733 *Santana* (2008), S. 17: "The Novo Mercado's listing rules, as was already noted, were distant from the true situation in Brazil's publicly held companies, especially because they prohibited preferred shares. That is why BOVESPA expected that this market segment would be comprised largely of new, publicly held companies willing to adhere to its demanding standards in exchange for obtaining better prices for their IPOs."

VESPA und ihrer Mitstreiter war, dass es nach einer langen Phase mit sehr wenigen Börsengängen sowie angesichts des knappen und teuren Fremdkapitals eine ganze Reihe von Unternehmen geben musste, die unter normalen Umständen schon längst einen Börsengang vollzogen oder zumindest ernsthaft ins Auge gefasst hätten.[734] Normale Umstände bedeutet dabei zum einen, dass der Zweitmarkt hinreichend liquide ist, zum anderen darf der Marktplatz nicht insgesamt im Ruf stehen, dass dort schlechte Corporate Governance Praktiken herrschen und Minderheitsaktionäre häufiger auf kaltem Wege „enteignet" werden. Ansonsten werden nämlich die Investoren einen generellen Risikoaufschlag verlangen, wenn sie an diesem Marktplatz investieren, da korrekt geführte Unternehmen unterbewertet werden. Die BOVESPA wollte vor allem mittelständische Unternehmen für einen Börsengang im Novo Mercado gewinnen, die über keine oder nur geringe internationale Bekanntheit verfügten und daher nur schwer auf ADR-Programme ausweichen konnten.[735] Diese Gesellschaften waren – so das Kalkül – am stärksten von der Unterversorgung mit langfristigem Kapital betroffen.

3.3.2.3.2. Institutionelle Verankerung der Schiedsklausel

Die Schiedsklausel spielte bei der Konzeption des Novo Mercado (und des Level II) eine wichtige Rolle. In den Augen der BOVESPA und zahlreicher Marktakteure schreckten vor allem ausländische, aber auch inländische Investoren nicht zuletzt deswegen vor dem brasilianischen Aktienmarkt zurück, weil sie kein Vertrauen in die Effizienz des brasilianischen Justizsystems hatten. An dieser Stelle ist deutlich zu betonen, dass es nicht um das Thema Korruption ging,[736] das in zahlreichen anderen lateinamerikanischen Justizsystemen und der brasilianischen Politik durchaus eine gewisse Bedeu-

734 So die zentrale Aussage des von der BOVESPA zur Vorbereitung des Novo Mercado in Auftrag gegebenen Gutachtens, das seinerseits vor allem durch die Thesen der LLS(V)-Literatur beeinflusst war, vgl. *Mendonça de Barros* et al. (2000).

735 *Mendonça de Barros* et al. (2000), S. 7.

736 *Dakolias* (1999), S. 26: "In contrast to other Latin American countries, however, corruption does not seem to be a major problem. This may be because salaries of judges are respectable (about US-$ 120.000 per year in mid-1990s); in fact, they are thirty-three times the average net salary. Judges below Court of Appeals are appointed by public exam in Brazil."

tung hat. Die brasilianischen Richter und Staatsanwälte werden in einem extrem schwierigen und ausgefeilten Prüfungsverfahren (Concurso) ausgewählt und erhalten eine außerordentlich gute Bezahlung. Sie genießen einen hervorragenden Ruf in der Gesellschaft und repräsentieren die Elite unter Brasiliens Juristen. Das Problem der brasilianischen Justiz liegt nicht bei der Qualität des Personals, sondern bei einem völlig ineffizienten Zivilprozessrecht und einer zu geringen Richterzahl. Die Verfahren dauern so lange, dass es – unabhängig vom Ausgang – einem Rechtsverlust gleichkommt, sich darauf einzulassen. Außerdem fehlt es an Spruchkammern, die auf Gesellschafts- und Kapitalmarktrecht spezialisiert sind.[737] Da die notwendige grundlegende Reform des Prozessrechts jedenfalls nicht schnell zu erwarten war, kam es der BOVESPA darauf an, den Novo Mercado (inklusive Level 2) dergestalt zu strukturieren, dass möglichst alle Streitigkeiten im Zusammenhang mit Listingvereinbarungen vor einem speziellen Marktschiedsgericht ausgetragen werden.[738]

Bei der Konzeption einer umfassenden Schiedsordnung machte sich die BOVESPA eine Regelung im Aktienrecht zu Nutze (Art. 109 § 3 Gesetz Nr. 6.404/1976). Danach können Aktiengesellschaften in ihrer Satzung regeln, dass Konflikte zwischen den Aktionären und der Gesellschaft einerseits sowie Konflikte zwischen Minderheitsaktionären und Aktionären mit einer Kontrollmehrheit andererseits nicht vor staatlichen Gerichten, sondern vor einem privaten Schiedsgericht ausgetragen werden. Diese Option für die Gestaltung der Satzung

737 Vgl. *Santana* (2008), S. 16: "The Brazilian justice system not only operates very slowly, but it also has very few trial courts that specialize in corporate issues. This is another factor that makes investors uncertain about the enforceability of their rights. This uncertainty clearly would have contributed to lowering the value of those companies listed in the special segments. This is why the exchange decided to include in the requirements established for the Novo Mercado and Level 2, the mandatory recourse to arbitration for dispute resolutions related to corporate and capital market questions involving the company, its shareholders (including the controlling shareholders), its officers, and BOVESPA."

738 *Santana* (2008), S. 10: "Therefore, an exit had to be found that did not depend on major structural reforms that Brazil had not yet completed (such as tax, social security, and *judiciary reforms*) or on amendments to the Corporation Law (which was finally accomplished in 2002, but with results far less significant than those that were needed). BOVESPA sought instruments that it could use as a private agent so that it would be less dependent on developments in Brazil's institutional conditions."

griff die BOVESPA in ihren Listingbedingungen auf und machte ihre Ausübung quasi zur Pflicht. Jede Gesellschaft, die im Novo Mercado oder im Level 2 gelistet werden möchte, muss eine standardisierte Schiedsklausel in ihre Satzung aufnehmen. Diese zwingende Vorbedingung für den Abschluss eines Listingvertrages lautet (in der offiziellen Übersetzung) wörtlich wie folgt:

> 3.1 Authorization for the Trading on the Novo Mercado. The BOVESPA Chief Executive Officer may authorize a Company for the trading of its securities on the Novo Mercado if it complies at least with these requirements:
> (i) (...);
> (iv) Its Bylaws have been amended to insert the Novo Mercado's required clauses – especially the Arbitration Clause; (...).

Die Schiedsklausel selbst und die zugehörige Definitionsklausel wurden von der BOVESPA so detailliert formuliert, dass den Gesellschaften praktisch gar nichts anderes übrig bleibt, als sie wortwörtlich in ihre Satzungen zu übernehmen. Die betreffenden Klauseln haben folgenden Wortlaut:

> 13.1 Arbitration.
>
> BOVESPA, the Company, its Controlling Shareholder, Senior Managers and Fiscal Council members agree to refer to arbitration any disputes related to these Listing Rules, the Novo Mercado Agreement, the Arbitration Clause, particularly regarding their enforcement, validity, effectiveness, construction, violation and related effects, before the Market Arbitration Panel, under the Arbitration Rules.
>
> "Arbitration Clause" the clause that requires the Company, its Shareholders, Senior Managers, Fiscal Council members and BOVESPA to submit all disputes between them to arbitration. This applies especially to disputes that relate to the enforcement, validity, efficacy, violation and related effects of:
> (a) the provisions in the Corporation Law, the Company's Bylaws,
> (b) the rules issued by the National Monetary Council, the Central Bank of Brazil and the Securities and Exchange Commission of Brazil,
> (c) all other rules governing capital markets in general, and
> (d) the directives in these Listing Rules, Arbitration Rules and the Novo Mercado Agreement.

Damit unzweifelhaft gewährleistet ist, dass auch die Mitglieder des Verwaltungsrates, der Aktionär mit Kontrollmacht und die Mitglieder des Überwachungsrates persönlich an die Schiedsvereinbarung gebunden sind, müssen sich diese Personen hinsichtlich ihrer Pflichten und der persönlichen Haftung explizit der Schiedsklausel unterwerfen. Außerdem stellen die Listingvereinbarungen sicher, dass bei einem personellen Wechsel in den Gesellschaftsorganen auch die neuen Organmitglieder entsprechende Unterwerfungserklärungen abgeben. Gleiches gilt für einen Wechsel des Aktionärs mit Kontrollmehrheit.

Den Investoren wird – was praktisch auch schwer vorstellbar ist – die Tür zum Marktschiedsverfahren nicht im Rahmen der Listingvereinbarung geöffnet, sondern im Regelwerk des Marktschiedsgerichts (Câmara de Arbitragem do Mercado), das seinerseits auf dem brasilianischen Gesetz für Schiedsgerichte basiert (Gesetz Nr. 8.307/1996). Nach diesem Regelwerk haben Investoren jederzeit die Möglichkeit, in einem Formblatt ihr Einverständnis mit dem Schiedsverfahren zu erklären. Danach sind sie verpflichtet, ihre Ansprüche gegen die Gesellschaft, ihre verantwortlichen Organmitglieder oder ihre Aktionäre mit Kontrollmehrheit vor dem Marktschiedsgericht geltend zu machen. Die erforderliche Erklärung kann der Investor zu jedem Zeitpunkt abgeben. Die entscheidenden Klauseln im Regelwerk des Marktschiedsgerichts lauten wie folgt:

> 2.1 These Rules are equally binding on the following participants in the BOVESPA Special Listing Segments:
> (i) BOVESPA;
> (ii) the companies;
> (iii) the Controlling Shareholders;
> (iv) the Senior Managers;
> (v) the Fiscal Council members; and
> (vi) the Investors, provided that they have voluntarily consented to these Rules by signing a *Statement of Consent*, as per section 5.2.2 of these Rules.
>
> 5.2 *Statement of Consent.* Adherence to these Rules shall be substantiated by signing of the Statement of Consent.
>
> 5.2.1 The validity of a Company's Statement of Consent shall be conditioned to concurrent signing of a separate Statement of Consent by each of its Senior Managers, Fiscal Council members and Controlling Shareholders.
>
> 5.2.2 An Investor may adhere to these Rules, at any time, through a Statement of Consent to be entered into with the Secretary's Office of the Arbitration Panel or a BOVESPA member brokerage firm.

Ob sich das Schiedsverfahren in der Praxis als effektiv erweisen wird, ist eine der noch offenen Fragen zum Konzept des Novo Mercado, denn bislang fehlt es schlicht an Erfahrungswerten.[739] Allerdings

739 So zum Beispiel *Mauro Rodrigues da Cunha*, einer der wichtigsten Promotoren des Novo Mercado, vgl. *da Cunha* (2008), S. XII: "Many reforms still

dürfte es einstweilen keine Alternative zum Schiedsverfahren geben, denn eine grundlegende Reform des Zivilprozessrechts, die zu einer spürbaren Verkürzung der Verfahrensdauer führen könnte, ist jedenfalls kurzfristig nicht zu erwarten.[740] Bemerkenswert in diesem Kontext ist, dass trotz der fehlenden Erfahrungswerte einige Gesellschaften, die im traditionellen Marktsegment der BOVESPA (z.B. PETROBRAS) oder im Level 1 (z.B. BICBANCO) gelistet sind, bereits erklärt haben, dass sie sich dem Marktschiedsverfahren, das ja nur für Level 2 und Novo Mercado Gesellschaften zwingend vorgeschrieben ist, freiwillig unterwerfen. Die Marktschiedsordnung lässt eine solche isolierte Unterwerfungserklärung explizit zu. Daran zeigt sich nicht nur ein Vertrauensvorschuss für das Marktschiedsgericht, sondern auch, wie flexibel die Marktordnung der BOVESPA ist.

3.3.2.3.3. Änderung der Listingvereinbarungen

Aus den Regelungen zur Änderung der Listingvereinbarungen lässt sich erkennen, dass im institutionellen Arrangement des Novo Mercado vertrags- und gesellschaftsrechtliche Gestaltungselemente miteinander kombiniert werden. Während nämlich der Abschluss der Listingvereinbarung durch einen klassischen bilateralen Vertragsschluss erfolgt, ist für Änderungen eine Art von Beschlussverfahren vorgesehen. Nach Art. 14.2 der standardisierten Listingvereinbarung darf die BOVESPA nämlich bedeutsame (im Original: „relevante") Änderungen in den Klauseln nur vornehmen, wenn sie zuvor eine nicht öffentliche Sitzung einberufen hat, zu der alle im Novo Mercado gelisteten Gesellschaften eingeladen sind. Widerspricht mehr als ein Drittel der anwesenden Gesellschaften explizit dem Änderungsvorschlag, so gilt dieser als gescheitert. Wird ein Änderungsvorschlag mehrheitlich angenommen, dann muss erst noch die Genehmigung der CVM eingeholt werden, bevor die Änderung der Marktordnung praktiziert werden darf. Diese Genehmigungspflicht

need to stand the test of time. One of these is the Arbitration Chamber. That forum's lack of cases and, hence, decisions has been seen as an obstacle to growth in Brazil's capital market. True, the lack of cases tried by the chamber reduces fears of bad-faith litigation, given its lower-cost adjudication. But this body needs to build a reputation, which will only come over time through use by investors".

740 Vgl. hierzu Ziff. 3.4.1.

galt logischerweise auch für die Einführung der Listingvereinbarung als solche. Darin zeigt sich der Charakter des Regelwerks als Akt der regulierten Selbstverwaltung.[741] In der offiziellen Übersetzung der Novo Mercado Regeln lautet die Änderungsklausel wie folgt:

> 14.2 Amendments.
>
> BOVESPA cannot make any *material change* to these Listing Rules except on the condition that:
>
> (i) It holds a Closed Hearing with the Companies listed on the Novo Mercado on a date scheduled by the BOVESPA Chief Executive Officer with at least 15 (fifteen) days notice and there is *no express opposition to the change by more than one-third of the attendees* at the Closed Hearing; and
>
> (ii) The amendment is *approved by CVM.*

De facto bedeutet diese Regelung, dass es einer Zweitdrittelmehrheit bedarf. Diese hohe Hürde war nach Aussage von *Maria Helena Santana*, der wichtigsten Promotorin des Novo Mercado, zur Zeit seiner Einführung unabdingbare Voraussetzung für die Akzeptanz bei den Marktakteuren.[742] Deshalb habe man die qualifizierte Mehrheitsklausel aufgenommen, obwohl man bereits ahnte, dass sich diese Klausel negativ auf die Anpassungsfähigkeit des institutionellen Arrangements auswirken könnte.[743] Im Lauf der Zeit veränderte sich tatsächlich – nicht zuletzt durch den Erfolg des Novo Mercado – die Marktstruktur, und es traten neue Phänomene im Markt auf, die bestimmte Änderungen im Regelwerk nahelegten.

Seit Anfang 2008 wird zum Beispiel eine Änderung der Tag along-Regel für jene Fälle diskutiert, bei denen im Akquisitionszeitpunkt gar kein Aktionär mit Kontrollmehrheit vorhanden ist, sondern Streubesitz vorliegt. Als der Novo Mercado im Jahre 2000 konzipiert wurde, gab es das Phänomen Streubesitz („capital pulverizado") in

741 Art. 7 § 2 CVM Instrução Nr. 461/2007: "O funcionamento e a extinção de segmento de negociação dependem de prévia autorização da CVM."; vgl. zur Selbstregulierungskompetenz der brasilianischen Börsen oben Ziff. 3.2.2.2. und Ziff. 3.3.3.3.2.

742 Vgl. das Zitat in einem Zeitungsartikel von *Valenti* (2008).

743 Vgl. wiederum das Zitat in dem Zeitungsartikel von *Valenti* (2008). Ähnlich äußerten sich in einem Interview zu demselben Zeitungsartikel der frühere IBGC-Präsident *José Guimarães Monforte* sowie an anderer Stelle *da Cunha* (2008), S. XII: "The Novo Mercado has reform mechanisms, but these are purposely hard to use."

Brasilien praktisch nicht. Zur Lösung der skizzierten Problematik wird unter anderem vorgeschlagen, die Regelung in Art. 3 Abs. 2 der Europäischen Übernahmerichtlinie[744] zu übernehmen. Außerdem wollen manche Marktakteure im gleichem Atemzug das Problem der sogenannten Poison Pills („pílulas de veno“) adressieren.[745] In der Anfangsphase des Novo Mercado wären solche „vernünftigen“ Änderungen wohl relativ einfach durchsetzbar gewesen, denn die Zahl der Gesellschaften war überschaubar, und das gemeinsame Metaziel, den Erfolg des Marktsegmentes herbeizuführen, einte die beteiligten Gesellschaften. Heute ist die erforderliche Zweidrittelmehrheit für Änderungen, die eigentlich im allgemeinen Interesse liegen, viel schwerer zu erreichen. Im Novo Mercado sind zwischenzeitlich ca. 100 Aktiengesellschaften gelistet (Stand: Mai 2008) und die Interessen der gelisteten Gesellschaften driften mit dem Erfolg des Marktsegments tendenziell immer weiter auseinander. Mit dem Erfolg des institutionellen Arrangements erscheint es vielen Akteuren offenbar nicht mehr vordringlich, die Institution zu pflegen und zu verbessern. Vielmehr werden ihre Entscheidungen immer mehr von individuellen und situationsabhängigen Interessen dominiert. Bis zum Erreichen dieser stattlichen Zahl „100“ und dem Auftreten (teils) erfolgsbedingter Probleme war es allerdings ein langer und beschwerlicher Weg.

3.3.3. Implementierung des Novo Mercado

3.3.3.1. Schwacher Start (Ende 2000 bis 2003)

Ende 2000 wurden der Novo Mercado und die beiden anderen Listingsegmente (Level 1 und Level 2) von der BOVESPA lanciert. Doch während der ersten drei Jahre war der Erfolg des neuen Konzepts arg bescheiden. Lediglich Level 1 war von Anfang an recht erfolgreich. Im Laufe des Jahres 2001 wechselten insgesamt 18 Gesellschaften aus dem traditionellen Markt in Level 1. Damit erreichte

744 Richtlinie 2004/25/EG des Europäischen Parlaments und des Rates vom 21. 4. 2004 betreffend Übernahmeangebote, Amtsblatt der EU vom 30. 4. 2004, L 142/12.

745 Vgl. *Valenti* (2008).

dieses Marktsegment auf Anhieb einen Anteil von knapp 20 Prozent an der Marktkapitalisierung aller an der BOVESPA gelisteten Aktiengesellschaften. Der Anteil am Handelsvolumen betrug etwas weniger als 15 Prozent. Unter den Gesellschaften, die zu Level 1 wechselten, befanden sich eine Reihe von Universalbanken (Bradesco, Itaú, Unibanco) und einige namhafte Unternehmen (z.B. Gerdau, Votorantin Cel. Papel, WEG). Im Jahre 2002 kamen weitere sechs Gesellschaften hinzu, sodass es bis Ende 2003 bereits 31 Gesellschaften waren. Damit stieg der Anteil an der Marktkapitalisierung auf ein Drittel und am Handelsvolumen auf ein Viertel.

In Level 2 und im Novo Mercado sahen die Zahlen hingegen deutlich schlechter aus. Im ersten Kalenderjahr (2001) ihrer Geschichte tat sich in beiden Segmenten rein gar nichts. Auch gab es keinen einzigen Börsengang im brasilianischen Markt. Zu Beginn des Jahres 2002 kam etwas Bewegung in die Situation und der Novo Mercado erlebte durch den ersten Börsengang seine eigentliche Eröffnung. Im weiteren Verlauf des Jahres kam noch eine Gesellschaft hinzu (nicht durch Börsengang, sondern durch Migration) und drei Gesellschaften wechselten in Level 2. Das nächste Jahr verlief dagegen enttäuschend. Erneut gab es keinen einzigen Börsengang und die Zahl der Level 2 und Novo Mercado Gesellschaften stagnierte auf dem Vorjahresstand. Immerhin gab es von Ende September bis Mitte Dezember 2003 drei Zweitemissionen renommierter Unternehmen (Unibanco, Cia Suzano Papel Cel. und Votorantim Cel. Papel), die zusammen ein recht beachtliches Volumen erreichten (ca. R$ 2 Mrd.). Alle drei erfolgten im Level 1.

Die relativ geringe Resonanz der neuen Listing-Segmente musste jedoch aus der damaligen Perspektive nicht als grundsätzliche Absage an das innovative Transparenz- und Corporate Governance Konzept der BOVESPA interpretiert werden. Auch der Referenzmarkt, die ADR-/GDR-Programme brasilianischer Unternehmen, entwickelte sich in der Anfangsphase des Novo Mercado schwach. In den Jahren 2001 bis 2003 gab es insgesamt nur fünf Neuemissionen im ADR/GDR-Bereich. Die anhaltende Flaute am lokalen, aber auch am internationalen Aktienmarkt war eine Folge der makroökonomischen und politischen Turbulenzen[746] sowie des jähen Endes des „New

[746] Vgl. ausführlich dazu Ziff. 3.2.5.2.; *Santana* (2008), S. 22.

Economy“ Booms. Für diese Interpretation spricht nicht zuletzt die Entwicklung, die am brasilianischen Aktienmarkt zum Ende des Jahres 2003 einsetzte. Nachdem sich die makroökonomische und politische Lage in der ersten Hälfte des Jahres 2003 stabilisiert und die Marktakteure wieder Vertrauen gefasst hatten, konnten angesehene Unternehmen aus traditionellen Sektoren (Banking und Papierindustrie) recht umfangreiche Zweitemissionen platzieren. Damit war die Aufnahmefähigkeit des Marktes erfolgreich getestet.

Schließlich nutzte die BOVESPA den beachtlichen Erfolg des Level 1, um den empirischen Beweis dafür zu erbringen, dass ihr neues Konzept tatsächlich die anvisierten Effekte bei der Aktienbewertung, dem Handelsvolumen und der Liquidität auslösen konnte. Zu diesem Zweck gab sie eine wissenschaftliche Studie bei der angesehenen Universidad de São Paulo (USP) in Auftrag, in der die Auswirkungen einer Migration in Level 1 untersucht wurden. Die Studie kam zu folgenden Ergebnissen[747] (Stand: Januar 2003):

> “Separate from the experience of German’s “Neuer Markt”, BOVESPA’s initiative of allowing the migration of publicly held companies constitutes a natural experiment for testing the effect of this commitment to best governance practices on the value of companies. In this study, we detect that voluntary migration has a positive impact on stock valuation (existence of abnormal returns), and increases the trading volume and liquidity. Finally, we may also have a reduction in the impact of macroeconomic volatility on share prices. However we should be cautions with this last result.”

3.3.3.2. Steiler Aufstieg (2004 bis 2007)

3.3.3.2.1. Rückenwind durch staatliche Regulierung

Obgleich der brasilianische Gesetzgeber sich nicht dazu entschließen konnte, dem Aktienmarkt durch eine grundlegende Reform entscheidende Impulse zu geben, unterstützte er doch wenigstens tendenziell das Projekt der BOVESPA. Im Zuge einer erneuten Änderung des Aktiengesetzes (Gesetz Nr. 10.303/2001) wurden zwei Corporate Governance Themen aufgegriffen, die eine zentrale Rolle im Regelwerk des Novo Mercado (Level 2) einnahmen. Zum einen fügte der Gesetzgeber wieder eine Tag along-Regelung in das Aktienrecht ein (Art. 254-

747 *Gledson de Carvalho* (2003), S. 10.

A Gesetz Nr. 6.404/1976 in der Fassung seit 2001), und zum anderen reduzierte er die zulässige Obergrenze für die Emission stimmrechtsloser Vorzugsaktien auf maximal 50% aller Aktien (Art. 15 § 2 Gesetz Nr. 6.404 in der Fassung seit 2001). Darüber hinaus modifizierte er die Funktionsweise der Gesellschaftsorgane sowie die Regeln zu Aktionärsverträgen in einer Weise, die auf derselben Linie liegt wie die BOVESPA-Regeln zu den neuen Marktsegmenten.[748] Insgesamt blieben die Änderungen im Gesetz Nr. 10.303/2001 – wie erwartet[749] – zwar deutlich hinter den Forderungen der BOVESPA und anderer Marktakteure zurück, aber immerhin bedeutete das betreffende Änderungsgesetz einen Schritt in die gewünschte Richtung. Parallel zur Änderung des Aktiengesetzes unterstützte der Gesetzgeber die Entwicklung des Aktienmarktes auch dadurch, dass er die CVM weiter stärkte (Dekret Nr. 3.995/2001) und in diesem Kontext Marktmanipulationen sowie Insider Trading als Verbrechen definierte.[750]

Nicht nur der Gesetzgeber, auch die Regierung unterstützte mittelbar die BOVESPA. Über den Conselho Monetário Nacional (CMN) und die Aufsichtsbehörde für die private Zusatzversorgung im Alter („Secretaria de Previdência Complementar“) wurde ein deutliches Zeichen zugunsten des Novo Mercado und des Level 2 gesetzt. Die CMN-Resolution Nr. 2.829/2001 erlaubte es Pensionsfonds, einen höheren Prozentsatz des verwalteten Vermögens in Aktien anzulegen, sofern diese Aktien entweder im Level 2 Segment oder im Novo Mercado gelistet wurden. In Bezug auf Börsengänge sah die Regelung sogar vor, dass Pensionsfonds nur investieren dürfen, wenn der Börsengang entweder im Level 2 oder im Novo Mercado erfolgt.[751]

748 *Andrezo/Lima* (2007), S. 318ff.

749 Vgl. hierzu Ziff. 3.3.2.2.

750 Vgl. *Andrezo/Lima* (2007), S. 316ff.

751 Art. 25 CMN – Resolução Nr. 2.829/01; dazu *Santana* (2008), S. 20: “Those two agencies (CMN and Secretaria de Previdência Complementar) took the decisive step of supporting the inclusion in the regulations covering pension fund asset investments of authorization for a higher ceiling on stock investments if the issuing company is listed on the Novo Mercado or Level 2. The same regulation established that pension funds could only invest in an IPO if the company were listed on the Novo Mercado or Level 2. Those pension investment provisions had no practical effect, though, since those investors had the – and still do – an exposure to equities that was well below the established limits. Even so, those rules

Zwar hatte diese Regulierung keinen direkten Effekt, da die Investitionen der Fonds in Aktien ausblieben, aber entscheidend war das Signal an den Markt: Die angesehene Institution CMN vertraute auf die Qualität des Novo Mercado.

Auch die CVM leistete einen Beitrag, um einen seriösen und zeitgemäßen Ermöglichungsrahmen für den brasilianischen Aktienmarkt zu formen. Im Jahre 2002 schuf sie eine Regelung zu Ad-hoc-Mitteilungspflichten[752] („divulgação de fato relevante"), die auf dem internationalen Stand der „Regulierungstechnik" ist und Anerkennung durch die IOSCO erfahren hat.[753] Auf das gleiche Jahr datiert eine Regelung zu öffentlichen Übernahmeangeboten.[754] Ende 2003 erließ die CVM eine Instruktion zur Registrierung und Prospekterstellung bei öffentlichen Angeboten von Wertpapieren, die dem Niveau der IOSCO-Disclosure Rules entspricht. Geregelt werden darin unter anderem moderne Bookbuilding-Verfahren und „green shoe"-Optionen.[755] Mit dieser Instruktion wurde die Vorarbeit, die die ANBID im Wege der Selbstregulierung geleistet hatte, sozusagen auf die Ebene der staatlichen Regulierung gezogen. Für die ANBID war dies Anlass, den Kodex zu überarbeiten und 2005 eine aktualisierte Fassung vorzulegen. Ebenso wichtig wie der Erlass von zeitgemäßen Regulierungen durch die CVM war die Tatsache, dass sie ab 2001 bei der Verfolgung von Regelverstößen durch Marktakteure härter durchgriff. Im März 2005 verhängte sie zum Beispiel die bis dato höchste individuelle Strafe in Höhe von ca. € 10 Mio.[756]

Schließlich setzte der Steuergesetzgeber im Februar 2006 einen wichtigen Impuls. Er schuf nämlich die CPMF-Steuer (Contribuição sobre Movimento Financeiro) insoweit ab, als der Aktienerwerb im Rahmen eines Börsengangs betroffen war.[757] Damit reduzierte der

were extremely important because they helped institutionalize and give official recognition to the existence of the Novo Mercado and both Level 1 and Level 2."

752 CVM-Instrução Nr. 358/2002.

753 Vgl. *IOSCO* (2002), S. 12.

754 CVM-Instrução 361/2002

755 *Eizirik/Gaal/Parente/de Freitas Henriques* (2008), S. 188 ff.

756 Comissão de Valores Mobiliários (CVM), Relatório Anual 2006, Rio de Janeiro 2006, S. 16; abrufbar unter http://www.cvm.gov.br.

757 Zunächst wurde die CPMF-Ausnahme durch die Medida Provisória nº 281/2006 (Februar 2006) eingeführt und wenige Monate später durch Gesetz

Gesetzgeber nicht nur die direkten Transaktionskosten für Börsengänge, sondern er beseitigte zugleich ein Hindernis, das weithin als eine der Hauptursachen für den Niedergang des brasilianischen Aktienmarktes genannt wird.[758] Die Steuer war nämlich Mitte der 1990er Jahre eingeführt worden, also exakt zu jener Zeit, als der Niedergang immer dramatischer wurde. Zeitgleich mit ihrer Abschaffung für Börsengänge brach eine wahre IPO-Welle los, die 2007 ihren Höhepunkt erreichte.

3.3.3.2.2. BRIC-Euphorie und anziehende (Welt-) Konjunktur

Fast parallel zum Start des Novo Mercado erschien im Jahre 2001 die erste BRIC-Studie von Goldman Sachs.[759] In den folgenden Jahren sprangen zahlreiche (Finanz-)Institutionen und Beratungsunternehmen auf diesen Zug auf,[760] und es entstand bei internationalen Investoren eine wahre BRIC-Euphorie. Für den Neustart des brasilianischen Aktienmarktes bedeutete das Label „BRIC“ eine willkommene Gratiswerbung, die vor allem ausländische Portfolioinvestoren auf den brasilianischen Markt aufmerksam machte. Außerdem profitierten die brasilianischen Unternehmen von der Entwicklung der Weltwirtschaft, die ab 2002 kontinuierlich wuchs und die für Brasilien so wichtigen Preise für Hard- und Soft Commodities zu immer neuen Höhen trieb.

Nr. 11.312/2006 endgültig in das Gesetz 9.311/1996 integriert (Zum Jahreswechsel 2007/2008 wurde die Steuer insgesamt abgeschafft).
Art. 8 Gesetz Nr. 9.311/1996 (in der Fassung von 2006 bis Ende 2007):
A alíquota fica reduzida a zero: (...)
X – nos lançamentos a débito em conta corrente de depósito de titularidade de residente ou domiciliado no Brasil ou no exterior para liquidação de *operações de aquisição de ações em oferta pública*, registrada na Comissão de Valores Mobiliários, realizada fora dos recintos ou sistemas de negociação de bolsa de valores, desde que a companhia emissora tenha registro para negociação das ações em bolsas de valores.

758 *Schmith* (2004), S. 124.

759 *Goldman Sachs* (2001); *Goldman Sachs* (2003); *Goldman Sachs* (2005).

760 Vgl. *Boston Consulting Group* (2006), S. 6; *Deutsche Bank Research* (March 2007), S. 6f.

Abb. 3.16.: Wachstum des BIP in % (2001–2007).

	2001	2002	2003	2004	2005	2006	2007
Welt	2,2	2,7	3,7	4,9	4,7	5,3	5,2
USA	0,3	2,5	3,1	4,4	3,5	2,9	2,2
Brasilien	1,9	1	0,1	5,1	2,4	2,8	4,5

Quelle: CIA Factbook (mehrere Jahrgänge).

Abb. 3.17.: Preisentwicklung bei Eisenerz, Sojabohnen und Orangensaftkonzentrat (2001–2007).

	2001	2002	2003	2004	2005	2006	2007
Eisenerz (fines[761]) US$ pro Tonne	28,90	28,60	31,40	37,30	64,00	76,20	83,40
Soybeans[762] US$ pro Tonne	–	201	243	322	275	259	331
Organensaft-konzentrat[763] US$ pro Pfund	0,81	0,94	0,80	0,68	0,99	1,63	1,57

Quelle: CVRD, Wall Street Journal, Food and Agriculture Organization of the United Nations (FAO), New York Board of Trade.

3.3.3.2.3. Konzertierte Öffentlichkeitsarbeit für den Novo Mercado

Schließlich hat die konzertierte Öffentlichkeitsarbeit einen wichtigen Anteil am Erfolg des Novo Mercado und der beiden anderen Listingsegmente. Zeitgleich mit der Implementierung startete die BOVESPA zusammen mit anderen Promotoren des Novo Mercado eine beispiellose Marketingkampagne für den Novo Mercado. Daran wirkten ne-

761 "Fines" sind die am meisten gehandelte Kategorie von Eisenerz.

762 Soybeans (US, No. 2 yellow, coast insurance freight Rotterdam). Alle Werte beziehen sich auf das jeweilige Erntejahr (z.B. von Oktober 2001 bis September 2002). Einzige Ausnahme ist der für 2007 angegebene Wert; dieser Wert entspricht dem Durchschnittspreis im Mai 2007.

763 New York Frozen Concentrated Orange Juice (FCOJ) Average Nearby Futures Settlement Price (Cents per pounds solids).

ben Organisationen der Marktakteure auch staatliche Institutionen mit. Zum Kreis der privaten Promotoren gehörten insbesondere das IBGC (Instituto Brasileiro de Governança Corporativa) und die ANBID (Associação Nacional dos Bancos de Investimento), die ohnehin unter den ersten waren, die sich um eine Wiederbelebung des brasilianischen Aktienmarktes und bessere Corporate Governance Praktiken bemüht hatten.[764] Was die Unterstützung von staatlicher Seite anbelangte, so engagierte sich vor allem die Entwicklungsbank (BNDES), die über Jahrzehnte die wichtigste Quelle für langfristige Unternehmensfinanzierungen gewesen war. Bald nach Eröffnung der neuen Marktsegmente begann die BNDES damit, ein Listing im Novo Mercado zur Bedingung für den Abschluss von Finanzierungsverträgen zu machen.[765] Damit wurde bei vielen Gesellschaften ein wirksamer Anreiz gesetzt, sich bei einem Börsengang für den Novo Mercado zu entscheiden.

Auf internationalem Parkett warfen das Global Corporate Governance Forum (IFC/Weltbank) und die OECD ihre internationale Reputation für das neue Konzept in die Waagschale, um es bekanntzumachen und als kreditwürdig darzustellen.[766] Beide Institutionen hatten der BOVESPA schon in der Entwurfsphase zur Seite gestanden. Die Unterstützung auf internationaler Ebene war für die BOVESPA von großer Bedeutung, weil sie angesichts der begrenzten inländischen Investorenbasis von Beginn an darauf gesetzt hatte, ausländische Portfolioinvestoren anzuziehen. Zu diesem Zweck startete sie die Initiative „BEST Brazil Excellence in Securities Transactions“, an der sich folgende Organisationen beteiligten: die beiden Börsen

764 *Santana* (2008), S. 18, 21.

765 *Santana* (2008), S. 20; vgl. auch das Interiview der Zeitung Folha de São Paulo mit dem Präsidenten der BNDES (Banco Nacional do Desenvolvimento Econômico e Social), *Eleazar de Carvalho*, veröffentlicht am 24. 3. 2002, in dem der BNDES-Präsident auf die Frage, weshalb die Bank ein bestimmtes Projekt finanziere und ein anderes "ähnliches" Projekt nicht, folgende Antwort gab: "Em primeiro lugar, quero dizer que a operação de cabo é diferente da operação de mídia. Uma empresa de cabo não produz conteúdo. Mas, de qualquer forma, o banco está aberto a qualquer tipo de proposta, desde que as empresas tenham governança corporativa, estejam enquadradas no nível 2 do novo mercado da Bovespa e tenham perspectiva de rentabilidade. O problema é que muitas propostas não se enquadram nesse perfil." Das Interview ist abrufbar bei http://www.folha.com.br.

766 *Santana* (2008), S. 20.

(BOVESPA und BM&F), die Depot-, Clearing- und Settlement-Gesellschaft (CBLC), die Zentralbank (Banco Central do Brasil), die Kapitalmarktaufsicht (CVM), die Vereinigung der (Investment-) Banken (ANBID) und das Schatzamt (Tesouro Nacional). Die Vertreter der Initiative reisen seit 2004 immer wieder in die Finanzzentren dieser Welt und veranstalten dort sogenannte Road Shows für interessierte Investoren und Intermediäre. In diesen Veranstaltungen werden der brasilianische Kapitalmarkt und vor allem das Konzept des Novo Mercado vorgestellt.[767]

3.3.3.2.4. Blick auf die Markt- und Makrodaten

Die immensen Anstrengungen der BOVESPA und ihrer vielfältigen Verbündeten sowie die günstige makroökonomische Entwicklung zeigen Wirkung. Das neue Konzept wurde zu einem durchschlagenden Erfolg, wie ein Blick auf die Marktdaten bestätigt.

Abb. 3.18.: Entwicklung des Aktienmarktes (BOVESPA) und makroökonomischer Daten.

	2001	**2002**	**2003**	**2004**	**2005**	**2006**	**2007**
Zahl der Börsengänge	0	1	0	7	9	26	64
ADR bzw. andere ausl. Emissionen	2	2	2	7	8	13	16
Marktkapitalisierung in US$	185	124	234	341	482	723	1.399
Marktkapitalisierung in % des BIP	24	25	37	48	58	70	124,6
Erlös Erst- und Zweitemissionen in R$ Mrd. (US$[770])	–	6,1 (2,6)	2,7 (0,9)	9,2 (3,4)	14,1 (6,1)	31,3 (14,4)	75,4 (39,7)

767 Vgl. http://www.bestbrazil.org.br.

768 Zahlen in US$ wurden berechnet vom Verfasser auf Basis des Wechselkurses in den jeweiligen Jahren, als Quelle für die Kurse diente *Baer* (2008), S. 410.

	2001	2002	2003	2004	2005	2006	2007
Handelsvolumen in US$	56,4	42,8	67,8	103,8	165,3	276,2	625,9
Anteil Level 1+2 und Novo Mercado am Handels-volumen (%)	14	23	25	34	46	56	66
IPCA-Inflation (%)	7,67	12,53	9,30	7,60	5,69	3,14	4,46
BIP-Zuwachs (%)	1,3	2,7	1,1	5,70	3,20	3,80	5,40
Handelsbilanzüber-schuss in US$ Mrd.	2,6	13,1	24,8	33,6	44,7	46,5	40,0
Zahlungsbilanz-überschuss in US$ Mrd.	–1,6	–5,0	8,5	2,2	4,3	30,6	87,5
Devisenreserven in US$ Mrd.	35,9	37,8	49,3	52,9	53,8	85,8	180,3

Quelle: BACEN, BOVESPA, CVM, ANBID, Federação Iboamericano de Bolsas.

Abb. 3.19.: Bras. Länderisiken gemessen am Spread des bras. C-Bond und des Global-Bond-12-Jahre in Basispunkten zu US-Treasuary-Bonds.

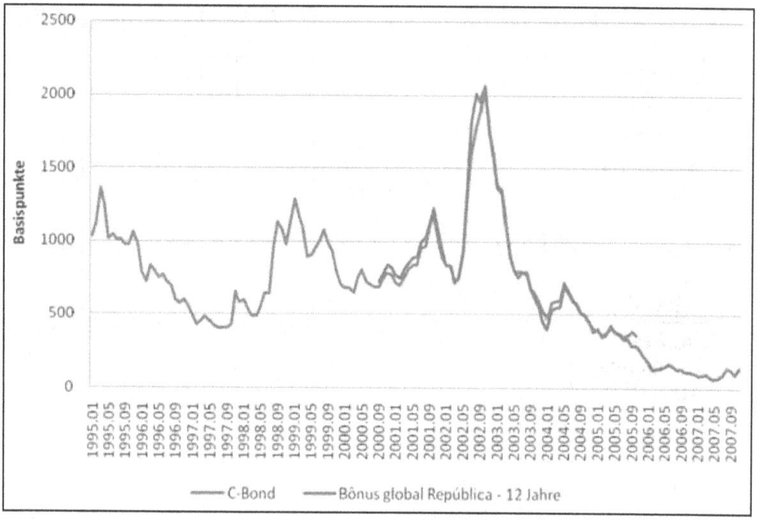

Quelle: IBGE.

Der Durchbruch kam offensichtlich im Jahr 2004, also ziemlich genau ein Jahr, nachdem die (letzte) makroökonomische Krise überwunden war und angesichts der strukturellen Änderungen (insbesondere bei den Staatsschulden[769] und der Währungs- bzw. Inflationspolitik[770]) das Vertrauen wuchs, dass die Zeiten extremer Volatilitäten in Brasilien „endgültig" der Vergangenheit angehörten. Die Erlöse aus Aktienemissionen (Erst- und Zweitemissionen) stiegen 2004 gegenüber dem Vorjahr um ca. 350% an (R$ 2,72 Mrd. in 2003 zu R$ 9,15 Mrd. in 2004). Von den sieben Börsengängen erfolgten fünf im Novo Mercado und zwei im Level 2. Unter den Börsenneulingen befand sich unter anderem Brasiliens (heute) zweitgrößte Fluglinie GOL. Ihr Börsengang war mit einem Volumen von ca. R$ 1 Mrd. der Größte des Jahres 2004. Bemerkenswert an diesem Börsengang war aber noch etwas anderes: Die ursprüngliche Eigentümerstruktur von GOL entsprach derjenigen eines typischen brasilianischen Familienunternehmens. Und dennoch entschieden sich die Eigentümer für ein Listing im Level 2 und boten den Investoren damit – entgegen der traditionellen Unternehmenskultur – ein höheres Transparenz- und Schutzniveau an, als es gesetzlich vorgeschrieben war. Noch 5–6 Jahre zuvor wäre so etwas bei den meisten brasilianischen Familiengesellschaften undenkbar gewesen.[771]

Der sich abzeichnende Trend wurde immer deutlicher sichtbar: Wer ab dem Jahre 2004 einen Börsengang an der BOVESPA durchführen wollte, hatte prinzipiell gute Erfolgschancen. Voraussetzung war jedoch, dass die Platzierung entweder im Novo Mercado oder im Level 2 erfolgte.[772] Dieser Trend wurde in den Jahren 2005 und 2006 voll und ganz bestätigt, denn es gab keinen einzigen Börsengang im traditionellen Markt oder Level 1 Segment. Allerdings waren zwei Börsengänge via Brazilian Depository Receipts (BDR) zu verzeich-

769 Vgl. Ziff. 3.2.5.2.2.

770 Vgl. Ziff. 3.2.5.1.1. und Ziff. 3.2.5.2.1.

771 Zur früher üblichen Einstellung der bras. Familienunternehmen in Bezug auf stimmberechtigte Aktien, vgl. exemplarisch *Welch* (1993), S. 18 f.: "(...) Still, current controlling interests in Latin America are likely to resist opening their capital. Even after extensive policies were adopted in the Brazilian capital markets to broaden common (voting) stock ownership in the form of fiscal incentives, firms resisted diluting control."

772 Vgl. *Santana* (2008), S. 27 f. Tabelle 1.

nen.[773] Diese Platzierungsvariante war 1996 in Analogie zum ADR-Konzept eingeführt worden.[774] Erst im absoluten Boomjahr 2007, in dem insgesamt 64 Börsengänge stattfanden, „trauten“ sich acht Gesellschaften, ihre Aktien im Level 1 Segment zu lancieren. Ein einziger Börsengang fand im traditionellen Marktsegment statt und sechs Gesellschaften optierten für ein BDR-Programm.

In den Jahren 2006/2007 überholten die drei neuen Marktsegmente zusammengerechnet den traditionellen Markt sowohl bei der Marktkapitalisierung als auch beim Handelsvolumen. Über alle Segmente hinweg erreichte die BOVESPA im Jahre 2007 eine deutliche Steigerung bei den Transaktionen, die durchschnittlich pro Tag durchgeführt wurden. Die Zahl stieg von 87.000 Transaktionen (in der Summe US$ 1,1 Mrd.) in 2006 auf 153.000 Transaktionen (in der Summe US$ 2,6 Mrd.) in 2007.

3.3.3.3. Resümee und Ausblick auf die weitere Entwicklung

3.3.3.3.1. „Bottom-up"-Reform auf konsensualer Basis

Angesichts der beeindruckenden Zahlen und der breiten Zufriedenheit unter den Marktakteuren, die in Brasilien weithin spürbar ist,[775] kann man mit Fug und Recht von einer Erfolgsgeschichte sprechen. Bemerkenswert ist dabei vor allem die Art und Weise, wie dieser

773 Mit Hilfe von BDR-Programmen können brasilianische Unternehmen sozusagen das brasilianische Aktienrecht abwählen. Typischerweise errichten die Unternehmen „off-shore“ (beliebt sind die Bermudas) eine Holding. Diese Gesellschaft emittiert dann Aktien (vorzugsweise an der Euro MTF in Luxemburg), die über BDRs in Brasilien gehandelt werden. Ein Beispiel hierfür ist der Börsengang von LAEP Investments Ltd., der 2007 auf die beschriebene Weise durchgeführt wurde. LAEP ist die Nachfolgegesellschaft von Parmalat in Brasilien.

774 CMN Resolution Nr. 2.318/1996; vgl. dazu *Andrezo/Lima* (2008), S. 248 ff.

775 Vgl. etwa die Aussage *Santanas* (2008), S. 35: "There have also been cases in which former controlling shareholders, sometimes even the same entrepreneur who built the business, have, after the IPO, sold off portions of their holdings and become minority shareholders. Some of those shareholders themselves have said that the governance rules put in place by the Novo Mercado made them sufficiently comfortable about remaining minority shareholders in the companies they founded. This new reality means new challenges for the exchange, regulators, and investors."

Prozess ablief. Im Gegensatz zu früheren institutionellen Reforminitiativen wählte die BOVESPA einen „Bottom-up“-Ansatz und schuf dabei mit ihren Verbündeten geradezu das Musterbeispiel für ein „gelebtes“ Konsensparadigma.

Mit ihrem „Bottom-up“-Ansatz betrat die BOVESPA Neuland, denn Reformen wurden in Brasilien typischerweise (auch in den 1990er Jahren) im Wege des „Top-down“-Ansatzes initiiert. Dabei entwirft der Gesetzgeber ein mehr oder weniger ambitioniertes Reformgesetz, das von einer bestimmten Interessengruppe angestoßen wurde. Diese Interessengruppe und möglicherweise auch andere Gruppen dürfen dann während der Entwurfsphase eine Stellungnahme und Vorschläge abgeben. Selbstverständlich hängt das Ausmaß der Beteiligung davon ab, über welchen politischen Einfluss die jeweilige Interessengruppe gerade verfügt. Ob sich ein Reformvorschlag, der auf diese Weise entwickelt wurde, später effektiv implementieren lässt, bleibt mangels eines breiten Konsenses häufig im Ungewissen und letztlich dem Praxistest überlassen. Abgesehen davon ist die skizzierte Verfahrensweise aber schon deshalb problematisch, weil das brasilianische Gesetzgebungsverfahren schwerfällig und sehr langsam ist.

Gerade in Brasilien hat sich wiederholt gezeigt, dass die Implementierung eines technisch gut strukturierten Reformprojektes, zumindest teilweise am organisierten Widerstand von Interessengruppen scheitern kann, die entweder gar nicht oder nur am Rande in den Reformprozess eingebunden wurden. Die Reform der brasilianischen Hafenordnung in den 1990er Jahren etwa ist in dieser Weise abgelaufen und letztlich teilweise gescheitert.[776] Der Reformprozess wurde damals von einer Unternehmervereinigung (Ação Empresarial Integrada) unter Führung von *Jorge Gerdau Johannpeter* angestoßen. Dabei wurde ein weitreichendes und technisch gut gemachtes Reformgesetz verabschiedet. Allerdings konnte das Projekt, wie in einer Studie von *Mahruk Doctor* instruktiv dargestellt wird, nicht konsequent umgesetzt werden. Aus den Umständen, die zum partiellen Scheitern dieser Reforminitiative führten, zieht *Doctor* folgende Schlüsse:[777]

776 Vgl. zu dieser Reform *Doctor* (2003).

777 *Doctor* (2003), S. 365 f.

> "Thus, pro-reform business can only hope to impact implementation with the support of the executive (government and bureaucracy) and a flexibilisation of institutions such as corporatism. In conclusion, the slow and costly reform process, weighed down by the legacy of corporatist inertia, as described above, is perhaps the least efficient approach to reform, but Brazil has yet to demonstrate political commitment and economic backing for a clean break with past institutional structures and procedures. The question of constructing a lasting consensus reappears at numerous junctures, but so far institutions and the political bargaining process have been unable to prevent the consensus from dissolving. (...) *The AEI's (Ação Empresarial Integrada) experience suggests some solutions to the dilemma facing business interested in institutional modernisation: the importance of constructing a lasting consensus within given institutions (perhaps the formation of a policy community with the relevant state actors) to ensure a closer match between policy intentions and outcomes.*"

Bei der Kapitalmarktreform ging die Initiative ebenfalls von interessierten Wirtschaftskreisen aus. Allerdings haben sich die BOVESPA und ihre Verbündeten genau so verhalten, als hätten sie den letzten Satz des Zitats gelesen und zum Leitmotiv ihres „Bottom up"-Ansatzes erhoben.[778] Anstatt beim Gesetzgeber Lobbyarbeit für eine (neue) Aktienrechtsreform zu betreiben, konzentrierten sie sich darauf, einen Lösungsweg zu finden, der: (i) gerade nicht vom parlamentarischen Gesetzgeber (Congresso Nacional) abhängig war, (ii) mit möglichst breiter Unterstützung bei den betroffenen Marktakteuren rechnen konnte, und (iii) Skeptiker nicht zu Sabotageakte herausforderte, weil ihnen ein Reformkonzept zwangsweise übergestülpt wurde.

Die Unabhängigkeit vom Gesetzgeber erreichte die BOVESPA, indem sie die Technik der Selbstregulierung verfeinerte und „aggressiver" gestaltete. Belege hierfür sind die Direktverträge, die sie von den Organmitgliedern und Mehrheitsaktionären der gelisteten Akti-

[778] Vgl. *da Cunha* (2008), S. X: "BOVESPA Chairman Alfredo Rizkallah, Gilberto Mifano, the CEO, and Maria Helena Santana, the Listings and Issuer Relations Executive Officer at BOVESPA, initiated the process that led to Novo Mercado's creation. From the initial assessment to the final model, Ms. Santana's team fostered the creation of that consensus and channelled its energy into developing new solutions. While Brazilians are accustomed to decisions coming from the top, Novo Mercado rose from the bottom. BOVESPA consulted with market participants, discussing alternatives and forging effective solutions. It was a democratic process. Without such diverse input, the Novo Mercado would probably not be as strong as it is today."

engesellschaften einforderte, sowie die konkrete Einflussnahme auf die Gestaltung der Satzungen (Schiedsklausel und Stimmrechte an Vorzugsaktionäre). Breite Unterstützung sicherten sich die BOVESPA und ihre Verbündeten nicht zuletzt dadurch, dass sie Internationale Standards als Vorlage für die Reform der Marktordnung benutzten. Auf diese Weise konnte man leicht die Unterstützung jener Organisationen gewinnen, die diese Standards entweder entwickelt hatten (wie die OECD) oder sich für ihre weltweite Verbreitung einsetzten (wie die IFC und das Global Corporate Governance Forum).

Gleichzeitig war über diesen Hebel das Wohlwollen der nationalen Kapitalmarktaufsichtsagentur (CVM) gesichert. Die CVM hatte sich nämlich bereits 1988 explizit auf die Fahnen geschrieben, Internationale Finanzmarktstandards in Brasilien zu implementieren.[779] Ihre Bemühungen, diese Vorhaben umzusetzen, stießen jedoch auf politischen Widerstand oder rieben sich in zähen Gesetzgebungsverfahren auf. Daher konnte es der CVM nur recht sein, dass die BOVESPA beziehungsweise die ANBID eine Vorreiterrolle übernahmen. Falls es diesen Akteuren im Wege der Selbstregulierung gelänge, den Praxisbeweis dafür zu liefern, dass die Einführung Internationaler Standards tatsächlich positive Effekte erzeugt und von den brasilianischen Marktakteuren akzeptiert wird, dann könnten sich – so das denkbare politische Kalkül der CVM – entsprechende Reformvorschläge beim Gesetzgeber leichter durchsetzen lassen. Und in der Tat konnte die CVM am Ende des Jahres 2007 ihr über lange Jahre verfolgtes Projekt verwirklichen, die IFRS im Aktiengesetz zu verankern. Als der Congresso Nacional die Gesetzesänderung beschloss, waren die Regeln zum Novo Mercado und Level 2 bereits sieben Jahre in Kraft und schon mehr als 100 Aktiengesellschaften hatten sich freiwillig den IFRS und US-GAAP unterworfen. Schließlich konnte die BOVESPA noch aus einem ganz profanen Grund mit dem Wohlwollen der CVM rechnen: Bei einem Untergang des lokalen Aktienmarktes, der 1999/2000 fraglos drohte, wäre es auch um die Existenzberechtigung der CVM schlecht bestellt gewesen. Folglich lag es in ihrem ureigenen Interesse, dass schnell eine Reform durchgeführt wurde.

[779] Vgl. hierzu Ziff. 3.2.3.

Was einen möglichen Widerstand und etwaige Störmanöver anbelangt, so drohte die Gefahr am ehesten von den Unternehmen, die über eine klassische brasilianische Eigentümerstruktur verfügten und im traditionellen Marktsegment gelistet waren. Die Vorgehensweise der BOVESPA ließ jedoch deren Status unberührt und stellte ihre Strukturen nicht in Frage – jedenfalls nicht direkt und kurzfristig. Das traditionelle Listingsegment blieb unangetastet, und an den Erfolg der neuen Segmente glaubten die Skeptiker sowieso nicht. Außerdem waren die Metaziele der BOVESPA-Reform, Verbesserung der Liquidität im Zweitmarkt und Senkung der Finanzierungskosten, bei allen Unternehmen und sonstigen Marktakteuren konsensfähig.[780]

Im übrigen hatten sich gerade die Blue Chips der brasilianischen Unternehmenslandschaft über ihre ADR/GDR-Programme schon an Internationale Rechnungslegungsstandards und anspruchsvollere Corporate Governance Praktiken gewöhnt. Außerdem haben – wie bereits angedeutet wurde – offenbar viele Skeptiker den Reformprozess anfänglich gar nicht ernst genommen. Sie waren wohl der Ansicht, die Dinge würden sich von selbst erledigen. Widerstand der Politik war gleichfalls nicht zu befürchten, weil das Timing insoweit gut war. Die großen Privatisierungen waren abgeschlossen, sodass die Regierung keinen Nutzen mehr davon hatte, ihre umstrittene Abschaffung der Tag along-Regelung im Aktienrecht als allgemeinen Marktstandard durchzusetzen. Das typische Desinteresse der Wählermassen (inklusive der starken brasilianischen) Gewerkschaften am Aktienmarkt sorgte politisch für ruhiges Fahrwasser.

Mit Blick auf die Zahlungsbilanz musste der Regierung das „BOVESPA"-Projekt in den Jahren 2000/2001 sogar hoch willkommen gewesen sein. Wenn es der BOVESPA nämlich durch eine Wiederbelebung des lokalen Aktienmarktes gelänge, nach dem Abschluss der Privatisierungen (unter Beteiligung ausländischer Unternehmen) einen neuen Zustrom ausländischer (Portfolio-)Investitionen zu erzeugen, würden sich die Probleme in der Zahlungsbilanz entspannen. Dieses Kalkül vor Augen überrascht es nicht, dass sich die Zentralbank (Banco Central do Brasil) und das Schatzamt (Tesouro Nacional) sogar aktiv an der Initiative „BEST Brasil" zur internationalen Vermarktung des Novo Mercado beteiligten. Tatsächlich gelang es

780 Vgl. hierzu Ziff. 2.2.2.2.4.

der BOVESPA, vor allem ausländische Investoren an den Novo Mercado zu ziehen. Bei den 27 Börsengängen, die allein von Januar 2004 bis Juni 2006 im Level 2 und Novo Mercado erfolgten, lag die Beteiligung ausländischer Investoren bei 70%. Nur zwei Gesellschaften nahmen ein Zweitlisting über ADR vor.[781]

Abgesehen davon konnte die Politik gelassen und ohne Risiken beobachten, ob sich die institutionellen Veränderungen in der Praxis bewähren würden. Sollten sie scheitern, wäre kaum ein Schaden eingetreten, denn zum einen lag der Aktienmarkt sowieso am Boden und zum anderen blieb das traditionelle Marktsegment unangetastet. Die Schuld hätte man leicht auf die BOVESPA und ihre Verbündeten schieben können. Falls die Reformen hingegen den Praxistest bestehen sollten, hätte die Regierung – so ihr mögliches Kalkül – wohl ohne großen politischen Widerstand einzelne Reformelemente in Gesetzesform gießen können (z.B.: Implementierung von IFRS). Angesichts dessen war es politisch rational, der BOVESPA und ihren Verbündeten die Aufgabe zu überlassen, vorab den (hypothetischen) Konsens aller betroffenen Kreise herzustellen. Dass die Initiatoren des Novo Mercado genau diesen Konsens als Erfolgsgeheimnis betrachten, bringt ein Zitat aus einem Artikel *Maria Helena Santanas* zur Entwicklung des brasilianischen Aktienmarktes auf den Punkt:[782]

> "How was BOVESPA able to implement that project – or any other one based on market incentives rather than regulatory decisions – under circumstances in which the market was completely "closed" to any issuance of shares in Brazil? That is why I believe it is important to mention in this article the *network of partnerships* – and concrete initiatives – involving the public and private sectors that sprung up spontaneously in Brazil around the Novo Mercado. *These partnerships can be public and private policy alternatives aimed at helping initiatives that depend on market forces to flourish – even under unfavourable market conditions or in countries where the capital market is not yet sufficiently developed.*"

3.3.3.3.2. Künftige Entwicklung bei veränderter Börsenstruktur

In den vergangenen 20 Jahren wurde die Entwicklung des brasilianischen Aktienmarktes vor allem durch den jeweiligen Zustand der

781 *Santana* (2008), S. 25 und S. 26f. Tabelle 1.
782 *Santana* (2008), S. 21.

Volkswirtschaft und die Volatilität der makroökonomischen Schlüsselfaktoren beeinflusst. Mit der nachhaltigen Stabilisierung dieser Faktoren (insbesondere Währung, Verschuldung, Inflation) sowie den glänzenden Aussichten der brasilianischen Blue Chips, namentlich aus dem Rohstoffsektor, dürfte der Einfluss von Makrodaten auf die Kapitalmarktentwicklung deutlich zurückgehen und sich OECD-Verhältnissen annähern. Denn faktisch hat Brasilien OECD-Niveau erreicht. Konsequenterweise bot OECD-Generalsekretär *Angel Gurria* im Mai 2007 Brasilien die Mitgliedschaft bei der OECD an.

Im ersten Quartal 2008 hat sich das makroökonomische Klima in Brasilien – wie in der ganzen Welt – etwas eingetrübt. Die Importe sind nicht zuletzt durch die Aufwertung des Real (speziell gegenüber dem US$) deutlich stärker angestiegen als die Exporte, was sich mittelfristig nachteilig auf die Zahlungsbilanz auswirken könnte.[783] Außerdem sah sich die Zentralbank (CNM) im April 2008 wegen der gestiegenen Inflation gezwungen, den 2005 begonnenen Zinssenkungszyklus zu beenden, und die Leitzinsen leicht anzuheben (von 11,25% auf 11,75%). Auf die Entwicklung des Kapitalmarktes, namentlich auf die Aktienkurse, hatten diese Entwicklungen keinen spürbaren Einfluss. Vielmehr profitierte der Aktienmarkt davon, dass Standard & Poors am 30. April 2008 – wie schon lange erwartet – Brasilien ein Investment Grade Rating erteilte. Der IBOVESPA erreichte sogleich sein historisches Hoch mit 67.868 Punkten, das in der Folgezeit mehrfach überboten wurde. Erst Ende 2008 schlugen die Auswirkungen der weltweiten Finanzmarktkrise auch auf Brasilien durch, jedoch nicht stärker als in vielen durchschnittlich betroffenen OECD-Ländern.

Heute wird die spezifische Entwicklung des brasilianischen Kapitalmarktes mehr durch Veränderungen der Marktmikrostrukturen bestimmt. Die Jahre 2007/2008 standen ganz im Zeichen einer Veränderung der Börsenstruktur, nämlich (i) der Demutualisierung und (ii) der Fusion von BOVESPA und BM&F.

(i) Börsengang der BOVESPA und BM&F

In der zweiten Hälfte des Jahres 2007 führten die beiden brasilianischen Börsen selbst einen Börsengang durch und sind nunmehr im

783 Vgl. "Importações têm forte alta e saldo comercial cai 66,9% no 1º trimestre, Valor Econômico vom 2. 4. 2008, A2.

Novo Mercado gelistet. Im Zuge dieses Selbstlisting (Demutualisierung) veränderte die CVM den regulatorischen Rahmen für die Selbstregulierungsaktivitäten beider Börsen. Diese Entwicklungen veranlasste insbesondere die BOVESPA zu einem Umbau ihrer Organisationsstruktur.

In der ursprünglichen Struktur war die BOVESPA als „non-profit" Gesellschaft organisiert, deren Gesellschaftsanteile sich im Eigentum der Börsenmaklerunternehmen befanden („sociedade corretora"). Die BOVESPA ihrerseits hielt einen Anteilsbesitz von 100% an der BOVESPA Serviços, die technische Dienstleistungen für die BOVESPA erbrachte. Ferner hielt sie 20% an der Companhia Brasileira de Liquidação e Custódia (CBLC), der einzigen brasilianischen Depot-, Clearing- und Settlement-Gesellschaft. Der Löwenanteil an der CBLC, also die restlichen 80%, gehörten direkt den Eigentümern der BOVESPA. Sowohl die „alte" BOVESPA als auch die CBLC waren staatlich anerkannte Selbstregulierungsinstanzen. Entsprechendes galt für die BM&F.[784]

Im ummittelbaren Vorfeld der Börsengänge von BOVESPA und BM&F erließ die CVM im Oktober 2007 eine neue Regulierung zum Börsenhandel (Instrução Nr. 461/2007). Darin wurde zunächst einmal das Selbstlisting explizit zugelassen.[785] Ferner enthält die CVM-Instruktion bestimmte Vorgaben für die Organisationsstruktur der Börsen. Mit diesen Regulierungen will die CVM möglichen Interes-

784 *Eizirik/Gaal/Parente/de Freitas Henriques* (2008), S. 196ff.

785 Vgl. Instrução Nr. 461/2007 unter der Überschrift „Auto-listagem":
Art. 58. O mercado organizado de valores mobiliários pode admitir à negociação valores mobiliários de emissão da respectiva entidade administradora.
§ 1° Na hipótese prevista no caput, o Departamento de Auto-Regulação deve atestar que a admissão à negociação dos valores mobiliários de emissão da entidade está em conformidade com os requisitos previstos nas regras gerais que estabelecer para os demais emissores, bem como monitorar continuamente esta conformidade e confirmá-la no relatório referido no art. 44, II, "a".
§ 2° O Departamento de Auto-Regulação deve fiscalizar as operações realizadas com valores mobiliários de emissão da própria entidade administradora, com atenção à observância das restrições e limites à sua negociação estabelecidos em normas estatutárias, legais e contratuais, vedada a fiscalização por amostragem.
§ 3° Caso seja verificada alguma irregularidade na admissão dos valores mobiliários de emissão da entidade, no atendimento às condições para a manutenção do registro desses valores ou nas operações realizadas com eles, o Departamento de Auto-Regulação deverá comunicar o fato à CVM imediatamente.

senkonflikten entgegenwirken, die aus den veränderten Eigentümerverhältnissen an den Börsen resultieren können. Diese Veränderung führen nämlich dazu, dass die BOVESPA in eine Doppelrolle schlüpft: einerseits als Selbstregulierungs- und Überwachungsinstanz für die gelisteten Unternehmen und anderseits als gelistetes profitmaximierendes Unternehmen, das selbst Objekt der Überwachung durch den Börsenbetreiber ist. Diesen Konflikt vor Augen, der mit jeder Demutualisierung verbunden ist, enthält die Instruktion Nr. 461/2007 relativ detailreiche Regelungen (Art. 19ff.) zur inneren Organisationsstruktur des Börsenbetreibers („entidade administradora"). Der Detailgrad ist dort am höchsten, wo es um die Selbstregulierung und das Selbstlisting geht.[786]

Das von der CVM anvisierte Organisationsmodell sieht zwar die Einrichtung einer speziellen Selbstregulierungsabteilung vor, diese ist aber als integraler Bestandteil der Gesellschaftsstruktur des Börsenbetreibers konzipiert. Der Selbstregulierungsabteilung muss ein Direktor vorstehen, dem spezifische, in der CVM-Instruktion definierte Befugnisse zustehen. Ferner muss ein Selbstregulierungsrat eingerichtet werden, der als Überwachungsorgan der Selbstregulierungsabteilung und ihres Direktors fungiert (vgl. Art. 19, 36ff. CVM-Instrução Nr. 461/2007). Das Konzept der CVM wurde in Gesprächen mit der BOVESPA und der BM&F vorbereitet, woran sich erneut die hohe Konsenskultur in der brasilianischen Kapitalmarktregulierung zeigt. Beim Entwurf der neuen Organisationsstruktur haben sich die Beteiligten insbesondere von den australischen, kanadischen und US-amerikanischen Lösungen zum Selbstlisting von Börsenbetreibern inspirieren lassen.[787] Interessanterweise fällt in die Zeit des Demutualisierungsprozesses und der Reform des Börsenrechts auch der Wechsel von *Maria Helena Santana* – der (Mit-)Erfinderin des Novo Mercado – von einer Führungsposition in der BOVESPA an die Spitze der CVM.[788]

Das skizzierte Organisationsmodell wurde von der CVM zwar normiert, aber nicht als zwingendes Modell ausgestaltet. Vielmehr sieht

786 Vgl. Capítulo IV der CVM-Instrução Nr. 461/2007.

787 *Eizirik/Gaal/Parente/de Freitas Henriques* (2008), S. 206ff.

788 Vgl. das ausführliche Interview von *Felipe Frisch* mit *Maria Helena Santana* zu ihren Zielen für die CVM zum Beginn ihres ersten Kalenderjahres an der Spitze der CVM, O Globo, 30. 12. 2007, Economia, S. 26.

die betreffende Regulierung (vgl. Art. 36 § 3 und § 4 der Instruktion Nr. 461/2007) explizit vor, dass der Börsenbetreiber eine abweichende Struktur wählen kann, sofern diese Struktur ebenso gut dazu geeignet ist, die Funktion der Überwachung und Rechtsdurchsetzung zu erfüllen, wie das von der CVM entwickelte Organisationsmodell.[789] Als Funktionsäquivalent erwähnt die CVM-Instruktion ausdrücklich ein Modell, in welchem die Selbstregulierungsaktivitäten in eine eigenständige juristische Person ausgelagert werden. Genau dieses Modell hat die BOVESPA im Zuge ihres Börsengangs und der vorausgegangenen Umstrukturierung gewählt. Die relevanten vertraglichen Dokumente, insbesondere die überarbeitete Satzung der beteiligten Gesellschaften, wurden von der CVM geprüft und als äquivalent zu ihrem Modell qualifiziert.[790]

Im Unterschied dazu hat die BM&F bei ihrem Börsengang das Modell der CVM übernommen.[791] Das Optieren der BM&F für die einfachere Lösung – Einrichtung einer speziellen Abteilung statt Gründung einer speziellen Gesellschaft – geschah möglicherweise vor dem Hintergrund, dass man Ende 2007 (Zeitpunkt des Börsengangs) bereits Fusionsgespräche mit der BOVESPA im Blick hatte, die im Februar 2008 öffentlich wurden. Das Modell der BOVESPA ist nämlich geradezu prädestiniert dafür, später die Selbstregulierungsabteilung der BM&F aufzunehmen. Und so kam es im Laufe des Jahres 2008 dann auch.

789 Art. 35 § 3 und § 4 CVM-Instrução Nr. 461/2007:
§ 3° A entidade administradora do mercado organizado pode constituir associação, sociedade controlada, ou submetida a controle comum, de propósito específico, que exerça as funções de fiscalização e supervisão de que trata este artigo, ou, ainda, contratar terceiro independente para exercer tais funções.
§ 4° Na hipótese do § 3°, a sociedade controlada ou o terceiro contratado deverão observar as restrições decorrentes do sigilo a ser preservado sobre as operações realizadas em mercado, bem como as demais normas estabelecidas para o Conselho de Auto-Regulação, o Diretor do Departamento de Auto-Regulação e o Departamento de Auto-Regulação.

790 Vgl. die Angaben zur CVM-Autorisierung für den Gesellschaftsvertrag der BSM und ihr Regulamento Processual (BSM): http://www.bovespasupervisaomercado.com.br/EstatutoRegula-mentos.asp.

791 Vgl. Emissionsprospekt der BM&F S.A. (Offering Memorandum – English version) vom 28. 11. 2007, S. 124f.

Die Organisationsstruktur der BOVESPA stellt sich nach ihrem Börsengang wie folgt dar: Die Eigentümer der „alten" BOVESPA gründeten zunächst die BOVESPA Holding S.A. als reine Holdinggesellschaft ohne eigenen Geschäftsbetrieb. Etwa vierzig Prozent der Aktien gingen beim Börsengang im Novo Mercado (Oktober 2007) unmittelbar in den sogenannten Free Float. Die übrigen etwa sechzig Prozent verblieben zunächst bei den ursprünglichen Eigentümern. Die „Lock-up"-Periode für diese Aktien endete nach sechs Monaten im April 2008 und konnte (nach der Novo Mercado Regel Ziff. 3.4) in reduziertem Umfang um nochmals sechs Monate verlängert werden.

Zur Vorbereitung des Börsengangs wurde die alte BOVESPA in zwei neue Gesellschaften gespalten: In die BVSP (Bolsa de Valores de São Paulo) und in die BSM (Bovespa Supervição de Mercados). Die BVSP übernimmt die Rolle der operativen Gesellschaft, d.h. sie betreibt den Marktplatz. Die Anteile an der BVSP werden zu 100% von der BOVESPA-Holding gehalten. Die BVSP hält ihrerseits wiederum 50% der Anteile an der BSM, die als zentrale Selbstregulierungseinheit für die Compliance und Überwachung des Marktplatzes zuständig ist. Die übrigen 50% der Anteile an der BSM befinden sich im Eigentum der CBLC (Companhia Brasileira de Liquidação e Custódia), die zu 100% der BOVESPA Holding gehört. Auf diese Weise hält die gelistete BOVESPA Holding direkt zwar keine Anteile an der BSM, sie ist aber mittelbar an ihr beteiligt. CBLC und BVSP sind gleichberechtigte Gesellschafter der BSM. Die Gesamtstruktur wird vervollständigt durch das Instituto BOVESPA. Dabei handelt es sich um ein 100-prozentiges Tochterunternehmen der BOVESPA Holding, das als „non-profit" Unternehmen für soziale und kulturelle Projekte zuständig ist.

Die Steuerungsstruktur der BSM, die ebenfalls eine „non-profit" Gesellschaft ist, stützt sich auf zwei Säulen: das „Board of Directors" und das „Supervisory Board". Zum Board of Directors gehört der Chief Supervision Officer (CSO), der die Geschäfte der BSM führt. Als erster CSO wurde *Luiz Eduardo Martins Ferreira* eingesetzt, der früher mit ähnlichen Aufgaben bei der „alten" BOVESPA betraut war. Neben dem CSO stehen zwei unabhängige Direktoren. Alle drei Direktoren werden von den Gesellschaftern der BSM für drei Jahre gewählt. Hierbei hat die BOVESPA Holding sicherlich einen „gewissen" Einfluss, denn sie hält jeweils alle Anteile an den beiden einzigen Gesellschaftern der BSM. Das Board of Directors der BSM hat die ausschließliche Zuständigkeit für: (i) die Verabschiedung der Handelsbedingungen und Regelwerke, die von der BSM erlassen werden, (ii) die Überwachung der Leistung des CSO und der leitenden Angestellten der BSM, (iii) die Ernennung der Mitglieder des Supervisory Boards (SB), das von der BSM organisiert und aufrechterhalten wird.

Das SB setzt sich aus elf Mitgliedern zusammen, von denen acht unabhängig sein müssen. Drei Mitglieder werden von den Marktteilnehmern der BVSP/CBLC und den gelisteten Unternehmen (an der BVSP) ernannt. Das SB dient als Gericht bzw. als Mediator für Streitigkeiten, die im Rahmen der Selbstregulierung entstehen. Gegen alle Entscheidungen des CSO der BSM, der BVSP und der CBLC kann vor dem SB „geklagt" werden. Daraus ergibt sich implizit, dass sowohl der Marktplatz selbst (BVSP) als auch die Clearingstelle (CBLC) in der neuen Organisationsform weiterhin als Selbstregulierungsinstanzen fungieren. Die BSM fungiert als zentrale übergeordnete Selbstregulierungsinstanz, die vor allem im Kontext des Selbstlisting zu sehen ist.

Dabei übernimmt die BSM (im Modell der BOVESPA) jene Rolle, die der Selbstregulierungsabteilung im CVM-Modell zukommt. Der CSO substituiert den Direktor der Selbstregulierungsabteilung und das Supervisory Board tritt an die Stelle des Selbstregulierungsrates (Conselho de Auto Regulação). Zu den Aufgaben der BSM gehört es, über die Einhaltung aller Regelungen zu wachen, die von der CVM, der CMN und der BOVESPA erlassen wurden, sofern sich diese Regelungen auf die Aktivitäten der Marktteilnehmer und der Agenten an der BVSP bzw. ihr Verhältnis zur CBLC beziehen. Gemäß Art. 58 CVM Instrução Nr. 461/2007 überwacht die BSM insbesondere alle Vorgänge, die mit dem Selbstlisting der BOVESPA Holding S.A. zusammenhängen. Die BSM befasst sich darüber hinaus in Gutachten mit der Frage, wie geeignet und effektiv die Regeln sind, die von der BVSP oder der CBLC zur Marktorganisation erlassen werden. Dergestalt wird die BSM künftig sicherlich eine wichtige Rolle bei der Pflege der Novo Mercado Regeln übernehmen. Daneben unterstützt die BSM den „BVSP-Ombudsman" und das BVSP-Market-Arbitration-Pannel bei deren Aktivitäten. Schließlich gehört es zu den Aufgaben der BSM, etwaige Verstöße gegen die zu überwachenden Regelwerke zu sanktionieren (Bußgelder, Suspendierung etc.[792]).

Die BSM arbeitet als autonomes Unternehmen mit eigenem Budget, Infrastruktur und speziellen Mitarbeitern. Das Budget wird generiert durch Einnahmen, die die BSM aus Gebühren für folgende Tätigkeiten erzielt: Marktüberwachung, Monitoring und Auditing sowie Verwaltung eines Entschädigungsfonds für Investoren. Dieser Fonds (Investor Compensation Mechanism) ist in der CVM-Instruktion Nr. 461/2007 (vgl. Art. 46ff.) zwingend vorgeschrieben. Der Fonds umfasste zum 31. 12. 2007 ein Nettovermögen in Höhe von R$ 140 Mio.

Im Zusammenhang mit den Aufgaben des Supervisory Board (der BSM) ist bereits angedeutet worden, dass die BVSP und die CBLC auch nach Einrichtung der BSM weiterhin als Selbstregulierungsinstanzen fungierten. Der Grund dafür ergibt sich aus der Logik des (brasilianischen) Selbstregulierungskonzepts. Dieses Konzept beruht nämlich primär auf einem Vertragsschluss (z.B. Listingvereinbarung) zwischen der Selbstregulierungsinstanz (der Börse) und den Marktakteuren. Die BSM selbst kontrahiert aber weder mit den Investoren noch mit den gelisteten Unternehmen. Als Vertragspartner für die Marktakteure treten vielmehr nur die BVSP und die CBLC auf. Daher kann eine vertraglich begründete Überwachungskompetenz (Selbstregulierung) für die BSM nur errichtet werden, indem die Verträge zwischen den gelisteten Unternehmen und der BVSP einerseits sowie zwischen diesen Unternehmen und der CBLC andererseits explizit regeln, dass der BSM bestimmte Kontrollrechte im Kontext mit den abgeschlossenen Verträgen zustehen – also eine Art „Vertrag zugunsten Dritter“: nämlich der BSM.

Zu den Investoren hat auch die BVSP kein vertragliches Band, durch das sich ein Regelwerk der Selbstregulierung implementieren ließe. Lediglich für den Fall, dass der Investor selbst ein gelistetes Unternehmen an der BVSP ist, wäre es denkbar, in der Listingvereinbarung auch zu regeln, wie sich das betreffende Unternehmen in seiner (möglichen) Rolle als Investor verhalten muss. Eine solche Regelung wäre aber nicht nur systemwidrig, sondern auch schwer durchsetzbar.

792 Vgl. Art. 50ff. Regulamento Processual (BSM).

Daher kann eine effektive Überwachung des Investorverhaltens letztlich nur durch die staatliche Regulierungsinstanz (CVM) erfolgen.

Uneingeschränkte Überwachungskompetenz hat die BSM also nur bezüglich der Händler („operador") und Börsenmaklerunternehmen („sociedade corretora"). Die Händler werden im Auftrag eines bestimmten Maklerunternehmens tätig und bedürfen nach Art. 70 CVM Instrução Nr. 461/2007 einer speziellen Zulassung zum Handel. Diese Zulassung wird vom Börsenbetreiber (BVSP) erteilt.[793] Die Börsenmaklerunternehmen müssen zusätzlich von der CVM und der Banco Central do Brasil zum Wertpapierhandel zugelassen werden.[794] Im Kontext der Zulassung zum Handel an der BVSP wird ein Vertrag geschlossen, über den eine Selbstregulierung implementiert werden kann. Dieser Vertrag kann die Kompetenz, über die Einhaltung der Selbstregulierung zu wachen, an die BSM vermitteln. Dieser Mechanismus spiegelt sich im Gesellschaftsvertrag wider, der zwischen der BVSP und der CBLC zur Gründung der BSM abgeschlossen wurde. Darin wird die Überwachungskompetenz, die der BSM in Bezug auf die Aktivitäten der BVSP und der CBLC zusteht, dezidiert geregelt.[795] Dieser Gesellschaftsvertrag wurde mit der CVM abgestimmt und am 26. 12. 2007 von ihr autorisiert.

793 Vgl. Ziff. 5.1. Regulamento de Operações da Bovespa (2005): "Operador é o profissional especialmente credenciado perante a Bovespa, que representa a Sociedade Corretora no Recinto de Negociação e/ou no Sistema Eletrônico de Negociação. Somente o Operador de Sociedade Corretora autorizada a operar no Pregão poderá realizar operações de compra e venda de Ativos, em nome e por conta da Sociedade Corretora a que estiver vinculado, nos mercados administrados pela Bovespa."

794 Vgl. Definições Regulamento de Operações da Bovespa (2005): "Instituição autorizada pelo Banco Central do Brasil e pela CVM a realizar operações em diversos mercados, dentre eles o de títulos e valores mobiliários em Bolsa de Valores ou no mercado de balcão organizado. Opera por conta própria ou por conta e ordem de seus comitentes."

795 Vgl. Art. 2 BSM-Gesellschaftsvertrag:
A BSM, em cumprimento ao disposto na regulamentação pertinente e visando à preservação de elevados padrões éticos de atuação nos mercados organizados administrados por seus Associados, pelas pessoas neles autorizadas a operar e pelos seus próprios Associados, tem por objeto social:
I – analisar, supervisionar e fiscalizar as operações e as atividades dos Participantes de Negociação (Participantes) que atuam nos mercados de bolsa e de balcão organizado administrados pela BOLSA DE VALORES DE SÃO PAULO S/A (BVSP);

Im Übrigen sieht die CVM-Instrução Nr. 461/2007 in Art. 15 II und III explizit vor, dass der Marktbetreiber (BVSP) im Wege der Selbstregulierung zumindest festlegen muss, unter welchen Bedingungen man zum Handel auf dem Marktplatz zugelassen wird und wie dieser Handel funktioniert. Diese Regeln müssen von der CVM zugelassen werden (regulierte Selbstregulierung).[796] Sobald die Zulassung erfolgt ist, muss ihre Einhaltung, ebenso wie die Beachtung der Instrução Nr. 461/2007, von den Organen der Selbstregulierung überwacht und durchgesetzt werden.[797] Nach der Regelung des Art. 2 BSM-Verfahrensregulierung (Regulamento Processual), die Art. 36

II – analisar, supervisionar e fiscalizar as atividades dos Agentes que desenvolvem atividades de compensação e liquidação de operações e/ou de custódia (Agentes) no âmbito da COMPANHIA. BRASILEIRA DE LIQUIDAÇÃO E CUSTÓDIA (CBLC);
III – analisar, supervisionar e fiscalizar o cumprimento das normas legais e regulamentares emitidas pelos órgãos reguladores e auto-reguladores a que respectivamente estejam sujeitos os Participantes e os Agentes por sua atuação na BVSP e na CBLC, bem como apontar as deficiências verificadas no cumprimento das normas legais e regulamentares e acompanhar os programas e medidas adotadas para saná-las;
IV – analisar, supervisionar e fiscalizar o cumprimento das normas legais e regulamentares emitidas pelos órgãos reguladores e pela BSM a que estejam sujeitas as áreas operacionais da BVSP e da CBLC, no que se refere às operações cursadas em seus sistemas, bem como apontar as deficiências verificadas no cumprimento das normas legais e regulamentares e acompanhar os programas e medidas adotadas para saná-las;
V – analisar, supervisionar e fiscalizar o cumprimento por parte da BVSP e da CBLC das obrigações dos emissores de títulos e valores mobiliários listados na BVSP, bem como apontar as deficiências verificadas no cumprimento das normas legais e regulamentares e acompanhar os programas e medidas adotadas para saná-las;
VI – manifestar-se sobre a adequação e eficácia das normas regulamentares editadas pela BVSP e/ou CBLC, relativas às respectivas atividades operacionais;
VII – auditar os Participantes e Agentes que, respectivamente, atuam na BVSP e na CBLC, bem como apontar as deficiências verificadas no cumprimento das normas legais e regulamentares e acompanhar os programas e medidas adotadas para saná-las (...).

796 Vgl. Art. 7 § 2 CVM-Instrução Nr. 461/2007 (O funcionamento e a extinção de segmento de negociação dependem de prévia autorização da CVM.) e Art. 15 Parágrafo único CVM-Instrução Nr. 461/2007.

797 Art. 19 § 1 CVM-Instrução Nr. 461/2007: "Os órgãos referidos no caput têm os deveres e responsabilidades estabelecidos pelo estatuto, observado o disposto nesta Instrução."

§ 1–§ 3 CVM-Instruktion Nr. 461[798] abbildet und von der CVM am 13. 12. 2007 autorisiert wurde, erstreckt sich die Selbstregulierungskompetenz der BSM auf:[799]

- die Gesellschafter der BSM, also die BVSP und die CBLC,
- die Verwaltungsratsmitglieder, den Selbstregulierungsdirektor, die Angestellten und Vertreter/Beauftragen der BSM,
- Manager, Angestellte und Vertreter der Gesellschafter (der BSM), welche die Gesellschafter im Verhältnis zur BSM vertreten,

798 Art. 36 CVM-Instrução Nr. 461/2007: O Departamento de Auto-Regulação, o Diretor do Departamento de Auto-Regulação e o Conselho de Auto-Regulação são os órgãos da entidade administradora encarregados da fiscalização e supervisão das operações cursadas nos mercados organizados de valores mobiliários que estejam sob sua responsabilidade, das pessoas autorizadas a neles operar, bem como das atividades de organização e acompanhamento de mercado desenvolvidas pela própria entidade administradora.
§ 1 O Departamento de Auto-Regulação, o Diretor do Departamento de Auto-Regulação e o Conselho de Auto-Regulação também serão encarregados de fiscalizar e supervisionar o cumprimento, por parte da entidade administradora, do acompanhamento das obrigações dos emissores de valores mobiliários, quando houver.
§ 2 Caberá ao Departamento de Auto-Regulação, ao Diretor do Departamento de Auto-Regulação e ao Conselho de Auto-Regulação, conforme previsto nesta Instrução, no estatuto social e em seus regulamentos, monitorar, de ofício ou por comunicação do Diretor Geral ou de terceiros, o cumprimento das regras de funcionamento do mercado e da entidade administradora, bem como impor as penalidades decorrentes da violação das normas que lhes incumba fiscalizar.
§ 3° A entidade administradora do mercado organizado pode constituir associação, sociedade controlada, ou submetida a controle comum, de propósito específico, que exerça as funções de fiscalização e supervisão de que trata este artigo, ou, ainda, contratar terceiro independente para exercer tais funções.

799 Art. 2 Regulamento Processual (BSM): Competirá privativamente ao Diretor de Auto-Regulação da BSM instaurar Sindicância e Inquérito Administrativo para apurar a prática de infrações às normas a cujo cumprimento a BSM está incumbida de supervisionar, fiscalizar ou auditar, cometidas pelos:
a) Associados da BSM: Bolsa de Valores de São Paulo S/A – BVSP (BVSP) e Companhia Brasileira de Liquidação e Custódia (CBLC);
b) Conselheiros, Diretor de Auto-Regulação e demais empregados e prepostos da BSM;
c) Administradores, empregados e prepostos dos Associados e quem os representa perante a BSM;
d) Participantes e Agentes que atuam ou desenvolvam atividades na BVSP ou na CBLC e respectivos administradores, empregados, representantes, operadores e prepostos.

- Teilnehmer und Agenten, die bei der BVSP und der CBLC Handel treiben oder Aktivitäten entfalten (insbesondere zugelassene Händler und Wertpapierhandelsunternehmen) sowie ihre Manager, Angestellten, Vertreter, Händler und Beauftragte.

In der Verfahrensregulierung (Regulamento Processual) der BSM spiegeln sich weite Teile des Gesellschaftsvertrages wider, der zwischen der BVSP und der CBLC zur Gründung der BSM abgeschlossen wurde.[800] Damit steht die Selbstregulierungskompetenz der BSM auf zwei Säulen: (i) direkte oder zumindest mittelbare Vertragsbeziehungen zu denjenigen, die der Selbstregulierung durch die BSM unterworfen sind, und (ii) Ermächtigung zur Selbstregulierung durch die CVM-Instrução Nr. 461/2007. Das Gesamtkonzept ist dergestalt angelegt, dass die CVM und die BSM eine intensive und ständige Beziehung unterhalten werden. In diesem Rahmen wird die BSM der CVM sowohl Daten zur Kontrolle des Marktes als auch Informationen zu wahrgenommenen Unregelmäßigkeiten übermitteln. Die Mitteilungspflicht besteht auch, wenn die BSM (beiläufig) Unregelmäßigkeiten in Bezug auf Personen entdeckt, die von ihrer Regulierungskompetenz gar nicht umfasst sind (z.B. illegales Verhalten von Investoren).

Hinter diesem Gesamtkonzept steht nicht zuletzt die künftige Strategie der CVM, keine „flächendeckende" Routineüberwachung mehr durchzuführen, sondern sich im Stile der FSA (UK) auf die Überwachung besonders risikoreicher Aktivitäten zu konzentrieren. Dieses Konzept hat die gegenwärtige CVM-Präsidentin, *Maria Helena Santana,* in einem ausführlichen Zeitungsinterview vom 30. 12. 2007 propagiert.[801] Darin kündigte sie an, dass die CVM bis zum August 2008 einen strategischen Aktionsplan für die Jahre 2009–2010 verabschieden wird, in dem besonders risikoreich erscheinende Themen adressiert werden sollen. Dazu passt auch die Tatsache, dass die

800 Vgl. exemplarisch Art. 2 Regulamento Processual (BSM) und Art. 2 BSM-Gesellschaftsvertrag, beide Dokumente sind abrufbar unter http://www.bovespa supervisaomercado.com.br.

801 *Maria Helena Santana* (CVM-Präsidentin) in: O Globo, 30. 12. 2007, Economia, S. 26: "Vamos fechar até agosto nosso primeiro plano bienal de supervisão baseada em risco, com validade 2009–2010. Será um mapa indentificando os principais temas, participantes e atividades que concentram o risco e demandam nossa atenção do ponto de vista do potencial de dano. Ao divulgar isso, muitos agentes já vão se mover."

CVM derzeit mit der ANBID darüber verhandelt, den Prozess der Registrierung von Wertpapierprospekten auszulagern. An dieser Stelle besteht Spielraum für die Optimierung der Regulierung, denn derzeit werden in Brasilien Emissionsprospekte gleich dreifach geprüft: von der CVM, von der BVSP und von der ANBID.[802]

Der von der CVM anvisierte risikobasierte Ansatz liegt im Trend der Zeit, wie die weltweite Anziehungskraft des FSA-Modells zeigt.[803] Auch die deutsche BaFin bewegt sich in diese Richtung.[804] Im Falle der CVM dürfte der Übergang zum risikobasierten Ansatz nicht zuletzt eine Reaktion auf Personalknappheit sein. Laut Aussage der CVM-Präsidentin (in dem besagten Interview), sollen ab dem Jahre 2008 zwar ca. 120 neue Beamtenstellen („funcionários") bei der CVM geschaffen werden,[805] bislang waren es aber nur ca. 500 Stellen (darunter etwa 20% befristet).[806] Im Vergleich dazu beschäftigt die deutsche Kapitalmarktaufsichtsbehörde (BaFin) derzeit ca. 1600 Mitarbeiter, wobei die BaFin allerdings (zusammen mit der Deutschen Bundesbank) auch für die Banken- und Versicherungsaufsicht zuständig ist. Bedenkt man, dass die CVM unter anderem für die Kontrolle der fünftgrößten – und nach der Fusion von BM&F und BOVESPA drittgrößten – Börse der Welt zuständig ist, dann erscheint die Personaldecke recht knapp, zumal die Akteure des brasilianischen Kapitalmarktes weiterhin auf Wachstum setzen (z.B. Listing von Gesellschaften aus den Nachbarländern via Brazilian Depository Receipts).

(ii) Fusion der BOVESPA und der BM&F

Am 8. Mai 2008 haben die beiden brasilianischen Börsen BM&F und BOVESPA jeweils eine außerordentliche Hauptversammlung abgehalten, in der die Aktionäre beider Gesellschaften einem Fusionskonzept des Managements zugestimmt haben. Bereits am 18. April

802 Vgl. hierzu Ziff. 3.3.1.3. und Ziff. 3.3.2.3.1.

803 Vgl. für Brasilien exemplarisch *Yazbek* (2007a), S. 196; zum Regulierungsmodell selbst, vgl. *Bazley* (2008), S. 432 ff.

804 Vg. BaFin, Jahresbericht 2006, S. 65 f. (abrufbar unter http://www.bafin.org).

805 *Maria Helena Santana* (CVM-Präsidentin) in: O Globo, 30. 12. 2007, Economia, S. 26.

806 CVM Relatório Annual 2005, S. 4.

2008 hatten beide Gesellschaften eine gemeinsame Ad-hoc-Mitteilung („fato relevante“) veröffentlicht, in der die Grundstruktur ihres Fusionskonzepts niedergelegt ist.[807]

Das Fusionskonzept sieht einen sogenannten „Triangle Merger“ vor, wobei an der Spitze die neu gegründete Novo Bolsa S.A. steht. Was die finanziellen Konditionen anbelangt, so war für die Aktionäre der BMF ein Umtauschverhältnis von eins-zu-eins für jede Stammaktie vorgesehen (1.010.785.800 Aktien). Die Aktionäre der BOVESPA Holding erhielten für jede Stammaktie im Austausch 1,4 Stammaktien der Nova Bolsa S.A. (insgesamt 1.030.012.191 Aktien) und zusätzlich für jeweils 10 Stammaktien an der BOVESPA Holding S.A. eine Vorzugsaktie an der Nova Bolsa S.A. (insgesamt 72.288.840 Aktien). Die Vorzugsaktien („ações preferenciais resgatável“) waren rückkaufbar für einen Preis von R$ 17,9 pro Aktie. Der Rückkauf der Aktien und ihre Einziehung („cancelamento“) erfolgten unmittelbar nach ihrer Ausgabe. Der Kaufpreis für die Vorzugsaktien von insgesamt ca. R$ 1,2 Mrd. wurde von der BM&F bezahlt. Nach Abschluss des Aktientausches und des Rückkaufs hatte die Nova Bolsa S.A. ein Stammkapital von R$ 2,537 Mrd., das in 2.040.797.995 Aktien geteilt war. Dabei handelt es sich ausschließlich um Stammaktien („ações ordinárias“). Das Fehlen stimmrechtsloser Vorzugsaktien ist unabdingbare Voraussetzung, dafür, dass die Börsen auch nach ihrer Fusion das Selbstlistung im Novo Mercado aufrechterhalten können.

Mit Integration der Aktien beider Gesellschaften (BOVESPA Holding und BM&F) verwandelten sich die ursprünglich eigenständigen Börsen in 100-prozentige Tochtergesellschaften der Nova Bolsa S.A. Sodann wurden Gesellschaftszweck und Name in der Satzung der Nova Bolsa S.A. geändert. Der gemeinsame Name lautet nunmehr: BM&F BOVESPA S.A. (Bolsa de Valores, Mercadorias e Futuros). Der Gesellschaftszweck ist in der Satzung dergestalt definiert, dass er die Gesellschaftszwecke der beiden Börsen vereinigt.[808] Was die Organisation der Selbstregulierung anbelangt, so regelt Art. 76 des

807 Veröffentlicht in Valor Econômico vom 18. 4. 2008, S. C5; die Pflicht zur Veröffentlichung der Ad-hoc-Mitteilung beruht auf den CVM-Instruktionen Nr. 358/2002 und Nr. 319/1999.

808 Vgl. “Fato Relevante” mitgeteilt von BOVESPA und BM&F in Valor Econômico vom 18. 4. 2008, S. C5.

Gesellschaftsvertrages – wie zu erwarten war[809] –, dass die BM&F sich dem neuen Selbstregulierungsmodell der BOVESPA anschließen wird.[810] Konkret bedeutet dies, dass die BSM nunmehr auch für das Geschäftsfeld der BM&F zuständig ist.[811] Daraus könnten Synergieeffekte entstehen. Insgesamt rechnet das Management beider Börsen mit einer Kostenreduktion von 25% als Folge der Fusion; dies wären ca. R$ 100 Mio. pro Jahr. Die Transaktionskosten für die Fusion belaufen sich auf etwa R$ 50 Mio. (inklusive Beraterkosten).[812]

Als Folge der Börsenfusion entsteht nicht nur ein faktisches Monopol. Vielmehr wird sich das schon vorhandene natürliche Monopol noch verstärken, denn mit der Fusion sind die Marktzutrittsschranken (in Gestalt der Errichtungskosten für eine konkurrierende Börse) noch höher geworden, als sie es vor der Fusion schon waren. Angesichts dessen ist es nunmehr umso wichtiger, dass die Kapitalverkehrsfreiheit über die Landesgrenzen hinweg möglichst großzügig gestaltet wird. Einen wichtigen Schritt in diese Richtung hat die Zentralbank (CMN) bereits im September 2006 getan, als sie eine Regelung aufhob, die bis dato brasilianische Residents (natürliche Personen mit Wohnsitz in Brasilien und juristische Personen mit Sitz oder Hauptverwaltung in Brasilien) daran gehindert hatte, in Wertpapiere zu investieren, die ausschließlich an internationalen Märkten gehan-

809 Vgl. hierzu Ziff. 3.3.3.3.2. (i).

810 Artikel 76. des Gesellschaftsvertrages (abrufbar unter http://www.bmfbovespa.com.br) der neuen Börse BM&F BOVESPA S. A. lautet:
The control and supervision (i) of the transactions carried out in the Markets under the surveillance of the Company and its controlled companies, (ii) actions of the holders of Access Authorizations; and (iii) the activities of organization and surveillance of the market by the Company and its controlled companies shall be performed by a Company's controlled company with this specific corporate purposes, without prejudice to the responsibilities of the Chief Executive Officer established in the law in effect.

811 Vgl. Valor Econômico vom 18. 4. 2008, C5 ("Fato Relevante" Ziff.: 9.13.): "Com a integração, a BM&F BOVESPA S/A, como sucessora da atividade operacional BM&F, adotará o mesmo modelo de auto-regulação hoje seguido pela Bovespa Holding, qual seja, a concentração dessa atividade auto-reguladora, no tocante às atividades da Bolsa de Valores de São Paulo e da BM&F, na atual BSM – Supervisão de Mercados, que passará a denominar-se Bolsas – Supervisão de Mercado."

812 Vgl. Valor Econômico vom 18. 4. 2008, C12.

delt werden.[813] Auch für die Unternehmen muss die Tür zu internationalen Märkten weit offen gehalten werden, um ein Gegengewicht zum lokalen Monopol zu schaffen. Die Möglichkeit, in ADR/GDR- oder BDR-Programme auszuweichen, darf also nicht eingeschränkt werden. Dass die Globalisierung im brasilianischen Kapitalmarkt schon lange keine Einbahnstraße mehr ist, belegen folgende Zahlen: Innerhalb von nur fünf Jahren (2001–2006) stiegen die Auslandsinvestitionen von Brasilianern (natürliche und juristische Personen) um 121% an. Im Jahre 2007 betrug die Gesamtsumme der Auslandsinvestitionen US$ 152 Mrd., wovon US$ 122 Mrd. auf den Unternehmenssektor entfielen.[814]

3.4. Rückschlüsse für die Kapitalmarktregulierung

3.4.1. Regulierungsstrategie in heranreifenden Märkten

Angesichts der beeindruckenden Entwicklung, die der brasilianische Kapitalmarkt in den vergangenen sieben Jahren (2001 bis Mitte 2008[815]) genommen hat, drängt sich natürlich die Frage auf, welche Lehren man daraus im Lichte der entwickelten Regulierungstheorie ziehen kann.[816] Dabei ist zwischen Rückschlüssen auf die Regulierungsstrategie in heranreifenden Märkten einerseits und Rückschlüssen auf die Regulierungsstrategie in reifen Märkten andererseits zu unterscheiden, wobei sich manche Schlussfolgerungen auch überschneiden. Beginnen wir mit den Besonderheiten heranreifender Märkte und erörtern die Schnittmenge im Kontext der reifen Märkte.

Was die heranreifenden Märkte anbelangt, so erscheint eine Erkenntnis von zentraler Bedeutung: Solange die makroökonomischen Schlüsselgrößen (insbesondere Inflation, Geldwertstabilität, Zahlungsbilanz und Staatsverschuldung) nicht zumindest einigermaßen unter Kontrol-

813 Vgl. Journal of International Banking Law and Regulation 2007, Issue 2, News Section, N-25.

814 Vgl. "Globalização – Capital brasileiro no exterior cresce 121% em 5 anos, O Globo" vom 5. 1. 2008, S. B4.

815 Dies ist der Zeitpunkt, in dem dieses Buch abgeschlossen wurde.

816 Vgl. hierzu Ziff. 2.4. und Ziff. 2.3.2.

le sind, vermag auch eine noch so intelligente und Internationalen Standards entsprechende Kapitalmarktordnung keinen entscheidenden Impuls zu setzen. Die Entwicklung des Novo Mercado von Ende 2000 bis Anfang 2004 spricht Bände hierzu. Für die Wirtschafts- und Finanzpolitik folgt daraus: Zunächst besteht ein absoluter Vorrang für Reformprojekte, die strukturelle Veränderungen herbeiführen, aufgrund derer sich die makroökonomischen Schlüsselgrößen nachhaltig stabilisieren lassen. Die Kapitalmarktakteure sollten sich darauf einstellen, dass Regierung und Gesetzgeber tatsächlich diesen Schwerpunkt setzen und sich einstweilen nicht um den Kapitalmarkt kümmern werden. Denn in der angegebenen Zielhierarchie spiegelt sich das Anreizsystem der Politiker wider. Das Gros der Bevölkerung lässt sich durch den entschlossen wirkenden Kampf gegen oszillierende Inflationsraten und fehlende Geldwertstabilität weit mehr beeindrucken als durch das Bemühen um eine höhere Marktkapitalisierung, größere Liquidität oder bessere Informationseffizienz des Aktienmarktes. Befindet sich der Staat nicht nur in einer schweren makroökonomischen Krise, sondern darüber hinaus in einer Phase der Privatisierung, dann wird die Hemmschwelle – selbst bei relativ liberalen Politikern – niedrig sein, zeitweise sogar das erreichte Schutzniveau für Investoren abzusenken oder andere kurzfristig nützlich erscheinende Eingriffe in bestehende Corporate Governance Standards durchzuführen. Der Eingriff, den die Regierung Cardoso 1997 im Aktienrecht vorgenommen hat, um Versorgungsunternehmen (namentlich Telebrás) zu privatisieren, ist ein Lehrstück hierzu.

Kapitalmarktakteure können sich also zumindest während eines gesamtwirtschaftlichen Transformationsprozesses nicht darauf verlassen, dass die Politik schnell und beherzt eingreifen wird, um bessere Rahmenbedingungen für den Kapitalmarkt zu setzen. Allenfalls können sie mit der Unterstützung durch eine weitgehend selbständige Verwaltungseinheit wie die CVM rechnen, deren Überleben und Bedeutung davon abhängt, dass der lokale Kapitalmarkt fortbesteht und wächst. Fehlt es an einem schnellen und beherzten Eingriff der Politik, dann ist dieses Manko im Bereich der Kapitalmärkte mit einem völligen Versagen gleichzusetzen. Denn der Zeitfaktor ist hier von essentieller Bedeutung. In keinem Bereich ist die Globalisierung so weit vorangeschritten wie in den Kapitalmärkten. Deshalb muss beim drohenden Niedergang eines Marktplatzes schnell gehandelt werden. Gerade Wertpapierbörsen weisen weltweit immer deutlicher jene Eigenschaften auf, die natürliche Monopole kennzeichnen. Die logische Konsequenz hiervon ist, dass die Chancen sehr gering sind, einen Markt zurückzugewinnen, wenn er erst einmal (vollständig) verloren ist. Der BOVESPA und ihren Mitstreitern waren diese Zusammenhänge mit Blick auf die rasante Entwicklung der ADR/GDR-Programme brasilianischer Unternehmen bewusst. Daher beschlossen sie in modellhafter Weise, das Schicksal der BOVESPA und ihr eigenes berufliches Schicksal vom politischen Reformprozess unabhängig zu machen. Dieser auf den ersten Blick erstaunliche Entschluss spiegelt das Verhältnis vieler Brasilianer zur Politik wider: Sie misstrauen nahezu allen Politikern zutiefst, aber anders als zum Beispiel viele Argentinier, die dasselbe Misstrauen hegen, neigen sie nicht dazu, alle Verantwortung auf die Regierung zu projizieren. Eigeninitiative und Selbstregulierung lauten also die ersten beiden Lehren, die sich aus der brasilianischen Entwicklung für die Kapitalmarktregulierung in heranreifenden Märkten ziehen lassen.

Die nächste Schlussfolgerung betrifft die Übernahme Internationaler Standards. Die Verflechtung der internationalen Finanzmärkte ist so weit vorangeschritten, dass es sich lokale Märkte nicht leisten können auszuscheren. Vielmehr steht und fällt ihre Kreditwürdigkeit damit, dass sie Internationale Standards möglichst eins-zu-eins implementieren. Etwas anderes mag für Kapitalmärkte kleinerer Staaten mit unbedeutender Realwirtschaft gelten, die sich als off-shore Finanzplätze etablieren wollen. Indem sie Internationale Standards übernehmen, können heranreifende Märkte nicht nur ihre Kreditwürdigkeit steigern, sondern zugleich die formalisierten Bedingungen institutioneller Investoren erfüllen. Darüber hinaus ist es ihnen auf diese Weise möglich, die Unterstützung renommierter Internationaler Organisationen zu gewinnen. Die Kooperation der BOVESPA mit der OECD und der IFC (Weltbank) hatte sowohl während der Entwurfs- als auch während der Marketingphase des Novo Mercado eine Schlüsselfunktion für den Erfolg des institutionellen Arrangements. Dieses Zusammenspiel kann als Vorbild für andere Reformprozesse in heranreifenden Märkten dienen.

Betrachtet man das Projekt, Internationale Standards in einer Volkswirtschaft zu etablieren, aus der Perspektive einer Regierung, die dieses Projekt grundsätzlich befürwortet, so erscheint es mit Blick auf Regulierungskosten und Konsensbildung sinnvoll, zunächst den Erfolg einer entsprechenden Initiative reformwilliger Marktakteure abzuwarten. Gelingt es durch einen Praxistest, skeptische Marktteilnehmer vom Nutzen eines Internationalen Standards für den lokalen Markt zu überzeugen, dann dürfte auch politisch der Weg für eine gesetzliche Implementierung geebnet sein. Diese Vorgehensweise setzt allerdings voraus, dass sich die Betroffenen darauf verständigen können, wann der Praxistest bestanden ist. Im Falle des Novo Mercado lag ein (hypothetischer) Konsens zwischen Emittenten, Investoren, Intermediären, Marktbetreibern (BOVESPA) und der CVM darüber vor, dass dieser Test bestanden sein soll, wenn es gelänge, die Marktliquidität zu steigern und die Finanzierungskosten zu senken. Zumindest das erste Ziel wurde in messbarer Weise erreicht.[817]

Was die Art und Weise der Umsetzung eines Internationalen Standards anbelangt, so sprechen Regulierungskosten und Reputationseffekte grundsätzlich für eine wortgetreue Übernahme. Diese „eins-zu-eins"-Strategie bei der Implementierung passt im Bereich der Transparenzstandards perfekt. Dagegen ist sie in Bezug auf Corporate Governance Praktiken einzuschränken, sofern das Aktienrecht bzw. die aktienrechtliche Praxis eines Landes betroffen sind. Insoweit sind Anpassungen an den lokalen Markt unvermeidlich, andernfalls wären die Präferenzkosten für die betroffenen Akteure zu hoch, und es wäre folglich wohl kaum möglich, einen Konsens unter den Betroffenen herzustellen. Mit Blick auf skeptische Marktakteure kann die flächendeckende Übernahme eines Internationalen Standards nur mittelfristig konsensfähig gemacht werden. Will man keinen organisierten Widerstand dieser Gruppe provozieren und damit den Reformkonsens insgesamt riskieren, muss eine Lösung angeboten werden, die es den Skeptikern erlaubt, im Status quo zu verharren. Die BOVESPA hat diese wichtige Regel zur Konsensbildung beachtet, indem sie ein abgestuftes, optional ausgestaltetes Corporate Governance System lanciert hat (traditioneller Markt, Level 1, Level 2 und Novo Mercado).

Mit Blick auf die Regulierungspolitik in heranreifenden Märkten lässt sich zusammenfassend feststellen: Der Staat wird sich speziell während eines gesamtwirtschaftlichen Transformationsprozesses und einer makroökonomischen Krise kaum darum kümmern, die Funk-

817 Vgl. *de Carvalho* (2003); *Santana* (2008), S. 34.

tionsweise des Kapitalmarktes zu verbessern. Vielmehr wird er dieses Feld weitgehend den Marktakteuren überlassen. In Zeiten extremer Volatilität der makroökonomischen Schlüsselgrößen ist nicht damit zu rechnen, dass Veränderungen der Marktmikrostrukturen signifikante Wohlfahrtseffekte bringen. Daher macht es volkswirtschaftlich Sinn, die knappen Ressourcen und den begrenzten politischen Handlungsspielraum dafür zu nutzen, solche Reformprojekte durchzuführen (auch unter vorübergehender Beschädigung des Kapitalmarktes), die sich mittelfristig sowohl auf den Kapitalmarkt als auch auf die Produkt- und Dienstleistungsmärkte positiv auswirken. Hält man in heranreifenden Ökonomien Ausschau nach Reformprojekten, die eine derart breite Wirkung entfalten können, so fällt der Blick nicht nur in Brasilien auf die Reduktion makroökonomischer Volatilität und ein effektives Justizsystem.

Ersteres hat Brasilien geleistet; Letzteres liegt noch im Argen. Dabei besteht das Problem des Justizsystems nicht in fehlender Integrität und fachlichen Qualität der Richter und Staatsanwälte, die vielmehr außerordentlich gut ist. Das Defizit liegt vielmehr in der unfassbaren Langsamkeit der Justiz. Eine der Hauptursachen dafür sind die Schwächen der Zivilprozessordnung, die den Parteien die Möglichkeit eröffnet, das Verfahren durch vielfältige Rechtsmittel und Einsprüche immer wieder hinauszuzögern. Zwar wurde der Código de Processo Civil allein seit 2005 bereits acht Mal „modernisiert“, aber das Verfahrensrecht erscheint noch immer wenig effizient. Derzeit wird ein neues Reformpaket bestehend aus 12 Einzelprojekten diskutiert (darunter auch eine Konzentration der Einspruchsmöglichkeiten).[818] Aber derartige Reformpakete brauchen in der brasilianischen Gesetzgebung erfahrungsgemäß sehr lange (zum Beispiel jeweils ca. 10 Jahre bei der Insolvenz- und Bilanzrechtsreform). Selbstregulierung, namentlich Schiedsverfahren, können die staatlichen Gerichte aber nur partiell ersetzen (z.B. bei Streit um Vertragsauslegung und -anpassung). Sobald es um deliktsrechtliche oder gar strafrechtliche Angriffe auf die Marktordnung geht, stoßen Schiedsgerichte an Gren-

818 *Teixeira*, Pacote de 12 projetos conclui reforma infraconstitucional – Desde 2005 oito novas leis já alteraram o Código de Processo Civil, Valor Econômico vom 18. März 2008, E1 (Teilprojekt: acaba com o embargo de divergência, transformando-o em um pedido de correção que pode ser apresentado uma única vez).

zen, weil ihnen schon das notwendige Ermittlungsinstrumentarium fehlt. Daher überrascht es nicht, dass selbst die aktivsten Protagonisten des Novo Mercado offenbar noch erhebliche Zweifel daran haben, ob das Marktschiedsverfahren für Level 2 und Novo Mercado wirklich in der Lage sein wird, den Investoren einen effektiven Rechtschutz zu bieten.[819]

3.4.2. Lektionen für reife Märkte

Damit kommen wir abschließend zu der Frage, welche Rückschlüsse sich aus dem brasilianischen Weg für die Kapitalmarktregulierung in reifen Märkten ziehen lassen. Die wichtigste Lektion, nicht zuletzt im Lichte der entwickelten Regulierungstheorie, lautet: Die Erhöhung der Marktliquidität kann tatsächlich ein Qualitätsmaßstab für den Kapitalmarkt darstellen, der unter allen Kapitalmarktakteuren konsensfähig ist. Damit erweisen sich zugleich die Verbesserung der Informationseffizienz und die Senkung der (impliziten) Transaktionskosten als konsensfähig, denn die Erhöhung der Marktliquidität ist ein Maßstab, der genau diese beiden Veränderungen anzeigt.

Die zweite Lektion betrifft die Art und Weise, wie sich ein Reformkonsens herstellen lässt. Hier gleichen sich die Situationen in reifen und heranreifenden Märkten. Der Erfolg einer institutionellen Veränderung kann entscheidend gefördert werden, indem die Initiatoren des Reformprozesses den tatsächlichen Konsens möglichst vieler Marktteilnehmer suchen und es zugleich skeptischen Beteiligten ermöglichen, im status quo zu verharren. Daraus lässt sich eine einfache Regel für den institutionellen Wandel ableiten: Wer für eine institutionelle Reform eintritt und behauptet, dass sie den betreffenden Markt unter sonst gleichen Bedingungen effizienter gestaltet, der trägt die Beweislast dafür. Er muss den empirischen Beweis für seine Behauptung führen, um dadurch den (hypothetischen) Konsens aller

819 Siehe *da Cunha* (2008), S. XII: "Many reforms still need to stand the test of time. One of these is the Arbitration Chamber. That forum's lack of cases and, hence, decisions has been seen as an obstacle to growth in Brazil's capital market. True, the lack of cases tried by the chamber reduces fears of bad-faith litigation, given its lower-cost adjudication. But this body needs to build a reputation, which will only come over time through use by investors."

Betroffenen zu bewirken. Der Beweis kann durch einen Praxistest auf freiwilliger Basis geführt werden.

Selbstregulierung sollte nicht nur als „zweitbeste“ Lösung betrachtet werden, die dort weiter hilft, wo die staatliche Regulierung aufgrund politischer Blockadesituationen versagt. Vielmehr kann sie sich im Suchprozess nach der besseren Marktstruktur bzw. Regulierung sogar als die beste Regulierungsstrategie erweisen. Letzteres trifft für Regelwerke zum Handel mit technisch anspruchsvollen (Finanz-)Produkten zu, die von den Marktakteuren und dem Marktplatzbetreiber besser verstanden werden als von irgendjemandem sonst. Außerdem ist speziell bei Kapitalmärkten der Anreiz der Akteure, sich maximal für den Entwurf einer immer besser werdenden Marktordnung einzusetzen, ungleich größer als für Regierungen. Politiker versprechen sich allenfalls auf dem Höhepunkt von Finanzmarktkrisen einen Zuwachs an Wählerstimmen, wenn sie sich um Fragen der Kapitalmarktregulierung kümmern. Bestes Beispiel hierfür ist der weltweite politische Aktionismus im Kontext der Subprime- bzw. Finanzmarktkrise.

Ferner bestätigt die brasilianische Regulierungsstrategie die These, dass die Selbstregulierung dort an Grenzen stößt, wo es um die Bekämpfung gezielter Falschinformationen, Kursmanipulationen und um aggressive Formen des Insider Trading geht. Zwar versucht auch die BOVESPA, in ihren Listingvereinbarungen und mit Verpflichtungserklärungen für Manager und Verwaltungsratsmitglieder hier einen Riegel vorzuschieben. Dennoch ist den Beteiligten klar, dass im Falle des Marktmissbrauchs die staatlichen Gerichte und das Gewaltmonopol des Staates gefordert sind,[820] um effektiv ermitteln und sanktionieren zu können. Konsequenterweise hat der brasilianische Gesetzgeber im Jahre 2001 qualifizierte Formen des Marktmissbrauchs als Verbrechen definiert (Art. 27-D Gesetz 6.385/1976). Ganz auf dieser Linie liegen die Vorschläge des (damaligen) CVM-Präsidenten *Marcelo Trindade*, die Zusammenarbeit zwischen der

820 Vgl. *da Cunha* (2008), S. XII: "The CVM's new powers have yet to be tested. Jailing the first person for insider trading, which has been elevated from a felony to a crime, will be an important development. In order for that to happen, though, CVM may need access to trading data currently protected by bank secrecy laws."

CVM und dem Ministério Público Federal (Staatsanwaltschaft) zu verbessern, um entschiedener und schneller gegen Fälle des Marktmissbrauchs und Betrugs einschreiten zu können.[821]

Das Ministério Público Federal (MPF) und die entsprechenden Institutionen auf Länderebene sind vielleicht die am höchsten angesehenen und am besten ausgestatteten Institutionen des brasilianischen Staates. Das MPF ist nicht nur eine Staatsanwaltschaft im klassischen Sinne, sondern kann unter bestimmten Voraussetzungen auch in Zivilverfahren intervenieren. Anders als die Leitung der CVM hat die Behördenspitze des MPF, der Procurador-Geral da República, sogar ein verfassungsrechtlich garantiertes Initiativrecht im Gesetzgebungsverfahren (Art. 61 Verfassung-1988). Vor allem bei der Bekämpfung aggressiver Formen des Insider Trading[822] arbeiten die CVM und das MPF zusammen.[823] Ein gutes Bespiel für die Wachsamkeit und Reaktionsschnelligkeit des MPF ist die „Affäre" um den Generaldirektor der Agência National do Petróleo (ANP) *Haroldo Lima*. Dieser hatte im April 2008 während des IV. Seminars zu Öl und Gas in Rio de Janeiro eher beiläufig einen Ölfund riesigen Ausmaßes bekannt gemacht, der zuvor von Petrobras (Hauptaktionär des Explorationskonsortiums) weder veröffentlicht noch bestätigt worden war. Angeblich – so *Lima* – lagern vor der Küste an der Grenze zwischen den Bundesstaaten Rio de Janeiro und São Paulo 33 Mrd. Barrel Öl. Damit würde es sich um die drittgrößte Reserve der Welt und den größten Fund seit 30 Jahren handeln. Natürlich stieg der Aktienkurs von Petrobras nach dieser „Indiskretion" deutlich. Das Ministerio Publico Federal (MPF) in Rio de Janeiro eröffnete wenige Tage später die Ermittlung, um vor allem das Vorliegen einer Marktmanipulation zu prüfen.[824] Das MPF kann in einem solchen Fall nicht nur

821 Vgl. Valor Econômico vom 27./28./29. April 2007, S. 6 und 7 des "Caderno Especial" sowie *Soares de Camargo* (2007), S. 117 f.

822 Das brasilianische Insiderrecht folgt dem US-Modell, d. h.: Lege offen oder tätige keine Geschäfte mit Wertpapieren des Unternehmens. Es gibt drei Ebenen, auf denen Insiderrecht kumulativ sanktioniert wird: Zivil-, Straf- und Verwaltungsrecht; vgl. die knappe und gute Zusammenfassung bei *Eizirik* (2008); ausführlich *Eizirik/Gaal/Parente/de Freitas Henriques* (2008), S. 523 ff.; *Yazek* (2007 b), S. 107 ff.

823 *Soares de Camargo* (2007), S. 118; *Eizirik/Gaal/Parente/de Freitas Henriques* (2008), S. 263 ff.

824 Vgl. *Rosa* (2008).

Strafanklage erheben, sondern es hat auch die Möglichkeit, eine Zivilklage zum Schutz der Wirtschaftsordnung und der geschädigten Aktionäre zu erheben; das Urteil entfaltet in gewissem Umfang präjudizielle Wirkung.[825]

Zu guter Letzt lehrt der Vergleich zwischen dem erfolgreichen brasilianischen Novo Mercado und seinem institutionellen „Vorbild", dem jämmerlich gescheiterten deutschen Neuen Markt, dass es letztlich auf Vielfalt und korrekte Bewertung der gelisteten Unternehmen ankommt. Ein Marktplatz, der sich auf einige oder wenige Branchen konzentriert, erzeugt ein hohes systemisches Risiko. Erweist sich die Bewertung eines oder mehrerer Unternehmen der betreffenden Branche(n) als grundlegend falsch, dann ist die Gefahr einer Abwertung anderer Unternehmen derselben Branche groß. Diese Gefahr ist besonders ausgeprägt bei jungen Unternehmen ohne „track record" und ohne „harte" Vermögensgegenstände sowie ohne gefestigte Kunden- und Lieferbeziehungen. Deshalb ist die Idee verfehlt, einen speziellen Venture Capital Markt kreieren zu wollen, der Bewertungsrisiken förmlich bündelt und „Spillover"-Effekte geradezu provoziert. Der brasilianische Novo Mercado ist nicht zuletzt deshalb so stark, weil er Unternehmen verschiedenster Branchen und Reifegrade vereinigt. Manchmal erweist sich eben der Schüler als dem Lehrer überlegen.

825 Lei Complementar Nr. 75/93: Art. 6 Compete ao Ministério Público da União: (...)
XIV – promover outras ações necessárias ao exercício de suas funções institucionais, em defesa da ordem jurídica, do regime democrático e dos interesses sociais e individuais indisponíveis, especialmente quanto: (...) à ordem econômica e financeira;
Lei Nr. 7.347/85 (in der Fassung des Jahres 2001):
Art. 1 Regem-se pelas disposições desta Lei, sem prejuízo da ação popular, as ações de responsabilidade por danos morais e patrimoniais causados: (...)
V – por infração da ordem econômica e da economia popular (...).
Art. 2: As ações previstas nesta Lei serão propostas no foro do local onde ocorrer o dano, cujo juízo terá competência funcional para processar e julgar a causa. – Parágrafo único A propositura da ação prevenirá a jurisdição do juízo para todas as ações posteriormente intentadas que possuam a mesma causa de pedir ou o mesmo objeto.

Literaturverzeichnis

Aaken van, Anne (2003), "Rational Choice" in der Rechtswissenschaft, Zum Stellenwert der ökonomischen Theorie im Recht, Baden-Baden.

Abbott Müller, Bianca (2004), Novo Acordo de Basiléia e Seus Possíveis Impactos Para o Brasil, in: Revista de Direito Bancário e do Mercado de Capitais Vol. 24, S. 157–169.

Achleitner, Ann-Kristin (2002), Handbuch Investment Banking, 3. Auflage, Wiesbaden.

Ahdieh, Robert B. (2003), Making Markets: Network Effects and the Role of Law in the creation of Strong Securities Markets, Southern California Law Rev. Vol. 76, S. 277–350.

ANBID (Hrsg.) (2007), ANBID 40 anos investindo juntos no futuro – um investimento de sucesso, São Paulo.

ANBID (Hrsg.) (2005), Código de auto-regulação da ANBID para as ofertas públicas de distribuição e aquisição de valores mobiliários, 2. Auflage, São Paulo.

Andrezo, Andrea F./Lima, Iran S. (2007), Mercado Financeiro – Aspectos Conceituais e Históricos, 3. Auflage, São Paulo.

Aragão, Alexandre Santos (2006), Agências Reguladoras – e a evolução do direito administrativo econômico, 3. Auflage, Rio de Janeiro.

Arza, Camila (2008), Pension reform in Latin America: Distributional Principles, Inequalities and Alternative Policy Options, Journal of Latin American Studies Vol. 40, S. 1–28.

Assmann, Heinz-Dieter (1992), in: AktG Großkommentar (Hrsg.: Hopt/Wiedemann), Erster Band, Erste Lieferung, Berlin, Einleitung.

Assmann, Heinz-Dieter/Kirchner, Christian/Schanze, Erich (1993), Ökonomische Analyse des Rechts, Tübingen.

Assmann, Heinz-Dieter/Schneider, Uwe H./Koller, Ingo (2006), Wertpapierhandelsgesetz Kommentar, 4. Auflage, Köln.

Baaklini, Abdo I. (1992), The Brazilian Legislature and Political System, Westport.

Bacha, Edmar L./Holland, Márcio/Gonçales, Fernando M. (2007), Is Brazil Different? Risk, Dollarization, and Interest Rates in Emerging Markets, IMF Working Paper WP/07/294, Washington.

Baer, Werner (2008), The Brazilian Economy – Growth and Development, 6. Auflage, London.

Baer, Werner (1967), The Inflation Controversy in Latin America: A Survey, in: Latin American Research Rev. Vol. 2, S. 3–25.

Baer, Werner/Nazmi, Nader (2000), Privatization and restructuring of Banks in Brazil, The Quarterly Rev. of Economics and Finance Vol. 40, S. 3–24.

Banco Central do Brasil – Investor Relations Group (2005), Country Risk, Brasilia.

Banner, Stuart (1998), Anglo-American Securities Regulation: Cultural and Political Roots, New York.

Bazley, Stuart (2008), The Financial Services Authority, Risk-Based Regulation, Principles Based Rules and Accountability, Journal of International Banking Law and Regulation, Issue 8, S. 422–440.

Bebchuk, Lucian Arye/Roe, Mark J. (1999), A Theory of Path Dependence in Corporate Ownership and Governance, Stanford Law Rev. Vol. 52, S. 127–170.

Beck, Thorsten/Levine, Ross (2008), Legal Institutions and Financial Development, in: Handbook of New Institutional Economics, (Hrsg.: Ménard/Shirley), Berlin, S. 251–278.

Berkowitz, Daniel/Pistor, Katharina/Richard Jean-Francois (2003 a), Economic development, legality, and the transplant effect, European Economic Rev. Vol. 47, S. 165–195.

Berkowitz, Daniel/Pistor, Katharina/Richard Jean-Francois (2003 b), The Transplant Effect, The American Journal of Comparative Law Vol. 51, S. 163–203.

Bernanke, Ben S. (2007), GSE portfolios, systemic risk, and affordable housing, BIS (Bank of International Settlement), Rev. 22/2007.

Betzer, André/Theissen, Erik (2005), Insider Trading and Corporate Governance – The Case of Germany, abrufbar unter http://ssrn.com/abstract=7064421, im Erscheinen begriffen in: European Financial Management.

Biolchi, Osvaldo (2007), Comentários à lei de recuperação de empresas e falências (Coordenadores: Paulo F.C. Salles de Toledo/Carlos Henrique Abrão), 2. Auflage, São Paulo, S. XXXV–XLV.

Black, Bernhard S. (2001), The Legal and Institutional Preconditions for Strong Securities Markets in: UCLA Law Rev. Vol. 48, S. 781–855.

Böckli, Peter (2004), Schweizer Aktienrecht, 3. Auflage, Zürich.

Boston Consulting Group (2006), BCG Report, The New Global Challengers – How 100 Top Companies from Rapidly Developing Economies Are Changing the World.

Braga, Márcio Bobik/Gremaud, Amaury Patrick (2005), Exchange Rate Regimes and the Recent Experience in Latin America, Lateinamerika Analysen 10, Februar 2005, Hamburg: IIK, S. 3–24.

Brealey, Richard A./Myers, Stewart C./Allen, Franklin (2006), Corporate Finance, 8. Auflage, New York.

Bris, Arturo (2005), Do Insider Trading Laws Work, in: European Financial Management Vol. 11, S. 267–309.

Brooks, Sarah M. (2007), Globalization and Pension Reform in Latin America, Latin American Politics and Society Vol. 49, S. 31–62.

Buchanan, James M. (1998), "Opportunity Costs and Legal Institutions", New Palgrave Dictionary of Economics and the Law (Hrsg.: Newman), Bd. 1, London, S. 710–715.

Buchanan, James M. (1987), Constitutional Economics, in: The New Palgrave, A Dictionary of Economics (Hrsg.: Eatwell/Milgate/Newman), Band 1, London, S. 585–588.

Buchanan, James M. (1986), Liberty, market and state – Political economy in the 1980's, Brighton.

Buchanan, James M. (1973), The Institutional Structure of Externality, Public Choice Vol. 14, S. 69–82.

Buchanan, James M./Stubblebine, Wm. Craig (1962), Externality, Economica Vol. 29, S. 371–384.

Bushee, Brian J./Leuz, Christian (2005), Economic consequences of SEC disclosure regulation: evidence from the OTC bulletin board, Journal of Accounting and Economics Vol. 39, S. 233–264.

Carvalhal da Silva, André L./Leal, Ricardo P. C. (2006), The Development of the Brazilian Bond Market, Rio de Janeiro.

Carvalhal da Silva, André L./Leal, Ricardo P. C. (2003), Corporate Governance, Market Valuation and Dividend Policy in Brazil (November 2003). Coppead Working Paper Series No. 390. Available at SSRN: http://ssrn.com/abstract=477302.

Carvalho Pinheiro, Vinícius (2004), Reforma da Previdência: uma perspectiva comparada, in: Reformas no Brasil: Balanção e Agenda (Organizadores: Fabio Giambiagi/José Guilherme Reis/André Urani), Rio de Janeiro, S. 259–288.

Carvalhosa, Modesto (2008), Comentários à Lei de Sociedades Anônimas, Band 2, 4. Auflage, São Paulo.

Carvalhosa, Modesto (2007), Comentários à Lei de Sociedades Anônimas, Band 1, 5. Auflage, São Paulo.

Castelar Pinheiro, Armando/Saddi, Jairo (2005), Direito, Economia e Mercados, Rio de Janeiro.

Castelar Pinheiro, Armando/Giambiagi, Fabio/Gostkorzewicz, Joana (1999), O Desempenho Macro-econômico do Brasil nos Anos 90, in: A Economia Brasileira nos anos 90 (Hrsg.: Giamsiangi/Moreira – BNDES), Rio de Janeiro, S. 11–41.

Castelar Pinheiro, Armando/Cabral, Célian (1999), Credit Markets in Brazil: The role of Judicial Enforcement and Other Institutions, Banco Interamericano de Desarrollo (BID), Documento de Trabajo R-368.

Cavalli, Cássio (2005), Apontamentos sobre a função social da empresa e o moderno direito privado, Revista de Direito Mercantil industrial, econômico e financeiro Vol. 138, S. 207–212.

Cheffins, Brian (1997), Company Law – Theory, Structure and Operation, Oxford.

Chicago CSB (2006), Capital Ideas, Selected Papers on Corporate Governance, Kommentar zu Leuz, The benefits of Transparency – Disclosure Regulation and Capital Costs, http://www.chicagogsb.edu/capideas/jul06/1.aspx.

Chordia, Tarun/Roll, Richard/Subrahmanyam, Avanidhar (2008), Liquidity and market efficiency, in: Journal of Financial Economics Vol. 87, S. 249–268.

Coase, Ronald H. (1988), The Firm, the Market, and the Law, Chicago.

Coase, Ronald H. (1960), Journal of Law & Economics Vol. 3, S. 1–44.

Coase, Ronald H. (1937), The Nature of the Firm, in: Economica Vol. 4, S. 386–405.

Coates, Dennis/Wilson, Bonnie (2004), Interest group activity and long-run stock market performance, Public Choice Vol. 133, S. 343–358.

Coffee, John C. (1984), Market Failure and the Economic Case for a Mandatory Disclosure System, Virginia Law Rev. Vol. 70, S. 717–753.

Cooter, Robert/Ulen, Thomas (2004), Law & Economics, 4. Auflage, Boston.

Cooter, Robert/Schäfer, Hans-Bernd (2008), Law and the Poverty of Nations, Mercatus Center – George Mason University, (abrufbar unter http://www.bepress.com).

Cramme, Torsten/Gendrisch, Thorsten/Gruber, Walter/Hahn, Ronny (Hrsg.) (2007), Handbuch Solvabilitätsverordnung, Stuttgart.

Cranston, Ross (2002), Principles of Banking Law, 2. Auflage, Oxford.

da Cunha, Mauro Rodrigues (2008), in: Novo Mercado and Its Followers: Case Studies in Corporate Governance Reform (Hrsg.: Global Corporate Governance Forum/International Finance Corporation), Washington, S. ix–xiv.

Dakolias, Maria (1999), Court performance around the world – A comparative perspective, World Bank Technical Paper Nr. 430, Washington.

da Silva Pereira Neto, Caio Mário/Correa, Paulo (2006), Delegação de Funções para agências reguladoras independentes: mudanças propostas pelo projeto de Lei Nr. 3.337/04, in: Agências Reguladoras e Democracia (Coordenador: Gustavo Binenbojin), Rio de Janeiro, S. 201–223.

de Meza, David (1998) Coase theorem, in: New Palgrave Dictionary of Economics and the Law, Band 1, London 1998, S. 270–281.

Demsetz, Harold (1969), Information and Efficiency: another Viewpoint, The Journal of Law & Economics Vol. 12, S. 1–22.

Demsetz, Harold (1968), The cost of transacting, Quarterly Journal of Economics Vol. 82, S. 33–53.

Deutsche Bank Research (November 2007 a), Brazil: Further currency Strength Ahead.

Deutsche Bank Research (November 2007 b), LatAm-5 Chartbook.

Deutsche Bank Research (October 2007), Brazil: Can the financial and economic boom last?

Deutsche Bank Research (July 2007), Brazil: From serial defaulter to net external creditor.

Deutsche Bank Research (March 2007), The emergence of Latin multinationals.

Deutsche Bank Research (August 2006), Sailing in calmer waters – The prospects for domestic bond markets in Latin America.

Dewatripont, Matthias/Tirole, Jean (1993), The Prudential Regulation of Banks, Cambridge Massachusetts (benutzt wurde der zweite Druck aus dem Jahre 1999).

Dezalay, Yves/Garth, Bryant G. (2002), The Internationalization of Palace Wars: Lawyers, Economists, and the Contest to Transform Latin American States, Chicago.

Diem, Andreas (2005), Akquisitionsfinanzierung – Kredite für Unternehmenskäufe mit internationalem Standardvertragsmuster, München.

di Noia, Carmine (2001), Competition and Integration Among Stock Exchanges in Europe: Network Effects, Implicit Mergers and Remote Access, European Financial Management Vol. 7, S. 39–72.

Diplock, Jane/Longdin, Louise (2008), Regulating insider trading effectively: lessons from New Zealand, The Company Lawyer Vol. 29, S. 141–149.

Doctor, Mahrukh (2003), Institutional Modernisation and the Legacy of Corporatism: The Case of Port Reform in Brazil, Journal of Latin American Studies Vol. 35, S. 341–365.

Dornseifer, Frank (2008), Die Neugestaltung der Investmentaktiengesellschaft durch das Investmentänderungsgesetz, Aktiengesellschaft (AG), S. 53–67.

dos Santos, Fernandes (2007), Governança Corporativa e o Conselho de Recursos do Sistema Financeiro Nacional, Revista de Direito Bancário e do Mercado de Capitais, Vol. 37, S. 48–58.

Dow, James (2000), What is systemic Risk? Moral Hazard, Initial Shocks, and Propagation, in: Monetary and Economic Studies Vol. 21, S. 1–24.

Easterbrook, Frank H./Fischel, Daniel R. (1991), Economic Structure of Corporate Law, Cambridge Massachusetts.

Easterbrook, Frank H./Fischel, Daniel R. (1984), Mandatory Disclosure and the Protection of Investors, Virginia Law Rev., Vol. 70, S. 669–715.

Eggertson, Thráinn (1990), Economic behavior and institutions, Cambridge (UK).

Eizirik, Nelson (2008), "O insider trading no mercado de capitais", Valor Econômico vom 15. 4. 2008, E2.

Eizirik, Nelson (2006), O colégio da CVM e o CRSFN como juízes administrativos: reflexões e revisão, Revista de Direito Bancário e do Mercado de Capitais, Vol. 34, S. 32–37.

Eizirik, Nelson (1998), Reforma das S.A. do Mercado de Capitais, 2. Auflage, Rio de Janeiro.

Eizirik, Nelson/Gaal, Ariánda B./Parente, Flávia/de Freitas Henriques, Marcus (2008), Mercado de Capitais Regime Jurídico, Rio de Janeiro.

Engel, Christoph/Gigerenzer, Gerd (2006), Law and Heuristics – An Interdisciplinary Venture, in: Heuristics and the Law (Hrsg.: Engel/Gigerenzer), Cambridge Massachusetts, S. 1–16.

Engelhardt, Lutz (2007), Der Entry Standard der Frankfurter Wertpapierbörse als Nachfolger des Neuen Marktes: Zwei Versuche institutioneller Innovation in Deutschland, Wissenschaftszentrum SP II 2007 – 05, Berlin.

Erlei, Mathias/Leschke, Martin/Sauerland, Dirk (2007), Neue Institutionenökonomik, 2. Auflage, Stuttgart.

Evans, Lewis/Grimes, Arthur/Wilkinson, Bryce/Teece, David (1996), Economic Reform in New Zealand 1984–95: The Pursuit of Efficiency, Journal of Economic Literature, Vol. 34, S. 1856–1902.

Fama, Eugene (1998), Market efficiency, long-term returns, and behavioral finance. In: Journal of Financial Economics, Vol. 49, S. 283–306.

Fama, Eugene F. (1991), Efficient Capital Markets: II, in: The Journal of Finance, Vol. 46, S. 1575–1617.

Fama, Eugene F. (1970), Efficient Capital Markets: A Review of Theory and Empirical Work, Journal of Finance, Vol. 25, S. 383–417.

Fama, Eugene F. (1965), The Behavior of Stock-Market Prices, The Journal of Business, Vol. 38, S. 34–105.

Fama, Eugene F./French, Kenneth R.(1999), The Corporate Cost of Capital and the Return on Corporate Investment, The Journal of Finance, Vol. 54, S. 1939–1967.

Fama, Eugene F./French, Kenneth R. (1997), Industry Costs of Equity, Journal of financial Economics, Vol. 43, S. 153–193.

Fernandes dos Santos, Flávio Maia (2007), Governança Corporativa e o Conselho de Recursos do Sistema Financeiro Nacional, Revista de Direito Bancário e do Mercado de Capitais, Vol. 37, S. 48–58.

Ferran, Eilís (2004), Building an EU Securities Market, Cambridge (UK).

Fidrmuc, Jana P./Goergen, Marc/Renneboog, Luc (2006), Insider Trading, News Releases and Ownership Concentration, Journal of Finance Vol. 61, S. 2931–2973.

Fleischer, Holger (2008), Aktiengesetz (Hrsg.: Schmidt/Lutter), Band 1, Kommentierung zu § 53 a, Köln.

Fleischer, Holger (2007), Aktiengesetz (Hrsg.: Spindler/Stilz), Band 1, Kommentierung zu § 76, München.

Forgioni, Paula A. (2003), Interpretação dos Negócios Empresariais no Novo Código Civil Brasileiro, Revista de Direito Mercantil industrial, econômico e financeiro Vol. 130, S. 7–55.

Forstmoser, Peter/Maier-Hayoz, Artur/Nobel, Peter (1996), Schweizerisches Aktienrecht, Bern.

Franke, Günter (1993), Agency Theory, in: Handwörterbuch der Betriebswirtschaft, (Hrsg.: Wittmann) Teilband 1, 5. Auflage, Stuttgart, Spalten 37–49.

Gardner, James A. (1980), Legal Imperialism – American Lawyers and Foreign Aid in Latin America, Madison (Wisconsin).

Garner, Bryan A. (Hrsg.) (2004) Black's Law Dictionary, 8. Auflage, St. Paul (USA).

de Carvalho, Antonio Gledson (2003), Effect of Migration to Special Corporate Governance Levels of BOVESPA – This study was undertaken on behalf of BOVESPA, São Paulo 2003 (abrufbar unter http://www.bovespa.com.br).

Giambiagi, Fabio (2007), Brasil raízes do atraso – paternalismo versus produtividade, As dez vacas sagradas que acorrentam o país, 2. Auflage, Rio de Janeiro.

Gilson, Ronald J. (2001), Globalizing Corporate Governance: Convergence of Form or Function, American Journal of Comparative Law Vol. 49, S. 329–358.

Gilson, Ronald J./Whitehead, Charles K. (2008), Deconstructing Equity: Public Ownership, Agency Costs, and Complete Capital Markets, Columbia Law Rev. Vol. 108, S. 231–264.

Gilson, Ronald J./Kraakman, Reinier (2003), Symposium: Revisiting the Mechanisms of Market Efficiency: The Mechanisms of Market Efficiency Twenty Years Later: The Hindsight Bias, The Journal of Corporation Law Vol. 28, S. 715–742.

Gilson, Ronald/Kraakman, Reinier (1984), The mechanisms of market efficiency, Virgina Law Rev. Vol. 70, S. 554–610.

Gledson de Carvalho, Antonio (2002), "Efeitos da Migração para os Níveis de Governança Corporativa" (The Effects of Migration to the Novo Mercado and to the Special Corporate Governance Levels), São Paulo.

Gleißner, Werner (2005), Kapitalkosten: Der Schwachpunkt bei der Unternehmensbewertung und im wertorientierten Management, Finanz-Betrieb, S. 217–229.

Goldberg, Joachim/Nitzsch, Rüdiger (2004). Behavioral Finance, 4. Auflage, München.

Goldman Sachs (2005), How Solid are the BRIC's?, Global Economic Paper No. 134.

Goldman Sachs (2003), Dreaming with BRIC's: The Path to 2050, Global Economic Paper No: 99.

Goldman Sachs (2001), Building Better Global Economic BRIC's, Global Economics Paper No: 66.

Goode, Roy (2003), Legal Problems of credit and Security, 3. Auflage, London.

Gordon, Jeffrey N. (2007), The Rise of Independent Directors in the United States, 1959–2005: Of Shareholder Value and Stock Market Prices, Stanford Law Rev. Vol. 59, S. 1465–1568.

Gorga, Erica (2007), Análise da Eficiência de Normas Societárias: Emissão de Preferenciais, Tag Along e Composição do Conselho Fiscal, Berkeley Program in Law & Economics – Latin American and Caribbean Law and Economics Association (ALACDE), Berkeley.

Graff, Christian (2008), Law and Finance: Common Law and Civil Law Countries Compared – An Empirical Critique, Economica Vol. 75, S. 60–83.

Gremaud, Amaury Patrick/Sandoval de Vasconcellos, Marco Antonio/Toneto Júnior, Rudinei (2004), Economia Brasileira Contemporânea, 5. Auflage, São Paulo.

Grossman, Sanford J./Stiglitz, Joseph E. (1980), On the Impossibility of Informationally Efficient Markets, The American Economic Rev. Vol. 70, S. 393–408.

Hail, Luzi/Leuz, Christian (2006), International Differencces in thc Cost of Equity Capital: Do Legal Institutions and Securities Regulation Matter?, Journal of Accounting Research Vol. 44, S. 485–531.

Harris, Larry (2003), Trading and Exchanges – Market Microstructure and Practitioners, Oxford.

Henkel, Hanna Christiane, Lateinamerikas Börsen kommen sich näher – Brasiliens Börsenplätze rüsten sich für eine Konsolidierung, Neue Züricher Zeitung vom 26. 2. 2008 (Nr. 47), S. 15 (Börsen und Märkte).

Hermann, Jennifer (2002), Financial Structure and Financing Models – The Brazilian Experience; Journal of Financial Studies Vol. 34, S. 71–114.

Hopt, Klaus J. (2000), Gemeinsame Grundsätze der Corporate Governance in Europa? – Überlegungen zum Einfluss der Wertpapiermärkte auf Unternehmen und ihre Regulierung und Zusammenwachsen von common law und civil law im Gesellschafts- und Kapitalmarktrecht, Zeitschrift für Unternehmens- und Gesellschaftsrecht (ZGR) Vol. 29, S. 779–813.

Hostak, Peter/Karaoglu, Emre/Lys, Thomas Z./Yang, Yong George (2007), "An Examination of the Impact of the Sarbanes-Oxley Act on the Attractiveness of US Capital Markets for Foreign Firms", S. 8f. (abrufbar bei SSRN: http://ssrn.com/abstract=956020);

Hubbard, Glenn R./Palia, Darius (1998), Market for Corporate Control, in: The New Palgrave Dictionary of Economics and the Law (Hrsg.: Newman), Band 2, London, S. 611–615.

Hunter, Wendy/Power, Timothy J. (2007), Rewarding Lula: Executive Power, Social Policy, and the Brazilian Elections of 2006, Latin American Politics and Society Vol. 49, S. 1–30.

IBGC (2005) (Hrsg.), Uma década de Governança Corporativa – História do IBGC, marcos e lições da experiência, São Paulo.

IBGC (2004) (Hrsg.), Code of Best Practice of Corporate Governance, 3. Auflage, São Paulo.

IOSCO (2002), Principles for Ongoing Disclosure and Material Development Reporting by Listed Entities, Madrid.

IOSCO (1998), International Disclosure Standards for Cross-Border Offerings and Initial Listings by Foreign Issuers, Madrid.

Javier Santiso (Hrsg.) (2007), The Visible Hand of China in Latin America, OECD Development Center Studies, Paris.

Jensen, Michael C. (1978), Some Anomalous Evidence Regarding Market Efficiency, Journal of Financial Economics Vol. 6, S. 95–101.

Johnson, Timothy C. (2008), Volume, liquidity, and liquidity risk, Journal of Financial Economics Vol. 87, S. 388–417.

Kahneman, D./Tversky, A., Prospect Theory (1979), An Analysis of Decision under Risk, Econometrica Vol. 47, S. 263–291.

Kaufman, George G./Scott, Kenneth E. (2003), What is Systemic Risk, and Do Bank Regulators Retard or Contribute to it?, The Independent Rev. Vol. 7, S. 371–391.

Kerber, Wolfgang (2008), Should competition law promote efficiency? – Some reflection of an economist on the normative foundations of competition law, in: Economic Theory and Competition Law (Hrsg.: Drexl/Laurence/Moneger), Cheltenham, S. 7–26.

Kern, Alexander/Dhumale, Rahul/Eatwell, John (2006), Global Governance of Financial Systemic Risk, Oxford.

Kirchner, Christian (2008), Zur konsequentialistischen Interpretationsmethode – Der Beitrag der Rechtswissenschaften zur reziproken methodischen Annäherung von Ökonomik und Rechtswissenschaften, in: Internationalisierung des Rechts und seine ökonomische Analyse – Festschrift für Hans-Bernd Schäfer zum 65. Geburtstag (Hrsg.: Eger/Bigus/von Wagenheim, Wiesbaden, S. 37–49.

Kirchner, Christian (2007), Goals of Antitrust and Competition Law Revisited; zu den Zielen des Wettbewerbsrechts aus der Perspektive der ökonomischen Theorie der Verfassung, in: The More Economic Approach to European Competition Law (Hrsg.: Schmidtchen/Albert/Voigt), Tübingen, S. 7–26.

Kirchner, Christian (2006a), An Economic Analysis of Choice-of-Law and Choice-of-Forum Clauses, in: An Economic Analysis of Private International Law (Hrsg.: Basedow/Kono), S. 33–53,Tübingen.

Kirchner, Christian (2006b), Die ökonomische Theorie, in: Europäische Methodenlehre. Handbuch für Ausbildung und Praxis (Hrsg.: Riesenhuber), Berlin, S. 93–119.

Kirchner, Christian (2004), Zur Ökonomik des legislatorischen Wettbewerbs im europäischen Gesellschaftsrecht, in: Wirtschafts- und Privatrecht im Spannungsfeld von Privatautonomie, Wettbewerb und Regulierung – Festschrift für Ulrich Immenga zum 70. Geburtstag (Hrsg.: Fuchs/Schwintowski/Zimmer), München, S. 607–625.

Kirchner, Christian (2002), Regulierung durch Unternehmensführungskodizes, in: Schmalenbachs Zeitschrift für betriebswirtschaftliche Forschung, Sonderheft 48, BWL und Regulierung (Hrsg.: Ballwieser), S. 93–120.

Kirchner, Christian (2000), Der Wettbewerbsfaktor „Entscheidungsnützlichkeit von Rechnungslegungsinformation“: eine institutionenökonomische Analyse, in: Schmalenbachs Zeitschrift für betriebswirtschaftliche Forschung, Sonderheft 45, Wettbewerb und Unternehmensrechnung (Hrsg.: Schildbach/Wagenhofer), S. 41–68.

Kirchner, Christian (1999), Rechtliche Rahmenbedingungen für Kooperationen: Eine kritische Analyse des deutschen und europäischen Wettbewerbs- und Kartellrechts, in: Kooperation im Wettbewerb. Neue Formen und Gestaltungskonzepte im Zeichen von Globalisierung und Informationstechnologie (Hrsg.: Engelhard/Sinz), Wiesbaden, S. 446–477.

Kirchner, Christian (1997), Ökonomische Theorie des Rechts, Berlin.

Kirchner, Christian (1994), New Challenges to the Rationality Assumption, in: Zeitschrift für die gesamte Staatwissenschaft/Journal of Institutional and Theoretical Economies Vol. 150, S. 37–41.

Kirchner, Christian (1992), Zur zentralen Rolle der zivilrechtlichen Sanktionen im Recht des Insiderhandels, in: Wege zum japanischen Recht, Festschrift für Zentaro Kitagawa zum 60. Geburtstag (Hrsg.: Leser/Isomura) Berlin, S. 665–682.

Kirchner, Christian (1989), New Institutional Arrangements in International Economic Law: The Working of Codes of Conduct, in: New Institutional Arrangements for the World Economy (Hrsg.: Vosgerau), Berlin, S. 409–435.

Kirchner, Christian/Schmidt Matthias (2005), Private Law-Making: IFRS – Problems of Hybrid Standard Setting –, in: International Standards and the Law (Hrsg.: Nobel), Bern, S. 67–82.

Kirchner, Christian/Schmidt Matthias (2006), Hybride Regelsetzung im Recht der Unternehmensrechnungslegung – Fehlentwicklungen im europäischen Gemeinschaftsrecht, Betriebswirtschaftliche Forschung und Praxis (BFuP) Vol. 58, S. 387–407.

Klöhn, Lars (2006), Kapitalmarkt, Spekulation und Behavioral Finance, Eine interdisziplinäre und vergleichende Analyse zum Fluch und Segen der Spekulation und ihrer Regulierung durch Recht und Markt, Berlin.

Köndgen, Johannes (1997), Bankgebühren – Ökonomie und Recht kreditwirtschaftlicher Entgeltgestaltung, Zeitschrift für Bankrecht und Bankwirtschaft (ZBB) 1997, S. 117–139.

Köndgen, Johannes/Schmies, Christian (2004), Die Neuordnung des deutschen Investmentrechts, Wertpapiermitteilungen (WM) Sonderbeilage, Nr. 1 zu Heft 11.

Kreps, David M. (1998), Bounded Rationality, in: The New Palgrave Dictionary of Economics and the Law (Hrsg. Newman), Band 1, London, S. 168–173.

Kümpel, Siegfried (2004), Bank- und Kapitalmarktrecht, 3. Auflage, Köln.

Kung, Felicia H. (2002), The International Harmonization of Securities Law: The Rationalization of Regulatory Internationalization, in: Law and Policy in International Business Law Vol. 33, S. 443–479.

La Porta, Rafael/Lopez-de-Silanes, Florencio/Shleifer, Andrei (2006), What works in Securities Laws, The Journal of Finance Vol. 61, S. 1–32.

La Porta, Rafael/Lopez-de-Silanes, Florencio/Shleifer, Andrei (2002 a), Government ownership of banks, The Journal of Finance Vol. 57, S. 265–301.

La Porta, Rafael/Lopez-de-Silanes, Florencio/Shleifer, Andrei/Vishny, Robert (2002 b), Investor protection and corporate valuation, Journal of Finance Vol. 57, S. 1147–1170.

La Porta, Rafael/Lopez-de-Silanes, Florencio/Shleifer, Andrei/Vishny, Robert (1999 a), The quality of government, Journal of Law, Economics, and Organization Vol. 15, S. 222–279.

La Porta, Rafael/Lopez-de-Silanes, Florencio/Shleifer, Andrei (1999 b), Corporate Ownership Around the World, The Journal of Finance Vol. 54, S. 471–517.

La Porta, Rafael/Lopez-de-Silanes, Florencio/Shleifer, Andrei/Vishny, Robert (1998), Law and Finance, The Journal of Political Economy Vol. 106, S. 1113–1155.

La Porta, Rafael/Lopez-de-Silanes/Florencio, Shleifer/Andrei, Vishny, Robert (1997), Legal determinants of external finance, The Journal of Finance Vol. 52, S. 1131–1150.

Lambert, Richard (2001), Contracting Theory and Accounting, Journal of Accounting and Economics Vol. 32, S. 3–87.

Langevoort, Donald C. (2002), Taming the Animal Spirits of the Stock Markets: A Behavioral Approach to Securities Regulation, Northwestern University Law Rev. Vol. 97, S. 135–188.

Leuz, Christian (2007), Was the Sarbanes–Oxley Act of 2002 really this costly? A discussion of evidence from event returns and going-private decisions, Journal of Accounting and Economics Vol. 44, S. 146–165.

Leuz, Christian/Linz, Karl V./Warnock, Francis E. (2008), Do foreign investors invest less in poorley governed firms?, European Corporate Governance Instituite (ECGI) Finance Working Paper, Nr. 43/2004 (Stand Feburar 2008), (abrufbar unter http://www.ecgi.org/wp; erscheint demnächst in Rev. of Financial Studies).

Leuz, Christian/Triantis, A./Wang, T. (2007), Why do firms go dark? Causes and economic consequences of Voluntary SEC Deregistration, ECGI – Finance Working Paper No. 155/2007 Available at SSRN: http://ssrn.com/abstract=592421 or DOI: 10.2139/ssrn.592421.

Leuz, Christian/Verrecchia, Robert E. (2000), The Economic Consequences of Increased Disclosure, Journal of Accounting Research Vol. 38, 91–124.

Leuz, Christian/Wysocki, Peter (2006), Capital-Market Effects of Corporate Disclosure and Disclosure Regulation, in: Canada Steps Up – Research Study, Volume 2 – Evolving Investor Protection, (Hrsg.: The Task Force to Modernize Securities Legislation in Canada, Chairman Allen, Thomas *I.A. Q.C.*), S. 181–238.

Levine, Ross/Zervos, Sara (1998), Stock Markets, Banks, and Economic Growth, in: The American Economic Rev. Vol. 88, S. 537–558.

Macey, Jonathan R. (1998), Public choice and the law, in: New Palgrave Dictionary of Economics and the Law (Hrsg.: Newman), Band 3, London, S. 171–178.

Mahoney, Paul G. (2003), Public and Private Making in Securities Markets, Cato Project on Corporate Governance, Audit, and Tax Reform, Policy Analysis No. 498 , S. 1–16.

Mahoney, Paul G. (1997), The exchange as regulator, Virginia Law Rev. Vol. 83, S. 1453–1500.

Mainwaring, Scott/Shugart, Matthew Soberg (1997), Presidentialism and Democracy in Latin America, Cambridge (UK).

Mainwaring, Scott P. (1988), The Transition to Democracy in Brazil in: Brazil's Economic Future and Political Culture (Hrsg.: Chacel/Falk/Fleischer), Boulder, S. 168–187.

Makler, Harry M. (2000), Bank transformation and privatization in Brazil – Financial federalism and some lessons about bank privatization, in: The Quarterly Rev. of Economics and Finance Vol. 40, S. 45–59.

du Marais, Bertrand/Pierre-Henri, Conac/Piquemal, Alain/Frouté, Philippe (2007), Rating the Law: How Financial Rating Agencies are Assessing the Legal Risk of Financial Transactions, in: Law and Economics of Risk in Finance (Hrsg.: Nobel/Gets), Zürich, S. 15–34.

Ménard, Claude/du Marais, Bertrand (2006), Can We Rank Legal Systems According to Ther Economic Efficiency)?, in: New Frontiers of Law and Economics (Hrsg.: Nobel/Gets), Zürich, S. 7–27.

Mendonça de Barros, José Roberto et. al (MB Associados) (2000), Desafios e Oportunidades para o Mercado de Capitais Brasileiro, São Paulo.

Mercuro, Nicholas/Medema, Steven G. (1997), Economics and the Law – From Posner to Post-Modernism, Princeton.

Mertens, Hans-Joachim/Kirchner, Christian/Schanze, Erich (1982) Wirtschaftsrecht – Eine Problemorientierung, 2. Auflage, Opladen.

Mill, John Stuart (1863), On Liberty and Utilitarianism, reprinted 1992, Oxford.

Monte Simionato, Frederico Augusto (2004), A função social e o controle do poder de controle nas companhias, Revista de Direito Mercantil industrial, econômico e financeiro Vol. 135, S. 94–109.

Mülbert, Peter O. (1997), Shareholder Value aus rechtlicher Sicht, Zeitschrift für Unternehmens- und Gesellschaftsrecht (ZGR) Vol. 26, S. 129–172.

Murrell Peter (2008), Institutions and Firms in Transition Economies, in: Handbook of New Institutional Economics, (Hrsg.: Ménard/Shirley), Berlin, S. 667–699.

Myagkov, M. G./Plott, C. R. (1997), Exchange economies and loss exposure: Experiments exploring prospect theory and competitive equilibria in market environments, American Economic Rev. Vol. 87, S. 801–828.

Nery Junior, Nelson/de Andrade Nery Rosa Maria (2007), Código Civil Comentado, 5. Auflage, São Paulo.

Ness Jr., Walter L. (2000), Reducing government bank presence in the Brazilian financial system – Why and How?, The Quarterly Rev. of Economics and Finance Vol. 40, S. 71–84.

Neto, Alexandre Assaf (2006), Mercado Financeiro, 7. Auflage, São Paulo.

Netto Boiteux, Fernando (2002), A função social da empresa e o novo código civil, Revista de Direito Mercantil industrial, econômico e financeiro Vol. 125, S. 48–61.

Nobel, Peter (2006), Transnationales und Europäisches Aktienrecht, Bern.

Nobel, Peter (2005), Globalization and Financial Standards with an Emphasis in Finance Law, in: International Standards (Hrsg.: Nobel), Bern, S. 43–66.

Nobel, Peter (1999), Grundsätze der OECD zu Corporate Governance, in: Schweizerische Zeitschrift für Wirtschaftsrecht, S. 244–245.

North, Douglass C. (1992), Institutionen, institutioneller Wandel und Wirtschaftsleistung, Tübingen.

North, Douglass C. (1981), Structure and Change in Economic History, New York.
OECD (2004), Principles of Corporate Governance, Paris.
Oliveira, Gesner/Rodas, João Grenandino (2004), Direito e Economia da Concorrência, Rio de Janeiro.
Pies, Ingo (1993), Normative Institutionenökonomik – Zur Rationalisierung des politischen Liberalismus, Tübingen.
Pistor, Katharina (2001), Law as a Determinant for Equity Market Development: The Experience of Transition Economies (Hrsg.: Murrell), S. 249–287.
Posner, Richard A. (2007), Economic Analysis, 7. Auflage, Aspen.
Posner, Richard A. (2001), Antitrust Law, 2. Auflage, Chicago.
Rabelo, Flavio Marcilio/Coutinho, Luciano (2001), Corporate Governance in Brazil (Hrsg.: OECD Development Center), Paris.
Rabin, Matthew (1998), Psychology and Economics, Journal of Economic Literature, American Economic Association Vol. 36(1), S. 11–46.
Rathenau, Walther (1917), Vom Aktienwesen eine geschäftliche Betrachtung, Berlin.
Rawls, John (1971), A Theory of Justice – Revised Version, Cambridge Massachusetts.
Richter, Rudolf/Furubotn, Eirik G. (2003), Neue Institutionenökonomik, 3. Auflage, Tübingen.
Rocha, Bolivar B.M. (1986), O Poder Normativo de Órgãos da Administração. O caso da Comissão de Valores Mobiliários, Revista de Direito Mercantil, Industrial, Econômico e Financeiro Vol. 64, S. 47–69.
Roe, Mark J. (2008), The Institutions of Corporate Governance, in: Handbook of New Institutional Economics, (Hrsg.: Ménard/Shirley), Berlin, S. 371–399.
Roe, Mark J. (2006), Legal Origins, Politics, and Modern Stock Markets, in: Harvard Law Review Vol. 120, S. 460–527.
Röller, Lars-Hendrik (2005), Economic Analysis and Competition Policy Enforcement in Europe. Modelling European Mergers: Theory, Competition and Case Studies, Cheltenham (UK).
Röller, Lars-Hendrik/Miguel de la Mano (2006), The Impact of the New Substantive Test in European Merger Control, European Competition Journal Vol. 2, S. 9–28.
Rosa, Bruno (2008), ANP na mira da Procuradoria, O Globo vom 16. April 2008, S. 29.
Roth, Günter H (2007), in: Münchener Kommentar zum Bürgerlichen Gesetzbuch (Hrsg.: Rebmann/Säcker/Rixecker), Band 2, 5. Auflage, München, Kommentierung zu § 242.
Roth, Herbert (1996) in: Staudinger Bürgerliches Gesetzbuch (Begründer: Julius Staudinger), Berlin, Kommentar zu § 157.
Saito, Richard/Tsukazan, Julio Cesar Ruiz, What is the role of bookbuilding in bond allocation? Evidence from Brazil, Working-Paper, FGV – São Paulo.
Samuels, David (2003), Fiscal Straitjacket: The Politics of Macroeconomic Reform, 1995–2002, Journal of Latin American Studies Vol. 35, S. 545–569.
Santana, Maria Helena (2008), The Novo Mercado, in: Novo Mercado and Its Followers: Case Studies in Corporate Governance Reform (Hrsg.: Global

Corporate Governance Forum/International Finance Corporation), Washington, S. 1–36.

Santana, Maria Helena (2007), CVM vai exigir mais transparência das empresas de capital aberto, Interview in: O Globo, 30. 12. 2007, Economia, S. 26.

Santana, Maria Helena (2003), Seventh LAC Meets the Market – World Bank, The role of Policy Makers and IFI in Capital Market Developments, Washington D.C.

Santana, Maria Helena (2002), The Fourth Asian Roundtable on Corporate Governance (OECD, World Bank, Asian Development Bank), "Shareholder Rights and the Equitable Treatment of Shareholders – Using the Stock Exchange to Speed Reform – Lessons from Brazil's Novo Mercado", Power Point Folien für einen Vortrag bei einer Konferenz in Mumbai (India).

Santiso Javier (Hrsg.) (2007), The Visible Hand of China in Latin America, OECD Development Center Studies.

Sarno, Paula Marina (2006), A Criação da CVM e a Regulação sobre as Companhias Abertas: 1976/1986, Revista de Direito Bancário e do Mercado de Capitais Vol. 34, S. 219–236.

Schäfer, Hans-Bernd/Ott, Claus (2005), Lehrbuch zur ökonomischen Analyse des Zivilrechts, 4. Auflage, Berlin.

Schanze, Erich (2009), Assessing the Impact of Economic Law – Its Rule and its Tool Function in the Competition of Systems, in: Economic Law as an Economic Good (Hrsg.: Meessen), erscheint 2009.

Schanze, Erich (2005), International Standards: Functions and Links to Law, in: International Standards (Hrsg.: Nobel), S. 83–103.

Schanze, Erich (1999), Entwicklung von Institutionen, in: Die Zukunft des Rechts – Forschungsgespräch der Rechtswissenschaftlichen Abteilung anlässlich des 100-Jahre-Jubiläums der Universität St. Gallen im Juni 1998 (Hrsg.: Maier-Schatz), Bibliothek zur Zeitschrift für Schweizerisches Recht, Beiheft 28, 1999, S. 195–206.

Schanze, Erich (1993), Rechtswissenschaft und Betriebswirtschaftslehre, in: Handwörterbuch der Betriebswirtschaft, (Hrsg.: Wittmann) Teilband 3 R–Z, 5. Auflage, Stuttgart, Spalten 3759–3774.

Schanze, Erich (1989), Contract, Agency, and the Delegation of Decision Making, in: Agency Theory (Hrsg.: Bamberg/Spremann), Berlin, S. 461–471.

Schanze, Erich (1983), Jahrbuch für Neue Politische Ökonomie, 2. Band, Tübingen, S. 161–180.

Schanze, Erich (1981), Der Beitrag von Coase zu Recht und Ökonomie des Unternehmens, in: Journal of Institutional and Theoretical Economics (JITE) Vol. 137, S. 694–701.

Schmidt, Matthias (2005), "Whistle Blowing" Regulation and Accounting Standards Enforcement in Germany and Europe – An Economic Perspective, International Rev. of Law and Economics Vol. 25, S. 143–168.

Schmidt, Matthias (2002), On the legitimacy of accounting standard setting by privately organised institutions in Germany and Europe, Schmalenbach Business Rev. Vol. 54, S. 171–193.

Schmith, Scott Edward (2004), Rules and Reform: The Role of Political Institutions in Capital Market Development, Dissertation Washington.

Schmolke, Klaus Ulrich (2007), Kostentransparenz im Investmentrecht und Behavioral Law & Economics, Zeitschrift für Bankrecht und Bankwirtschaft (ZBB) 2007, S. 454–464.

Schneider, Vera (2005 a), Internationale Standards – Neues Recht für die Weltmärkte?, Bern.

Schneider, Vera (2005 b), What are International Standards?, in: International Standards (Hrsg.: Nobel), Bern, S. 1–13.

Schumpeter, Joseph (1934), Theorie der wirtschaftlichen Entwicklung. Eine Untersuchung über Unternehmergewinn, Kapital, Kredit, Zins und den Konjunkturzyklus, 9. Auflage (1997), unveränderter Nachdruck der 1934 erschienen 4. Auflage, Berlin.

Schwarcz, Steven L. (2008), Systemic Risk, Georgetown Law Journal Vol. 97, S. 1–79.

Scott, Kenneth E. (1998), Agency Costs and Corporate Governance, in: The New Palgrave of Economics and the Law, Band 1, London. S. 26–30.

Sester, Peter (2006), Hybrid-Anleihen: Wirtschaftliches Eigenkapital für Aktiengesellschaften, Zeitschrift für Bankrecht und Bankwirtschaft (ZBB) 2006, S. 443–463.

Sester, Peter (2004), Projektfinanzierungsvereinbarungen als Gestaltungs- und Regulierungsaufgabe, Köln.

Shirley, M. Mary (2008), Institutions and Development, in: Handbook of New Institutional Economics, (Hrsg.: Ménard/Shirley), Berlin, S. 251–278.

Shleifer, Andrei (2000), Inefficient Markets: An Introduction to Behavioral Finance, Oxford and New York.

Shleifer, Andrei/Summers, Lawrence H. (1990), The Noise Trader Approach to Finance, Journal of Economic Perspectives Vol. 4, S. 19–33.

Schleifer, Andrei/Vishny, Robert W. (1997), A Survey of Corporate Governance, Journal of Finance Vol. 52, S. 737–783.

Shleifer, Andrei/Wolfenzon, Daniel (2002), Investor protection and equity markets, Journal of Financial Economics Vol. 66, S. 3–27.

e Silva Neto, Jorge Manoel (2008), Direito Constitucional, 3. Auflage, Rio de Janeiro.

Simionato, Frederico (1999), Anmerkung zum Urteil Superior Tribunal de Justiça (STJ) vom 10. 12. 1998, Recurso Especial 86.376-MG (1995/0030964-5) do STF, 3ª T, Revista de Direito Mercantil Vol. 116, S. 191–193.

Simionato, Frederico (1998), A Privatização no Brasil, Revista de Direito Mercantil Vol. 112, S. 93–96.

Soares de Camargo, André Antunes (2007), Novo desafio da regulação do mercado de capitais: a divulgação de informações, Revista de Direito Bancário e do Mercado de Capitais Vol. 38, S. 99–121.

Standard & Poors – Structured Finance (2005), New Brazil Bankruptcy Law Likely To Improve Recovery Prospects for Creditors, but Challenges Remain, New York.

Stiglitz, Joseph E. (2002) A Second Chance for Brazil and the IMF, in: The New York Times, 14. August 2002.

Stout, Lynn A. (2003), The Mechanisms of Market Inefficiency: An Introduction to the New Finance, The Journal of Corporation Law Vol. 28, S. 635–669.

Studart, Rogério (1995 – digital print 2005), Investment Finance in Economic Development, London.
Studart, Rogério (2000), Financial opening and deregulation in Brazil in the 1990s – Moving towards a new pattern of development financing?, The Quarterly Rev. of Economics and Finance Vol. 40, S. 25–44.
Stuber, Walter Douglas/Carloni, Analúcia L.O.C. (2005), The New Brazilian Bankruptcy Law, Journal of International Banking Law and Regulation (Issue 8), S. 376–382.
Sunstein, Cass R. (2000), (Hrsg.) Behavioral Law & Economics, Cambridge Massachusetts.
Teixeira, Fernando (2008), Pacote de 12 projetos conclui reforma infraconstitucional – Desde 2005 oito novas leis já alteraram o Código de Processo Civil, Valor Econômico vom 18. März 2008, E1.
Theissen, Erik (2000), Market structure, informational efficiency and liquidity: An experimental comparison of action and dealer markets, Journal of Financial Markets Vol. 3, S. 333–363.
Thibaut, Bernhard (1996), Präsidentialismus und Demokratie in Lateinamerika. Argentinien, Brasilien, Chile und Uruguay im historischen Vergleich, Opladen.
Tirole, Jean (2006), The Theory of Corporate Finance, Princeton.
Turczyn, Sidnei (2005), O Sistema Financeiro Nacional e a Regulação Bancária, São Paulo.
UNCTAD (2003), Conference on Trade and Development, Case study on corporate governance disclosure in Brazil – Report by the UNCTAD secretariat, TD/B/COM.2/ISAR/19/Add.1, Geneva.
Valenti, Graziella (2008), Novo mercado tem desafio para evoluir – Aumento do número de companhias no segmento cria barreira para sua modernização, Valor Econômico vom 7. 4. 2008, B3.
Valle, Javier (2006), Los Emisores Latino-americanos de Valores ante el Mercado Europeo, Revista de Direito Mercantil Vol. 141, S. 105–120.
Voigt, Stefan (2007), "More Economic" Does Not Necessarily Mean "Better" – Perils and Pitfalls of the "More Economic Approach" as Recommended by the European Commission, in: The More Economic Approach to European Competition Law (Hrsg.: Schmidtchen/Albert/Voigt), Tübingen, S. 97–100.
Voigt, Stefan (2002), Institutionenökonomik, München.
Voigt, Stefan/Engerer, Hella (2002), Institutions and Transformation – Possible Policy Implications of the New Institutional Economics, in: Frontiers in Economic (Hrsg.: Zimmermann), Berlin, S. 127–184.
Wald, Arnoldo (2006a), Obrigações e Contratos, 17. Auflage, São Paulo.
Wald, Arnoldo (2006b), Trinta Anos da Lei do Mercado de Valores Mobiliários no Brasil, Revista de Direito Bancário e do Mercado de Capitais Vol. 34, S. 5–9.
Wald, Arnoldo (2003), O Novo Código Civil e a Evolução do Regime Jurídico dos Contratos, Revista de Direito Mercantil (RDM) industrial, econômico e financeiro Vol. 130, S. 39–55.
Wallis, John Joseph/Douglas C. North (1986), Measuring the Size of the Transaction Sector in American Economy, 1870–1970, in: Long Term Factors in American Economic Growth (Hrsg.: Engerman/Gallman), Chicago, S. 95–161.

Weiser, M. Felix (2006), Preisfindung bei Börsengängen – das Accelerated Bookbuilding Verfahren, Finanz-Betrieb, S. 385–293.

Welch, John H. (1993), The New Face of Latin America: Financial Flows, Markets and Institutions in the 1990s, Journal of Latin American Studies Vol. 25, S. 1–24.

Willis, Eliza J. (1995), Explaining Bureaucratic Independence in Brazil: The Experience of the National Economic Development Bank, Journal of Latin American Studies Vol. 27, S. 625–661.

Williamson, Oliver E. (1988), Corporate Finance and Corporate Governance, in: Journal of Finance Vol. 43, S. 567–591.

Williamson, Oliver H. (1985), The Economic Institution of Capitalism, New York.

Yazbek, Otavio (2007 a), Regulação do Mercado Financeiro e de Capitais, Rio de Janeiro.

Yazbek, Otavio (2007 b), As companhias abertas – sua caracterização – as vantagens e as desvantagens da abertura do capital, in: Direito Sicietárion – Sociedades Anônimas (Coordenadores Maria Eugênia Reis Finkelstein/José Marcelo Martins Proença), São Paulo, S. 91–131.

Yazbek, Otavio (2001), Considerações sobre a circulação e transferência dos modelos jurídicos, in: Direito Constitucional – Estudo em Homenagem a Paulo Bonavides (Hrsg.: Grau/Guerra Filho), São Paulo, S. 540–557.

Zimmermann, Reinhard/Whittaker, Simon (Hrsg.) (2000), Good Faith in European Contract Law, Cambridge (UK).

Zucco, Cesar (2008), The President's "New" constituency: Lula and the Pragmatic Vote in Brazil's 2006 Presidential Elections; Journal of Latin American Studies Vol. 40, S. 29–49.

FSC
www.fsc.org
MIX
Papier | Fördert
gute Waldnutzung
FSC® C083411

Kolibri 360 GmbH
Ferdinand-Jühlke-Straße 7
99095 Erfurt, Deutschland
produktsicherheit@kolibri360.de